2023—2024年

厦门发展报告

厦门市发展研究中心　编著

厦门大学出版社
XIAMEN UNIVERSITY PRESS
国家一级出版社
全国百佳图书出版单位

图书在版编目（CIP）数据

2023—2024年厦门发展报告 / 厦门市发展研究中心编著. -- 厦门 ：厦门大学出版社，2024.6
ISBN 978-7-5615-9359-2

Ⅰ. ①2… Ⅱ. ①厦… Ⅲ. ①区域经济发展-研究报告-厦门-2023-2024 Ⅳ. ①F127.573

中国国家版本馆CIP数据核字(2024)第084828号

责任编辑 许红兵
美术编辑 李嘉彬
技术编辑 朱 楷

出版发行 厦门大学出版社
社 址 厦门市软件园二期望海路39号
邮政编码 361008
总 机 0592-2181111 0592-2181406(传真)
营销中心 0592-2184458 0592-2181365
网 址 http://www.xmupress.com
邮 箱 xmup@xmupress.com
印 刷 厦门集大印刷有限公司

开本 889 mm×1 194 mm 1/16
印张 18.5
插页 3
字数 535千字
版次 2024年6月第1版
印次 2024年6月第1次印刷
定价 128.00元

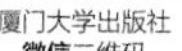
厦门大学出版社
微信二维码

厦门大学出版社
微博二维码

《2023—2024年厦门发展报告》编委会

2023年是全面贯彻党的二十大精神的开局之年，是三年新冠疫情防控转段后经济恢复发展的一年。回首来时路，过去的一年，厦门坚持以习近平新时代中国特色社会主义思想为指导，全面贯彻党的二十大和二十届二中全会精神，深入贯彻落实习近平总书记重要讲话和重要指示精神，特别是致厦门经济特区建设40周年贺信重要精神，深入开展学习贯彻习近平新时代中国特色社会主义思想主题教育，完整、准确、全面贯彻新发展理念，积极服务和融入新发展格局，着力推动高质量发展，深学争优、敢为争先、实干争效，加快实施“一二三”战略规划，坚持应急与谋远相结合，奋力抢机遇、强优势、挖潜力，促进经济发展企稳回升，推动努力率先实现社会主义现代化迈出新步伐、取得新成效。

2024年是新中国成立75周年、实现“十四五”规划目标任务的关键一年，也是厦门落实综合改革试点、加快城市发展转型至关重要的一年。新时代呼唤新担当，新使命应有新作为。厦门要以习近平新时代中国特色社会主义思想为指导，全面贯彻落实党的二十大和二十届二中全会精神，坚持稳中求进工作总基调，完整、准确、全面贯彻新发展理念，围绕推动高质量发展首要任务，以综合改革为动力，推进科技创新引领、市场主体培育和现代化产业体系建设，打造新发展格局节点城市，促进两岸融合发展，加快城市发展动能转换，培育发展新质生产力，厚植高质量发展绿色底色，不断增进民生福祉，加快把努力率先实现社会主义现代化的宏伟蓝图变成美好现实。

《2023—2024年厦门发展报告》主要围绕运行分析、产业创新、改革开放、民生福祉等方面，全面总结2023年厦门经济社会发展状况，展望2024年，提出相应的对策建议。希望本书的出版有助于读者加深对厦门发展的了解和认识，同时也为有关部门研究提供参考，为厦门加快高质量发展，努力率先实现社会主义现代化提供智力支持。

厦门市发展和改革委员会主任

2024年4月

目 录

第一篇 运行分析篇

第二篇　产业创新篇

第三篇　改革开放篇

第四篇　民生福祉篇

第一篇 运行分析篇

第一章

厦门市 2023 年发展评述与 2024 年展望

一、2023 年发展评述

（一）发展综述

2023 年是全面贯彻党的二十大精神的开局之年，是新冠疫情防控转段后经济恢复发展的一年。厦门坚持稳中求进工作总基调，奋力抢机遇、强优势、挖潜力，实现经济回升向好，社会持续稳定。全年地区生产总值增长 3.1%（如图 1-1 所示），固定资产投资实现正增长，社会消费品零售总额增长 2.9%，居民消费价格指数增长 0.2%，全体居民人均可支配收入增速高于地区生产总值增速，一般公共预算总收入、地方一般公共预算收入分别增长 5.6%和 5.5%。

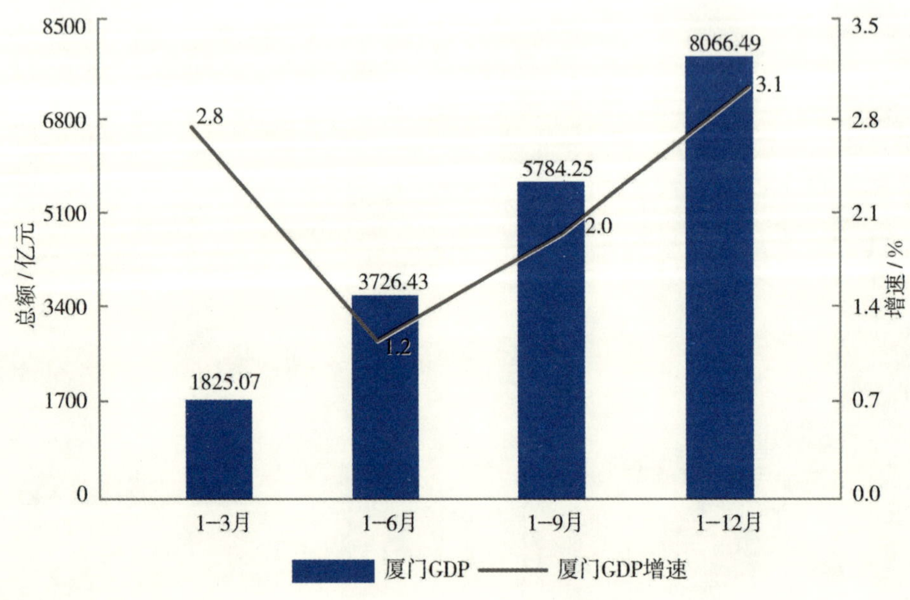

数据来源：厦门统计月报。

图 1-1　2023 年厦门市地区生产总值情况

1. 产业发展后劲不断增强

一是创新动能持续释放。全社会研发投入强度达 3.3%，世界知识产权组织发布的《2023 年全球创新指数报告》显示，厦门科技集群、科技强度排名分别跃升至全球城市第 80 位和第 81 位。组织实施 181 个重大技术攻关项目、"揭榜挂帅"项目、产学研合作项目等，转化高新技术成果 513 项。"群鹭兴厦"人才工程新增国际化人才 3380 人。主导或参与制定修订国际、国家标准 350 项，获批国家级知识产权保护中心。净增国家高新技术企业超 660 家、国家级专精特新小巨人企业 22 家、中国制造"隐形冠军"企业 21 家，海辰储能成为厦门市首家独角兽企业。加快建设Ⅰ号孵化器，启动建设Ⅱ号孵化器，翔安创新实验室获批建设传染病疫苗研发全国重点实验室，引进建设 6 家新型研发机构。

二是产业转型升级加速推进。四大支柱产业集群总规模超 2 万亿元，战略性新兴产业增加值占规模以上工业增加值 46.8%，新能源产业产值、文旅创意产业营业收入分别增长 32.2%和 12%，第三代半导体、基因与生物技术等六个未来产业加快培育发展。"四大经济"的规模和能级持续提升，签约包括中能瑞新、天翼云、厦门金砖数字工业智谷等 9 个项目，总投资额 187.3 亿元，助力厦门加快建设国家数字经济创新发展示范市。启动建设省级海洋高新技术产业园区，设立省级人工智能产业园，通过中国软件名城年度评审，获评全国中小企业数字化转型试点城市，位列全国先进制造业百强市第 18 位、智能制造城市二十强。

三是服务业保持高速增长。1—11 月，规模以上重点服务业实现营业收入 3143.45 亿元，比上年同期增长 17.1%。重点行业拉动有力，1—10 月，信息传输、软件和信息技术服务业及租赁和商务服务业营业收入分别增长 29.6%和 28.1%，分别拉动全市规模以上服务业营业收入增长 6.6 个和 8.2 个百分点。

四是民营经济稳步发展。出台促进民营经济发展壮大 23 条措施。2023 厦门市百强企业中，民营企业占据 51 席；除建发、国贸、象屿三大国企外，民营企业营业收入占百强企业营业收入的 41.1%；在"2023 厦门制造业企业 10 强""2023 专精特新企业 10 强""2023 厦门绿色企业 10 强""2023 厦门知识产权企业 10 强"等子榜单中，民营企业也表现优异，特别是在"2023 专精特新企业 10 强"榜单中，民营企业占据 8 个席位，充分体现了民营经济蓬勃的创新创造活力。目前，全市国家级高新技术企业近九成是民营企业，全市现有省级新型研发机构 54 家，均由民营企业设立，150 家民营企业成为国家级专精特新"小巨人"企业，10 家民营企业、产品获国家级制造业单项冠军。

2. 内外需求整体平稳

一是项目投资提质增效。全年策划生成项目 1074 个、总投资 6930 亿元，新增开工项目 841 个、总投资 2464 亿元。省市重点项目超序时完成年度投资计划的达 507 个，246 个亿元以上产业项目完成投资 454.6 亿元。制造业投资增长 10.6%，厦门时代、中创新航三期等一批重大产业项目加快建设，东南智慧供应链产业园等园区建成投用。全年新增签约项目 756 个，新增落地项目 796 个，新增增资扩产项目 302 个。

二是消费市场活力增强。全年全市社会消费品零售总额 2743.3 亿元，增长 2.9%。体育、娱乐用品类等升级类商品消费需求释放，限额以上体育、娱乐用品类和限额以上通信器材类消费分别增长 54.9%和 53.8%，合计拉动限额以上社会消费品零售总额增长 1.8 个百分点。绿色智能产品成为消费热点，限额以上智能手机、限额以上智能家用电器和音像器材类、限额以上可穿戴智能设备消费分别增长 43.9%、7.3%和 36.9%，合计拉动社会消费品零售总额增长 0.9 个百分点。住宿餐饮恢复向好，限额以上住宿业营业额增长 33.1%，限额以上餐饮业营业额增长 20.5%。接待游客人次、旅游收入分别增长 42.0%和 56.0%，会展业参会人数、展览面积分别增长 143.6%和 64.6%。举办 600 多场促消费活动，厦门国际博览中心投入使用，中山路入选“全国示范步行街”，夜间经济城市发展指数、消费者满意度均位居全国前列，城市便利店发展指数蝉联全国第一。

三是外贸外资平稳发展。全年外贸进出口总额达 9470.44 亿元，占全省外贸进出口总额的 48.0%，同比增长 2.7%，高于全国、全省平均水平。新能源汽车、锂电池、光伏产品合计出口额增长 327.7%，跨境电商进出口额增长 97.5%。开展“百展千企拓市场”等活动，电子信息产业入选国家外经贸提质增效示范产业，3 项工作获评全国服务贸易创新发展试点最佳实践案例，获批首批全国内外贸一体化试点城市。

3.改革开放持续深化

一是改革步伐稳步推进。获批综合改革试点，开工建设翔安南部片区启动区，打造成为改革重要承载区；混合产业用地供给、不停运办证等改革取得初步成效，改革热度指数全国领先；推行城市综合开发模式，厦门科学城、海洋高新技术产业园区获政策性金融支持；探索实施房票制度，获批低效用地再开发试点城市；优化国有经济布局，市属国有企业资产总额增长 13.1%，建发、国贸、象屿位列国内供应链企业核心集团四强。此外，厦门入选了“新时代 10 年改革与发展融合特别案例”，“厦门市在服务和融入新发展格局中加快建设世界一流企业”成为“中国改革 2023 年度全面深化改革市域案例”，2023 年厦门改革热度指数再次位居全国 19 个副省级城市及以上城市首位。

二是营商环境全面优化。实施再创营商环境新优势助力企业高质量发展行动。城市平均综合信用指数排名全国第一，海丝中央法务区集聚法务相关机构 900 多家，设立全省首个涉台仲裁中心。政务服务提质增效，建成一体化政务服务平台，市行政服务中心事项进驻率提升至 97.5%，综合窗口实现市区全覆盖，政务服务事项 100%网上可办、84%“全程网办”、911 项“免证办”，入选全国数字政府创新成果和实践案例。

三是开放水平不断提升。全年对金砖国家进出口增长 16.8%，“丝路海运”命名航线突破 110 条。启动建设中国－金砖国家新时代科创孵化园，举办中国－中亚合作论坛等重大活动，与巴西福塔莱萨市、南非德班市两个金砖国家城市结为国际友城，国际友城增至 23 个。实施厦门自贸片区提升战略，新增全国首创经验 16 项。

四是两岸融合发展稳步深化。厦门自贸片区台商发展服务中心揭牌成立，两岸行业标准共通服务平台正式上线。成功举办两岸农博会、文博会等 270 多场活动。设立全国首支数字人民币台企融资增信基金，新批台资项目数、实际使用台资分别增长 54.6%和 411.8%。率先实现台胞同等待遇购买保障性商品房，在厦参加基本养老保险、医疗保险台胞突破 1 万人次。厦金“小三通”客运航线复航，累计运送旅客突破 2000 万人次。

4.城市发展潜力持续提升

一是跨岛发展加快推进。跨岛发展战略纵深推进，加强九大重点片区产业导入、项目建设和配套完善，马銮湾新城、翔安新城公建设施加快完善，同安新城、同翔高新城产业集群成型成势，集美新城进一步集聚成城。翔安大桥通车，轨道交通 3 号线南延段和 4 号线、6 号线建设有序推进，第三东通道开工建设。

二是城市更新与智慧城市同步推进。启动建设首批 25 个城中村现代化治理试点，持续推进 92 个岛内大提升项目和 515 个城市建设品质提升项目，完成老旧小区改造 9.1 万户。新建改造燃气管道 104.7 千米，新增供水能力 20 万吨/日，供电可靠性达到国际先进水平。累计建成 5G基站 1.4 万个，在全国率先开展智慧港口、公交、医疗等 5C场景应用，成为全国第三个公共交通“一码多乘”城市。城市精细化管理经验获全国推广，文明城市测评成绩位居全国前列。

三是乡村振兴战略深入实施。新建高标准农田 1 万亩[①]，都市现代农业产业集群营业收入增长 6.1%；新增 30 个农村集体经济收入 50 万元以上行政村；翔安区入选国家乡村振兴示范县创建名单。闽宁产业园一期初步建成，东西部协作 3 项创新做法在全国推广。

四是生态文明建设持续领先。空气质量保持全国前列，集中式饮用水水源地、主要流域国省控断面水质达标率保持 100%，近岸海域水质稳中向好，生活垃圾分类考评连续 21 个季度居全国第一。上榜中国十大"大美之城"，鼓浪屿、筼筜湖、东南部海域分别获评国家和美海岛、美丽河湖、美丽海湾，生态文明建设工作获国务院督查激励，城市宜居指数位居全国前列。

5. 民生保障水平持续提升

公共服务质量稳步提升。建成中小学幼儿园项目 53 个，新增学位 6.3 万个，入选国家基础教育教师队伍建设改革试点，2 项基础教育教学成果全省首次获评国家级一等奖。川大华西厦门医院、苏颂医院正式运营，新增医疗床位 2000 张，获批全国健康城市建设试点。建成家庭养老床位 900 张，入选全国居家和社区基本养老服务提升行动项目地区。市老年大学改扩建工程竣工投用。完成 25 个婴幼儿照护服务普惠项目，新增普惠托位超 2000 个，获批国家儿童友好城市试点，获评首批全国婴幼儿照护服务示范城市。

社会保障托底功能增强。出台稳就业促就业、促进青年就业创业等措施，城镇新增就业 17.2 万人。最低生活保障、特困人员、孤儿基本生活保障标准进一步提高，"惠厦保"参保覆盖面不断扩大，推出新就业形态劳动者职业伤害保险"益鹭保"。建设筹集保障性租赁住房 4.2 万套，配租配售保障性住房 1.1 万套，发放大学生"5 年 5 折租房"补贴 2.7 亿元。

（二）存在问题

在当前国内外多重因素交织叠加带来的下行压力下，2023 年厦门市经济社会基本实现平稳健康发展，但仍面临不少困难和问题。

1. "三驾马车"增长乏力

一是出口形势不容乐观。在全球贸易总额增速放缓、外需低迷、供应链碎片化等多重因素影响下，厦门出口面临严峻挑战。尽管 2023 年 3 月、4 月出口增速显著上升，但增长态势未能持续，全年出口负增长，出口总值同比下降 3.9%，全市出口交货值同比下降 7.6%。

二是消费复苏动能不强。全年社会消费品零售总额增速为 2.9%，同比下降 0.2 个百分点，低于全国、全省 4.3 个、2.1 个百分点，消费市场复苏动能不强。大宗消费仍然乏力，受居民消费信心不足、房地产市场低迷等因素影响，1—11 月，全市汽车类、家用电器和音响器材类零售额分别下降 10.6%、43%，分别拉低限额上社会消费品零售额 2.4 个、2.5 个百分点。收入和存款影响群众消费意愿，全市人均可支配收入为 71062 元，同比增长 4.5%，增速同比下降 1.2 个百分点，创 2021 年以来新低；全市人均消费性支出增长 5.8%，同比上升 0.2 个百分点，但低于全省平均增速。同时，全年住户存款同比增速达 14.4%，增速虽有所放缓，但仍位于高位，较全国、全省分别高 0.6 个、0.5 个百分点。在收入增速下降、存款避险双重因素影响下，居民总体消费意愿较弱。

---

① 1 亩约等于 666.67 平方米。

三是投资增长乏力。全年固定资产投资增速 0.5%，分别低于全国、全省 2.5 个、2 个百分点。基础设施投资持续低迷，民间投资下降。从行业来看，制造业，水利、环境和公共设施管理业，交通运输、仓储和邮政业投资总额增速同比下降幅度较大。详见图 1-2、图 1-3 所示。

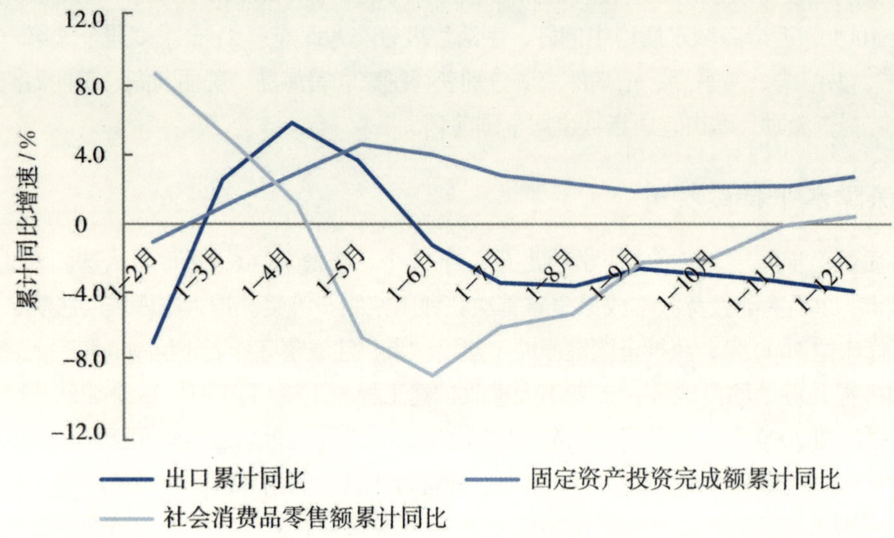

图 1-2 “三驾马车”增长乏力

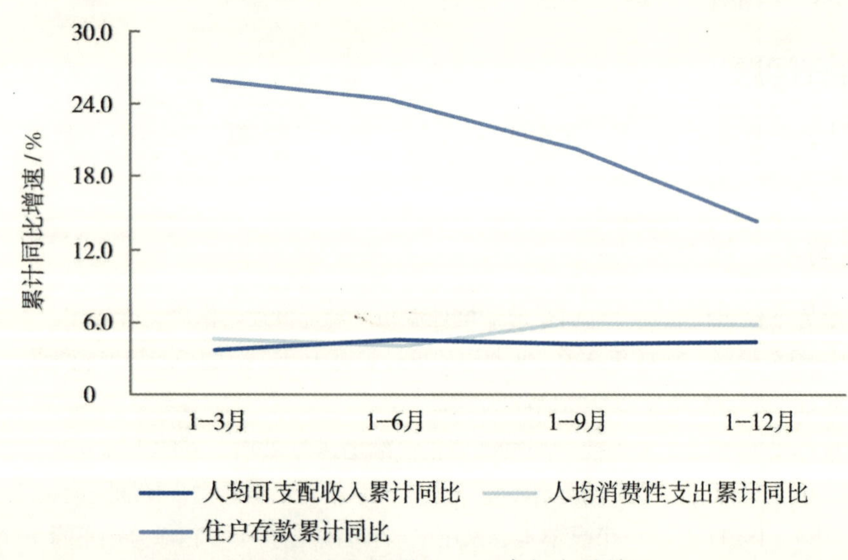

图 1-3 2023 年居民收入、支出与存款情况

2. 工业整体下行

一是工业产值增长乏力。前三季度，工业总产值同比下滑 3.1 个百分点，增速同比下滑 8.3 个百分点；全年规模以上工业增加值零增长，增速较上年下滑 4.3 个百分点。电子、机械两大工业支柱行业总产值比上年同期下降 4.4%。

二是工业企业经济效益不佳。1—11 月，规模以上工业企业亏损企业个数为 851 个，同比增长 29.7%，增速同比上升 18.4 个百分点；亏损企业个数占全市规模以上工业企业的 28.1%，同比提高 2.5 个百分点。

3.城市资源、民生、社会保障等领域仍有提升空间

岛内外发展仍有差距，岛外产城融合、商气人气有待进一步挖掘，岛外园区产业分工有待进一步明确，产业集聚度需进一步加强。民生领域短板问题仍比较突出，中小学学位尚不能完全满足需求，优质医疗资源相对紧缺且分布不均；保障房制度与深圳、宁波、南京等发达城市相比仍有待完善和提升，在各城市人才争夺战的压力下，当前的保障房制度不足以应对人才的住房需求。

二、2024 年发展展望

（一）国际形势研判

展望 2024 年，世界经济将处于一个低迷、分化、不稳定的阶段。一方面，由于地缘冲突的持续，产业链、供应链的重塑导致运营成本上升，加上高通胀和高利率等多重因素，世界经济充满复杂性和不确定性。另一方面，金融环境由宽松转向紧缩后的效应也将逐步显现，将对世界经济和金融市场产生深远影响，世界经济增长的走势将继续分化。

1.全球经济具有韧性但增长缓慢

受货币政策紧缩、信贷条件受限、全球贸易投资疲软等因素影响，2024 年全球经济增速将进一步放缓（见表 1-1）。下行风险包括中东地区冲突升级、金融压力、通胀持续、贸易割裂以及气候相关灾害等。世界银行报告称 2020—2024 年可能会是 30 年来全球生产总值增速最慢的 5 年。预计 2024 年全球经济增长将连续第 3 年放缓，从 2023 年的 2.6%降至 2.4%（2022 年为 3.0%，2021 年为 6.2%），比 21 世纪第一个 10 年的平均水平低近 0.75 个百分点。

表 1-1　主要国际组织或机构对 2024 年全球GDP增速的预测

国际组织或机构	2024 年经济增长预测 / %
联合国	2.4
国际货币基金组织	3.1
世界贸易组织	2.5
经济合作与发展组织	2.9
世界银行	2.4
高盛集团	2.6

全球经济减速导致国际市场需求收缩，2023 年全球贸易呈现萎缩态势，2024 年仍旧不容乐观。世贸组织预计，2024 年全球商品贸易的增长率为 3.3%。世界银行最新发布的《全球经济展望》报告称，2024 年全球贸易增长预计仅为新冠疫情前 10 年平均水平的一半。联合国贸发会议认为，对于 2024 年全球贸易的预测依然“存在高度不确定性，总的来讲比较悲观”。全球贸易的萎缩，将对厦门市外贸出口造成冲击，外贸新订单减少等问题将更加突出。

2. 各国经济走势将进一步分化

相较于新兴市场和发展中经济体，发达经济体将面临更大的经济增长压力。受就业市场韧性消退、内外部需求回落、通胀和利率水平高企、地缘冲突余波未散等因素影响，欧元区和英国面临更大的通胀压力，经济表现将弱于其他主要发达经济体，不过随着增长压力加大，其货币政策可能在 2024 年上半年率先转向，经济表现虽疲弱但可能会好于 2023 年。美国的年度GDP增长将继续受到家庭支出和强劲劳动力市场状况的支撑，IMF预计 2024 年美国经济增速为 2.1%，较此前预测上调 0.6 个百分点。新兴市场在 2024 年将重新迎来较快增长，IMF预计新兴市场和发展中经济体 2024 年经济增速为 4.1%，而其加速复苏的重要动力就是中国经济的发展。中国与新兴市场国家的经贸关系持续加强，在变幻莫测的全球经济形势下，将加大中国经济合作的广阔程度与韧性。2024 年，厦门对新兴市场进出口保持增长，新兴市场的加快复苏将有利于厦门外贸进出口保稳提质。

3. 需求端下行压力可能大于生产端

2023 年全球工业生产在触底后缓慢回升，自 4 月起全球工业生产指数整体呈增长趋势。随着疫情引致的供给侧冲击的进一步消退，预计 2024 年全球供应链和工业生产将继续在波动中复苏。但在高通胀、高利率、高债务背景下，居民家庭资产负债表状况将逐渐变差，紧缩性货币政策对需求端的滞后影响将逐步显现，支撑 2023 年经济增长的需求端因素可能在 2024 年面临加速回落的压力，外需的回落将不利于厦门出口的增长。

4. 地缘政治风险加大

不少国际组织和研究机构都将地缘政治视为 2024 年全球经济面临的最大风险。一是中美关系短期边际向好，但是中长期博弈态势未改。2023 年下半年中美关系边际向好，双方均充分展现出缓和意愿。美国官员密集访华释放缓和信号，习近平总书记在APEC峰会期间与美国总统拜登会晤，显示出双边关系在外交层面显示出较大缓和意愿。但双方在经贸和投资领域仍时有摩擦，特别是在对华企业制裁方面仍未见实质改善。随着 2024 年美国大选的临近，美国两党仍有动力炒作对华议题，且两党在方向上可能出现更大分歧，中长期走势仍存不确定性。此外，2024 年亚洲、欧洲和拉美多国将进行大选，外部环境仍存不确定性。二是红海危机使海运价格上涨直接影响外贸企业的生产经营。海运绕道非洲好望角将使每个集装箱的运输成本平均增加 500 美元左右，航行时间增加了 30%～50%。同时，受地缘冲突外溢影响，其他航线的运价也有所提升，加大了中国外贸企业的运输成本，挤压利润空间。

（二）国内形势研判

展望 2024 年，外部环境或有所改善，稳增长政策效果将继续显现，国内需求有望持续修复，在政策发力和市场驱动下，中国经济将向潜在增速水平回归（见表 1-2）。

表 1-2　主要国际组织或机构对 2024 年中国GDP增速的预测

国际组织或研究机构	2024 年经济增长预测 / %
联合国	4.7
国际货币基金组织	4.6
经济合作与发展组织	4.7
世界银行	4.3
高盛集团	4.8

1.新一轮经济提振计划开启

自 2023 年 7 月以来，宏观政策积极信号接连释放，货币政策降息降准，财政政策实质积极，拉开大规模经济提振计划的序幕。2023 年 10 月 24 日，全国人大常委会批准决议，中央财政在第四季度增发 2023 年国债 1 万亿元，此次增发的国债全部通过转移支付方式安排给地方，资金将重点投向基建。到 2024 年 2 月，增发国债资金已经落实到 1.5 万个具体项目，政策效应将在 2024 年持续释放。2024 年国家还将储备优化一些新的措施，如将进一步丰富宏观政策“工具箱”，连续几年发行超长期特别国债，专项用于国家重大战略实施和重点领域安全能力建设。这些新的增量措施和存量政策叠加发力，为经济稳定运行保驾护航。

2.发展新质生产力成为重点工作

“加快发展新质生产力”是 2024 年政府的重点工作，多地将“新质生产力”作为 2024 年经济社会发展关键词。各地、各部门纷纷绘制加快培育新质生产力的“路线图”，加快技术突破创“新”和产业升级增“质”，竞逐发展新赛道，推动新兴产业、未来产业作为培育新质生产力的重要切入点加速发展，传统产业高端化、智能化、绿色化升级改造步伐也将进一步加快。

3.房地产进入调整分化阶段

为促进房地产平稳健康发展，国家将进一步优化房地产供需两端政策，进一步松绑限购、限贷、限价等政策，加大力度规划建设保障性住房，积极推动城中村改造和“平急两用”公共基础设施建设，解决民生短板，构建房地产发展新模式。

4.消费的主引擎作用进一步增强

2024 年被定为“消费促进年”，消费市场仍有较大的修复空间，特别是新型消费、升级类消费潜力巨大。数字消费、绿色消费、健康消费等将快速发展，智能家居、文娱旅游、体育赛事、国货潮品等消费热点也不断升温，为消费市场提质扩容增添动力。各地区各部门坚持把恢复扩大消费摆在优先位置，相继出台一系列促消费政策，着力稳定和扩大传统消费，培育壮大新型消费，持续优化消费环境，将继续对稳定消费市场、促进消费恢复起到积极的作用。

（三）2024 年厦门经济走势分析

从经济增长来看，2024 年，厦门经济发展的外部环境或有所改善，稳增长政策效果将继续显现，在政策发力和市场驱动下，厦门经济回升向好的态势将得到继续巩固和增强。以新能源为代表的战略性新兴产业加快发展，成为经济进一步发展的主动力，外贸“新三样”（电动载人汽车、锂电池、太阳能电池）将逐渐成为厦门市外贸稳中提质、结构优化的出海新动能。新消费潜能将进一步挖掘，消费的“主引擎”作用持续增强。房地产依然面临调整压力，但是“三大工程”的托举效应会显现，叠加 2023 年的低基数，预计 2024 年厦门地区生产总值增长 5.5%左右。

从微观主体来看，企业对发展前景持谨慎的预期。根据 2023 年四季度末对 492 家企业的问卷调查，68.9%的企业认为当前宏观经济偏冷、过冷，较三季度上升 0.7 个百分点，较一季度上升 14.3 个百分点。58.5%的企业认为影响企业信心的因素是需求端的不足。23.4%的企业表示未来计划增加投入，较三季度下降 4.5 个百分点，较年内最高点的一季度下降 14.8 个百分点；33.7%的企业计划缩减投入甚至退出部分业务，较三季度上升 13.6 个百分点，较年内最低点的二季度上升 22.0 个百分点，计划缩减投入甚至退出部分业务的企业占比年内首次超过计划增加投入的企业占比。

三、2024 年对策建议

2024 年是完成“十四五”规划目标任务的关键一年，也是厦门落实综合改革试点，加快城市发展转型至关重要的一年。要坚持“稳中求进，以进促稳，先立后破”，加快构建现代化产业体系，提升城市发展能级，推进高水平对外开放，打造民生幸福宜居城市，推动新发展格局节点城市建设，努力率先实现社会主义现代化。

（一）着力构建现代化产业体系，全面培育新质生产力

大力实施科技创新引领工程，加快发展先进制造业，提升发展现代服务业，培育发展战略性新兴产业，努力构建“4+4+6”现代化产业体系。

1.大力实施科技创新引领工程

坚持科技创新引领现代化产业体系建设，加快形成新质生产力。实施企业技术创新能力提升行动，推动企业主导的产学研深度融合。发挥科技型骨干企业引领支撑作用，扶持科技型中小企业发展，加快引育一批专精特新“小巨人”、“瞪羚”和单项冠军企业。依托厦门大学、海洋三所等在厦高校、科研机构和龙头企业，争取设立全国重点实验室，建设共性技术平台、场景创新实验室等。推进“群鹭兴厦”人才计划，筹建国际化引才联盟，引育一批战略科学家、一流科技领军人才和创新团队，建设海峡两岸创新创业领军人才平台。高水平建设厦门科学城，创新体制机制，拓展发展空间。高标准建设能源材料、生物制品省创新实验室，争取更多创新成果。

2.大力发展先进制造业

坚持把制造业作为发展实体经济的重点，大力推进新型工业化。做优做强支柱产业，聚焦高端化、智能化、绿色化，围绕打造万亿电子信息产业集群，巩固拓展集成电路、计算机通信、新型显示、软件信息等产业优势，推进天马 6 代线、电气硝子四期等项目建设，加快打造新型显示技术产业群；大力引进电子元器件、芯片等配套项目，加快IC设计产业集聚，完善集成电路产业生态，发展 5G、大数据、人工智能、

物联网等领域，促进软硬件融合发展。优化提升机械装备产业集群，推动太古翔安机场维修基地开工，支持林德叉车、施耐德等企业增资扩产，培育发展智能输配电、国产大飞机维修、工业机器人等新增长点。

3.大力发展现代服务业

壮大商贸物流产业集群，推进国家物流枢纽建设，加快德邦智慧物流产业园等建设，力促中远海运海沧供应链基地等开工，加快建设国际性物流枢纽城市，打造国际贸易中心和国际航运中心。加快发展金融服务产业集群，深化数字人民币试点，大力发展供应链金融、科创金融、绿色金融、航空航运金融等特色金融业务，提升金融服务实体经济能力，推动国家体育产业基金尽快落地，争取两岸合资货币经纪公司等持牌金融机构获批。

4.培育壮大战略性新兴产业

积极布局新兴海洋生物科技、数字医疗等领域，保持创新药、高端医疗仪器设备等行业领先优势，促进金达威、大博二期等加速达产，推动万泰沧海、宝太生物等增资扩产，支持万泰新型疫苗、特宝生物重组蛋白药物等新品研发，加快公共检测平台建设，建成中医药产学研协同创新研究院。聚焦光电信息材料、稀土功能材料等领域，增强新材料对先进制造业的保障能力，打造以锂电池为龙头的新能源产业生态，推动厦门时代锂离子电池、海辰新材料一期等项目建设，加快引进产业链上下游配套项目，推动光伏、储能等多领域齐头并进。促进文旅经济高质量发展，推进国家文化和旅游消费示范市建设，创建国家级夜间文化和旅游消费集聚区，策划一批“互联网+旅游”项目，推动旅游消费复苏；做大影视产业，办好金鸡电影节，力促中国文化产业投资基金影视产业子基金落地；加快中国（厦门）智能视听产业基地、海丝艺术品中心、厦门影视拍摄基地等建设。

5.推动传统产业转型升级

将传统产业改造升级和延伸产业链、发展上下游产业紧密结合起来，实施传统产业链延链强链补链工程，推动食品饮料、水暖厨卫、纺织服装等传统产业转型升级。继续推动存量企业增资扩产，吸引上下游企业配套布局，加快补齐关键环节和短板弱项，壮大传统产业整体实力。鼓励企业加快智能化改造和数字化转型，积极拓展新市场。

（二）着力扩内需稳外需，增强经济增长内生动力

着力推动投资扩量增效，持续激发有潜能的消费，加快培育外贸新动能，进一步增强经济增长的内生动力。

1.推动投资扩量增效

狠抓“大项目”投资，制订实施工业投资攻坚行动计划，从摸底的项目盘子和新招引的项目中，筛选出条件成熟的大项目，尽快启动一批大项目建设。加强项目策划储备，围绕近期国家出台的支持推进城中村改造、“平急两用”、保障性住房、新型基础设施等政策文件，抓紧梳理策划储备一批符合上级政策支持和资金投向的优质项目，培育新的投资增长点。围绕金砖创新基地建设，拓展金砖国家及“金砖+”务实合作，策划一批高质量工业合作项目。持续激发民间投资活力，继续放宽准入门槛，坚持“非禁即入”原则，

鼓励民间资本参与厦门市重大项目建设，投资交通、水利、清洁能源、新型基础设施、先进制造业、现代设施农业等领域。加快存量资产盘活，按照国务院关于盘活存量资产、扩大有效投资的要求，抓紧梳理生成可盘活存量资产项目清单，灵活运用REITs、优化重组等方式实行资本运作，高效盘活各类土地、房产及其他经营性资源，收回资金用于新增投资。支持企业将各类债权、收益权及存量资产资源等作为基础资产依法开展证券化融资。

2.持续激发有潜能消费

推动文体旅商深度融合。加强城市IP营销，深入挖掘闽南文化、海洋文化、侨乡文化等文化内涵，结合运动、时尚、影视等新兴元素，着力打造城市文化内芯，解决人才流失、产品断代、场景缺失等问题，创新“演出+赛事+文旅”等融合新做法。扩大连续性消费供给，借鉴成都推出“新十二月市”等贯穿全年的消费场景和活动，激发消费热度和情感共鸣，加快繁荣文体旅商消费市场。

3.加快培育外贸新动能

积极壮大外贸主体，常态化开展组团“出海”，用好广交会、进博会、服贸会等高端平台，帮助外贸企业抢订单、拓市场、提份额。扩容提质货物贸易，做大汽车整车及零部件、新能源电池等新出口领域规模，积极推动二手车出口企业的优化扩展，培育完善二手车出口交易、整备、检测等配套服务体系，稳步扩大二手车出口规模。发展跨境电商、离岸贸易、转口贸易、数字贸易等外贸新业态。紧抓RCEP(《区域全面经济伙伴关系协定》)、金砖基地建设机遇，帮助企业用好RCEP协定关税减让安排和原产地累积新规则，积极向国家争取大宗商品进口资质和配额，扩大对RCEP、金砖国家的进出口规模。

（三）着力跨岛发展，建设更具韧性的宜居海湾城市

深入实施跨岛发展战略，坚持规划统筹引领，完善城市功能，加快补齐短板，优化空间布局，构建“岛湾一体”城市格局，打造高品质生产生活生态空间。

1.加快岛内功能提升

岛内要稳妥有序推进城市有机更新，优化盘活空间资源，推进老旧片区改造提升。做强岛内城市“主核”，加快推进滨北超级总部、两岸金融中心等核心片区开发建设，集聚科创、金融和总部经济等高能级产业。开展城市有机更新行动，加快老城区、老旧小区改造，综合整治城中村。整合厦门本岛东部空间和产业资源，推动两岸金融中心片区厦门国际银行总部大厦、厦门三迪国际金融中心、碧海嘉园等项目建设，尽快完善片区路网建设、交通设施及公共配套服务设施。

2.加速岛外开发建设

岛外新城片区要坚持基础设施和民生社会事业规划建设标准高于岛内，推动产业发展、城市建设、生态优化和人口集聚。打造岛外新发展极，加快推动产城人融合。加快同翔高新城片区高端产业集聚，推进厦门新能安、瀚天天成项目加快建设。完善同安新城、翔安新城公建配套，推动新会展中心竣工，加快同安新城市民服务中心建设。加快建设翔安新机场主体工程、新体育会展中心等核心项目，力促厦门太古维修基地、厦门航空产业启动区、莲嶝大桥等项目尽早开工。

3. 完善城市基础设施

畅通岛内外连接，推动轨道交通第三期建设规划报批，实现 4 号线、6 号线轨通，加快推进第三东通道等跨海通道项目规划建设。拓展对外连接新通道，推进新机场主体工程全面开工，加快建设福厦高铁，推进渝长厦、兴泉铁路厦门支线、厦漳泉城际轨道R1 线等铁路（轨道）等项目前期工作。深入开展道路交通综合整治，加快打通断头路，新增路外公共停车泊位，科学开发利用岛内外地下空间，提高城市空间资源利用效率。加快建设供水大水网，持续推进正本清源改造，提高污水处理能力。新建改造燃气管道，建设新型电力系统市级示范区。健全房屋安全长效管理机制。加强应急指挥和救援体系建设，全面增强城市防灾减灾救灾能力。

4. 加快农村农业现代化

坚持农业农村优先发展，以城促乡、城乡互补、融合发展，扎实推动乡村产业、人才、文化、生态、组织振兴。高质量发展都市现代农业，发展生态高效种养、农产品加工、预制菜、休闲观光等优势特色农业。实施种业振兴行动，探索发展共享农业、创意农业等新业态，打造乡村旅游新品牌。建设宜居宜业和美乡村，加强村庄规划实施管理，完善农村生活污水处理设施建设管理运营机制，推进“崇尚集约建房”示范区、“绿盈乡村”、“四好农村路”建设。发展壮大农村集体经济，促进农村土地经营权有序流转，扶持农村股份合作经济发展项目，促进农民增收。

（四）着力开放发展，建设新发展格局节点城市

积极服务和深度融入新发展格局，坚持内外需同步发力，提升城市国际化水平，推动外资外贸稳中提质，深化两岸融合发展，构建对外开放新高地。

1. 打造国际一流营商环境

紧盯先进城市最优做法，以改革创新为抓手，以数字化为突破口，完善“系统谋划”“清单改进”“立法保障”“信息化支撑”等推进机制，全方位打造“人人都是营商环境、处处优化营商环境”的厦门样本。加快海丝中央法务区建设，创新国际商事审判机制，积极培育一批国内外法务、泛法务头部企业，加快打造具有国际影响力的涉外商事海事争端解决优选地。全面加强知识产权全链条保护，推进知识产权质押融资，解决创新型中小微企业“融资难、融资贵、融资慢”痛点。优化提升“免申即享”平台功能，推动惠企政策和惠企资金“直达快享”。

2. 提升城市国际化水平

加快建设金砖创新基地，推进中俄数字经济研究中心等重大项目建设，积极探索全球发展倡议地方实践。深化海上合作战略支点城市建设，发挥“丝路海运”“丝路飞翔”及中欧（厦门）班列优势，拓展与“一带一路”沿线国家的交流合作。加快对接RCEP规则制度，形成与RCEP国家贸易往来的新体制，促进厦门企业“走出去”，加深与RCEP国家的产业链供应链联系，开拓RCEP电商市场。

3. 优化国内外资本双向投资环境

一是优化外资投资环境。全面对接我国外商直接投资新制度，落实《中华人民共和国外商投资法》及

其配套法规和实施条例，进一步优化外资企业投资环境。充分利用国内外经济大循环，鼓励外资出口型企业出口转内销，开拓国内市场。二是探索对外投资新路径。完善对外直接投资制度体系，借鉴深圳、浙江、江苏等地经验，引导有条件的大型企业和企业集团走出去投资建设境外产业园，巩固厦门与相关国家的产业链供应链联系。探索招商引资新路径，鼓励国内国有、民营企业主动走出去，寻找海外投资、兼并收购机会，支持项目落地厦门。

4.充分发挥口岸优势

优化铁路规划，拓展内地腹地。推动厦安铁路建设，与鹰厦铁路形成厦门港辐射内陆的铁路双通道。通过陆地港建设等措施，多措并举拓宽拓深港口陆地经济腹地，以闽西南城市群为依托，以中西部货源为方向，拓展延揽货源纵深，做大做强外贸业务。推动海陆空联动，做强国际中转枢纽。持续推动“中欧班列+海铁联运”模式做大做强。落实启运港退税政策，从启运港经厦门港海沧港区、东渡港区中转至境外的出口货物，一离开启运港即可办理出口退税。协调民航局等部委支持提升厦门机场战略地位，协调海关总署支持提升厦门机场中转枢纽功能，实施 144 小时过境免签，全面放开 24 小时过境免检，全面推广“通程航班”业务，支持在机场设立快件监管中心。

5.深化两岸融合发展示范区建设

深化厦台经贸合作，用好集装箱货物过境运输业务和“一单制”试点政策，打造两岸多式联运新通道，巩固“厦金台”海运航线，争取落地更多台湾货物集货仓。推进台胞职业资格、台企资质采信采认和两岸行业标准共通工作，支持台湾青年来厦实习就业创业，吸引更多台胞参与乡建乡创活动。支持厦门与金门加快融合发展。探索厦金合作共建基础设施模式，加快推进与金门通电、通气、通桥的步伐。深入开展综合改革试点，争取以清单批量授权方式赋予厦门在重点领域和关键环节改革上更大自主权。实施金门居民在厦门同等享受当地居民待遇，率先推进基本公共服务均等化、普惠化、便捷化，打造厦金“同城生活圈”，深化厦门大学与金门大学校际交流合作。

（五）着力共享发展，建设民生幸福城市

坚持在发展中保障和改善民生，尽力而为、量力而行，努力创造高品质生活，扎实推动共同富裕，不断增强人民群众获得感、幸福感、安全感。

1.构建高质量教育体系

结合人口变化和城镇化发展趋势，建立学位供给动态调整机制。推进省级基础教育综合改革试验区建设，推动岛内外义务教育优质均衡发展，开展义务教育管理标准化学校、省教改示范校、示范高中培育校、高中课改基地校等评估工作。遴选优质中职学校试办五年制高职教育，推动高水平高职院校的骨干专业试办本科层次职业教育，鼓励规模企业投资举办职业教育。加大力度支持在厦高校“双一流”建设。高质量深化教育数字化战略行动，创建不少于 30 所智慧校园达标校。推进名校长、名师培养工程，优化教师招聘选拔渠道和方式，加强师德师风建设，建设高素质教师队伍。

2.加强全生命周期健康保障体系

推进与复旦肿瘤医院合作运营的厦门市马銮湾医院、与哈尔滨医科大学合作运营的厦门市环东海域医院开业运营。推动厦门市医疗急救中心新建项目、厦门市第三医院科教综合楼暨院区提升改造工程等项目的前期工作。推进厦门市妇幼保健院集美院区项目、厦大附属中山医院门急诊综合大楼、厦门大学动物及生物安全三级实验室建设。深化复旦中山厦门医院、川大华西厦门医院等国家区域医疗中心试点建设，引入更多优质医疗资源。加大社区卫生服务站点基本建设，健全社区卫生服务网络。优化急救体系建设，推动新建急救中心规划设计和立项，探索公立医院承担急救站点任务模式。加强中医药、公共卫生、急需紧缺专业人才梯队建设，逐步构建与突发公共卫生应急救治体系相适应的人才储备和能力培养机制。深化“三医”联动改革，推动“互联网+医疗健康”发展。建设婴幼儿照护服务基础平台，支持普惠托育项目建设。

3.繁荣发展文化体育事业体系

继续推动郑小瑛歌剧艺术中心、丰子恺美学美育馆、开心麻花剧场等的发展，大力推动闽南文化博物馆等的建设。推动中国电视剧大会、中国国际青年艺术周、智能视听技术开发者大会等更多重要文化品牌活动落户厦门。实施文艺精品创作工程，支持厦门歌舞剧院等文艺院团改革发展，擦亮城市文化名片。积极发展驻场演艺、实景演出。建成新体育中心、市青少年足球训练中心配套项目等体育设施，织密体育场地设施网络。打造全民健身季、全民健身运动会系列赛事活动，推动赛事提档升级。引导设立飞盘、飞镖、手球、马术等项目协会。对接人民网、腾讯体育等头部企业，引进高水平电竞赛事，打造本地电竞IP。充分发挥政府、社会、市场三方面作用，打造市区体校、传统校与基地校、社会力量三位一体、多元参与的后备人才培养模式，构建竞技体育协调发展的新格局。

4.持续完善就业和社会保障体系

强化就业优先政策，坚持经济发展就业导向，扩大就业容量，提高就业质量，促进充分就业。加大高校毕业生等重点群体就业帮扶，确保零就业家庭动态清零。推进外卖平台“骑手”职业伤害保障试点。完善收入分配调控机制和政策体系，提高低收入群体收入，扩大中等收入群体规模，促进收入分配更合理、更公平。完善生产要素由市场评价贡献、按贡献决定报酬的机制。推进企业职工基本养老保险全国统筹和失业、工伤保险省级统筹，开展个人养老金试点。全面落实国家医保待遇清单制度，深化按病种分值付费改革国家示范点建设，推进医疗服务价格改革试点。稳步提高低保对象、特困对象等困难群体保障标准，探索将常住人口纳入专项救助范围。完善住房保障体系，坚持租购并举，保障新市民、青年人等群体住房需求。

5.多措并举做好市场保供稳价工作

切实做好粮油肉菜等重要民生商品保供稳价工作，加大生鲜物资和重要商品外购协作和运输保障，确保市场供应不断档、不脱销，建立健全重要物资的储备、轮换、调拨、配送运行检测调控体系。落实社会救助和保障标准与物价上涨挂钩联动机制。

参考文献

[1] 厦门市人民政府. 2024 年厦门市人民政府工作报告[R/OL].(2024-02-02)[2024-02-27]. http://www.xm.gov.cn/szf/szfgzbg/202402/t20240202_2813625.htm.

[2] 厦门市统计局. 厦门统计月报[Z]. [2024-01-30].

[3] 厦门市统计局. 政策解读[R/OL]. [2024-02-27]. http:/tjj.xm.gov.cn/zcjd/.

[4] 福建日报. 推动民营经济在高质量发展中大显身手[EB/OL].(2024-01-09)[2024-02-27]. http:/fjrb. fjdaily.com/pc/con/202401/09/content_334744.html.

课 题 指 导：彭朝明　戴松若
课 题 组 长：黄榆舒
课题组成员：王成龙　彭梅芳
课 题 执 笔：黄榆舒　王成龙

第二章 厦门与同类型城市 2023 年经济运行比较分析

一、2023 年同类型城市经济运行主要特点

（一）总体稳中有进

2023 年以来，面对复杂严峻的外部环境和国内多重困难挑战，厦门等 15 个同类型城市坚持稳中求进的工作总基调，完整、准确、全面贯彻新发展理念，积极服务和融入新发展格局，扎实推动高质量发展，发展活力不断增强，生产供给稳步增加，市场需求持续恢复，经济运行稳中有进，整体回升向好。

2023 年，有 10 个同类型城市全年地区生产总值增速高于全国平均增速（5.2%），15 个同类型城市的地区生产总值总量占同期全国生产总值总量的 19%，在国内经济发展中占据着重要地位，成为推动全国经济增长的重要引擎。详见表 2-1。

表 2-1　2023 年同类型城市地区生产总值及其增长情况

城市	地区生产总值 / 亿元	排名	同比增速 / %	排名
深圳	34606.4	1	6.0	4
广州	30355.7	2	4.6	12
成都	22074.7	3	6.0	4
杭州	20059.0	4	5.6	9
武汉	20011.7	5	5.7	8
南京	17421.4	6	4.6	12
宁波	16452.8	7	5.5	10
青岛	15760.3	8	5.9	7
济南	12757.4	9	6.1	2
西安	12010.8	10	5.2	11
大连	8752.9	11	6.0	4

续表

城市	地区生产总值 / 亿元	排名	同比增速 / %	排名
沈阳	8122.1	12	6.1	2
厦门	8066.5	13	3.1	14
长春	7002.1	14	6.6	1
哈尔滨	5576.3	15	3.1	14

数据来源：各城市统计局网站。

（二）区域经济增长分化

1. 东部地区

2023 年，8 个东部地区城市中，除厦门外的其余 7 个城市的地区生产总值增速均高于全国生产总值平均增速。其中，济南市地区生产总值增长最快，增速超过全国生产总值平均增速近 1 个百分点。详见表 2-2。

表 2-2 2023 年东部地区同类型城市地区生产总值及增长情况

城市	地区生产总值 / 亿元	同比增速 / %
深圳	34606.4	6.0
广州	30355.7	4.6
杭州	20059.0	5.6
南京	17421.4	4.6
宁波	16452.8	5.5
青岛	15760.3	5.9
济南	12757.4	6.1
厦门	8066.5	3.1

数据来源：各城市统计局网站。

2. 中部地区

成都自 2022 年地区生产总值总量突破 2 万亿元以来，继续保持快速发展势头，2023 年实现地区生产总值 22074.7 亿元，同比增长 6%，为增长最快的中部地区城市。武汉成为继成都之后第二个地区生产总值突破 2 万亿元的中部地区城市，且经济发展速度达 5.7%，增速在同类型城市中居第 8 位，发展势头良好。西安受固定资产投资低迷、社会商品零售恢复较弱、外贸承压等因素影响，全年地区生产总值增长仅与全国平均水平持平，增速在 15 个同类型城市中居第 11 位，发展相对滞后。详见表 2-3。

表 2-3 2023 年中部地区同类型城市地区生产总值及增长情况

城市	地区生产总值 / 亿元	同比增速 / %
成都	22074.7	6.0

续表

城市	地区生产总值 / 亿元	同比增速 / %
武汉	20011.7	5.7
西安	12010.8	5.2

数据来源：各城市统计局网站。

3. 东北地区

2023 年，4 个东北地区城市中，哈尔滨经济持续低迷，全年地区生产总值增速居同类型城市尾部；长春一改 2022 年增长乏力态势，通过提振工业经济、出台促消费一揽子政策、全力以赴促投资等举措，实现全年地区生产总值增速由负转正，成为带领东北地区同类型城市经济增长的领头羊，全年地区生产总值增速居 15 个同类型城市首位。详见表 2-4。

表 2-4 2023 年东北地区同类型城市地区生产总值及增长情况

城市	地区生产总值 / 亿元	同比增速 / %
大连	8752.9	6.0
沈阳	8122.1	6.1
长春	7002.1	6.6
哈尔滨	5576.3	3.1

数据来源：各城市统计局网站。

二、2023 年厦门发展的亮点与不足

（一）亮点

1. 外贸进口额总量与增速齐头并进

2023 年，厦门外贸进口总额近 5000 亿元，同比增长 9.4%，进口额总量与增速在同类型城市中均保持前列位置，分别居第 2 位和第 4 位（详见表 2-5）。主要得益于以下两个方面：一是原油、煤炭等大宗商品进口持续保持快速增长态势，分别高速增长 150%和 74.5%；二是飞机融资租赁等新兴业态发展势头强劲，促进飞机进口，较有力地支撑了厦门外贸增长态势持续巩固。

表 2-5 2023 年同类型城市进口总额与增速

城市	进口		增速	
	总额 / 亿元	排名	同比增速 / %	排名
深圳	14158.6	1	-4.0	10
厦门	4996.0	2	9.4	4
宁波	4491.5	3	1.1	8

续表

城市	进　口		增　速	
	总额/亿元	排名	同比增速/%	排名
广州	4411.6	4	−7.2	12
青岛	4046.1	5	10.1	3
成都	2951.2	6	−11.7	14
杭州	2691.0	7	11.3	2
大连	2472.0	8	−8.6	13
南京	2326.8	9	−5.6	11
武汉	1438.9	10	4.3	6
西安	1263.6	11	−22.1	15
沈阳	944.8	12	6.9	5
长春	894.6	13	−0.5	9
济南	787.6	14	2.8	7
哈尔滨	282.5	15	12.3	1

数据来源：各城市统计局网站。

2.服务业增加值保持较快增长

2023 年，厦门服务业增加值增速继续延续自 2019 年以来的快速发展势头，实现同比增长 7.0%，在同类型城市中保持前列位置，排在第 3 名（详见图 2-1）。主要得益于信息传输、软件和信息技术服务业，以及租赁和商务服务业等主要行业的营业收入增长幅度较大，带动全市服务业营业收入快速增长。

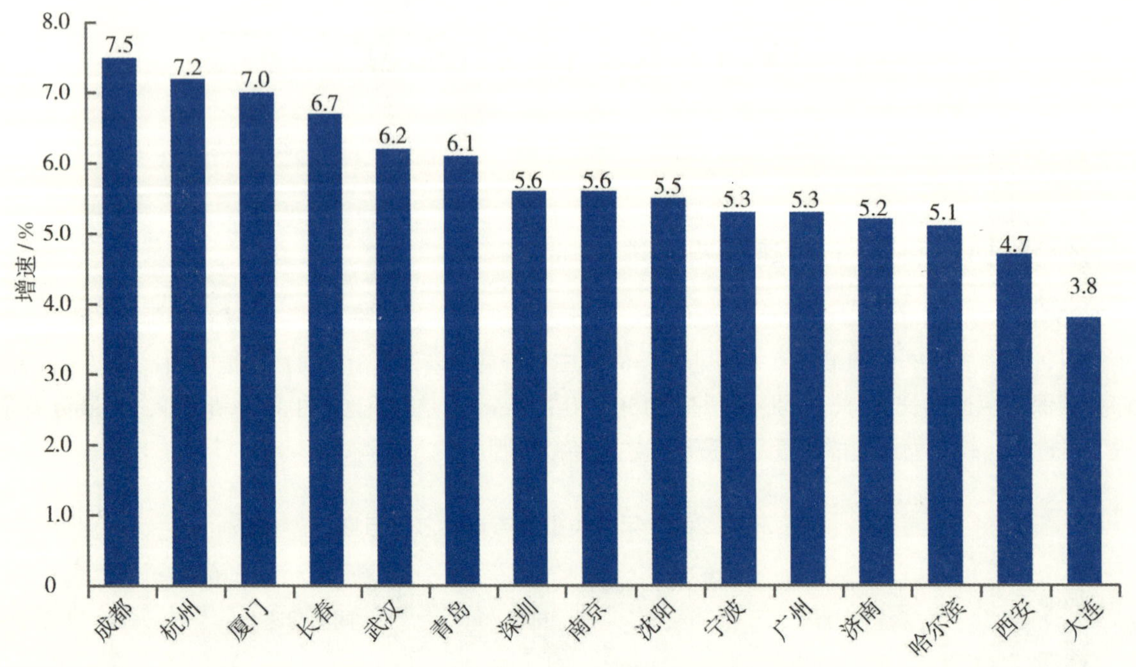

数据来源：各城市统计局网站。

图 2-1　2023 年同类型城市服务业增加值增速

（二）不足

1.地区生产总值增速居末

2023 年厦门全市地区生产总值 8066.5 亿元，同比增长 3.1%，增速在同类型城市中与哈尔滨并居末位（详见图 2-2）。与 2022 年相较，2023 年厦门地区生产总值增速排名位次从首位下降至末位，反映出在国内外复杂严峻的形势下，厦门经济虽有所恢复，但稳增长的基础仍较薄弱，尤其在工业及消费方面，转型升级和结构调整仍面临较大考验。

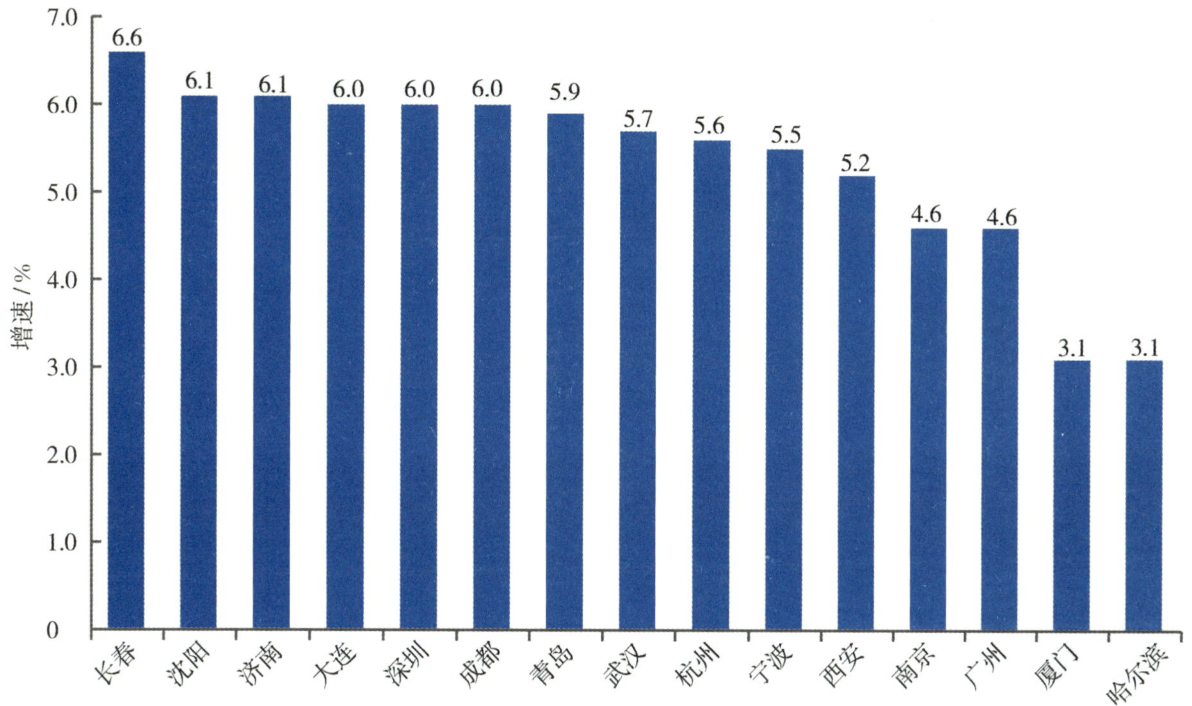

数据来源：各城市统计局网站。

图 2-2　2023 年同类型城市地区生产总值增速

2.规上工业增加值增速排名靠后

从自身看，2023 年以来，厦门规模以上工业增加值同比增速在经历了年初快速下滑之后，降幅已逐季持续收窄，一季度、二季度、三季度及全年增速分别为−10.5%、−6.6%、−3.5%和 0%，回升信号显现。但横向比较看，厦门规模以上工业增加值同比增速在 15 个同类型城市中居第 14 位，落后工业增长最快的济南市 12 个百分点以上（详见图 2-3），与全国规模以上工业增长 4.6%的平均水平差距也较大，工业稳增长面临较大压力。

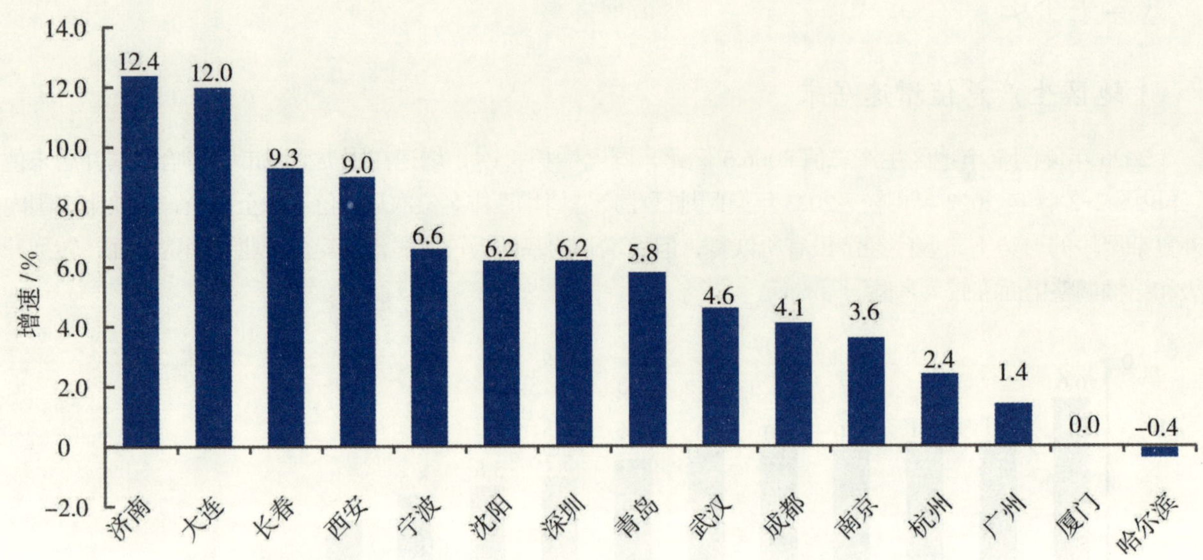

数据来源：各城市统计局网站。

图 2-3　2023 年同类型城市规模以上工业增加值同比增速

3.固定资产投资增速趋缓

2023 年，厦门固定资产投资同比增长 0.5%，增速在同类型城市中居第 11 位；落后固定资产投资增长最快的深圳市 10 个百分点以上（详见图 2-4），与全国 3%的平均水平差距 2.5 个百分点。主要原因，一是基础设施类项目投资大幅下降，全年全市基础设施投资下降 40.7%，拉低全市投资增长 11.7 个百分点；二是民间投资信心不足，全年全市民间投资下降 5.4%，拉低全市投资增长 1.2 个百分点。

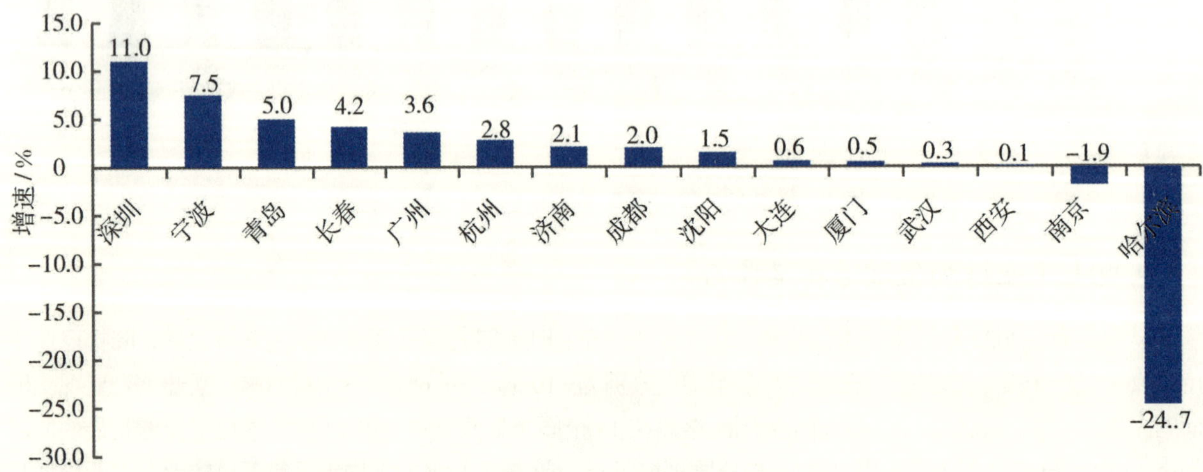

数据来源：各城市统计局网站。

图 2-4　2023 年同类型城市全社会固定资产投资增速

4.社会消费持续低迷

2023 年，厦门社会消费品零售总额同比增长 3.9%，居同类型城市第 14 位，位次比 2022 年下降 11 位

（详见图 2-5）。主要原因在于住房需求缩减，居住类相关商品销售不景气，如建筑及装潢材料、家用电器和音响器材等商品销售额降幅较大。

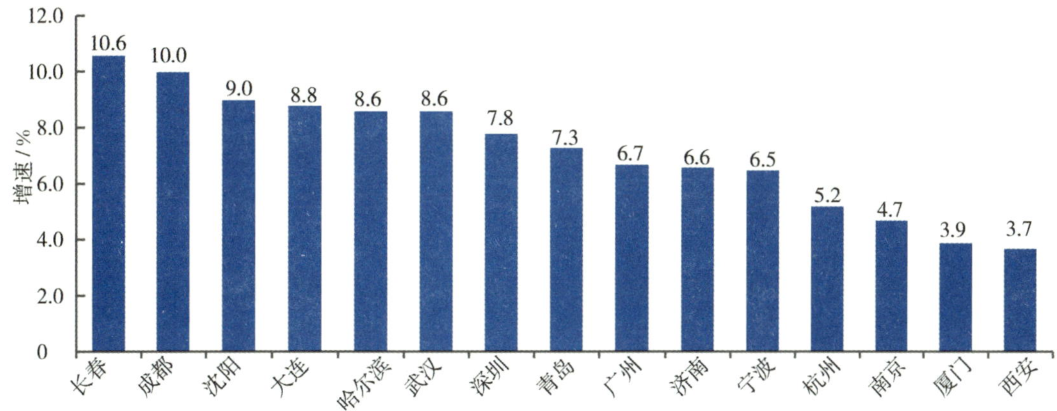

数据来源：各城市统计局网站。

图 2-5　2023 年同类型城市社会消费品零售总额增速

5.外贸出口降幅逐渐扩大

2023 年，厦门外贸出口总额实现 4474.5 亿元，同比下降 3.9%（详见图 2-6），增速比全国 0.6%的平均水平低 4.5 个百分点，排名居同类型城市第 12 位（详见图 2-7）。自 6 月开始，厦门外贸出口下降趋势明显，1—6 月厦门外贸出口同比下降 1.1%；此后，出口降幅逐季扩大，1—9 月出口同比下降 2.5%，全年出口同比下降 3.9%。主要原因在于美国是厦门外贸出口的第一大目的地国家，但近年来，随着中美经济关系在关键领域“脱钩”“断链”，中美相互经贸依存度下降，厦门外贸企业出口订单减少，外贸型工业企业受到外需不振影响，产品出口持续下降，拖累全市出口面临较为严峻的发展形势。

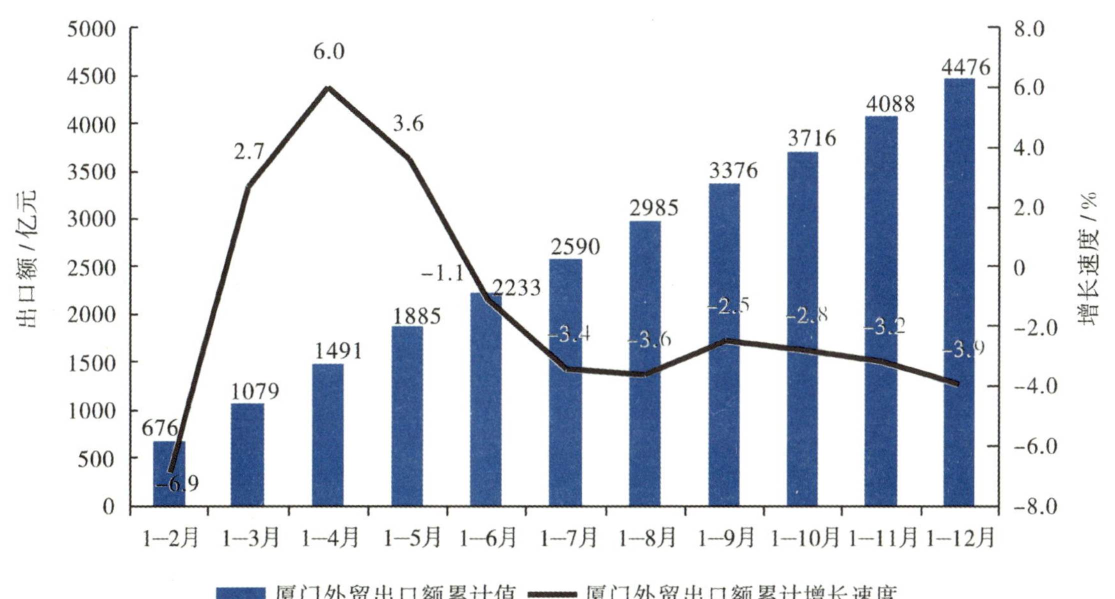

数据来源：厦门市统计局网站。

图 2-6　2023 年厦门外贸出口额累计值及累计增速

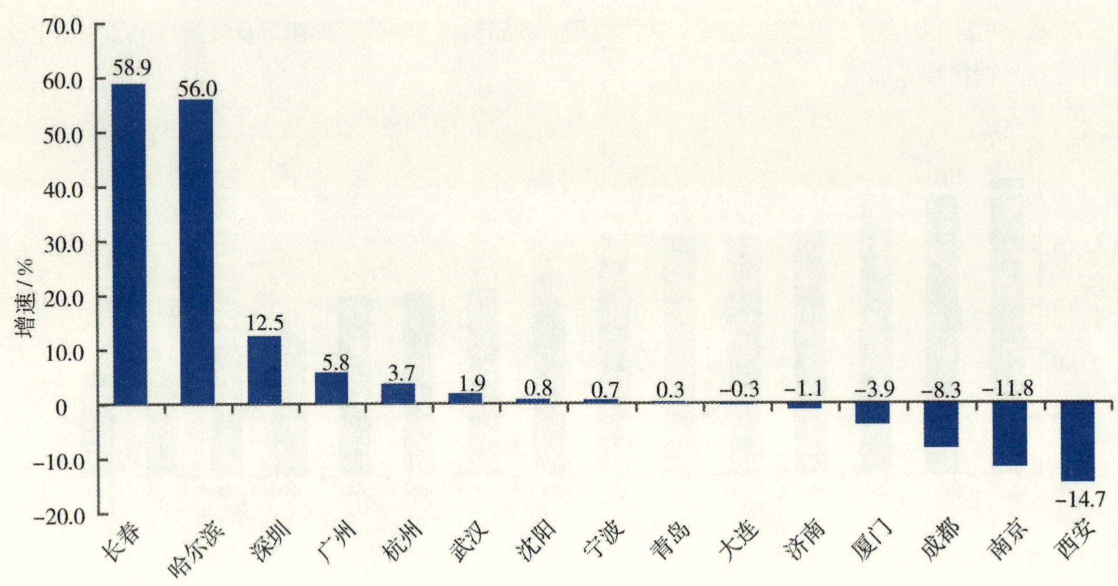

数据来源：各城市统计局网站。

图 2-7　2023 年同类型城市外贸出口额增速

三、2024 年对策建议

2024 年是实施“十四五”规划的关键一年，为促进整体经济加快发展，厦门应继续坚持稳中求进工作总基调，着力加快推进新型工业化和扩大有效投资，大力提振消费，推动外贸出口促稳提质等系列举措，以进促稳，持续巩固经济回升向好的态势，夯实经济高质量发展根基。

（一）加快推进新型工业化

提升制造业创新能力。进一步强化企业创新主体地位，继续实施企业千亿研发投入引领计划，鼓励企业建设国家级和省级重点实验室、工程研究中心、企业技术中心、制造业创新中心、企业创新研究院等创新平台，推动规模以上工业企业研发机构全覆盖。支持企业积极参与国家产业基础再造工程、重大技术装备攻关工程和制造业高质量发展专项，推动产业链协同攻关。继续实施企业技术创新能力提升行动，带动新技术、新产品、新工艺研发应用。完善政府首购首用、保险补偿等机制，加大首台（套）装备、首批次材料、首版次软件应用政策支持力度。

优化提升产业结构层次。做强做优做大电子信息、机械装备、商贸物流、金融服务四大支柱产业集群规模，加快培育生物医药、新材料、新能源、文旅创意四个战略性新兴产业，聚力打造产业发展新优势。抢占未来产业制高点，推动第三代半导体、前沿战略材料、氢能与储能等产业突破发展，超前布局未来网络、基因与生物技术、深海空天开发等未来产业。加快传统产业转型升级，引导食品加工大力开发绿色健康产品、提质增效发展，支持体育器材行业智能化、高品质发展，推动家居用品制造业向数智化转型升级，打造兼具国潮特色与时尚趋势的纺织鞋服产业品牌。推动先进制造业与现代服务业融合，支持建设一批服务型制造示范企业、平台和项目。深入实施质量强市战略，开展标准引领、品牌带动、品质提升专项行动。

提升产业链式集群发展水平。按照“紧盯前沿、龙头牵引、创新培育、打造生态、沿链谋划、集群发展”的发展思路，加大产业链“建强补延”力度，加快推进产业链式集群规模化发展。加大“链主”企业培育力度，“一链一策”提升龙头企业创新引领力和生态主导力，集聚一批核心技术能力突出、引领产业发展、具有较强国际竞争力的产业链“链主”企业。支持“链主”企业牵头建设产业链、供应链合作平台，引导跨界供应商、新兴科技供应商等积极融入“链主”企业产业链、供应链和创新链。

加快推进制造业数字化转型升级。深化企业“上云用数赋智”，持续推进两化融合管理体系贯标和DCMM（数据管理能力成熟度评估）贯标。发挥国家中小企业数字化转型试点城市示范作用，加大供需对接力度，大力开展数字化转型诊断服务。加强工业互联网试点示范项目和示范平台建设，力争打造若干个国家级双跨平台，支持有条件的龙头骨干企业按照“灯塔工厂”标准建设智能工厂，培育一批工业互联网示范工厂、样板园区和行业先进解决方案。

（二）着力扩大有效投资

大力促进民间投资。合理引导和拓展民间资本投资空间，坚持“非禁即入”原则，鼓励民间资本进入法律法规未明确禁止准入的所有行业和领域。建立全市重点民间投资项目库，支持民间资本通过多种方式参与新型基础设施、乡村振兴、文化旅游、生态环保、先进制造业、现代设施农业等领域重点项目建设，推荐重点民间投资项目争取政策资金支持。搭建统一的向民间资本推介项目的平台，常态化公开推介项目清单，积极组织线上线下项目推介会、集中签约会等活动，加快民间资本投融资合作对接。在大型公建、重大基础设施等政府采购重大项目招投标过程中，对于 400 万元以上工程中适宜由中小企业提供的部分，探索以灵活预留采购包等方式，为符合条件的中小民营企业预留市场机会。

加快推动重大产业项目建设。支持符合条件的重大产业项目通过综合开发、发行基础设施不动产投资信托基金（REITs）、企业资产证券化、市场化处理低效资产等方式盘活存量资产。推动重大项目建设借鉴无锡等先进地区经验，开展“策划即入库”“拿地即开工”“建成即投用”“三提三即”改革，加速推进重大项目落地投产见效。强化重大项目专班服务机制，定期跟踪项目进度，切实解决推进中的困难问题。

促进房地产业平稳健康发展。继续落实国家有关居民换购住房个人所得税优惠、首套房贷款“认房不用认贷”等政策，支持刚需和改善性住房需求。促进房地产投资，进一步优化完善房地产项目审批流程，加快项目建设，积极推进“商改租”，加快盘活商业办公存量土地和房产，用于教育、科研、医疗、养老、文化、体育及保障性租赁住房、租赁住房等。统筹推进城市更新、老旧小区连片改造、房屋征收、小区适老化改造等工作，继续实施城镇老旧小区居民提取住房公积金用于加装电梯等自住住房改造政策。

（三）加快恢复和扩大消费

提振大宗消费。深入挖掘汽车消费潜力，支持开展新能源车以旧换新、汽车下乡等各类汽车促消费活动。支持开展绿色智能家电家居促销，鼓励绿色家电生产销售企业惠民让利、以旧换新，推广智能家电、集成家电、功能化家电等产品。支持新能源车推广使用，延续实施新能源汽车免征车辆购置税政策，支持环卫企业联合统一招标采购新能源车辆，实施新一轮新能源车置换补贴，对个人消费者报废或者转让本人名下在本市注册登记的非营业性小客车，且购买符合条件的纯电动小客车新车，给予一次性一定额度的购车补贴，鼓励扩大纯电动汽车消费。

扩大服务消费。开展餐饮消费挖潜行动。完善“厦门夜餐饮地图”并扩大宣传推广力度，打造地标级美食集聚区，试行对具有示范带动效应的特色美食街区给予奖励，继续举办中华美食荟暨 2024“寻味厦门”

鹭岛美食节活动、2024厦门必吃100家餐厅等餐饮促消费活动，提升改造一批环鼓夜游、筼筜雅游等夜间特色消费项目，因地制宜调整商圈和美食街区公共交通收班时间。丰富文旅、体育及会展消费。深入实施旅游品质提升年行动，举办系列季节性消费活动，继续办好中秋旅游嘉年华等文旅节庆活动，配合不同活动主题发放一批文旅体育消费券，用好用足演出市场专项资金，鼓励增加营业性演出供给，支持闽南大戏院、嘉庚剧院举办系列音乐剧、话剧、舞剧展演。积极挖掘赛事平台价值，持续放大赛事综合效应，提升世界田联钻石联赛厦门站等国际赛事水平，积极培育引进若干高能级、流量型的消费类展会，对符合条件的项目按规定给予资金支持。统筹推进家政服务业提质扩容，引导家政企业规范服务标准，不断提高家政服务质量。

拓展消费新场景和新品牌。大力发展新品首发、新剧首演、新展首秀、新戏首映消费等首发首秀新型消费，加快吸引国内外中高端品牌、知名消费品牌来厦开设首店、旗舰店、采购中心、区域销售中心或总部，支持核心商圈、特色街区等加大力度招引具有较强影响力和代表性的概念店、体验店，编制并发布年度首店地图、首店榜单。支持互联网平台打造“新品首发网络平台”。制定专项政策，对经认定具有影响力和带动力的首店、旗舰店、新品首发平台、新品首发活动给予奖励支持。大力提升老字号和国潮品牌影响力，鼓励品牌跨领域、跨虚实合作推出联名商品、打造一批厦门“城市限定”“城市联名”商品，持续组织推选一批兼具新潮和个性的“厦门伴手礼”“厦门礼物”。试行认定一批引领性本土品牌、国潮原创品牌集聚地，对品牌在核心商圈、商业街区推出快闪店、营销推广活动、首店、旗舰店等给予支持。鼓励老字号运用大数据、云计算等新技术聚焦消费新模式、新客群提升品牌价值。

（四）推动外贸出口促稳提质

加力稳定外贸基本盘。充分发挥外经贸发展专项资金作用，支持外贸企业积极开拓海外市场，探索对百强外贸出口企业给予通关、外汇、退税和人才引进等优惠政策支持。动态跟踪外贸出口正负向拉动前一百位企业，“一企一策”予以精准帮扶。充分挖掘口岸物流出口潜力，促进远海、象屿码头整车出口能力进一步提升。加强出口信用保险等政策创新，发挥国际贸易“单一窗口小微企业信保易”出口信保统保平台作用，为中小外贸企业提供出口收汇、资信调查、融资增信等全方位保障。持续扩大出口信用保险承保规模和覆盖面，加大汇率避险服务有效供给。紧抓RCEP、金砖基地建设机遇，用好协定关税减让安排和原产地累积新规则，聚焦降税明显商品，进一步巩固传统产品出口优势，促进机电产品、高新技术产品出口占比提升，持续推动对RCEP、金砖国家出口规模持续扩大。继续开展全国跨境贸易便利化专项行动，推动口岸通关便利化水平不断提升。

加快培育外贸新业态。深入推进跨境电商综试区建设，对采取“9710”等跨境电商模式、B2B交易额达到一定规模的给予分档奖励，加大政策宣讲力度，引导跨境电商企业充分利用厦门象屿综合保税区“入区即退税”政策优势，开展“1210”出口海外仓零售业务，助力企业提升资金周转速度。复制推广“跨境电商网购保税进口+实体新零售”模式，通过对“保税+展示交易”“保税+跨境电商”模式的政策叠加和功能组合，实现“保税展示+跨境电商”快速配送（前置仓快配）新零售模式，进一步提升跨境电商购物体验。用好中央外经贸发展专项资金（跨境电子商务项目）政策，继续支持跨境电商、供应链服务企业加速海外仓布局建设。

参考文献

[1] 海西晨报. 保税租赁 厦门领“飞”全国[EB/OL].(2023-11-28)[2023-12-05]. http://dzb.sunnews.cn/html/2023-11/28/content_817338.htm.

[2] 中共济南市委 济南市人民政府关于印发《推进新型工业化加快建设工业强市三年行动计划(2023—2025 年)》的通知[EB/OL].(2023-11-24)[2023-12-05]. http://jnjxw. jinan.gov.cn/art/2023/11/24/art_12910_4778227.html.

[3] 厦门市人民政府. 2024 年厦门市人民政府作政府工作报告[EB/OL].(2024-01-12)[2023-01-15]. http://xm.fjsen.com/2024-01/12/content_31499219.htm.

课题指导：彭朝明
课题组长：李　婷
课题组成员：黄光增　姚厚忠　李　婷
曾　峰　龚小玮
课题执笔：李　婷

第三章

思明区 2023 年发展评述与 2024 年展望

一、2023 年发展评述

（一）发展综述

2023 年，思明区扎实推进中国式现代化，坚持稳中求进工作总基调，完整、准确、全面贯彻新发展理念，服务和融入新发展格局，着力推动高质量发展，突出做好稳增长、稳就业、稳物价工作，推动经济运行稳中向好，实现质的有效提升和量的合理增长。

1.经济运行量质齐升

思明区实施区领导定期调度、挂点服务企业、重点项目等协调机制，稳住市场主体，促进消费，增加投资，推动经济稳增长、提质量。2023 年全年地区生产总值达到 2730 亿元，增长 5.6%；固定资产投资增长 46.3%；财政总收入达到 410 亿元，增长 2.2%；社会消费品零售总额达到 1080 亿元，增长 4.7%。详情参见图 3-1 至图 3-3。

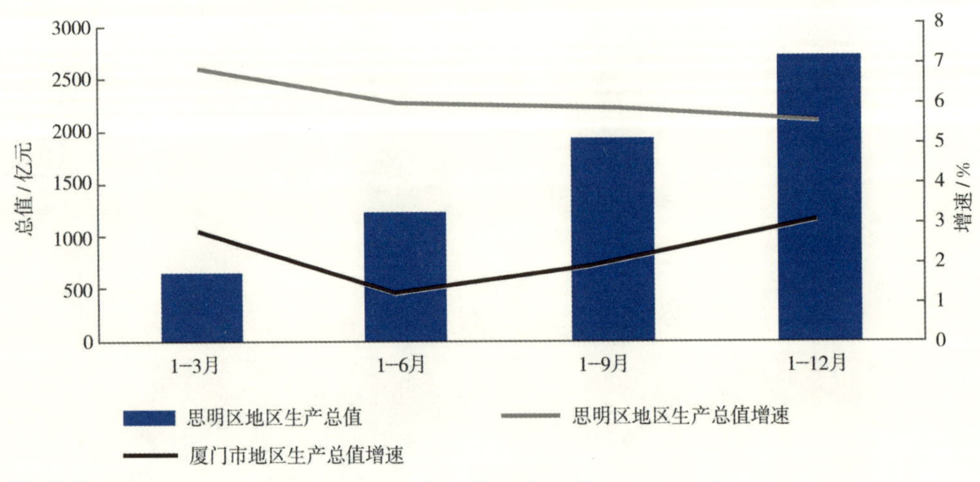

资料来源：思明区统计局、厦门市统计局。

图 3-1　2023 年思明区地区生产总值情况

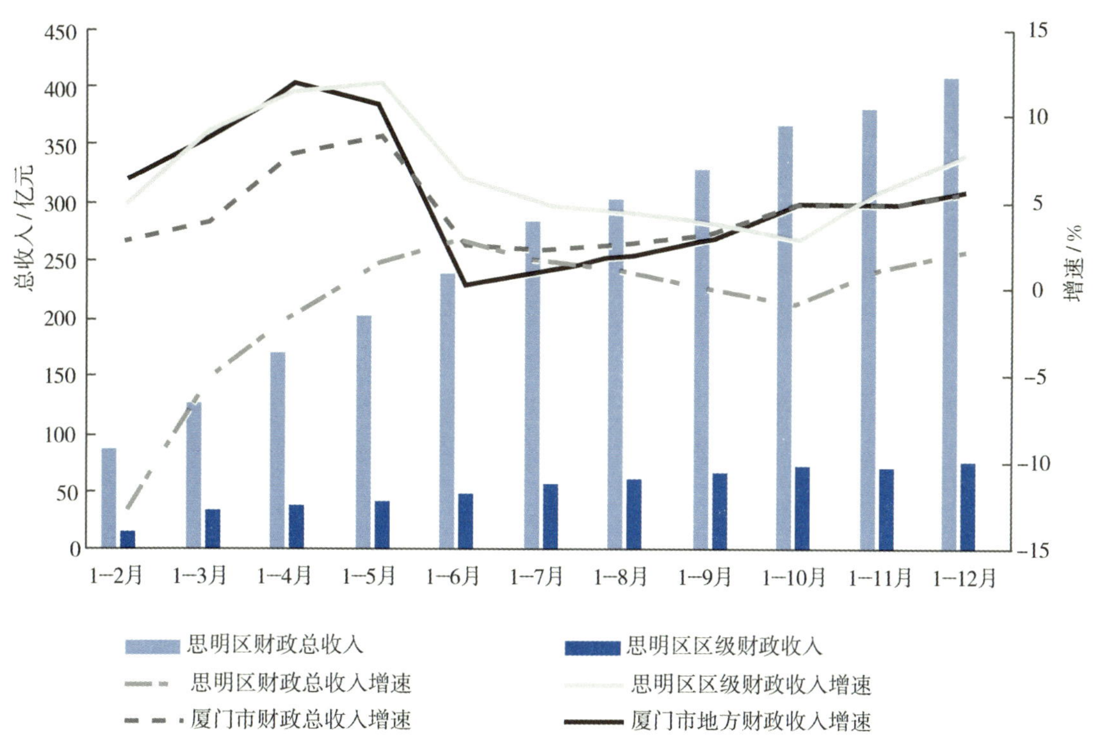

资料来源：思明区统计局、厦门市统计局。

图 3-2　2023 年思明区财政收入情况

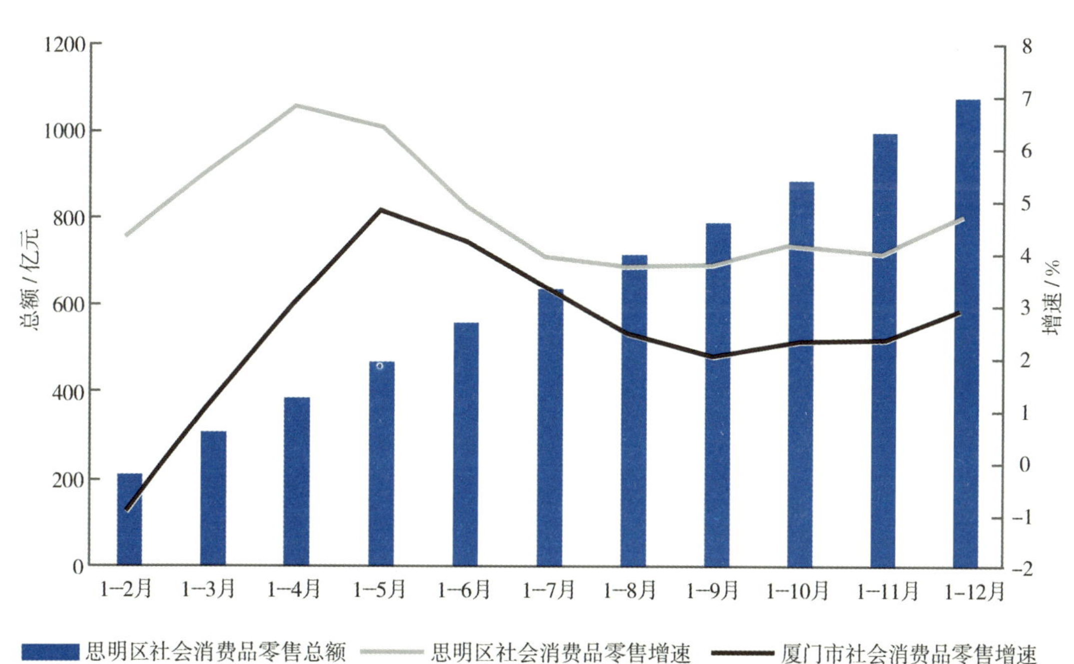

资料来源：思明区统计局、厦门市统计局。

图 3-3　2023 年思明区社会消费品零售总额情况

2.现代化产业体系提质升级

产业能级不断提升。软件信息业展现韧劲：38家企业入选省数字经济核心产业领域创新企业，思明元宇宙暨数字影视产业园引入龙啸九天等企业。金融业加快发展：设立全市首个区级政府直投科创基金；厦金创新、星云至恒等私募管理机构落地，在地私募基金公司达到136家。商贸业规模稳步增长：中采通、兰州商投、新希望等新落地大宗商品贸易项目运营见效。文体旅融合发展深入推进：接待国内外游客4018万人次，金鸡百花电影节成功签约36个文化影视项目，投资额达88.6亿元；实施《思明区全面推进文体旅高质量融合发展三年行动方案》，"思明有好市"、途纪·落日码头复古市集等系列主题市集活动在全区铺开，有力激活文旅商消费活力。

助企惠企有力有效。思明区率先出台"抢开局、稳增长"7条措施，全力稳住市场主体。持续开展"益企服务"专项行动，创新出台"321"系列惠企政策，有效缓解中小微企业融资难、融资贵等难题，累计减税降费22.4亿元，惠及企业2313家次。

招商引资成效显著。坚持招大商、大招商，深化基金招商、校友招商等新模式，推动中远海特等143个项目落地，总注册资金512亿元。新增大钲资本总部等115个高能级项目，注册资本510亿元。"9·8"投洽会签约项目90个，总投资381.9亿元。

创新活力加速迸发。年度研发投入超千万元企业达112家，新增市级以上创新载体23家。新引育市级以上高层次人才479家，全省首创人工智能职称评审试点，入选赛迪全国创新百强区榜单第31名。

3.城区环境品质持续提升

重大片区开发加速推进。推动同文顶、厦港按"功能疏解+异地安置"调整规划方案。推动前埔片区综合开发方案经市政府研究同意启动，成功转段。推动鹭江宾馆、信达光电等企业项目自主改造。深化滨北超总、将军祠、东坪山、游戏产业园等片区规划方案。环厦大科创谷、浦南片区抓紧前期工作。将军祠实现"2004C25号政府储备用地"和海燕橡胶厂地块100%拆平；泥窟石村片区地上物100%拆除；何厝郑庆达户完成签约。

基础设施加快完善。打通蔡岭路（岭兜段）、蔡岭路（洪文泥窟社段）等2条断头路。完成禾祥东小学东侧道路建设工程、黄厝安置房周边道路工程、植物园南门入口区配套道路工程等6个配套道路项目建设。通过挖掘边角地、整合闲置用地、改扩建地下空间、立体停车等方式，新增大厝山78号、体育路南侧等15个停车场，新增车位914个，推动943个机关事业单位错时共享停车。

生态环境加快改善。加快污水"两高"建设，推进筼筜湖南、北岸片区2个项目4个标段，已完成791个小区、137条道路改造工作，完成改造面积约27.9平方千米（占建成区面积约52%），完成投资约13亿元。完成铁路文化公园、鸿山公园改造提升。利用边角零碎地打造绿地空间，建成莲岳路"拾光园"、湖明路"家风园"等4个口袋公园。试行示范街店面垃圾收集全覆盖，探索适当跨店经营"多元共治"新模式，市对区垃圾分类考评排名全市前列。

城中村现代化治理成效初显。实现滨海小学片区约1.9万平方米的空间释放，2013年以来两村累计拆除违建约5.2万平方米。打造黄厝社区特色滨海生态文旅休闲小镇和东山东坪山社"山间城市会客厅"。挖掘传承历史文化，成立民俗文化促进会，挖掘、编纂村庄历史，形成精神脉络。完成思明智慧城中村管理平台基础框架和功能搭建。创新建设滨海街道综合治理调度中心试点，以智慧赋能街道区域综合管理各项工作，接入1300余家全区各类处置单位。

4.民生服务提质增效

教育发展优质均衡。完成金榜小学、金鸡亭小学等新改扩建 7 所学校，新增小学学位 5130 个。新增幼儿园学位 720 个。建立了 13 个多类型教育共同体，覆盖 50 多所学校，形成中小幼一体化教育格局，促进全区整体办学品质提升。实施“百校焕新”行动，区青少年宫和老年大学新校区投用。“双减”经验在全国推广。获评省级基础教育综合改革试验区。

医疗水平稳步提升。启动实施卫生健康高质量发展建设三年行动，加快区医疗卫生综合体等 9 个项目建设。在莲前、梧村街道社区卫生服务中心和筼筜街道官任卫生服务站打造 3 个高层次人才健康服务站点，以“小病不远行、大病能转诊、便捷享服务”为高层次人才提供“家门口”一站式健康服务。创新推动“医师执业注册-备案”及“医师多机构执业备案”入驻思明“E政务”，全市首推医师护士注册全流程网办。积极打造“许巧燕健康管理技能大师工作室”“郑君圣保健刮痧师技能大师工作室”等，鼓励名医定期下基层传帮带、开设技能培训班。

文体事业繁荣发展。聚焦文体惠民，办好思明体育时尚季等系列品牌活动。开展海峡两岸原创广场舞联欢等文化惠民活动 300 场，举办“翻阅思明·2023 全民阅读季”活动。建成陈化成史迹展览馆。新改建运动场所 1 处，人民体育场全新亮相。

社会保障更加有力。发放就业补助资金 3516 万元，引进高校毕业生 2.7 万人，城镇失业人员再就业 1.35 万人。发放基础人才“五年五折”补贴 8041 万元。发放救助补助 9189 万元，惠及 14 万人次。完成深田社区养老服务照料中心建设，推进全民健身中心及老年服务综合体项目，提升养老服务水平。

5.改革开放释放新活力

改革力度不断深化。率先在全国推出员工入职“一件事”集成套餐服务，完善项目全生命周期管理服务，下放 100 万元以下政府投资项目审核权限，推行豁免清单、容缺受理，最大限度优化审批流程。探索大型企业带资建设模式，引入四川华西集团与思明城建成立SPV公司开发厦门国际商务核心区。通过发行旧城改造专项债方式为同文顶等片区改造提升筹措启动资金。

营商环境优化升级。推出“科创贷”“税易贷”“消费贷”等融资担保产品，实行担保费用全免。率先在全市推出“远程视频办”业务，创新开展政务“智能办”改革试点。率先在全市实施“政务服务体验官”制度，着力打造营商环境“首善之区”，持续营造市场化、法治化、国际化一流营商环境。

开放合作持续拓展。海丝中央法务区思明示范区设立大陆首个涉台海事纠纷解决中心。成立全省首个区级台胞驿站、全市首个区级“台胞之家”。加快推进闽宁产业园建设，推动夏商集团等 20 家企业入园，投资金额超 10 亿元。

基层创新加快推进。创新出台“一办法一细则”，被市建设局向全市推广。率先在全市成立区物业管理行业协会，建立物业服务应急托管机制。梳理制定小区物业服务工作标准、工作流程，推动小区文明创建常态长效。推动住宅加装电梯项目简化建设许可手续，完善监管和验收机制，保障加装电梯政策惠民便民。

（二）主要问题

1.产业转型升级不够快

商贸、金融等支柱产业转型步伐较慢，战略性新兴产业和未来产业集聚规模尚未形成，产业转型升级速度不够快，产业竞争力还不够强。

2.创新人才支撑不足

国家和省级重大科技基础设施不多，创新资源和产业发展对接不够紧密。中小企业自主创新能力弱。掌握核心技术的企业不多，顶尖人才和高端研发团队偏少，科技创新引领带动作用发挥不足。

3.土地空间高效利用不足

旧厂、旧村和未利用地等低效用地仍然存在，土地资源高效集约利用方面还有很大提升空间。缺乏连片大面积产业用地和高标准产业用房，用地、用房、用工等要素成本上涨较快，现有产业用房形态无法满足高端制造业需求。

二、2024年发展展望

（一）影响因素

1.有利因素

新型工业化新要求。新型工业化是新时代全新的工业发展理念，是强调质量优先的工业化、重视自主创新的工业化、推进“双循环”的工业化、绿色低碳的工业化。这一要求有利于思明区发展工业上楼，促进先进制造业发展；同时也有利于思明区加快发展生产性服务业，促进制造业与生产性服务业融合发展。

中国式现代化新要求。进入新时代，推进中国式现代化是最大的政治。这一要求有利于思明区加快推进人的现代化、产业现代化、治理现代化，为中国式现代化提供城市范例。

新质生产力新要求。新质生产力是以新理念、新技术、新形态为主要内涵的生产力。这一要求有利于思明区整合科技创新资源发展新科技，为构建现代化产业体系提供创新动能；同时也有利于思明区培育战略性新兴产业和未来产业。

2.制约因素

消费潜力有待进一步释放。在生活性服务业的品质提高方面，如餐饮、住宿以及品牌建设等还有待进一步增强，市场消费活力略显不足。优势产品消费促进方式单一，知名度有待提升，对消费的带动作用有待增强。商业服务布局仍然存在薄弱点，有效需求得不到充分释放。

科技支撑能力不足。数字技术对思明区优势产业的赋能不充分。科技创新孵化基地等平台作用还需进一步增强，企业与具备科技创新能力的机构、金融机构等还需建立更为紧密的联系。民营经济目前仍然存在科技研发能力不足、人才储备不足等问题，创新动能有待进一步增强。

（二）2024年发展展望

2024年，思明区将着力在“发展动能转换、城市能级提升、深化改革”三个方面发挥引领作用，重点在抓投资、抓功能提升、抓改革创新上下功夫。坚持项目为王，培育高质量发展新动能。持续优化产业体系，构建高质量发展新引擎。不断深化改革创新，激发高质量发展新活力。全面推进生态建设，擦亮高质量发展新底色。完善城区功能品质，塑造高质量发展新样板。聚力改善民生福祉，共享高质量发展新成果。全区 2024 年经济社会发展的主要预期目标为：地区生产总值增长 5.5%左右；财政总收入增长 5.5%，固定资产投资达到 300 亿元。

三、2024 年对策建议

2024 年，思明区将牢牢把握高质量发展首要任务，强产业、促消费、扩开放、稳投资、优环境，深度融入新发展格局，在努力率先实现社会主义现代化的新征程中做表率、当先锋。

（一）着力高质量发展，推动经济总量、质量再攀新高

聚焦现代化产业体系建设的重点、制高点，加速抢占新赛道，在巩固存量、扩展增量、延伸产业链、提高附加值上下功夫，不断提升企业在产业链上的影响力、竞争力、带动力，加快塑造发展新动能、新优势。

1.打造现代服务业发展高地

充分发挥创新对现代服务业的驱动作用，提升现代服务业供给质量。加快软件和信息服务业高质量发展，壮大智慧城市智能系统产业集群，打造游戏动漫产业孵化中心。出台金融业发展若干措施，做大金融“朋友圈”。发挥“金鸡”效应，聚焦数字影视、版权交易等重点领域，引进培育一批优质影视企业。打造宝嘉CCpark等智慧旅游、沉浸式体验新空间，壮大文旅经济新动能。推进生产性服务业数字化发展，拓展数字技术应用场景，深化行业应用，推动智能物流、智慧交通、数字金融等领域发展。推进生活性服务业数字化升级，聚焦文旅、健康、养老、商贸、教育等领域，促进线上线下资源的有效整合和利用，发展体验式消费、个性需求定制服务等新业态。大力发展数字生活、数字娱乐、数字体育、数字教育、数字文博、数字创意等新兴业态，丰富移动支付、无人零售、场地短租等新模式，积极发展在线医疗、在线旅游、在线教育、在线交通、线上办公、直播电商等在线经济。

2.打造民营经济发展高地

定期发布区级鼓励民间资本投资重大项目清单，依法依规吸引民间资本参与建设。鼓励区属国有企业通过合资共设、股权转让、增资扩股等方式，加大与民间资本合作力度。统筹新增建设用地、存量建设用地，以支持民间投资项目用地需求。加大区级产业引导基金、科创基金等对民营企业的支持力度。完善民营企业参与涉企政策制定机制，邀请民营企业家列席区委、区政府有关会议，出台涉及民营企业的重大经济决策和重要产业政策前，充分听取、吸收相关民营企业家的意见，增强政策科学性、规范性和协同性。

3.打造更具竞争力的企业梯队

培育壮大领军企业。围绕软件和信息服务业、先进制造、文化创意、金融业等领域，采取“一企一策”方式提供靶向服务，推动重点企业成长为具有全球竞争力和知名度的领军企业。鼓励领军企业建设国家、省实验室及技术创新中心等创新平台，支持其加大基础研究和应用研究投入，围绕重点领域攻克“卡

脖子”技术。培育一批“专精特新”中小企业。通过加大对中小企业创新研发、知识产权、质量品牌建设、市场拓展、数字化赋能等方面的服务指导和政策支持，引导中小企业专业化、精细化、特色化、创新型发展，引导“专精特新”中小企业成长为国内市场领先的“小巨人”企业，引导“小巨人”企业成长为国际市场领先的单项冠军企业。培育一批小微企业上规升级。着力扩容市场主体，积极推进“个转企”“小升规”，实行分级分类培育引导，有力推动小微企业上规升级。培育一批优质企业上市挂牌。支持企业通过IPO、借壳、重组并购等多种渠道上市，支持已上市的企业开展增发、配股、可转换债等融资工作，利用资本市场做强。

4.打造高品质低成本的产业空间

建立财政金融支持推进机制，鼓励利用政策开发性金融工具等方式筹措资金。建立强化国企引领推进机制，鼓励区属国企与市场主体合作项目收益反哺平衡。通过“三旧”改造、利益综合平衡等方式，统筹建设一批高品质、低成本优质产业空间，推动工业上楼，加快发展先进制造业。推动开元创新社区等低效用地改造提升、主题化发展，加快补齐产业配套空间、公共交往空间短板，吸引创新、创业、创投资源加快导入。

5.打造国内领先的科创高地

深化科技型知识价值信用贷款风险补偿改革，组建创新联合体和中试平台，推动“大校、大院、大企业”协同创新。前瞻性跟踪颠覆性技术，在人工智能、生命健康等领域推动取得一批“从 0 到 1”的原始性、原创性成果。充分发挥企业科技创新主体作用，持续打通科研开发和产业应用链条，推动科技与市场加速融合、技术与产业加速对接、成果向生产力加速转化。深化“揭榜挂帅”制改革，探索推行技术总师负责制，试点推进“赛马制”，依法放宽科研项目资金管理权限。加强知识产权全链条保护。

（二）着力城市更新，推动中心城区再展新颜

坚持城市更新与产业升级、功能提升、绿色转型、民生改善、安全生产“五联动”，通过城市更新塑造高质量发展新空间，促进城区功能品质提升。

1.持续推进重大片区建设

进一步深化滨北超级总部、将军祠、游戏产业园、东坪山和大厝山一体化、环厦大科创谷、浦南等片区规划方案。启动前埔片区旧村整村改造，加快完成思明东部新城的最后一块“拼图”。一体化推进厦门国际商务核心区建设与招商。完成何厝、岭兜片区安置房及公建配套建设，推动湖滨片区安置房主体全面封顶。

2.推进城市更新提质增效

鼓励老旧楼宇、传统商圈、老旧厂房、低效产业用地等存量资源升级改造，着力提高经济密度和投入产出效率，推动产业高质量发展。开展历史文化街区、老旧小区、老旧楼宇等方面的更新探索，促进历史文化街区保护、活化与复兴。引入社会力量推进老旧小区综合改造的有机更新模式，通过居民付费、政府补贴、存量空间盘活利用等多种渠道，实现一定期限内投资回报平衡。以功能业态升级和公共空间改造提

升等方式带动楼宇商圈区域整体更新。

3.统筹推进基础设施建设

加快完成祥云实验学校等校园周边配套道路工程等 11 条道路，有序开展西林西二路道路建设，积极推进湖滨、岭兜、何厝、泥窟等片区及重点地块建设项目周边配套共计 14 个市政项目（涉及 30 条道路）建设的前期工作。打通前埔西路等断头路。新增停车位 600 个。

4.着力推进智慧城区建设

围绕智慧产业、智慧经济、智慧社区、智慧城区、智慧政务“5W+”智慧应用领域，聚焦解决企业和群众的“急难愁盼”问题，提升思明区智慧城区水平。随着“智慧思明”二期项目加快建设，推动智慧城中村、智慧小区管理服务平台赋能各治理单位业务和应用创新。

5.着力打造优美生态环境

持续推进东坪山零碳排放区建设。加快推进筼筜湖南、北岸片区正本清源改造，全力推进辖区内市政排水设施系统改造，集中力量完成老旧小区排水改造。盯紧抓实广播山周边等重要节点绿化景观提升以及曾厝垵村口、金榜隧道西侧等口袋公园建设，试点推进厦禾路、禾祥西路绿篱改造提升等，为市民游客提供更多的养眼、养心、养脚绿地休闲空间。推动自然生态元素与都市楼宇、城市道路等高度融合，营造“全景+湾景+海景+街景”的城市节点景观空间。

（三）着力改革开放，推动经济社会发展再添活力

依托强大国内市场，充分发挥改革创新的突破和先导作用，以新的思维、新的理念、新的方法，积极参与国际国内循环，最大限度激发市场主体活力和内生发展动力。

1.深化综合改革

聚焦制约现代服务业发展的难点、堵点和痛点问题，在市场准入、发展新模式、服务新体系等方面开展新一轮服务业综合改革试点，加快形成一批可复制可推广的经验做法。探索利用市场机制盘活存量和低效用地机制。探索建立容积率调节机制，推进建设用地的多功能立体开发和复合利用。创新基础设施、公共服务设施、交通枢纽等公共空间土地综合开发利用模式和供地方式。深化投融资改革，开展资产证券化、专项债、REITs以及银行理财等多渠道融资研究。

2.打造对外开放高地

对外贸龙头企业实行“一企一策”跟踪帮扶，鼓励企业进一步做大做强。推动重点企业深入“一带一路”沿线国家开展电子商务国际交流合作。支持外贸综合服务、公共海外仓等平台建设发展。探索发展新型跨境易货贸易、离岸贸易等业态模式，促进传统外贸和新业态新模式的融合发展。培育面向RCEP区域的进口商品直销平台和国别商品交易中心。加强在工业互联网、智慧城市、5G、跨境金融等领域与RCEP成员国深化合作。与RCEP成员国开展法律事务合作，促进仲裁、调解、公证、鉴定等法律服务多元化，协助市场主体依法选择商事纠纷解决方式。加强与中介机构对接联系，精准对接世界 500 强、行业头部企

业，争取引进一批优质外资项目。

3.打造对台融合示范区

建立对台融合发展重大项目清单，实施“三个优先”，即“审批优先、要素优先、资金优先”。为来思明区就业创业的台湾青年提供一定期限的过渡免费住房和公共租赁住房。落实惠台政策，稳定和扩大吸引台资，积极引进台湾金融服务、商务服务、会计审计、法律服务、管理咨询等专业服务业。鼓励台湾企业将附加值高、贡献度大的先进制造、工业设计、销售管理环节布局思明区。借助台湾企业的海外商业网络和海外运营经验优势，推动企业联手走出去。支持思明区台资企业延伸产业链，引进核心技术，提高产品的技术含量和附加值，深度参与全球产业链分工和价值链重组。

4.打造国际一流营商环境

深化商事制度改革，试点商事登记确认制，完善企业撤销登记程序，探索建立强制出清制度、商事主体除名制度。推广“主题办”模式，实现营业执照和后置经营许可证同时受理、同步发证，实行关联审批事项一次告知、同步受理、资料共享、精简流程、统一发证的联审联办新模式。完善重大招商项目绿色通道，创新“集中办”“立即办”“专人办”等定制化服务。深入开展“互联网+政务服务”，强化电子证照、电子印章、电子签名、电子档案等基础平台支撑，推广政务服务“秒报秒批一体化”，构建高效便捷政务服务体系。构建适应高质量发展要求的社会信用体系，建立健全事前事中事后全链条的以信用为基础的市场监管机制。

（四）着力共同富裕，推动民生事业发展再创佳绩

坚持以人民为中心，聚焦民生需求，补短板、强弱项、提质量，努力把惠民生、暖民心、顺民意的工作做到群众的心坎上，不断满足人民群众对美好生活的需要，加快实现共同富裕。

1.让市民享有更优质的教育资源

加强区内学校资源、课程、师资共建共治共享，完善教师队伍“区管校聘”管理机制，争创全国义务教育优质均衡发展区、学前教育普及普惠区。加快厦门一中思明分校等项目建设，力促故宫小学改扩建等项目建成投用。提升城中村学校教学质量，鼓励民办学校多样化、高端化发展，保障适龄学生高水平教育供给。探索高中教育特色发展新路径，推动高中教育和大学教育相衔接。深化省级教育综合改革试验区建设，探索未来教育新形态，打造“AI 赋能教育发展示范区”。支持现有名校改革创新，健全教师梯级培养机制，开展校长轮岗交流。

2.让市民享有更优质的医疗服务

实施医院提质增效工程，推动市区医疗机构错位发展、协同发展，鼓励发展高水平社会医疗机构，完善区域双向转诊机制，共同构建国际一流优质医疗服务体系。推动建设厦港社区卫生服务中心等新建项目、鼓浪屿医院病房楼等改造项目。完善分级诊疗体系，推进国家慢性病综合防控示范区常态化建设。加快智慧卫生健康建设，推进互联网医院建设。

3.让市民享有更精彩的文体盛宴

加强历史地标、历史文物、非物质文化遗产保护利用，打造特色文化品牌。深度挖掘人文历史、民俗文化等城区记忆，串联具有思明特色的旅游打卡点，提升全域旅游体验感。完善基层文体设施，实施街道综合性文化服务中心提标升级工程。做强鼓浪屿音乐节等文化品牌，做优东坪山山海运动圈、沙滩滨海运动带，持续深化文体惠民。建设城市社区运动场地，充分利用城市公园、边角地等建设健身设施，支持将旧厂房、老旧商业设施等闲置资源改造成体育健身场地。

4.让市民享有更充分的社会保障

聚焦各个群体，全心全意优化服务。加强高校毕业生、农民工等重点群体就业支持。健全社会救助体系，关心困难群众生产生活。加快全民健身中心及老年服务综合体项目建设，不断优化社区长者食堂布局，提升居家养老服务场所条件，推进家庭养老床位建设。加快普惠托育机构建设，力争千人口托位数达 4.0 个。强化退役军人服务保障，助力我市争创“全国双拥模范城”十连冠。推进儿童友好学校、儿童友好医院建设，加快构建生育友好型社会。

参考文献

[1] 思明区人民政府. 2024 年思明区政府工作报告.[R/OL](2024-02-08)[2024-02-20]. http://siming.gov.cn/zfxxgkzl/qrmzf/zfxxgkml/zfgzbg/202402/t20240208_1038763.htm.

[2] 厦门市人民政府. 2024 年厦门市政府工作报告.[R/OL](2024-02-02)[2024-02-21]. http://district.ce.cn/newarea/roll/202402/02/t20240202_38891275.shtml.

[3] 福建省人民政府. 2024 年福建省政府工作报告.[R/OL](2024-02-04).[2024-02-21]. http://fujian.gov.cn/szf/gzbg/zfgzbg/202402/t20240204_6391648.htm.

课 题 指 导：彭朝明　戴松若
课 题 组 长：刘飞龙
课题组成员：戴松若　林汝辉　刘飞龙
　　　　　　陈国清
课 题 执 笔：刘飞龙

第四章

湖里区 2023 年发展述评与 2024 年展望

一、2023 年发展述评

2023 年，湖里区全面贯彻党的二十大精神，围绕全市“一二三”战略规划，千方百计推动经济复苏，城区建设加快推进，民生福祉持续改善，较好完成经济社会发展各项目标任务。

（一）发展成效

1.经济大盘稳中有进

经济发展企稳回升，全年实现地区生产总值 1724.2 亿元，位居全市第 2 位，其中：第二产业 609.9 亿元，排名全市第 1 位；第三产业 1114.3 亿元，首次突破千亿规模，排名全市第 2 位。经济增长由负转正，全年实现增长 1.5%，排名全市第 4 位。财政收入保持增长，区级一般公共预算总收入 288.1 亿元，其中区级一般公共预算收入 59.5 亿元，比增 9.6%，增速在全市排名第 2 位，高出全市增速 4.1 个百分点。产业结构更加优化，二、三产业结构调整至 36.8：63.2。投资支撑作用凸显，全年完成固定资产投资 544 亿元，比增 29.4%，增速在全市排名第 2 位，高出全市增速 28.9 个百分点。消费潜力逐步激发，全年社会消费品零售总额 548.2 亿元，在全市排名第 2 位。居民收入稳步增加，全年全体居民人均可支配收入为 71514 元，总量排名全市第 2 位。详情参见图 4-1 至图 4-4。

2.“优二进三”扎实推进

先进制造业实力跃升。2023 年，实现规模以上工业增加值 458 亿元，规模以上工业高技术增加值占规模以上工业增加值比重达 78.3%，居全市第 1 位。航空维修业复苏强劲，2023 年实现产值 116 亿元，比增 50%。计算机与通信设备、平板显示支撑有力，2023 年分别实现产值 513 亿元、725 亿元。新能源汽车配件制造、智能硬件制造等先进制造业加快发展，打造盛德东南电动汽车生态园。全年完成工业投资 28 亿元，比增 36.6%。亿联网络等 3 家企业获评国家级工业设计中心，入选全国工业百强区。

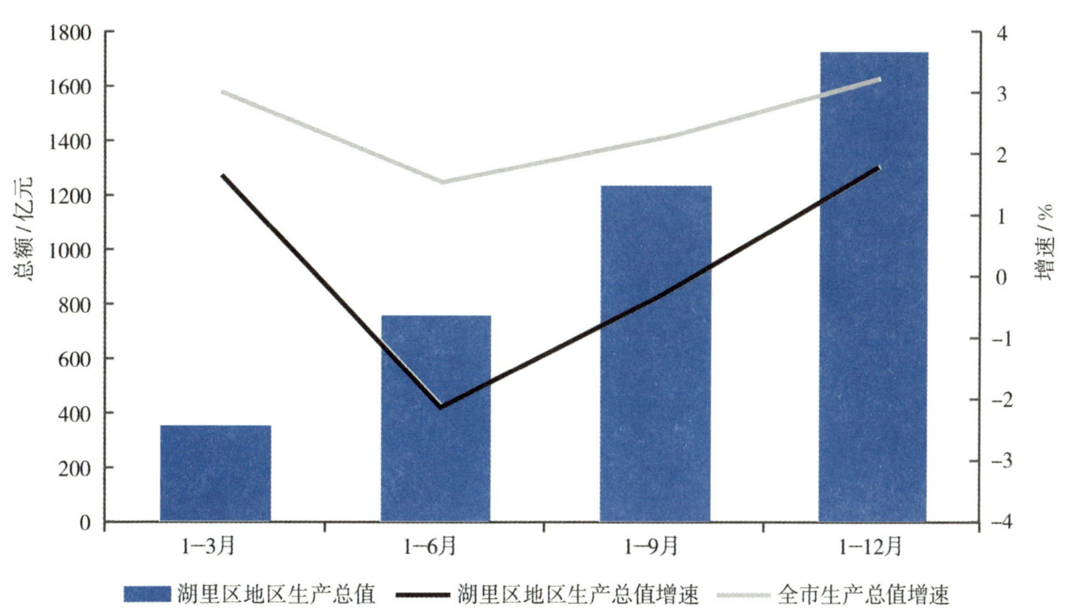

资料来源：厦门统计月报。

图 4-1　2023 年湖里区地区生产总值情况

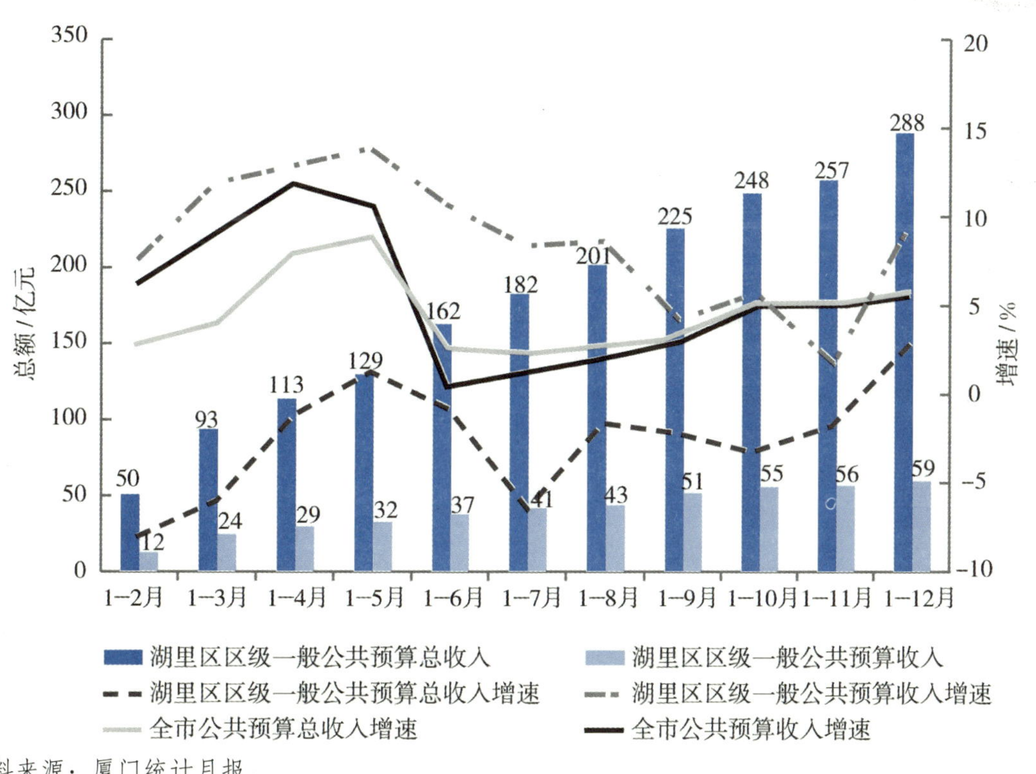

资料来源：厦门统计月报。

图 4-2　2023 年湖里区一般公共预算收入情况

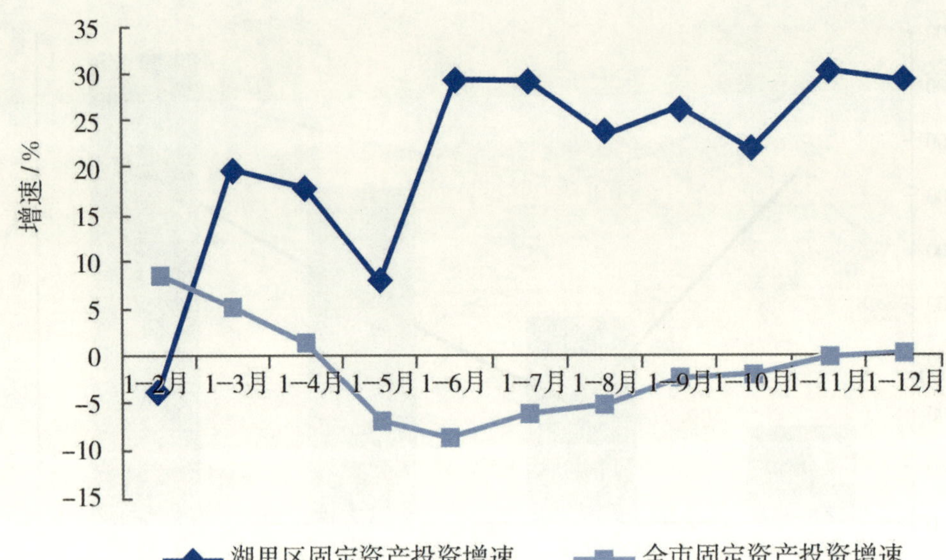

资料来源：厦门统计月报。

图 4-3　2023 年湖里区固定资产投资情况

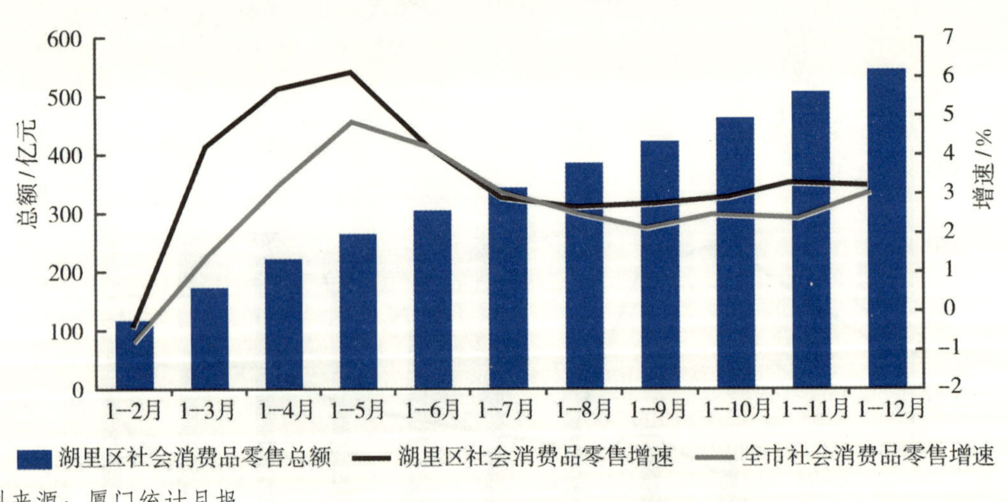

资料来源：厦门统计月报。

图 4-4　2023 年湖里区社会消费品零售总额情况

现代服务业高质量发展。2023 年新增市级总部企业 1 家、成长型总部企业 3 家。软件信息业实现营收翻番，全市占比提升至 16%。文化龙头企业加快培育，成功举办首届中国数字音乐产业大会，5 家企业获评省级文化产业示范基地。私募股权投资产业加快发展，2023 年新增 6 家通过中国证券投资基金协会登记的私募基金管理公司，新增 32 家备案的私募基金项目。批零业保持万亿规模，与自贸区共同推进寨上、机场等线下跨境电商园区。消费逐步回暖，2023 年累计举办 8 场湖里魅力购促消费活动，拉动消费超 13 亿元。

科技赋能持续深化。实施企业技术创新能力提升行动，2023 年累计兑现研发费用补助超 1100 万元，惠及 66 家企业。3 家企业获评省级企业技术中心。完善高新技术企业梯次培育体系，2023 年累计认定 137 家企业成为市级创新型中小企业，国家级高新技术企业增至 621 家，市级以上专精特新企业增至 142 家。联合嘉庚实验室共建科创产业加速器，落地桑若钙钛矿光伏研发及中试等科创项目，4 个“研发+总部+委外制造”项目投入运营。建设全省首个“数字工匠”工业互联网人才培育基地。成功举办首届金砖创新基地产业创新联盟企业家论坛活动。入围全国创新百强榜单。

项目招商支撑有力。制定招商引资实绩竞赛实施细案和考核办法，出台《关于进一步强化招商引资和企业落地服务工作实施意见》。率先推出“招商一张图”，2023 年举行招商推介会 10 场。滚动生成“三促”招商项目 251 个，总投资 890 亿元，招商项目落地率达 80%。引入中国通用等 5 个央企项目和 4 个世界 500 强项目，省级重大签约项目数居全市第一。

3.城区功能品质不断提升

城区更新扎实推进。东渡片区城市更新项目已完工，湖边水库东商住组团成片综合开发城市设计加快推进。高质量推进空间梳理“四打通”，拆除 2566 处、16.6 万平方米，“360”两违管控机制在全市推广。东部旧村整村改造征拆顺利收官，浦东花园等返迁工作顺利完成。完成 106 个老旧小区改造，东荣社区入选全国首批完整社区建设试点。完成 16 个城中村空中缆线整治，城中村现代化治理经验获国务院研究室、国家发改委等高度肯定。

基础设施加快建设。加快“双千兆”城市建设，2023 年完成 77 个 5G基站站点建设，实现 5G独立组网连续覆盖。“城市大脑”实现市、区 16 个平台互联互通，逐步实现市域治理“一网统管”、政务服务“一网通办”、政务办公“一网协同”。建成 23 公里环岛慢行系统，打通钟智西三路等 3 条断头路。

生态环境更加宜居。深入打好蓝天、碧水、净土保卫战，推进中央、省生态环保督察反馈问题整改，2023 年空气质量优良率 99.7%，水环境功能区、近岸海域水质、噪声功能区达标率实现 3 个 100%，入选国家环境健康管理试点。成立全市首个社区垃圾分类公益馆，探索以绿色交易促进社区垃圾分类的新模式。积极稳妥推进碳达峰碳中和，象屿零碳综合保税区入选国家绿色低碳典型案例，科华数据等 11 家企业入选国家级、省级绿色制造名单。

4.社会民生事业稳步发展

教育文体更加优质均衡。坚持教育优先发展，墩上学校等 10 个项目加快建设，完成金尚中学等 37 所校园、56 个修缮改造项目，新增公办幼儿园学位 1440 个，成为全省首个通过“全国义务教育优质均衡发展区”省级督导评估的行政区，并顺利通过国家评估认定实地核查。创新实施文化惠民工程，新增 16 家图书流通点，举办湖里区 2023 年文化下乡送春联、第十五届社区文化艺术节等活动。推进体育事业发展，建成投用 81 个全民健身场地，举办第十七届中国俱乐部杯帆船挑战赛、2023 年福建省中学生乒乓球联赛等赛事活动。

“一老一小”更加普惠增容。支持 3 个国家区域医疗中心改扩建。建成社区居家养老服务站 59 个，社区居家养老服务、长者食堂服务范围全覆盖，每千名老人养老床位数 80 张。新增普惠性托育机构 5 家、普惠托位 351 个。新建金山街道、禾山街道 2 家未成年人保护工作站。

民生保障更加有力有效。落实就业优先，2023 年精准就业帮扶 3.5 万人次，湖里创新园入选全国首批基层劳动关系公共服务样板站点。健全多层次医疗保险体系，跟踪推进企业职工基本养老保险全国统筹及工伤保险省级统筹。开展困难帮扶，建立全市首个区级临时性救助站，累计发放低保、残疾人等补贴及保障性租赁房租金补助超 5400 万元。

安全基础更加夯实筑牢。建立重大安全风险分级管控机制，开展安全生产、道路交通安全、房屋安全、食品药品安全、粮食安全等专项整治，强化源头治理和隐患排查整治。创新“公证+”警调联动多元化解模式，调处矛盾纠纷超 8300 件。推动社区治理提质增效，湖里区智慧社区、智慧网格获全国治理创新案例。

5.改革开放之路越走越宽

深化改革营造一流营商环境。持续推动审批服务改革，在全市首推社会保险、医疗服务、市场登记、经营管理等 59 个政务服务下沉事项，深入推动社区便民服务站综合窗口改革，一趟不用跑占比达 87.77%，1166 项行政许可事项全程网办率 88.08%，全市排名第一。深化投融资体制改革，通过财政部审核发行政府专项债 3.5 亿元，有力支持后坑社等城市更新项目和金山街道综合服务中心等保障性安居项目。积极参与 EOD（ecology-oriented development）推进工作，首个生态EOD已录入生态部储备库。五缘湾涉海资源利用管理服务机制体制入选全省首批“一县一特色”专项改革案例。企业全生命周期服务机制获中央深化改革委员会办公室推广，“亲清一家人”企服平台获全国数字政府优秀创新案例。

多措并举推动对台对外合作。加强对台交流合作，成立全市首个台胞服务中心，台青创客家获批国家级海峡两岸青年就业创业基地。惠和石文化园入选国家AAAA级旅游景区，并获评省级对台交流基地。开展对外交流合作，联合火炬落地“金砖+科技加速器”项目，金砖创新基地总部区揭牌落地，金砖数字工业智谷开工建设。

扎实推进区域协作帮扶。开展山海协作，与连城县签订《关于进一步开展新时代山海协作的协议》，湖里区－连城县山海协作协调办公室顺利揭牌；签订 2023 年湖里区－浦城县对口协作协议，及时拨付浦城县 1600 万对口帮扶资金。加强闽宁协作，协同思明区出台《关于促进闽宁产业园产业发展的若干措施》，多途径采购销售宁夏特色农产品，加快通用厂房建设，其中一期 16 栋通用厂房已顺利封顶。

（二）主要问题

1.部分指标在全市排名靠后

地区生产总值全年增长 1.5%，低于全市平均增速 1.6 个百分点，在各区中排名并列第 4 位。第二产业全年增长-4.9%，低于全市增速 2.1 个百分点，在各区中排名第 5 位。规模以上工业增加值全年增长-4.3%，低于全市增速 4.3 个百分点，在各区中排名第 5 位。实际使用外资全年增长-55.4%，低于全市增速 44.3 个百分点，在各区中排名第 5 位。批发零售贸易业销售额全年增长-7.0%，低于全市增速 10.4 个百分点，在各区中排名第 6 位。全体居民人均可支配收入全年增长 3.2%，低于全市增速 1.3 个百分点，在各区中排名第 6 位。

2.经济增长面临多重压力

全区任一行业占比均不超过 30%，无法形成强力支柱效应。工业龙头企业出货量下降趋势明显。规模以上工业企业减产面超过 50%，仍处于较高水平。建筑业受房地产市场环境影响、批发零售业受大宗商品贸易影响，拉低经济增长速度。区内车企主要售卖传统油车，需求饱和、同行竞争加大，导致汽车消费持续增长动力不足。

3.项目需求与城区空间匹配不足

根据有关统计，湖里现有可用于出让的产业用地面积约 70 公顷、建筑面积约 350 万平方米，但基本上都是商务办公性质，一定程度上限制着好项目、大项目的落地。同时，在盘活低效用地方面，湖里老工业区更新改造涉及土地用途规划调整，改造方案需市政府支持指导，尚需加快进度。

二、2024 年发展展望

（一）影响因素

1. 有利因素

一是国内一系列稳增长、促消费政策措施出台，将有利于湖里区抢抓机遇，积极对接争取上级政策以及资金支持，巩固经济回稳向上基础。

二是湖里区城市更新加快推进，历时 5 年的东部旧改征拆工作顺利收官，发展空间向纵深扩展，为加快建设“两高两化”中心城区提供有力支撑。

三是湖里区持续推动产业“优二进三”，大力推进湖里老工业区 2.5 平方公里低效工业用地再开发，“3+2”主导产业集聚发展，为新型工业化发展提供强大动力。

2. 不利因素

一是国际市场需求收缩，世界经济增长动能不足，将对湖里区外贸出口造成冲击。中美竞争大于合作，与湖里区相关的集成电路、计算机通信设备、航空航天等先进制造将面临系统性打压，戴尔等美资企业存在产能转移的可能。

二是湖里区面临机场搬迁、存量企业外迁、新增企业不足等挑战，引入更多央企、总部及优质企业还面临激烈的竞争压力，招商引资形势较为严峻。

（二）发展展望

2024 年湖里区将积极融入综合改革试点，全面落实全市“一二三”战略规划，科技创新引领作用更加凸显，“3+2”主导产业体系加快提升，招商引资加快推进，多区叠加优势转化为发展动能持续增强。综合考虑内外部环境因素，预计 2024 年全区地区生产总值增长 5.5%，区级财政收入增长 5.5%，区属规模以上工业产值增长 12%，限额以上批发零售业销售额增长 5%，固定资产投资增长 5%。

三、2024 年对策建议

2024 年，湖里区应“抓机遇、强优势、挖潜力”，围绕“3+2”主导产业发展、“两高两化”中心城区建设，加快新旧动能转换，积极服务和融入新发展格局，以更高质量的发展成效，为全面推进中国式现代化作出湖里贡献。

（一）持续促进工业增长

加快存量工业转型升级。航空维修制造方面，与自贸试验区共建，加紧谋划高崎机场搬迁后航空产业赛道转换，支持太古发动机、新科宇航等存量航空维修企业做强做大，持续提升一站式航空维修产业格局；汽车零部件方面，支持同致电子、松川精密等一批区属工业企业深化拓展汽车电子元器件产品线；电子信息方面，联合火炬高新区积极引入移动智能终端品牌商、服务器与存储制造商以及信创产品制造商及代工企业，联合自贸试验区集中配套建设一批集成电路设计方面第三方检验检测、研发设计、保税交易、科技成果咨询评估等公共服务平台。

加快低效工业用地再开发。开展工业用地调查与低效工业用地认定，通过“企业自主提升”或“政府收储提升”方式，政企协同，盘活土地空间资源。探索“工业上楼”新模式，出台规划指引和指导目录，鼓励老工业区发展高端制造、科技研发等产业。重点方向包括智能汽车关键零部件及技术、汽车电子控制系统等汽车产业，公共检测服务平台、智能网联汽车数据平台、工业管理服务、智能制造系统集成、人才实训平台等。

加快推进新型工业化。加大数字化转型，深化与中国工业互联网研究院合作，共同打造“数字工匠”人才培养基地，帮助江平生物、正大农牧等一批企业通过数字化转型降低生产成本。发展汽车智能网联系统产业，做大做强智慧交通产业园。主动融入国家战略布局，加快金砖创新基地总部区、金砖数字工业智谷、金砖TOD建设，推动通用技术中国车辆出口、金砖科创基金等项目落地运营。落实科创产业三年行动，重点聚集集成电路、智能硬件、数字建造、数字金融、智慧医疗器械五大核心产业，布局卫星互联网、元宇宙、未来出行三大未来新赛道。

推动创新引领发展。增强企业主体创新能力，加大对骨干企业、种子企业等重点创新主体科技项目立项、研发融资贴息等支持，着力引进布局一批研制、中试、验证等重大创新研发平台。持续深化与嘉庚创新实验室湖里加速器合作，力促圣元绿能氢能源研究院、华中科大智能工程实验室等创新平台形成新质生产力。

（二）深化内外需拓展

打造特色零售载体。以现有商业网点布局现状为基础，推动各大商圈载体的优化改造，促进传统商圈向消费体验中心、社交休闲中心等新型发展载体转型。发挥全市首个“首店经济”政策效应，引入一批品牌首店，推进海上世界二期、K11 等顶级商圈建设并形成商圈联盟。持续打造购车补贴、纳统商户、数币专场、商圈活动、东西协作公益项目等特色促消费活动，提振消费信心。

促进传统物流产业转型提升。引导物流企业与生产制造、商贸流通企业深度协作，鼓励企业开展智慧物流仓储、供应链数字化管理，从单一的物流服务提供商向一站式供应链升级，培育一批现代供应链综合服务企业。

推进文旅商融合发展。推进主题文旅IP发掘和文旅目的地商圈建设，加快推进中国数字音乐产业基地、中国电影资料馆分馆、先力国际影视产业基地等项目建设，谋划数字文化产业园区。发挥古地石夜经济生活圈示范点作用，加快五缘湾、特区文创园文旅夜经济的繁荣。

继续推动进口示范区建设。扩大大宗商品贸易市场，加快进口贸易促进创新示范区建设，争取获批外向型产业提质增效示范点。拓展外贸新业态，持续完善跨境电商发展生态圈。加强与海关、自贸区、港口局等单位联动招商，引进大型贸易类供应链企业在湖里设立总部或平台公司，打造辐射“一带一路”等地的产品和服务进口消费中心。

（三）推动城区品质跃升

加快重点片区综合开发。加快推动湿地公园TOD、高林金林成片综合开发项目，配合做好五通三期、五缘体育中心等市级重大片区规划，推动邮轮母港等规划调整。加快湖边东商住组团等经营性用地尽快出让。

加快城市更新步伐。加快城中村改造，制定城中村综合治理技术导则、工作指南等操作规程，探索城中村改造的市场化机制、商业化模式，整合盘活城中村存量资源。加快老旧小区改造，实施东渡社区打造完整社区项目，完善片区基础设施和服务配套。加强公园建设，策划并推动一批口袋公园建设。优化升级“城市大脑”。成立智慧湖里数据公司，完善时间地域全覆盖、线上线下全方位、责任监管全链条的城市管理体系。

巩固绿色生态优势。持续开展“绿水青山就是金山银山”实践创新基地和“美丽海湾”创建，深化低碳社区、景区、工业园区试点建设，推进生态环保督察反馈问题整改，巩固提升国家生态文明建设示范区创建成果。推动美丽河湖共管共治共享。以提升水质为目标导向，确保湖边水库、埭辽湖、新丰湖等主要水功能区水质达标率不低于考核要求，天地湖水质保持稳定，五缘湾内湾等水环境质量持续改善。

（四）全力保障招大引强

强化项目对接、落地、运营。紧盯国内外 500 强、上市公司、央企国企等高能级企业，梳理经济活跃城市的上市后备公司，形成目标企业清单。大胆招引“研发+总部+委外制造”业态模式的项目。抢抓欧洲等产业转移的机遇，引进欧洲、韩国、日本等更多跨国企业。加强存量项目挖潜，通过优化商业模式、拓展应用场景、做好金融配套等措施，引导和推动辖区内企业增资扩产。加强项目统筹，建立重点项目领导挂钩机制，分级管理，协调推进腾讯影视科技文化产业园项目、厦门金砖通用创新基地、京东超体店等重点招商项目。

搭建招商平台。依托投洽会、金鸡百花电影节、进博会、母基金峰会等平台和载体，抢抓招商机遇。加强空间统筹，布局建设东部系列产业园，西部盘活低效利用的湖里、殿前老工业厂房，建设新兴产业孵化基地。强化以商引商、基金招商，加强与厦门创投、火炬创投、自贸投发等基金平台联动，精准主动出击优质项目。

（五）持续优化营商环境

加强精准服务。充分发挥民营企业在创造税收、吸纳就业的重要作用，依托企业服务中心，主动作为、靠前服务。常态化开展主要领导“企业接待日”，完善“一对一”企业服务专员机制。加强与行业协会、园区平台、第三方机构合作，汇集各类惠企服务资源，引导政府、国企、民企将需求和服务统一挂榜公布，形成供需精准对接。

加大政策支持。着力在涉企政策辅导、企业管理提升、数字化转型、融资上市、留才引才、招工降本、场景应用、产学研对接等方面助力企业发展。加强政策兑现，同步推出惠企政策实施细则、操作办法，简化政策兑现流程，推行“免申即享”“即申即享”。

（六）优先保障社会民生

保障教育优质。加大力度推动嘉福学校用地落实和周边环境综合整治，推进钟宅民族学校、厦门一中湖里分校等教育项目规划建设。妥善解决“大校额”“大班额”问题，为辖区居民提供更多优质教育学位。加大力度推进与一中等名校资源的合作办学，通过资源嫁接整体提升湖里区的教育品牌，力争通过义务教育优质均衡的省级评估和国家认定。

保障“一老一小”。探索鼓励“一老一小”服务市场化机制，支持养老机构连锁化发展，培育高端养老产业。优化孤寡老人服务，推动养老服务社区全覆盖。坚持普惠主导，不断丰富托位供给渠道，推进人均托位数增加。托育服务机构参照幼儿园、小学等教育政策，出台生均补贴办法。持续护航青少年健康成长。依托青少年权益中心，链接更多资源，丰富服务青少年方式，扩大服务青少年覆盖面。

健全医疗服务。重点提升“家门口”看病的能力，加快金山街道社区卫生服务中心、禾山街道社区卫生服务中心分中心、殿前街道嘉福社区卫生服务站建设，加大全科医生招聘及转岗培训力度，完善社区卫生服务中心管理体制。

参考文献

[1] 厦门市人民政府. 2024 年厦门市人民政府工作报告（2024-02-02）[2024-02-21]. http://www.xm.gov.cn/szf/szfgzbg/202402/t20240202_2813652.htm.

[2] 湖里区人民政府. 2024 年湖里区人民政府工作报告（2024-01-26）[2024-02-21]. http://www.huli.gov.cn/zwgk/zfxxgkzl/zfxxgkml/41922/zfgzbg/202401/t20240126_1036354.htm.

[3] 厦门市统计局. 厦门统计月报[R/OL]. [2024-01-30]. http:/ctjj.xm.gov.cn/tjzl/.

课 题 指 导：彭朝明　戴松若
课 题 组 长：林　红
课题组成员：董世钦　梁子升
课 题 执 笔：林　红　董世钦

第五章

集美区 2023 年发展评述与 2024 年展望

一、2023 年发展评述

（一）发展综述

2023 年，集美区坚持稳中求进工作总基调，积极应对内外部形势变化，顶住制造业外向度高、房地产对经济增长和财政收入影响大等结构性矛盾带来的压力，全力以赴抓机遇、挖潜力、增优势，经济发展回升向好。全年实现地区生产总值 993.5 亿元，增长 2.6%，比 1—9 月、1—6 月分别回升 2 个和 3.5 个百分点。区级一般公共预算总收入、区级一般公共预算收入分别为 151.3 亿元、45.9 亿元，增长 6.6%和 0.6%。全体居民人均可支配收入 64132 元，增长 4.1%，增速高于地区生产总值 1.5 个百分点。城市竞争力稳步提升，入选全国综合实力百强区、全国科技创新百强区。详情参见图 5-1 至图 5-3。

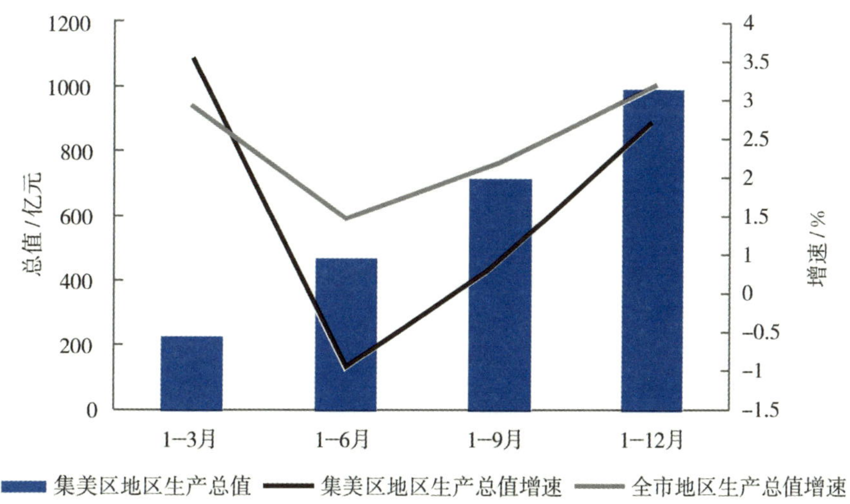

资料来源：厦门统计月报。

图 5-1　2023 年集美区地区生产总值情况

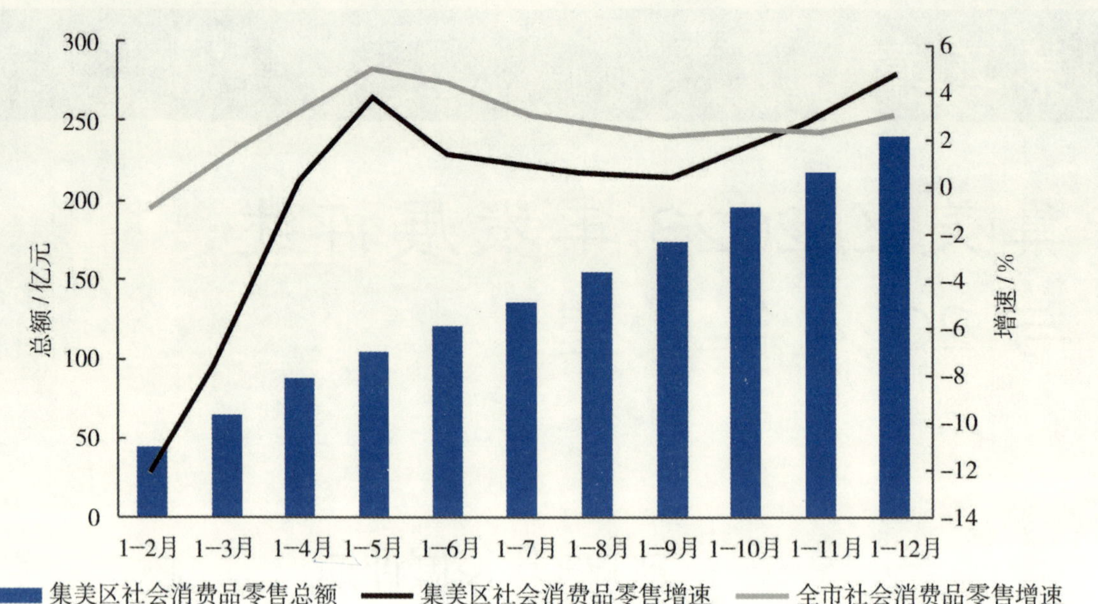

资料来源：厦门统计月报。

图 5-2　2023 年集美区社会消费品零售总额情况

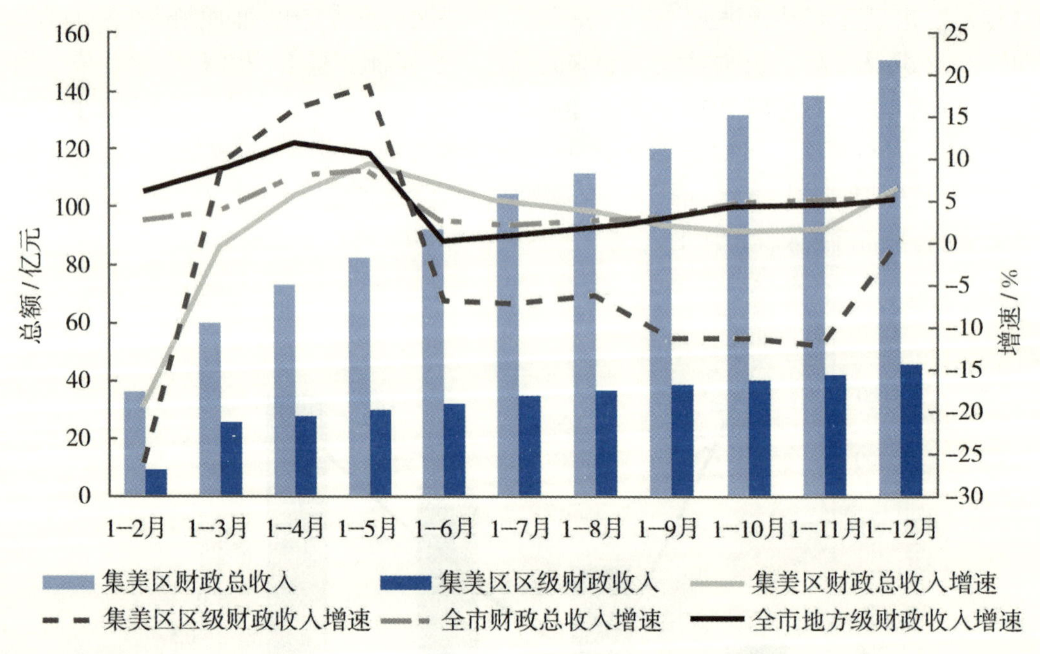

资料来源：厦门统计月报。

图 5-3　2023 年集美区财政收入情况

1. 产业转型取得新成效

市场主体活力迸发。新增各类商事主体近 3 万户，增长 15.6%，增幅全市第一。新增 3 家IPO过会企业和 2 家新三板挂牌企业，过会企业数占全省四成，路桥信息成为全市首家北交所上市企业。现有省、市重点上市后备企业 35 家、54 家，数量均居全市第一。

创新动能持续增强。产教融合进一步深化，辖区高校在校师生数突破 16.7 万人，新建 18 个腰部企业的校企研究生工作站，促成产学研合作项目 58 个，申报技术专利 165 项；成立人工智能应用产业联盟和美妆联盟，与火炬高新区、国科科技共建软件园产教融合基地；以创业大厦为载体，围绕大学城打造科创街区。华侨大学 6 个学科进入ESI全球排名前 1%，厦门理工学院成为本年度全省唯一获批的国家知识产权信息公共服务网点。加强知识产权保护，有效发明专利拥有量同比增长 27.9%。成立“HALO国际人才驿站”，在全省首创“区级金蓝领人才评价体系”，引进培育市级以上高层次人才 414 名，年度新增市“双百”人才落户数连续九年居全市首位。

先进制造业加快发展。新增 8 家国家级“专精特新”小巨人企业，占全市新增数的 36%；新增创新型中小企业 335 家。集美工业机器人产业集群入选工信部中小企业特色产业集群。福建省人工智能产业园厦门园区在软件园三期揭牌。铱钼重卡、泛蓝新能源、矽杰微电子等 57 个科技创新产业项目落地。智慧交通金砖示范项目启动试运行，金龙客车荣获“2023 迪拜自动驾驶运输世界挑战赛”冠军。后溪工业组团成功创建全省领先、全市最大的三星级低碳工业园区。

现代服务业集聚度进一步提升。一是软件信息业，实现营收 216 亿元，同比增长 31%；软件园三期新交付研发楼 20 万平方米，净增注册企业 4200 余家，天翼云等一批重点企业落地，中俄数字经济中心等项目签约进驻金砖未来创新园。二是商贸物流方面，完成批发零售业销售额 2757 亿元，增长 37.6%。新增销售额 10 亿元以上的批发零售企业 40 家，增长 11%。集美中央活力区（CAZ）正式发布，商业联盟同步成立，成功举办“青春市集”“青年潮玩节”等高人气活动，累计吸引 52 万人次参与。持续打造“集美欢乐购”促消费品牌活动，发放消费补贴 1100 余万元，拉动消费超 6.5 亿元。汽车消费市场回暖，北站汽车集聚区销售总额超 65 亿元，二手车零售交易同比增长超 6 倍。三是文化旅游方面，人文集美特色彰显，成功举办纪念陈嘉庚先生创办集美学校 110 周年系列活动和第三届嘉庚论坛。落地首届中国电视剧大会、第 29 届全国摄影艺术展，市数字体育产业园在软件园三期揭牌。新增 2 家国家文化出口重点企业、3 家省级文化产业示范基地。获评省“首批重点影视外景拍摄基地”，引进海峡两岸音乐剧产业基地。IAI创意设计节亮相集美，全球第三座红点设计博物馆开馆。旅游人气高涨，累计接待游客 2842 万人次，同比增长 1.1 倍；实现旅游收入 185 亿元，同比增长 1.3 倍。后溪镇入选省“全域生态旅游小镇”。灵玲马戏城获评国家AAAA级旅游景区，十里长堤人气爆棚。四是金融服务方面，产业基金持续发力，区产业投资基金规模继续领跑全省各区（县），连续三年入选清科榜单；杏林湾基金聚集区新落地基金超 400 亿元，总规模达 2010 亿元，增量占全市超五成。

2.城市品质实现新提升

城市功能不断完善。集美东部新城片区完成高标准规划设计，马銮湾新城集美片区基础配套设施和安置房建设步伐加快。全面启动 21 个城中村治理提升工作，清理腾挪 5.4 万平方米发展空间，完成 6.7 公里道路“白改黑”，在城内、叶厝和集美大社探索建设“智慧城中村”。北站综合交通枢纽功能进一步提升，福厦高铁通车运营，厦门北站新场站同步启用。杏锦路跨沈海高速段建成投用，沈海高速杏林互通及接线工程（仙灵旗隧道段-长泰段）等项目提前交地。优化升级交通设施，新增公共停车场 31 座、新能源充电场站 5 座、停车泊位 6078 个，开通和优化公交线路 40 条，集美学村周边、杏前路与杏锦路交叉口交通明显改善。

乡村振兴深入实施。农村居民人均可支配收入 41406 元，增长 5.8%，增幅高于城镇居民 2.9 个百分点。市智慧农业产业园在软件园三期揭牌，10 家智慧农业项目签约入驻。村集体发展项目孙厝乐安里综合发展中心、凤林美集体发展中心先后开工，溪西数智公寓正式签约。盘活农村闲置资产资源 19 处，预计增加村集体年收益超 304 万元。启动“百校联百县兴千村”行动，成立嘉庚乡村振兴学堂和研究院，组建乡村振兴智库联盟。守牢耕地保护红线，新建高标准农田 240 余亩，超额完成粮食生产任务，筑牢粮食安全底线。积极服务巩固拓展脱贫攻坚成果与乡村振兴有效衔接，主动融入闽宁协作，购销彭阳县农特产品超 2 亿元；持续深化省内山海协作，拨付帮扶资金 3200 万元。

生态环境更加宜人。厦门大桥－集美大桥段海岸带保护修复工程完工，集美人才湾区生态步道启用。获评全国第六批节水型社会建设达标县（区），杏林湾水利风景区获评省级水利风景区。杏林湾生态环境整治提升一期工程、九天湖试验区水环境治理项目稳步推进，杏林湾水体质量和关键指标显著改善，瑶山溪全流域水质全线达标。空气质量同比改善率、优良天数比例两项指标排名全市第一。大学康城小区成为全省首个宁静小区。新增和改造提升园林绿地 95 公顷、绿道 10 公里。

3.民生福祉跃上新水平

社会保障更有温度。在全市率先出台推进高校毕业生等青年就业创业八条措施和企业青年人才生活补助办法，集美户籍生源离校未就业毕业生就业率达 99.9%，排名全市第一。全区失业人员再就业 10108 人，就业困难人员再就业 2457 人。发放各类救助资金近 4800 万元，生活不能自理特困人员集中供养率达 82.2%。建成 4 个镇（街）级未成年人保护工作站，为无人抚养儿童及孤儿发放基本生活费 115 余万元。

教育质量稳步提升。入选省“基础教育教学研究基地县”，新增省一级达标高中 1 所、省首批义务教育教改基地校 2 所。建成中小学幼儿园项目 6 个，新增建设学位 10230 个，公办幼儿园在园幼儿占比同比提升 10.7 个百分点。与南京师范大学签约共建九年一贯制学校，正式开办厦门二中集美校区，启动厦门五中集美校区项目。新增市级骨干教师 145 人、市级学科带头人及以上称号 26 人。

医疗卫生事业加快进步。川大华西厦门医院正式运营，市妇幼保健院集美院区主体工程完工，杏林医院新建项目开工，杏滨街道社区卫生服务中心康锦分中心投用。集美街道社区卫生服务中心连续 3 年在全市年度综合激励考核中获得第一名。开展“千名医师万人次下基层”活动，其中市级专家下沉基层坐诊 2464 人次，服务患者 3.1 万余人次。全科门诊实行工作日延时、节假日不停诊制度。通过国家慢性病综合防控示范区建设考评。

“一老一小”精心呵护。14 家医疗机构获评省“老年友善医疗机构”。太保家园开业，区级老年人养护中心投入社会化运营，杏林街道养老服务照料中心投用。在全市率先制定托育服务发展三年行动规划，新增 38 所幼儿园向下延伸招收 2～3 周岁婴幼儿。

4.改革事业展现新作为

改革攻坚实现新突破。推进招商体制改革，强化区招商办的统筹功能，市场化重组招商公司，建立高水平、专业化招商队伍。探索产学研协作新模式，牵头组建一系列以学科专业为单元的“创新发展共同体”，进一步推动产学研融合创新发展。完成区属国企改革，聚焦城市经营、产业投资、市政运维，重组成立集美发展、集美产投、集美市政三家集团公司，破解同质化经营瓶颈。

益企服务更具实效。营商环境和社会信用评估指标连续三年排名全市第一，金蓝领人才 500 培养计划、“劳动仲裁+检察监督”工作衔接机制等 2 项创新举措获评市“十佳”。推动全国首个政务服务台胞台企一件事集成改革。创设全省首个“商事登记许可网办引导区”和“社保/医保综合咨询导办区”。落地全省首个镇（街）级NQI（国家质量基础）集质小站。兑现各类惠企资金 11.3 亿元。

（二）存在问题

1.传统制造业竞争力弱化

全年规模以上工业增加值负增长 1.5%，增速低于全市平均水平 1.5 个百分点。关键核心技术“卡脖子”问题比较突出，高科技、引领型技术和产品偏少，龙头企业增长乏力。主要行业发展质量不高，特别是计算机、通信和其他电子设备制造业（产值比重 18.8%），金属制造业（10.8%），汽车制造业（10.6%），电气机械和器材制造业（8.5%），均为增加值率较低的行业。

2.服务业缺乏带动力强的龙头企业

软件园三期实际纳统的软件信息业、互联网服务业企业合计仅 140 余家，缺乏百亿规模的领军企业。旅游业、商贸业综合效益需提升，高质量高效益的大型企业占比较低，餐饮、娱乐、酒店住宿供给结构不合理，旅游高人气拉动消费的作用需要进一步补强。物流业经营主体“小而散”，企业综合物流服务能力不强，现代物流技术尚未广泛应用。

3.战略性新兴产业仍处于培育期

新材料产业规模较小、行业集聚性不高，部分项目建设进展与预期有落差，带动作用不明显。新一代人工智能、5G应用、虚拟现实/增强现实等产业生态，需要更长周期的培育。

4.民生保障水平需要进一步提升

教育方面，缺乏有全市影响力、群众认可度高的名校、品牌校，公办园覆盖率和民办园办园质量均有待提升。医疗方面，三级医院的质与量均不足，基层医疗卫生机构网络还不完善，20 分钟就医圈尚未实现全覆盖。交通方面，支路路网的疏解能力、立体过街设施不完善，交通“微循环”不畅，公共交通出行比例较低，交通拥堵问题仍较突出；停车供需矛盾突出，交通管理智能化水平有待提高。

二、2024 年发展展望

（一）影响因素

1.有利因素

经济发展方面，一是我国经济回升向好态势将进一步巩固和增强，大力推进新型工业化、发展新质生产力的战略部署将全面铺开，有利于集美布局发展新能源商用车、新型能源与系统等五大科技创新产业，加快发展动能转换。二是我市将全面推进新综改，服务两岸融合发展的先行先试政策加快落地实施，有利于集美激发台商投资区新活力，促进台企转型升级，更大力度吸引台青来集创新创业。三是泛蓝新能源、新东方文旅福建总部等一批新落地项目加快建设，有利于集美打造产业新赛道，加速产业转型升级。

城市建设方面，一是国家鼓励扩大有效益的投资，加快推进城中村改造等“三大工程”，有利于集美用好政策性开发性金融工具，围绕城中村改造、保障房建设、新基建等重点支持领域，策划一批符合要求的大项目好项目，扩大有效投资。二是集美东部新城片区完成高标准规划设计，收回了闲置 20 多年的原东方快乐岛及周边用地，有利于集美启动东部新城片区开发建设，带动六大重点片区组团开发、连片成势，重塑城市发展空间。

2. 不利因素

一是全球地缘政治紧张局势可能加剧，世界经济增长将连续第三年放缓，全球贸易持续低迷，给集美金属制造业等外向度较高的行业带来挑战。二是后疫情时代“疤痕”效应仍在持续，居民收入预期尚未完全恢复，增加了集美做大文旅消费市场的难度。三是房地产市场回暖尚需时日，安商房建设面临政策性因素等不确定性，给集美稳增长、促投资、增财力带来一定困难。

（二）发展展望

2024 年经济社会发展的预期目标是：地区生产总值增长 6%以上，规模以上工业增加值增长 5%，固定资产投资增长 6.5%，一般公共预算总收入、地方一般公共预算收入分别增长 6.2%、5.5%，全体居民人均可支配收入与经济增长基本同步。

三、2024 年对策建议

（一）加快构建现代化产业体系

1. 增强创新驱动效应

加快形成以科技创新为主引擎的产业发展动力机制，围绕关键产业打造一批“创新发展共同体”。大力培育“专精特新”企业，力争三年内全区国家级“专精特新”小巨人企业突破百家。推广新技术、新模式，引导现有主导产业、龙头企业向高端化、智能化、绿色化转型升级。改革企业服务中心，围绕企业创新做好全方位服务。引进国内顶级人才服务机构，打造区级人力资源公共服务平台，推动集美人才发展公司规模化发展。启动建设全市第二所高新学校，推出人才长租房，为全区企业引才、育才、留才提供有力支撑。以全国青年发展型县域试点任务为抓手，推出一批青年友好企业、青年发展型社区等友好单元，打造一批青年友好文体空间。

2. 壮大“五创五美”新兴产业集群

以新型工业化加快形成新质生产力，重点围绕新能源商用车、新型能源与系统、智能制造与机器人、产业互联网、人工智能应用等五大科技创新产业，开展精准招商，大力引育链主企业，构筑更加符合集美实际的现代化产业体系。开展全域全时人工智能应用示范，打造从算力、通用大模型、行业大模型到创新应用的人工智能产业生态。加快发展商业可回收火箭、人形机器人、低空飞行器、新型国产芯片和人工智能辅助精准医疗等未来产业。聚焦培育发展美食、美妆、美妙视听、美好设计、美丽心灵等五大美好生活产业，打造直播电商融合发展中心和国潮品牌产品设计总部集聚区，推动婚恋文化产业基地落地，让美好生活产业转化为全区人民的幸福体验。

3.激发消费潜能

全面铺开集美中央活力区各专项规划，进一步完善品牌和视觉体系建设，做优“青春市集”并力争实现市场化运作。推动大悦城尽早开业，引进更多全市乃至全省首店。力促大明广场投入运营，打造环九天湖高品质文旅经济圈。加快官任酒店地块、“十九集美”商业地块的招商工作，争取落地高端酒店项目。发展高品质夜游经济，持续推出精品项目。发展城市演艺，提升市场化运作水平，打造若干高水平驻场演艺项目。培育数字体育和特色竞赛表演产业。加快活跃建发、海西两大二手车市场，促进汽车梯次消费。

4.夯实产业发展要素保障

一是新辟专业园区。加快电子城·厦门国际创新中心二期以及软件园三期I05 等地块招商，全力支持省人工智能产业园厦门园区、金砖未来创新园做强做大。在东辉村集体地块建设新能源产业园，依托田头-双岭-顶许村集体发展项目建设半导体、机器人产业园。开工建设东部新城片区智能制造产业园。推动马銮湾智慧科技产业园起步区地块出让。二是加强产融对接。发展产业链金融，为智能制造与机器人等重点产业提供新型融资方案。加大对上市后备企业的股权融资。成立集美高质量发展基金，提升专业化直投能力，探索区产业投资基金跨区域合作投资模式。大力开展基金招商工作。

（二）推动城乡融合发展

1.推动六大重点片区组团开发、连片成势

东部新城片区，启动开发建设和征地拆迁。厦门北站片区，完善提升配套路网，打造现代服务业产业区。杏林老工业区，加快控规调整并形成启动区开发方案，尽快进入实施阶段。机械工业集中区，着力招引新能源、智能制造项目，与海翼集团协同推进一批优质项目落地。马銮湾新城集美片区，力争启动一批产业和文旅项目。北部工业区，引入社会资本，推动空间效益再提升。

2.促进城中村现代化治理

探索整村代建机制，统筹推进 2 个样板村、7 个精品村、2 个提前启动村的改造工作，实施 2 个拆整结合城中村改造项目。保护好传承好传统文化，加强霞城文化、集美大社文化等特色资源引流创收作用，促进产业转型升级和村民增收。持续提升智慧管理水平，推进拟新建的 9 个村级社会治理中心实体化运行。推行“大物业”管理模式，落地运行“物业服务超市”。

3.推进乡村全面振兴

实施“百千万工程”，走有集美特色的乡村振兴道路。持续深化校村结对，因村施策制定帮扶措施。以“五美”建设为抓手，积极培育省级美丽宜居村庄、省级美丽休闲乡村，将双岭村打造成全市最美田园样板。引进全国高水平乡村振兴机构，以产业培育为重点，发展果蔬加工等城郊型高附加值特色农业。打造精品特色民宿，探索发展农耕体验、房车露营等新业态，助力乡村旅游发展。鼓励引导金融机构加大对村

集体发展项目的支持，开工建设铁山社区公寓三期、新村（三峡移民）通用厂房。推进三溪流域智慧水环境平台一期工程建设，完成水利管理数字化转型。

4.提升基础设施承载力

拓宽融资渠道，引入优质社会资本深度参与城市建设。进一步完善《嘉庚建筑导则》及其实施机制，推动自然景观、嘉庚风格、现代建筑的高度融合，精心建设最美城区。加快轨道 4 号线、6 号线和 9 号线建设进度。新建一批停车位。推动建立智慧交通管理体系，提升综合交通系统整体运行效率。打通井泉路等断头路，开工建设集美中学新校区配套道路等市政道路，建成新 324 国道集美段。持续开展正本清源项目成效验收，动态更新、实时维护排水管网“一张图”。

（三）切实保障和改善民生

1.织密扎牢社会保障网

全面实施青年就业友好工程，积极开发公益性岗位，设立零工市场和零工驿站，建立企业缺工红线预警机制。推动社会保障精准扩面，抓好新就业形态劳动者参保。加强未成年人保护，实现各镇（街）未保站全覆盖。构建多层次住房保障体系，加快岩内安置房 1 号、2 号地块等项目建设进度，做好蔡林安置房等项目交房工作，推动铁山公租房配租管理。办好养老、托幼、医疗、课后服务“社区四件事”，鼓励市场主体参与助餐服务，加强社区婴幼儿活动场所和服务设施建设，推广家庭病床和特定对象上门诊疗访视服务，探索以社区为单元的课后服务新模式。

2.办好人民满意教育

推进义务教育优质均衡发展区创建工作，新建 8 个中小学幼儿园职校项目，新增学位 9000 个。推进名师名校长培养工程，建设第四届名师发展工作室。持续优化生源统筹，加快学位紧张片区学校建设，科学应对学位供需矛盾，保障适龄儿童就近入学。以集美全域为新时代“大学村”“大课堂”，围绕德、智、体、美、劳五个方面，遴选若干国家级乃至国际级优质平台，精心打造一批“五育”课程。

3.提高全民健康水平

投用市妇幼保健院集美院区，支持川大华西厦门医院建设区域精神卫生治疗中心，推进区妇幼保健院和集美新城社区卫生服务中心、侨英街道社区卫生服务中心分中心建设。加密医联体网络，引导优质医疗资源和居民就医“双下沉”，畅通基层医疗机构与大医院之间的远程诊疗、双向转诊通道。建成基层卫生保健网络，开设老人护理等个性化健康门诊。推广普惠托育机构与区属医疗机构间“医育学”一体模式。

4.繁荣文体事业

加强文化遗产传承保护，办好纪念陈嘉庚诞辰 150 周年系列活动，推动嘉庚教育遗产列入中国申遗预备名单、集美端午龙舟赛申报国家级非遗代表性项目名录。持续推进文化惠民工程，办好“人文集美悦读季”“四季村晚”等群众性文化活动。建成投用集美艺术中心。持续举办大学生排球联赛、校园马拉松等赛事。启动集美新城“一场两馆”建设，加快西亭体育公园和灌南等 3 个社区文体中心建设进度。

（四）依靠改革开放增强发展内生动力

1.纵深推进改革

推动财政工作模式从管理资金向治财理财转变，科学统筹财政收支，推进财政资金竞争性分配改革，实行“大专项+竞争性分配”管理模式，集中财力办大事要事。巩固区属国企改革成效，培育做强城市经营能力。以盘活存量资产、整治低效闲置资产为重点，全面提升资产效益。

2.扩大高水平开放

巩固与海外侨团、宗亲组织社团的交往，发挥集美校友总会纽带作用，为集美发展凝聚侨心侨力。开展“全球友好城市联动”，举办全球青年集美创业大赛，支持集美企业走访考察海外产业园区。联合华侨银行打造新交所上市服务平台，帮助企业赴海外上市融资。以中法建交 60 周年、中马建交 50 周年为契机，大力拓展同法国、马来西亚等国家的联系。倾心打造中国-金砖国家新时代科创孵化园。

3.服务两岸融合发展

积极探索台胞服务新举措，不断拓展政务服务台胞台企“一件事一次办”集成套餐。与金门合作设立“两岸研学基地”。巩固提升“台青聚融友好工程”，更大力度吸引台湾青年人来集就业创业。启用“台商之家”，探索与金门商协会互设联络处，搭建两岸经贸文化交往交流新平台。推动台商产业融合发展基金落地，促进闽台经贸深度合作。进一步做优台企诊断辅导和二代培训服务，激发台商投资区新活力。

参考文献

［1］集美区人民政府. 2024 年集美区政府工作报告［R/OL］.（2024-02-18）［2024-02-19］. http://www.jimei.gov.cn/xxgk/gzbg/F398/202402/t20240218_1039060.htm.

［2］集美区人民政府. 2023 年 1—12 月全区经济指标快报［R/OL］.（2024-02-02）［2024-02-19］. http://www.jimei.gov.cn/xxgk/xxgk/tjxx/jjzb/202402/t20240202_1037696.htm.

课 题 指 导：彭朝明　戴松若
课 题 组 长：谢　强
课题组成员：谢　强　林　智　肖凌欣
课 题 执 笔：谢　强

第六章

海沧区 2023 年发展评述与 2024 年展望

一、2023 年发展评述

2023 年，面对外部环境复杂多变等多重困难挑战，海沧区坚持以习近平新时代中国特色社会主义思想为指导，深入贯彻落实党的二十大精神，坚持稳中求进工作总基调，全力推动全区经济承压前行，扎实推进高质量发展，经济社会保持平稳健康发展，发展韧性不断增强，在更高起点上建设高素质高颜值国际一流海湾城区取得积极进展。

（一）综合评述

1.经济势头持续恢复

2023 年，全区受国内外需求疲弱等因素影响，经济运行呈现低开后缓慢回升态势。2023 年，全区主要经济指标中规模以上工业增加值位居全市第一位，第二产业规模、实际利用外资位居全市第二位，地区生产总值、财政总收入、全体居民人均可支配收入位居全市第三位；主要经济指标增速除实际利用外资排名全市第一外，其余指标与年度预期目标尚有差距。具体数据参见图 6-1 至图 6-2。

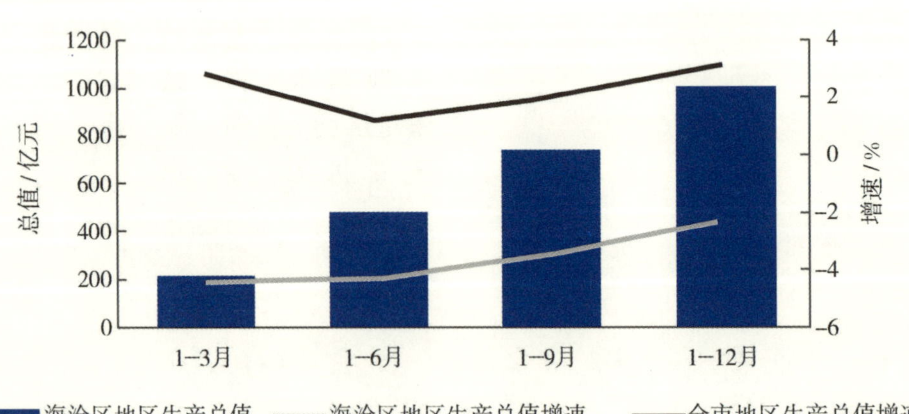

资料来源：厦门统计月报、海沧区统计局。

图 6-1　海沧区地区生产总值增速与全市对比

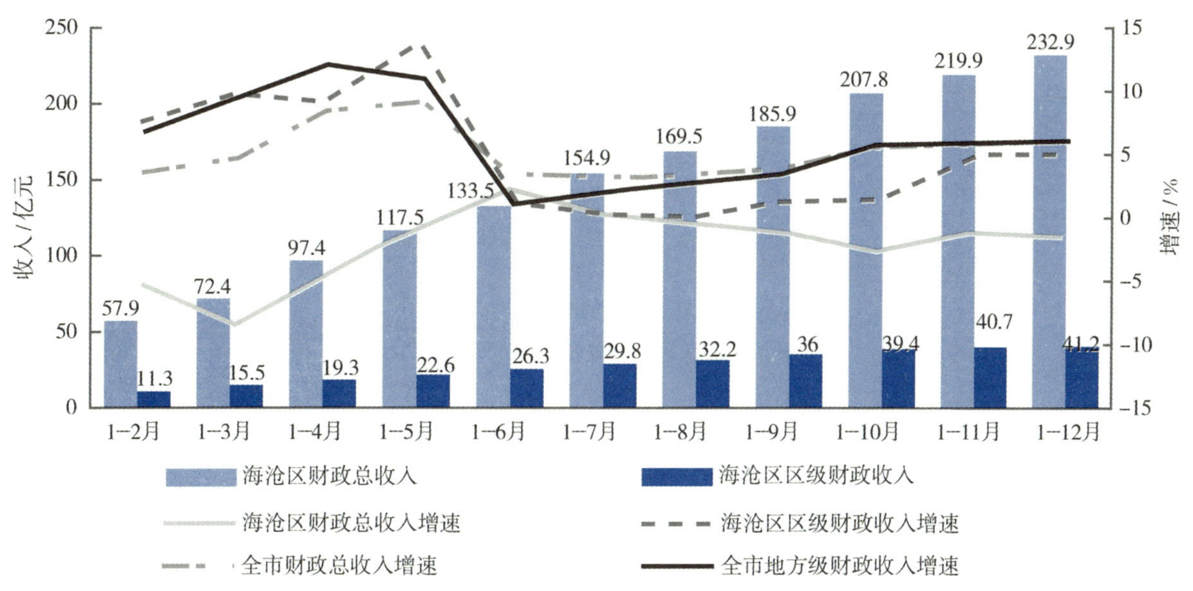

资料来源：厦门统计月报、海沧区统计局。

图 6-2 海沧区财政收入增速与全市对比

2.产业发展步伐坚实

工业经济稳步恢复。受国外需求减少、新材料价格波动等因素影响，海沧区工业经济呈现低开之势，在先后出台抓工业一系列稳经济政策后，呈现逐月回升、复苏向好。1—12 月完成规模以上工业增加值 606.6 亿元，同比增长-6.2%，降幅逐月收窄。详见图 6-3。

制造业优势得以巩固。生物医药产业持续做强。累计申报、进入临床试验阶段、上市创新药及改良型新药品种共 26 个，国家 I 类创新药拓培非格司亭注射液获批上市。厦门生物医药孵化器获评优秀国家级科技企业孵化器；大博医疗和当盛新材料成功入围国家生物医用材料创新任务揭榜挂帅（第一批）名单。集成电路产业持续做大。粤浦科技海沧科创中心项目开工建设，芯群集成电路和四合微电子等项目竣工投产，总投资 30 亿元的士兰集科集成电路和功率器件芯片扩产项目签约落地。集成电路产业园连续三年获评中国集成电路高质量发展优秀园区。辖区开元通信、士兰集科、云天半导体 3 家企业成为潜在“独角兽”企业，占全省接近一半。新材料产业加快发展。整合现有厂房载体空间，策划马銮湾新城北片区，打造一流新能源新材料产业空间。全球首条百兆瓦柔性钙钛矿组件生产基地项目正式签约，引进第三代太阳能电池产品项目，填补发展空白。锂电池正极材料等产品出口增长 55%。

现代服务业发展提质增效。现代商贸大力发展。加快SM马銮湾项目建设，首个高能级TOD商业综合体招商花园城盛大开业，成为购物体验新地标。现代物流加速发展。海沧港综合保税区出口翻番，中欧班列首次承载新能源汽车出口。海沧港集装箱吞吐量保持增长，完成 839 万标箱。旅游业持续升温。接待国内游客人次、旅游收入分别增长 33%和 43%。

从三次产业结构来看，2023 年，海沧区三次产业比为 0.2∶56.1∶43.7，与全市 0.3∶35.6∶64.1 的结构相比，海沧区的第三产业明显落后于全市平均水平。

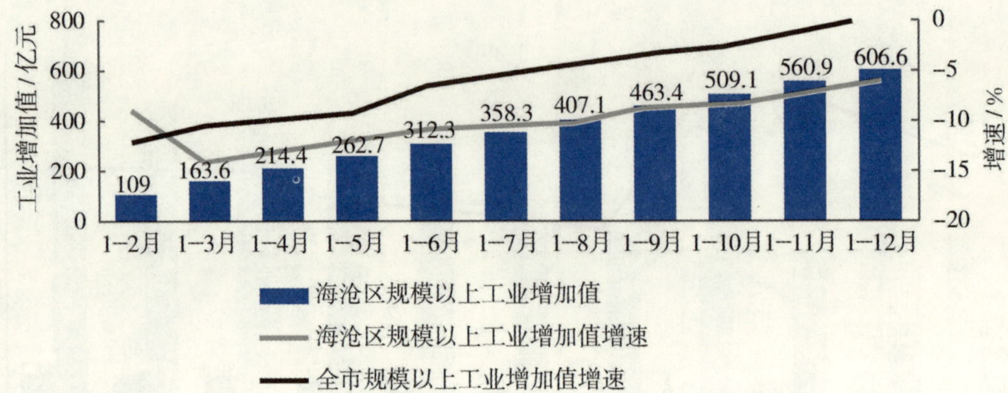

资料来源：厦门统计月报、海沧区统计局。

图 6-3　海沧区规模以上工业增加值增速与全市对比

3.城乡功能品质不断提升

基础设施日趋完善。沧江路快速通道工程等项目建成通车，海沧南大道（马青路–沧江路段）提升改造工程等项目开工建设，总投资 10 亿元的鳌冠大道获批立项，建港路沿线等 7 个重要交通节点完成提升，城区道路网络越来越优。新增或改造园林绿地 90 万平方米，新建或改造绿道 11 公里，建成 5 个高颜值口袋公园、1 个精品公园，城区风貌品质越来越好。新增公共停车位 2042 个，已建充电设施 3.4 万个插口，实施兴港花园等 32 个老旧小区改造，惠及居民超 1.1 万户，便民惠民成色越来越足。

乡村振兴全面推进。大力推进乡村“五个美丽”建设，出台整治标准，建立 6 项长效治理机制，新创建完成 150 户美丽乡村庭院、56 处美丽乡村微景观、15 个美丽乡村小公园（小广场）、1 个美丽田园及 2 个美丽乡村休闲旅游点。完成乡村基础设施项目建设 46 个，总投资 1.2 亿元。发展壮大农村集体经济，新垵正顺公寓加快招商，祥露广场竣工验收，温厝一期项目顺利封顶，东瑶、贞岱等新策划项目接续推进。渐美村入选“全国乡村治理示范村”，洪塘村获评“福建省金牌旅游村”。

生态环境持续改善。辖区减污降碳成效明显，生态环境质量公众满意度、空气质量优级率位居全市前列，环境信访投诉总量下降 62.8%。过芸溪小流域省控、市控断面水质达标率 100%，新建（改造）污水管网 21.5 公里，地表水水质稳定达标。海沧台商投资区申报国家产业园区减污降碳协同创新试点（全省 3 个），企业和港口减污降碳经验被生态环境部作为典型案例推广。

4.民生福祉持续增进

教育事业优质发展。开工建设双十附校东屿校区、海沧实验中学高中部扩建、南岛九年制学校等项目，续建华师附中四期、新阳西小学等项目，建成沧江高中、鼎美高中、马銮西第二小学等 7 个项目，新增学位 8640 个。央美恒一高中顺利开办，填补全省艺术特色类普高空白。高考本科上线人数创历史新高，中考学业评估值继续领跑岛外。

健康事业不断提升。海沧医院耳鼻喉科入选 2023 年福建省临床重点专科建设项目，海沧医院急救站正式启用、体检部升级开放。强化与复旦中山厦门医院合作，在基层重点打造心血管、肺结节等 11 个特色专科。复旦肿瘤厦门医院开业在即。社区卫生服务中心开展延时服务。慈济北宫入选“福建省中医药文化宣传基地”建设单位。

社会保障更加健全。加强高校毕业生就业创业服务，高校应届毕业生就业率达 98.97%。“一老一小”服务持续推进，加快推进海沧区第二社会福利中心建设，进一步补充养老床位短板，依托新阳街道养老服务照料中心开办“敬老餐桌”项目；新设普惠托育机构 3 家，婴幼儿每千人托位数保持全市前列。保障性住房建设扎实开展，东坑安居房二期开工建设，东瑶安商房一期交付使用。

5.营商环境持续优化

行政服务有力有效。深化“放管服”改革，持续压减审批手续和办理时限，推动更多便民利企事项纳入“一站式”服务。“打造新兴产业孵化与培育体系”入选省营商办优化营商环境工作典型经验做法。推动“信用+石油”“信用+服务”百行信用应用试点示范，“信用+石油”获评市级创新应用奖。加强知识产权保护，持续开展商业秘密保护创新试点工作。

企业服务提质提效。完善企业“进不了窗口”事项综合服务中心功能，完善企业诉求反映及联系机制。召开“服务企业接待日”58 场，扁平高效解决企业难点堵点 311 项。809 个涉企审评事项实现“一窗通办”，首个智慧办税微厅正式启用。省药监局“一站一部两中心”办件量增长 28%，医药器械审评提速 76%。

招商引资成效显著。坚持“大招商、招大商、大员招商”，全区累计组织开展 172 次“走出去”招商考察活动。全区“9·8”投洽会共签约 63 个项目，总投资额约 426 亿元。全球首条百兆瓦柔性钙钛矿组件生产基地项目正式签约，中科兆能、维肯恩项目落地钢宇安嘉工业园。

（二）存在问题

1.经济增长压力较大

经济体量规模仍然不大，工业品出口有所下滑，部分大宗贸易企业运营成本增加。产业高质量发展基础不牢，缺乏带动性强的制造业龙头项目，服务业对经济的拉动作用仍然偏弱。成熟的工业用地较少，部分优质项目无法快速落地，民间投资意愿不强，发展后劲仍需进一步夯实。

2.城区品质亟待提升

海沧城区发展较为成熟、人气较旺的区域仍局限于海沧湾沿线一带，城区中部、北部甚至南部建设发展缓慢，人气、商气未能有效集聚。城区商贸业、旅游文体设施与岛内相比仍有差距，中心城区能级较低，辐射带动能力较弱。城中村违章建筑仍然较多，影响城区环境和品质提升。

3.公共服务仍待完善

街道间、学校间教育资源不平衡问题有待破解，学前教育相对薄弱，义务教育特色化发展格局尚未筑牢。公共文化体育场馆设施与群众文化健身需求的矛盾依旧突出。“一老一小”、优质医疗卫生资源与居民需求存在一定差距。新城组团间、岛内外公交可达性仍待提升，产城人深度融合有待突破。

二、2024年发展展望

（一）影响因素

1.有利因素

产业方面，全球产业变革和模式创新加速推进，以ChatGPT、Sora为代表的全球人工智能加速发展，人工智能与物联网、云计算、大数据等前沿技术深度融合，将形成更加强大的技术生态，推动各行业创新与发展。国内致力于加快推进高质量发展，新型工业化、信息化和农业现代化孕育出巨大发展潜能，将给海沧产业发展带来新机遇。

投资方面，有效投资力度将进一步加大，国家将重点支持关键核心技术攻关、新型基础设施、节能减排降碳等方面的投入，制造业投资回升动能将增强，并着力推进保障性住房建设、“平急两用”公共基础设施建设、城中村改造等“三大工程”。海沧区四大新城、港区集疏运体系建设、轨道交通4号线、6号线、海沧南大道等重大项目将助推投资加快增长。

消费方面，国内将推动消费从疫后恢复转向持续扩大，消费升级和潜能挖掘将协同发力，数字消费、智能消费、绿色消费、健康消费、文体消费等新型消费将加快发展，新能源汽车、电子产品等大宗消费将得到提振。随着一系列扩消费、提高城乡居民收入政策落地实施，招商花园城等海沧消费体验新地标建成开业，辖区消费环境进一步提升，将带动海沧消费增长。

2.不利因素

2024年，外部环境复杂性、严峻性、不确定性仍将持续，国际市场需求疲软，国际贸易壁垒高筑，全球贸易活跃程度持续下降，中美在高技术及关键产业等多个领域的摩擦仍将继续，全球产业链供应链加速分化重构，这将对海沧区生物医药、电子信息、卫浴等优势产业产品出口带来冲击。国内有效需求不足、部分行业产能过剩、社会预期偏弱、风险隐患仍然较多，将影响企业投资意愿与居民消费信心，这将制约海沧经济的发展。

（二）2024年发展展望

综合考虑，按照稳中求进、以进促稳、先立后破的总体要求，预计海沧区经济将扭负为正，区内生产总值增长6%左右，固定资产投资增长5%左右。集成电路、生物医药等战略性新兴产业不断培育壮大，传统产业转型升级将加快，制造业将朝向价值链中高端迈进。海沧湾等四大新城加快建设，钟山-渐美等片区改造加速推进，洪塘等高颜值农村加速打造，城区功能品质进一步提升。教育、医疗、养老等公共服务均等化水平稳步提升，美好生活画卷民生福祉水平持续提高。

三、2024年对策建议

2024年，海沧区将坚持稳中求进、以进促稳、先立后破的要求，完整、准确、全面贯彻新发展理念，积极服务和融入新发展格局，着力推动高质量发展，全面深化改革开放，切实增强经济活力、防范化解风险、改善社会预期，巩固和增强经济回升向好态势，持续推动经济实现质的有效提升和量的合理增长，在更高起点上建设高素质高颜值国际一流湾区。

（一）聚力稳中求进，推动经济平稳增长

1.攻坚项目促投资

加快推动安井三厂、哈罗小镇地块、双十附校四期等项目开工建设，推动东屿CBD综合体地块、CBD5#地块等商住地块尽早出让。推进港口集疏运体系、轨道 4 号线和 6 号线等基础设施项目建设。推动特宝、鑫玥等存量企业增资扩产，力促力鼎光电等制造业项目落地开工。围绕“3+1+1”产业规划布局，加强产业链招商，重点推动一批选址意向明确、对上下游企业具有引领带动作用的项目落地。

2.优化供给促消费

改造升级一批特色街区、传统商圈，在水岸、街区、邻里、乡村等规划布局一批消费新场景，拓展消费新热点。做大汽车消费市场，推动汽车露营、汽车赛事、汽车金融服务等汽车后市场发展，开展形式多样的汽车主题文化活动。拓展消费新空间，积极培育首店经济、小店经济、夜间经济、周末经济等新消费，吸引国际品牌落地发展。加强策划宣传，加快营造“周周有活动、月月有主题、季季有热潮”的消费氛围。

3.创新模式稳外贸

依托海沧自贸试验区，用好“一带一路”航线海运、中欧班列两条出口大通道，稳定传统行业产品出口，加大力度鼓励“新三样”扩大出口，支持市场采购、保税物流、二手车、易货贸易等新业态加快发展。加快培育壮大跨境电商规模，支持外贸企业通过跨境电商等新业态新模式拓展销售渠道、培育自主品牌。加快培育外贸主体，指导生产企业开拓国际市场，建立重点增量项目库，积极扩大进出口。

（二）聚力提质增效，加快推动产业转型升级

1.大力推进新型工业化

实施传统产业链延链强链补链工程，打造智能家居、汽车及零配件等特色优势产业链。鼓励宏发电力电器、法拉电子等大型企业将优质中小企业纳入产业链供应链体系，强化上下游协同发展，壮大电子信息、轻工食品等传统产业整体实力。实施绿色制造工程，鼓励企业创建绿色工厂、开发绿色产品、打造绿色园区。提升产业科技创新能力，编制实施科技创新五年专项规划，强化企业创新主体地位，创新政产学研用融通机制，持续打造人才高地，着力布局一批科研院所，建设高水平产业科技创新平台体系，增强产业链韧性和竞争力。

2.培育壮大战略性新兴产业

持续提升生物医药产业能级，加快推进福建盛迪高端原料药基地项目、养生堂厦门万泰诊断基地建设项目，推动马銮湾研发创新园生成项目落地，推动省药检在厦设立服务窗口。加快集成电路产业发展，服务通富微电子、士兰集科、士兰明镓等项目继续增资扩产。推进新材料产业扩容提速，优化空间布局、政

策支撑，推动一批延链补链强链项目落地，完善新能源新材料产业链条。

3.做大做强现代服务业

全力推进马銮湾SM、海沧公交枢纽商业综合体、东屿TOD商业综合体等项目建设，着力规划布局一批特色街区，加快构筑商业大开发、大发展气势，加快聚集海沧人气商气。加快夸特纳斯（厦门）国际食材集采集配中心等重点物流项目建设，推进临港产业加速发展，做强做大港口物流业。加快发展文旅经济，促进影视产业发展，培育康养、研学、夜游休闲、农业体验等旅游业态。加快发展总部经济和楼宇经济，提升人力资源产业园专业服务能力。

（三）聚力品质提升，打造高品质生活宜居地

1.提升新城建设品质

持续推进海沧湾新城、马銮湾新城、鳌冠新城、沧江新城等四大新城综合开发，合理布局片区功能和开发密度。完善海沧湾新城功能配套，推动东屿CBD片区综合开发，丰富新城夜生活、夜经济、夜文化，集聚人气、商气、烟火气。提升马銮湾新城精细化管理水平，推进生物医药研发创新园开发建设，配套发展相关产业。优化鳌冠新城道路交通网络，启动市政配套建设，拓展海岸生活空间。完善沧江新城规划，推进龟山片区综合开发。

2.织密交通路网体系

加快推进道路路网建设，重点推进马青路（石塘立交－翁厝立交）提升改造工程等项目建设；推动海沧大桥加固工程（二期）等项目开工建设；推进海沧南大道（马青路－沧江路段）提升改造；推动海景路下穿海沧支线工程、厦漳大桥桥下规划道路开工，实现客货分离、提高海沧港区集疏运效率。不断完善片区路网系统，加快推进汤岸西路道路工程、宁店东路等企业配套道路的建设，保障企业项目建设和生产需求。

3.推进乡村全面振兴

持续推进乡村振兴试点示范建设，做好省乡村振兴示范村和精品示范线路创建工作，推动市级乡村振兴精品村和新试点示范村建设。优化提升村庄规划，统筹推进开发与保护。发展都市现代农业，推动天竺山花海观光园等项目落地，力促班纳利中国育种中心二期建成。壮大农村集体经济，推动集体资产公司化运营改革，推动祥露、鼎美等项目实施，支持村财50万元以下的村（社区）增加收入。深化人居环境综合整治，加快美丽乡村建设，打造赤土乡村旅游示范片区。

4.提升生态环境品质

巩固环保督察整改成果，定期开展“回头看”，加大环境监管执法力度，全力创建国家生态文明建设示范区。巩固大气治理成果，推进海沧港区码头“油改电”的设施更换，积极推进集中供热项目建设，确保空气优良天数排名全市前列。巩固水系治理成果，推动过芸溪省控断面水质提升工程实施进度，加快推进过芸溪沿线正本清源施工进展。加快推动地块土壤修复，加强重点行业企业用地调查，全力提升危废处置监管能力。

（四）聚力惠民利民，提高民众幸福指数

1.促进教育优质发展

持续补短扩容，改善办学条件，2024 年计划新增各类学位 4920 个；推动孚中央西小学等项目开工，加快临港幼儿园等项目续建。“双减”“五项管理”常抓不懈，推进课后服务管理平台逐步在全区中小学使用，争取新开放一批学校体育场地设施。实施“五大攻坚”工程，争创“全国义务教育优质均衡发展区”和“全国学前教育普及普惠区”。

2.加速健康海沧建设

推动复旦肿瘤厦门医院投入使用，海沧医院提升改造扩增病床 400 张，鼓励辖区市管医院分别引进北京、上海、台湾专家到辖区执业，继续提升基层优质医疗服务。推动与综合医院慢性病防治中心挂靠单位合作，扩增引入长庚医院专家团队到社区坐诊。推动马銮湾街道社区卫生服务中心建设，推动海沧街道后井村卫生所、新阳街道孚中央社区服务站建设。

3.织密织牢保障网络

落实落细就业优先政策，统筹抓好高校毕业生、农民工等重点群体就业，加快建设人力资源服务产业园（海沧园）。完善社会保障体系，落实贯彻新的困难群众救助政策，扎实推进低保扩面工作，及时将符合救助条件的困难群众纳入低保范围，推进海沧未保站建设，积极推进第二社会福利中心项目建设。强化“一老一小”服务，做好新建小区配套养老服务照料中心项目装修、运营管理，推进“家庭养老床位”建设；发展多种形式的普惠托育服务，建设儿童友好型城区。

（五）聚力蓄势赋能，持续深化改革开放

1.强化发挥自贸优势

依托自贸试验区贸易、通关、投资便利化优势，做大做强东南燕都、黄金珠宝等产业园区，抓好整车进口口岸等重点平台运营，提高跨境贸易便利化水平。完善港区集疏运体系，加快远海码头铁路专用线等项目建设，提高货运通行效率。积极融入“一带一路”建设，提高海铁联运比例，全面提升中欧（厦门）班列综合服务能力。

2.持续优化营商环境

构建亲清政商关系，落实市场准入、权益保护、公平竞争、社会信用等制度，加强知识产权保护，依法保护民营企业产权和企业家合法权益。深入开展“益企服务”专项行动，做好社会投资项目前期工作报批报建指导专业服务。充分发挥“八办”全流程全要素全周期保障项目推进工作机制，紧密衔接、形成合力。优化企业服务专窗及“帮办代办”服务，助力企业项目审批提速增效。

3.持续推进两岸融合

主动融入海峡两岸融合发展示范区建设，打造两岸社会融合、经济融合、情感融合示范样板，落实台

胞台企同等待遇，争做承接台湾产业资源、资金、人才、技术溢出“第一站”。深化两岸产业合作，推动吉门保险丝等台资项目增资扩产。深化海峡两岸民俗信仰、基层民间交流互动建设，办好保生慈济文化节等活动，培育创建台湾青年就业创业基地，吸引台湾青年来海沧创业兴业。

参考文献

[1] 厦门市海沧区人民政府. 2024 年厦门市海沧区政府工作报告[Z].(2023-12-27)[2024-02-23].

[2] 厦门市海沧区人民政府. 厦门市海沧区国民经济和社会发展第十四个五年规划和二〇三五年远景目标纲要[R/OL].(2021-04-23)[2024-02-23]. https://www.haicang.gov.cn/xx/zfxxgkzl/zfxxgkml/hcqrmzfgwh/jgzn/202104/t20210429_781784.htm.

[3] 厦门市海沧区人民政府. 关于海沧区 2023 年国民经济和社会发展计划执行情况与 2024 年国民经济和社会发展计划草案的报告[Z].(2023-12-27)[2024-02-23].

课题指导：彭朝明　戴松若
课题组长：陈国清
课题组成员：戴松若　林汝辉　刘飞龙
陈国清　牛永青
课题执笔：陈国清

第七章

同安区 2023 年发展评述与 2024 年展望

一、2023 年发展评述

2023 年，同安区坚持以习近平新时代中国特色社会主义思想为指导，全面学习贯彻党的二十大精神，深入贯彻落实习近平总书记重要讲话重要指示批示精神，深入实施“深学争优、敢为争先、实干争效”行动和“四个年”活动，经济运行整体平稳，城乡功能稳步提升，民生福祉日益增进，城区治理更加高效，为全市努力率先实现社会主义现代化作出同安贡献。

（一）发展综述

1.经济运行回升向好

2023 年，同安区经济在复苏中前行，全区地区生产总值季度增速在第二季度筑底，第三、第四季度逐季回升，全年完成地区生产总值 721.69 亿元，同比增长 1.5%（见图 7-1）。工业生产有序恢复，全区完成规

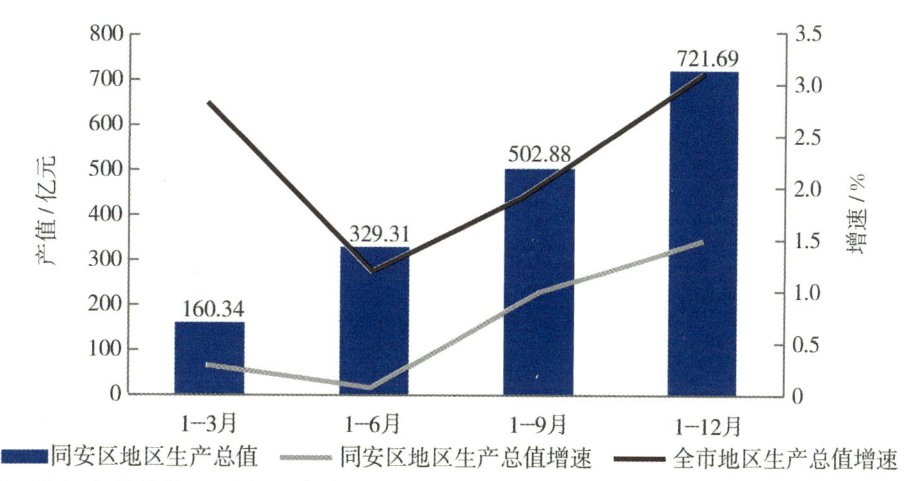

数据来源：厦门市统计局、同安区统计局。

图 7-1　同安区 2023 年地区生产总值与全市比较

模以上工业总产值 1346.8 亿元，同比下降 2.7%（见图 7-2），降幅较三季度收窄 3.3 个百分点。固定资产投资同比增长 12.3%，财政总收入、区级财政收入分别同比增长 17.5%、4.6%（见图 7-3），完成社会消费品零售总额 410.99 亿元（见图 7-4）。固定资产投资、财政总收入等 8 个指标完成或基本完成年初预期计划。

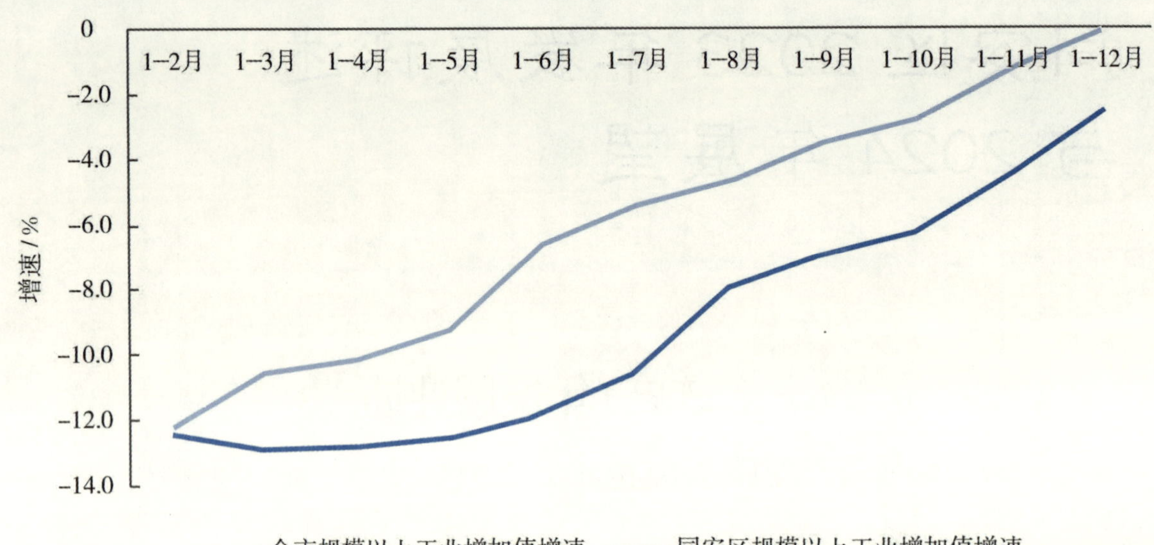

数据来源：厦门市统计局、同安区统计局。

图 7-2　同安区 2023 年规模以上工业增加值增速与全市比较

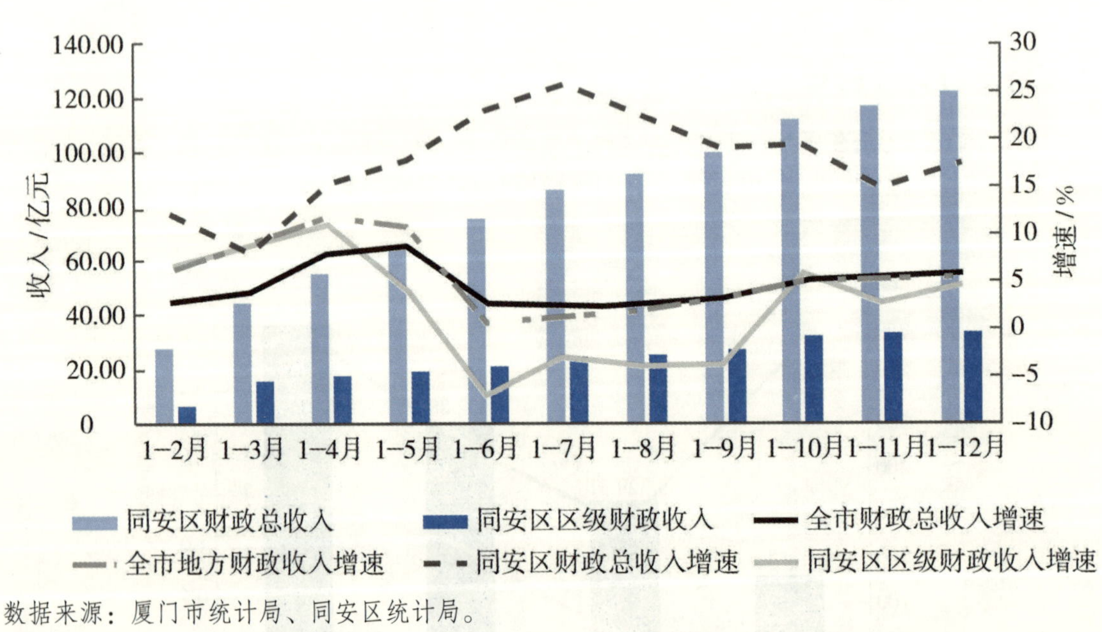

数据来源：厦门市统计局、同安区统计局。

图 7-3　同安区 2023 年财政收入与全市比较

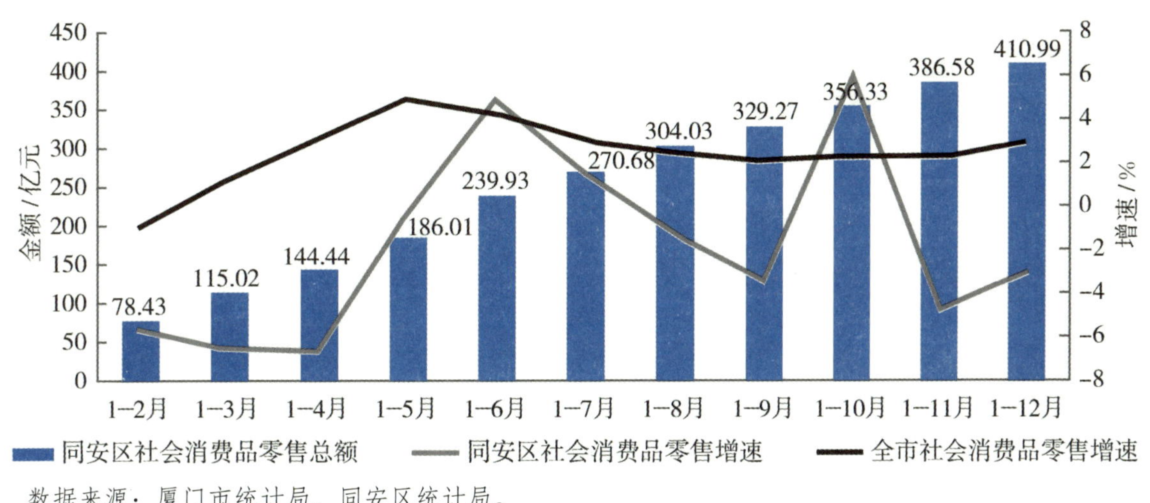

数据来源：厦门市统计局、同安区统计局。

图 7-4　同安区 2023 年社会消费品零售总额与全市比较

2.发展动能加速积蓄

一是投资支撑作用显著。全年完成固定资产投资超 520 亿元，同比增长 12.3%（见图 7-5），其中工业投资同比增长 27.9%，浦声水闸等 138 个项目开工，美山路等 201 个项目竣工，99 个省市重点项目投资完成率达 147%。房地产投资回暖，全年完成房地产投资 215.6 亿元，同比增长 21.6%。

二是招商引资持续发力。坚持大招商、招大商，深入开展“招商引资提质年”活动，红星美凯龙等 5 个 10 亿元以上项目签约落地。依托“9·8”投洽会、市科技创新大会等活动，推动 52 个项目签约，总投资达 454.7 亿元。强化“基金+产业”招商，基金招商成效显著，累计落地基金 34 支，基金规模超 140 亿元。

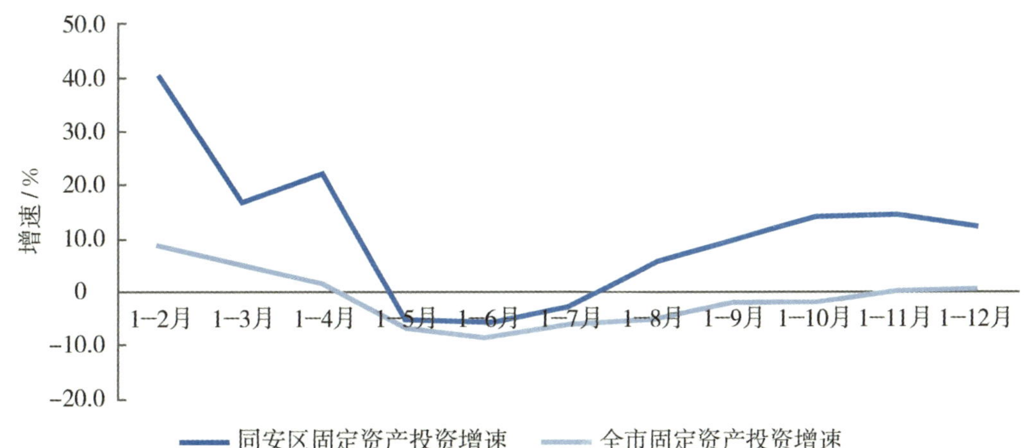

数据来源：厦门市统计局、同安区统计局。

图 7-5　同安区 2023 年固定资产投资增速与全市比较

三是营商环境持续优化。加快提振市场信心，出台“民营经济 23 条”“营商环境 24 条”，新增经营主体 2.2 万户，同比增长 8.5%。全面落实稳增长各项政策措施，兑现各类惠企扶持资金 12.1 亿元，为企业减税降费、退税缓费超 12.4 亿元。深入推进“一企一品”益企服务，上线运行全省首个县区级企业一体化服务平台“同企云”，揭牌成立“厦门科学城企业合规管理示范区”。

3.产业结构持续优化

一是创新动能加速积蓄。举办首届科技服务节，新增国家高新技术企业 108 家，专精特新“小巨人”企业增至 23 家，有效发明专利拥有量增长 33%，高技术制造业增加值占规模以上工业增加值比重达 26%，战略性新兴产业产值占规模以上工业比重近 50%。人才强区战略扎实推进，搭建人才资源平台“共享图谱”，发放人才补贴近 3000 万元，引育高层次人才 120 名。

二是现代化产业体系加快构建。加快发展“4+4+1”产业链群，三次产业结构优化为 1.6：47.6：50.8。新兴产业提速发展，新能源产业实现产值 234 亿元，同比增长 174%，海辰储能成为厦门首家中国独角兽企业。传统产业转型增效，打造厦门预制菜产业元宇宙展厅，获评 2023 年预制菜产业基地百强榜单第六。商贸业快速增长，新增 4 家年销售额超 50 亿元企业，限额以上批零业销售额完成超 3100 亿元，同比增长 15.8%。

三是产业载体加快拓展。用好用足同安新城 35.1 平方公里、同翔高新城（同安片区）35 平方公里、同安工业集中区 15 平方公里较成熟产业用地，规划拓展祥平西智能制造产业园、竹坝片区等新兴产业用地。加快征地拆迁速度，发挥“项目指挥部+临时党委”党建模式，全年完成土地征收、房屋征收、交地面积达 3408 亩、60.6 万平方米、4739 亩，均位居全市前列。推动土地整理，治理一批“批而未供”“供而未用”地块，盘活 1500 亩低效用地、闲置边角地。

4.城乡面貌显著改善

一是空间格局优化提升。优化调整“2+6+6”重大重点片区指挥体系，突显区位特色和片区开发，打造“一圈一轴双翼”的城市空间格局。新兴片区积势蓄能，西湖片区完成一期用地征地拆迁工作，与央企中能建签订战略合作开发协议；祥平西片区 24 万平方米通用厂房开工建设。路网框架不断完善，福厦高铁（同安段）、海翔大道（官浔立交–西柯立交）完善工程、国道 324 复线（同安段）二期主体实现通车，地铁 6 号线（集同段）、省道 206 线（华城三路–同安大道段）改造工程等项目持续推进。

二是“两大新城”加快建设。同安新城、同翔高新城（同安片区）全年完成固定资产投资 345 亿元，占全区比重超 60%。同安新城成型起势，银城智谷二期竣工投产、新经济产业园一期正式开园，厦门科学城I号孵化器正式投用，“三谷”注册企业超 1600 家。同翔高新城（同安片区）快速崛起，厦门时代、苏颂天文馆等重点项目加速推进，厦门六中同安校区、火炬实验小学正式投用，高新城入驻企业达 162 家。

三是老城更新有序推动。城中村现代化治理全力推进，首批 6 个试点村改造，47 个城中村改造项目竣工。组建工业园区提升改造指挥部，以“管委会+运营公司”模式推动工业园区转型升级。老城面貌持续改善，改造提升老旧小区 14 个、农贸市场 5 个，新增绿道 12 公里、园林绿地 91.4 公顷，处置“两违”131 万平方米，实现 243 个无物业小区“有人管”，文明城区创建工作测评位居全省前十。

四是乡村振兴深入实施。乡村产业发展壮大，农林牧渔业总产值达 23.51 亿元，完成粮食播种面积 3.3 万亩、粮食总产量 1.3 万吨，新增高标准农田超 1 万亩。乡村环境持续提升，完成 21.5 公里农村道路提升改造，建设美丽庭院 50 个，莲花镇莲花村获评 2023 年中国美丽休闲乡村。集体经济发展壮大，培育 7 个新型农村集体经济试点村，81 个行政村集体经济收入全部达到 50 万元以上，农村居民人均可支配收入增幅位居全市第一。

5.民生保障有力有效

一是公共服务量质齐升。教育事业扩容提质，新增学位约 1.7 万个，新增省、市示范幼儿园 7 所，100%通过省级义务教育管理标准化学校验收。健康同安稳步发展，苏颂医院开门问诊，中医院急救站正式启用，五显卫生院新院区顺利建成，全区老年友善医疗机构占比达 88.2%，隘头村获评全国示范性老年友好型社区。文体事业蓬勃发展，新改建近邻运动场 46 个，完成 14 处不可移动文物修缮保护，引导社会力量合作参与 10 处文物建筑活化利用。

二是社会保障更加健全。就业形势保持稳定，城镇新增就业 2.1 万人，辖区内离校未就业毕业生就业落实率达 99.7%。兜牢社会保障底线，发放兜底保障资金 1.1 亿元，大病医疗救助保险惠及全区户籍居民。养老托育服务日益完善，建成 4 家婴幼儿照护普惠托育项目，新增普惠性托位 345 个、母婴室 10 家；完成 10 家农村幸福院改造提升，新增家庭养老床位 128 张，实现特殊困难老年人 100%探访。

三是城乡治理卓有成效。社会安稳和谐有序，成功调解各类民间纠纷 5600 件，信访事项一次性办结率达 98%，顶村村获评“全国民主法治示范村”。安全基础不断夯实，健全“三级巡防”“警保联动”和“3、5”分钟快速反应机制，全区刑事警情同比下降 19.1%。深入开展各类重大事故隐患排查整治等专项行动，排查整改问题隐患 2.12 万条。智慧同安加快建设，同安城建一体化管护平台入选 2023 中国环卫数字化转型典型示范案例。

四是生态环境持续改善。空气质量持续优化，完成VOCs（挥发性有机化合物）企业治理 24 家、“散乱污”企业整治 33 家，空气质量综合指数 2.37。水体治理稳步推进，水环境功能区达标率 94%，国省控断面水环境功能区达标率 100%。土壤治理持续深化，完成 2439 家危废产生单位的危险废物规范化管理工作，实现危险废物处置率 100%。成为省级垃圾分类示范区。率先在全市开展“生态警务”建设。持续推进低碳发展，厦门抽水蓄能电站 1 号、2 号机组运行投产，完成蔗内村、白交祠村、京东物流园区低碳试点创建工作。

（二）存在问题

1.稳增长压力持续加大

2023 年全区经济增速仅 1.5%，较 2022 年放缓 2.2 个百分点，低于年初计划 4.5 个百分点。工业对GDP增长支撑作用减弱，规模以上工业负增长 2.5%，低于全市平均水平 2.5 个百分点。实体经济发展压力加大，企业面临订单萎缩、成本增加等困难，962 家规模以上工业企业中，有 580 家企业产值同比减少，减产面达 60.3%。服务业方面，从 2023 年下半年起批零等行业增速放缓，全年增速较上半年回落 7.7 个百分点。

2.产业转型升级有待加快

同安区高能级创新平台不足，重大科技基础设施、国家重点实验室、国家工程技术研究中心、新型研发机构等布局较少，科技创新、研发和转化能力亟待加强。产业布局较为分散，集聚度不高，新能源新材料等新兴产业还处于起步阶段，大项目跨年度梯次替补模式尚未形成。生产性服务业发展相对滞后，现代物流、金融服务、信息服务等产业有待进一步培育。产业空间优势还未充分释放，产业用地储备和闲置用地、低效用地梳理盘活还需进一步加强。

3.城乡发展不够均衡协调

城乡二元结构明显，农村居民人均可支配收入仅为城镇居民的一半，乡村产业一二三产融合发展不充分，产业集中度低、小农户增收受限。城市风貌割裂明显，各片区组团联动发展不够紧密，同安新城与同翔高新城（同安片区）间无直接联系骨干通道。新城公交站点、商业设施等公建配套不足，产城人深度融合仍需进一步深化。

4.公共服务水平有待提高

全区教育、医疗、托育、养老等公共服务与群众所盼所需仍有差距，医疗资源主要集中在祥平、城北等老城区，医疗设施步行15分钟覆盖率低于全市平均值。文化设施布局不均，缺乏大型文化设施。每千名常住老年人拥有床位数低于全市平均水平，床位使用率较低。

二、2024年发展展望

（一）影响因素

1.有利因素

一是我国经济持续回升向好。我国经济具有巨大的发展韧性和潜力，长期向好的基本面没有改变。国际货币基金组织（IMF）最新发布的《世界经济展望报告》预计，2024年我国经济将增长4.6%，较2023年10月的预期值上调0.4个百分点。我国经济增长动力持续恢复，将为同安区经济社会发展提供良好的宏观环境。

二是厦门加快推进综合改革试点。2023年中央支持厦门开展综合改革试点，以清单批量授权方式赋予厦门在重点领域和关键环节改革上更大自主权，为厦门高质量发展注入新动能、提供新机遇。作为厦门跨岛发展的主区域、主战场之一，同安区拥有厦门科学城核心区、同翔高新城（同安片区）等载体优势，已在新能源新材料等产业领域形成集聚优势，在市区联动机制下，随着综合改革试点的推进实施，创新要素将进一步集聚，现代化产业体系将进一步发展壮大。

2.不利因素

世界百年未有之大变局加速演进，新一轮科技革命和产业变革深入发展，国际经济、科技、安全、政治等格局继续深刻调整，2024全球经济增长将进一步放缓，世界贸易格局加速调整重塑，单边主义、保护主义和地缘政治等风险持续上升，外部环境更趋复杂性、严峻性和不确定性，美欧对华限制措施及东南亚劳动力成本优势，企业订单转移、产能外迁仍可能持续，预计2024年同安区工业和出口增长在外需不足的情况下仍将承压。

（二）发展展望

2024年同安区经济运行将延续回升向好势头，“4+4+1”现代化产业链群加快构建；同安新城、同翔高新城（同安片区）建设加速，乡村振兴战略深入实施，产城融合示范区、乡村振兴样板区建设取得新进展；

生态文明示范区建设纵深推进，生态文明治理体系更加完善；教育、医疗等公共服务更加完善，人民群众获得感、幸福感、安全感进一步增强。综合考虑内外部环境因素，预计地区生产总值增长 5.5%左右，规模以上工业总产值同比增长 10%以上，区级财政收入同比增长 6.5%，全社会固定资产投资增幅高于省市平均水平，社会消费品零售总额同比增长 5%，居民人均可支配收入增幅高于省市平均水平。

三、2024 年对策建议

2024 年，同安区要以习近平新时代中国特色社会主义思想为指导，深入贯彻落实党的二十大和二十届二中全会精神，坚持稳中求进工作总基调，围绕推动高质量发展首要任务和构建新发展格局战略任务，聚力推进“四区一基地”建设，加快构建“一圈一轴双翼”城市发展格局，巩固和增强经济回升向好态势，推动经济实现质的有效提升和量的合理增长。

（一）推动经济持续回升向好

1.促进消费稳定增长

一是建设新型消费商圈。依托环东海域休闲旅游带等优势资源，加快培育发展健康养老、文化休闲等服务型消费产业，加快建设环东海域啤酒小镇等一批新兴消费商圈和特色消费网点，打造“活力同安湾”消费地标。二是加大促消费力度。鼓励和推动消费品以旧换新，提振住房、新能源汽车、电子产品等大宗消费，办好同安消费节等促消费活动，扩大电子消费券发放规模和应用范围，促进餐饮住宿、文化旅游等行业恢复发展。三是创新消费业态和模式。大力发展夜间经济、直播电商等新兴消费，进一步培育智慧养老、数字文化等消费新业态，鼓励会展、时尚、健康等消费跨界融合。

2.扩大有效益的投资

一是突出项目带动。加大项目策划力度，围绕国家支持城中村改造和城市有机更新、“平急两用”、保障性住房等领域，抓紧策划实施一批优质项目。推动项目滚动接续，紧盯项目前期、开工、建设等关键环节，全力保障项目建设按序时计划推进。二是强化招商引资。加强市区联动、部门协同，深入推进产业链招商，围绕新能源新材料、新文旅、新消费等重点产业链群，引进上下游强链补链产业项目。发挥科学城基金湾区集聚作用，以“基金+产业”模式招引更多优质项目落地同安。三是激发民间投资活力。积极鼓励引导民间资本参与乡村振兴、城市更新等领域投资建设，持续探索政府和社会资本合作新模式。四是持续优化营商环境。持续深化政务服务模式创新，推进极简审批许可、便利开办登记。推动政策红利直达快享、服务保障精准到位，扩大“免申即享”政策范围。

3.深化改革扩大开放

一是深化重点领域改革。全面落实国家、省市区关于促进民营经济发展壮大的意见，着力打通惠企政策落地“最后一公里”，推动民营经济高质量发展。探索“国企+资本”运作，推动国企参与信用评级，增强国企核心竞争力。稳步推进投融资体制改革，拓展运用片区综合开发、TOD、EOD 等方式引入社会资本。二是推进高水平对外开放。加快内外贸一体化发展，加大企业拓展“一带一路”沿线、金砖国家、

RCEP国家市场支持力度，培育发展跨境电商等外贸新业态。借助“9·8”投洽会、“丝路海运”国际合作论坛等平台，提升双向投资水平。深度融入厦漳泉都市圈、闽西南协同发展区建设，促进区域公共服务共享、产业协同互补。深化对台产业合作和文化交流，稳步推进两岸融合发展。

（二）以科技创新引领现代化产业体系建设

1.强化科技创新引领

一是提升企业创新能力。深入实施企业技术创新能力提升行动，加快培育一批专精特新、瞪羚和单项冠军企业。发挥科创基金、科技扶持等引导撬动作用，鼓励和引导企业加大研发费用投入，支持厦门时代等龙头企业牵头成立创新联合体。二是高标准建设厦门科学城（同安片区）。成立片区开发建设专班，统筹发展规划、政策标准和产业布局。办好科技服务节系列活动，推动集群化布局一批重点实验室、企业孵化器等高能级创新创业平台。加强厦门科学城与同翔高新城同安片区联动发展，打通“原始创新–成果转化–产业发展”链条，加快新一代信息技术、新材料等科技成果转化、项目落地。三是深入实施人才强区战略。完善“才聚银城”政策矩阵，优化提升各类区级人才计划。健全校企合作机制，创新人才双聘、灵活薪酬、特殊工时等引才模式，加快培养一批应用型、技能型人才。全链条优化人才服务保障体系，进一步拓展人才公寓库，加大子女就学、个税优惠等政策扶持力度。

2.扎实推进新型工业化

一是培育壮大新兴产业。围绕厦门时代、海辰储能等链主企业，聚焦动力电池、储能等新能源领域“建圈强链”；依托绿进、银祥等龙头企业，在冷链物流、品牌建设、食品安全检测、消费基金等方面发力。二是加快传统产业转型升级。实施“千员万企”数字化诊断专项行动，推进“大数据+实验室”共建服务计划，推进水暖厨卫、食品加工等传统产业“智改数转”。落实全国统一大市场建设，全面推广“同企云”，定期召开产业链供需对接会，充分发挥产业联盟作用，为企业拓宽供应链、产研链、人才链等渠道。三是强化产业要素保障。推进西湖片区、凤南高端制造业基地、祥平西产业园规划建设，实施工业集中区、轻工食品园等传统工业园区提升改造，开展工业上楼试点，加快盘活闲置用地和厂房；完善用工服务平台，加强重点企业用工动态监测，提高企业用工服务精准度。

3.推动服务业提质升级

一是激发文旅创意产业潜力。大力发展全域旅游，串联滨海新城、古韵老城、多彩山村等旅游资源，构建“山、海、城”大文旅格局，打响同安文旅品牌；依托后宅影视孵化基地、厦门中信悦星影视基地等电影产业项目，打造“文化+旅游+影视”产业聚集区。二是增强商贸业竞争力。支持宝龙广场、银城智谷双 MALL 等新商圈加大招商力度，鼓励乐海、钟楼等传统商圈升级改造，打造工业园区特色商业街，大力发展首店经济、亲子经济等新兴消费。三是大力发展现代流通产业。支持京东东和等供应链企业壮大规模，推动物流产业与制造业、商贸业等联动发展。四是加快发展特色金融。加强数字人民币试点应用推广，发展绿色金融、供应链金融、科技金融等特色金融，大力引进母基金、股权基金、专项基金等多类型股权投资。

4.加快发展都市现代农业

一是争创东南预制菜产业基地。发挥绿进、乐肴居、闽南猪角饭等行业龙头带动作用，重点打造古龙食品园等预制菜产业园，加快构建研发、营销、检测等中心，完善预制菜发展生态圈。二是做大做强现代种苗业。创建国家级闽台农业融合发展（种子种苗）产业园，建设竹坝种业小镇，推动实施省种业创新与产业化工程，引进培育一批具有核心竞争力的“育繁推一体化”种业龙头企业。三是提升休闲农业品质。加快推动开亿未来生态城等项目建设，力促莲花–汀溪–五显片区都市观光休闲农业串点成链，培育乡村旅游重点村和特色村，打造乡村旅游新品牌。

（三）着力构建城市发展新格局

1.全面提速新城建设

以高于岛内的标准建设同安新城和同翔高新城（同安片区），持续加大基础设施建设，加快苏颂天文馆、新城市民服务中心、文体公建群等市政配套建设，启动洪塘头片区TOD综合开发，加速聚集新城商气人气。推进同安新城加速释放“三谷”磁场效应，推动一批总部企业、科创企业落地，加快打造创新创业活力区；推动同翔高新城（同安片区）瞄准未来产业发展方向，布局新能源、新材料等产业新赛道，加快海辰三期、中能瑞新等项目落地建设，促进产业“全链条、矩阵式、集群化”发展。

2.推动老城品质提升

提升城区承载力，重点推进宝龙片区、城北片区等市政配套道路建设，持续优化公交站点线路，打造“公交+慢行”绿色出行格局。推进老城有机更新与活化利用，保护历史风貌区，挖掘文化内涵，打造老城“城市原点”。深化城中村治理成效，启动第二批 16 个试点村项目建设，盘活城中村闲置土地资源建设惠民项目，消减历史“两违”存量，全力推进城中村焕新颜。

3.加快开发新兴片区

推动西湖片区综合开发，以“田园城市”为核心理念，加快构建“一心两片”格局，探索片区综合开发新模式，加快一期用地出让，策划西湖片区城中村改造项目。加快祥平西片区开发建设，加快推动华润二期实质落地，加快发展食品饮料及快消品产业，做好预制菜产业链延链补链。

4.全面推进乡村振兴

一是推进乡村产业振兴。推进东溪万亩蔬菜生产基地、中洲岛都市现代农业基地建设，培育“一村一品”专业村，扩大“同民安”等品牌影响力。二是全力打造和美乡村。着力推进“五个美丽”建设，推进汀溪镇省级示范镇和莲畲、军营省级示范村创建，培育一批省级美丽宜居村庄。三是促进农民增收。不断壮大村集体经济，推进“飞地抱团”“村企共建”等跨村联建模式，培育发展新型农村集体经济试点村。推动乡村人才振兴，培育壮大乡村振兴青年主播队伍，探索“新媒体+农业”发展道路。

（四）高水平建设生态文明示范区

1.强化生态环境治理

一体推进中央和省生态环保督察反馈问题整改。持续开展守护蓝天百日攻坚行动，深化PM2.5、PM10和臭氧协同治理。深入推进河湖长制，推进龙东溪、官浔溪等流域综合治理，加快莲花水库环境综合整治，推进后宅、轻工食品园等片区正本清源项目。强化土壤环境监管力度，强化固废和危险废物监管，积极对接生物质资源再利用项目。加强重点直排海污染源监测监管，健全“岸上管、流域拦、海面清”的海漂垃圾综合治理机制。

2.推进绿色低碳发展

严格控制能耗和碳排放强度，大力发展清洁能源，加快布局新型储能项目，稳步推进分布式发光伏电建设。积极开展节约型机关、绿色家庭、绿色社区、绿色学校、绿色商场、绿色建筑等创建活动。推进生态产品市场化改革试点，巩固拓展农业碳汇交易平台。发挥生态环境审判集中管辖优势，持续探索“绿碳+蓝碳”双碳汇生态修复模式。

（五）聚力增进社会民生福祉

1.完善社会保障体系

更加突出就业优先导向，落细落实各项稳岗拓岗政策，深入实施促进高校毕业生等青年就业创业十条措施，动态监控重点用工企业需求，常态化开展线上线下招聘会。完善养老体系建设，加快推进五显养老地块招商，做好祥和街道养老服务照料中心配建，推动城乡居民养老保险应保尽保、被征地人员基本养老保险愿保尽保。提高社会救助效能，完善低收入人口动态监测信息平台，稳步提高困难群体保障标准。加大住房保障力度，加快推进西柯等 5 个安置房和美峰公寓等 5 个保障性租赁房建设，持续推进“房票”制度实施。

2.提升公共服务水平

推动教育优质均衡发展，力促教科院附属中小学、同安一中滨海校区小学二部等项目竣工，新增学位 9600 个；优化名师培养培训，完善“研训导一体化”教师发展模式，大力培育骨干教师与学科带头人。提升医疗卫生水平，争创全国基层中医药工作示范县，推进第三医院创建三甲综合性医院。推进实施“苏颂工程”，全面构筑具有国内外影响力、辐射力、传播力的苏颂文化地标。加速文物修缮活化，探索老城“文物+”活化利用模式。扩大文体惠民成果，继续推动近邻运动场地建设，加快推进学校体育设施对外开放工程，举办全国青少年帆船俱乐部联赛等大型赛事。

3.提升公共治理水平

提高基层治理能力，深化“大数据+网格化”基层治理体系，加快城市综合管理服务平台二期建设，推动“碎片化”治理向“系统化”治理转变；持续优化非诉讼纠纷解决机制，拓展“议理堂+公证调解”机制，强化各领域矛盾纠纷排查化解。强化平安同安建设，严格落实“三管三必须”安全生产责任制，重点组织开展治本攻坚三年行动，推动重大事故隐患动态清零；加快“智慧政法”建设，常态化开展扫黑除恶，加大对黄赌毒、电信网络诈骗等重点领域的打击治理力度，扎实防范化解金融、房地产等各类风险隐患。稳定保障粮食供给，提升农户种植技术水平和种粮积极性，坚决遏制耕地“非农化”“非粮化”，确保全区粮食种植面积稳定在 3.27 万亩以上。

参考文献

[1] 同安区人民政府. 厦门市同安区第十八届人民代表大会第三次会议政府工作报告[R/OL].(2023-02-21)[2023-03-08]. http://www.xmta.gov.cn/zc/zfxxgkzl/zfxxgkml/zfgzbg/202402/t20240221_1039501.htm.

[2] 同安区发改局. 厦门市同安区 2023 年国民经济和社会发展计划执行情况与 2024 年国民经济和社会发展计划草案[R/OL].(2023-03-04)[2023-03-08]. http://www.xmta.gov.cn/zc/zfxxgkzl/zfxxgkml/ghjh/ndjhzj/202403/t20240304_1040641.htm.

课 题 指 导：彭朝明
课 题 组 长：黄光增
课题组成员：彭朝明　李　婷　龚小玮
课 题 执 笔：黄光增

第八章

翔安区 2023 年发展述评与 2024 年展望

一、2023 年发展述评

2023 年，翔安区紧紧围绕“五个新跃升”“五个翔安”建设，奋力抢机遇、强优势、挖潜力，努力克服经济下行压力影响，经济社会发展持续稳中向好，多项主要经济指标增幅名列全市前茅，以亮眼成绩单向建区二十周年献礼。

（一）发展综述

1.经济运行稳中向好

2023 年，翔安区坚持稳中求进工作总基调，全面落实国家、省、市稳增长一揽子措施，出台“提振市场信心 22 条”等 7 份区级政策，完成地区生产总值 887.17 亿元，同比增长 7%，高于全市 3.9 个百分点，经济稳步增长；三产比例为 1：63.2：35.8。财政总收入 115.11 亿元，同比增长 16.9%；区级财政收入 31.48 亿元，同比增长 12.6%。地区生产总值、规模以上工业增加值、限额以上批发零售业销售额、社会消费品零售额、限额以上餐饮业营业额、建筑业产值、全体居民人均可支配收入等 7 项指标增幅排名全市第一，成

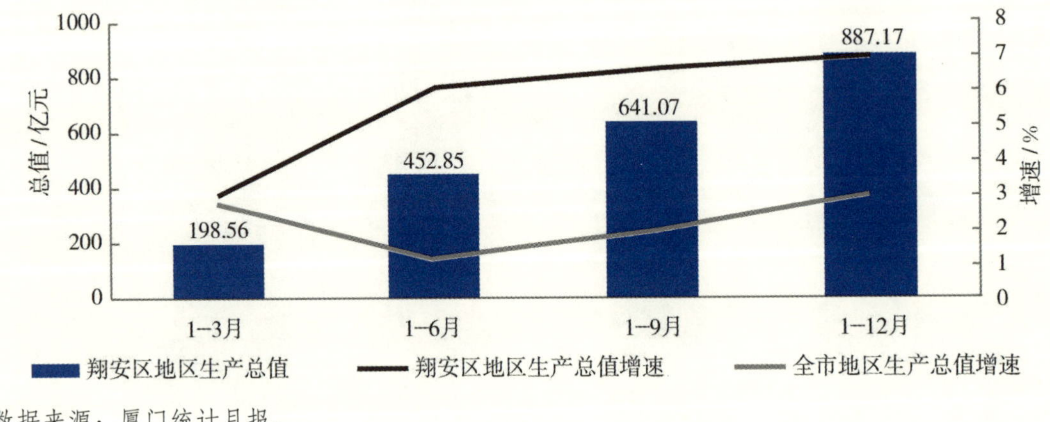

数据来源：厦门统计月报。

图 8-1 翔安区 2023 年地区生产总值与全市比较

为全市经济增长的重要引擎。详情参见图 8-1、图 8-2。

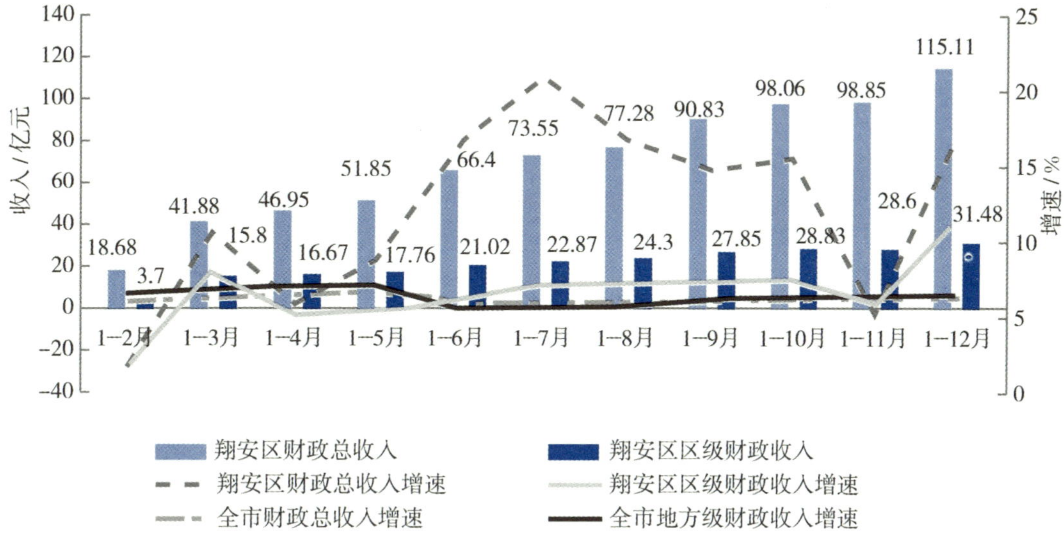

数据来源：厦门统计月报。

图 8-2　翔安区 2023 年财政总收入与全市比较

2. 产业基石更加坚固

核心产业质效提升。坚持工业立区战略，连续 4 年入围“中国工业百强区”。电子信息逐月回暖，产值增速较年初回升 33 个百分点，百亿投资项目天马 8.6 代全面封顶，瀚天天成碳化硅外延晶片正式量产。新能源新材料加速壮大，百亿产值项目盛屯新能源成功落地，中创新航三期、ABB综合能源开工建设，钜瓷科技氮化铝陶瓷产能居全球第二。机械装备加快转型，亿联科技、科华数能等高端制造项目竣工投产。海洋高新、航空临空和生物医药有序培育，全省首个省级海洋高新产业园揭牌动建并获政策性金融支持，南方海洋创业创新基地建成投入使用；厦门航空产业启动区楼宇全部封顶，太古翔安新机场维修基地进入主体结构封顶；生物制品翔安创新实验室加快建设，引进传福堂、贝泰妮等项目。

新兴产业加速发展。第三产业占GDP比重增至 33%，创近年新高，数字经济活力迸发。文化创意产业加快发展，全区规模以上文化产业营业收入超 250 亿元，同比增长 42.5%，居全市第二。体育会展产业迈入发展“元年”，红珊汽车文化公园获评中国体育旅游精品景区，成功举办世界田联钻石联赛、女足奥运预选赛、全国制药机械博览会等多场高规格赛事展会，吸引观众超 20 万人次。数字经济潜力无限，产业园三期加快建设，园区配套逐步完善，注册落地企业逾 750 家，注册资本金超 300 亿元。

创新驱动不断提速。全面实行科技创新引领工程，落实鼓励创新驱动发展实施办法，新增国家高新技术企业 172 家，增速全市第一，国家级专精特新小巨人及制造业“单项冠军”企业 8 家，累计数量全市第一。创新人才加速集聚，深化实施“群英领翔”人才计划，引育高层次人才、国际化人才 414 名。创新平台加快拓展，科学城Ⅱ号孵化器动建，海洋三所翔安基地主体封顶，翔安创新实验室获批建设传染病疫苗研发全国重点实验室。创新成果加速转化，全社会研发投入增长 20%，有效发明专利拥有量增长 14%，嘉庚创新实验室建成全球首条 23.5 英寸Micro-LED激光巨量转移示范线，百千瓦级PEM制氢装备 6 入选国家首台（套）装备清单，6 家企业获厦门市科学技术奖。

3.城乡面貌不断改善

基础设施建设加速。交通外联格局全面打开，“三纵六横”骨干路网基本形成，水电气污等市政设施不断完善。“桥隧铁”进出岛交通格局成形，翔安大桥全面通车，第三东通道开工动建，地铁3/4号线机场段加速掘进，厦漳泉城际轨道R1线建规获国家发改委批复。城乡路网持续完善，溪东大桥、大嶝大桥竣工通车，民安大道、舫山北路、文勤路等遗留十余年的“断头路”成功打通堵点，新增城乡道路里程26公里。市政设施有序提升，新建变电站3座，新改建给排水、燃气、综合管廊等管道53公里，建成区正本清源改造完成83%，城镇污水集中收集处理率提升至78%，农村生活污水治理实现全域覆盖。

城区品质不断提升。不断夯实新城基础，“城”与“区”交融互动，进一步提升竞争力。南部新城品质提升，启动东山片区、港汊片区建设，中心区组团连片成势，滨海浪漫线三期加快建设。同翔高新城加快完善，推动内垵大道、舫山输变电、天马220kV专用变进线等市政配套工程，鸿渐九年一贯制学校及鸿渐幼儿园两项目农转用手续获批。航空新城加快建设，新机场航站区、飞行区工程全面展开，机务维修、空管货运等通航配套加速实施。凤翔新城以馆兴城，全省最大体育会展场馆——奥体中心、国际博览中心开馆投用，成功举办世界田联钻石联赛、女足奥运预选赛。

乡村振兴成效明显。开展“12个一”行动，投入1.3亿元实施“1312”示范工程，入选国家乡村振兴示范县创建名单，全市唯一。农业更加兴旺，打造乡村“精品旅游目的地”，内厝镇、黄厝村获评省级生态旅游小镇和金牌旅游村；培育省级育繁推一体化种子企业和重点农业产业化龙头企业各1家。农村更加宜居，开展全域村庄环境“六七八”整治，新增4个省级美丽休闲镇村，百村篮球联赛参与人次超40万、视频总计播放量超400万人次。农民更加富裕，策划生成8个村集体发展项目，农村居民人均可支配收入超过3万元，城乡居民收入差距缩小到1.69∶1；截至2023年年底，全区30个行政村村财年收入全部实现超50万元。

4.改革开放持续深化

重点领域改革取得突破。改革热度指数居全市前列，综合改革试点落地翔安南部片区。坚决落实两个“毫不动摇”，国资国企改革见效，盘活存量资产13.9亿元，区属国企资产、营收总额分别增长10.5%和15.6%；深化“益企服务”，累计协调企业诉求400余件，企业评价均4.5星以上，助力7家企业上榜厦门市百强民营企业。投融资体制改革深化，争取政策性开发性资金11.1亿元，撬动民间投资350亿元。房票试点率先破题，成功开具全市首张房票、实现全市首个100%房票补偿整村搬迁。深度谋划综合改革试点承接工作，落地改革事项50个。

对外开放水平不断提高。发挥“空、侨、港、台”优势，对外合作不断深入。打造台胞台企登陆第一家园“第一站”首选门户，新增57家台资企业、2家市级对台民间交流基地，全市率先设立台青社区融合公寓、惠台金融服务中心，接待各层级交流参访2500人次、举办各类人文活动100余场，3个项目入选国台办对台交流重点项目。推动外资外贸稳定增长，实施港澳侨商回归行动，外贸出口增长5.8%，实际利用外资增幅居全市第二。

产业营商环境持续优化。聚焦产业发展，通过改革努力降低企业综合成本，不断提升市场主体获得感和满意度，降本减负12.6亿元，新增商事主体1.4万户。政务服务不断提升，创新“免证办”“小区办”等模式，实现“免证办”事项清单829项，“免证办”服务获评全市十佳营商环境创新举措。信贷环境不断优化，构建政银企沟通平台，开创“商会+金融”新模式；成立企业金融服务中心，帮扶企业贷款融资近20亿元。强化土地要素保障，土地征收7159亩、占全市一半，房屋征收35.3万平方米、居全市第二，综合处置低效用地 6000 亩、盘活闲置厂房楼宇 9 万平方米。法治环境不断改善，在园区成立劳动巡回法庭，探索“园区枫桥”机制；基层法院民商事案件平均审理用时全市最短，涉企纠纷调撤率 52.09%。

5.民生保障有力有效

重点民生量质齐升。就业、教育、医疗等重点民生事业做实做细，为人民群众幸福再加码。就业帮扶扎实推进，发放稳就业补助近 8500 万元，开展就业创业服务活动 200 场，城镇新增就业 2.8 万人，高校应届毕业生就业率 99.3%。教育事业优质发展，新增各类学位 1.5 万个，新开办 10 所小学幼儿园，幼儿园示范率达 65.94%，在公办园就读的孩子达 57.68%；新开办 2 所高中，推动实验小学、双十中学、科技中学翔安校区扩班，加快北京十一学校联盟校、上海师范大学合作校前期工作推进。医疗资源扩容提质，新增医疗机构 45 家、床位 250 张，2 家社区卫生服务中心达到国家“优质服务基层行”推荐标准、实现辖区零的突破，复旦儿科医院翔安院区选址落地，市第五医院、厦大翔安医院双双入围“省单医院 100 强”。

社会保障更加健全。建立多层次社会保障体系，不断满足人民群众对美好生活的期待。社会保障不断完善，全市首创社区救助流动驿站，为困难群众发放补助 1.2 亿元，为辖区群众投保 1050 万元。住房保障有力落实，全市在建规模最大的安置房会展嘉园全面返迁，珩边居住区、东园公寓一期竣工，审批农村宅基地 2904 宗、增长 13%。一老一幼逐步改善，新增 5 所普惠性托育机构，6 家幸福院完成改造提升，老年人日间照料中心实现镇（街）全覆盖，全市首创在珩边保障房引入养老住宅。文体事业稳步发展，新改建公共体育设施 3.6 万平方米，举办各类文体活动 290 场，翔安区图书馆再获国家“一级图书馆”称号。

社会治理更加精细。用更专业的治理手段实现更加优质的治理效果，不断诠释“人民至上”的治理理念。基层治理水平不断提升，以 8 个新社区成立为契机，调整优化全区网格单元；启动城中村现代化治理三年行动，打造郑坂等 6 个精品样板村；化解各类积案难件、矛盾纠纷 8000 余件，为群众挽回损失超 4 亿元。生态环境质量持续改善，配合完成第三轮中央生态环保督察，砂场、废弃矿坑、畜禽养殖等突出环境问题得到破解，空气质量优良率保持 99%，九溪等流域常年丰水，主要断面稳定保持Ⅲ类水质，近岸海域水质居全省第二。文明城市创建持续推进，开展市容市貌、交通秩序、农贸市场秩序、空中缆线、村镇环境等专项整治，常态长效推动文明创建。

（二）存在问题

1.稳增长压力持续加大

受国际复杂形势和国内外市场需求波动等超预期因素影响，2023 年翔安区经济增速从下半年开始放缓，全年 GDP 增速相比上半年只上升 1 个百分点。翔安区超 90%固定资产投资由各重大片区指挥部、市级部门贡献，随着指挥部许多重点项目逐渐建成竣工，固定资产投资额增速明显下滑，低于全市平均增幅 23.7 个百分点，同比降低 35.4 个百分点。服务业主要靠批发零售业、其他营利性服务业及餐饮业拉动，第三产业增加值占 GDP 的比重低于全市平均水平 28.3 个百分点，服务业对经济增长的贡献率仅 35.8%。经济各主要指标总量在全市排名基本靠后。

2.产业竞争力有待加强

大项目好项目接续不足，全年落地的重点项目较少，已落地的项目中，产值与建设进度预期差距较大。

部分产业仍处于培育阶段，生物医药产业发展基础较为薄弱，缺乏专业园区载体和具有带动作用的龙头企业；航空维修制造依托新机场建设，目前处于项目招商和建设中。片区配套亟须完善，各重大片区处于大规模开发建设阶段，重大产业设施尚未建成，相关基础市政配套设施较为薄弱，辖区产业园区与成熟的产业园区相比还存在较大差距。

3.城区功能品质有待改善

产城融合尚未成形，新城区、工业区、村庄混而不融、形连神散，新城各片区建筑风貌特色不足，现有村庄与城市建设风貌不协调且拆迁难度大，与城市建设矛盾突出。基础设施有待完善，路网密度较低、结构不合理，城镇污水配套不齐、市区两级管网移交不畅等问题较为突出，公共交通相对滞后，公交场站、公共停车场等建设仍存在不足。城市统筹管理水平不高，针对在建工程多、体量大、作业面广带来的交通拥堵、生态保护等问题，目前还缺乏一套有效的治理手段。

4.公共服务供给有待均衡

缺少优质医疗资源，全区三级医院、基层医疗机构服务能力与岛内仍有明显差距，每千人口执业（助理）医师数仅 2.7 人，低于全市水平。教育资源分布不均，双十、实小、外国语等岛内名校在翔校区及分校，主要集中在翔安新城片区，其他区域不仅缺少优质教育资源，甚至普通学位数量都不足。基层文化设施条件参差不齐，离群众特别是青年群体的需求还有不小差距，部分文明实践场所依托村居实践站建设，场所共用导致作用发挥有限。

二、2024 年发展展望

（一）影响因素

1.有利因素

国内经济长期向好的基本趋势没有改变。我国已转向高质量发展阶段，经济回升向好、长期向好的基本面没有改变，发展韧性强劲的特点没有改变，新型工业化、城镇化和农业现代化孕育着巨大发展潜能。其中，以城市群为核心的发展模式成为中国经济未来增长必然选择。城市群、都市圈将带动中国整体社会结构性变化，重组生产资源和资本要素，释放新增长动能。区域深度合作将推进闽西南乃至海峡两岸大都市圈自然形成。

翔安的区位优势逐步转化为发展优势。翔安地处厦门市东部、闽西南城市群中心、海峡两岸前沿。翔安区 20 年积淀，发展成为厦门“跨岛发展”的主战场、深化改革开放的主阵地、高质量发展的重要增长极。全市岛外 6 座新城中 4 座布局翔安，覆盖厦门全域、联动福建全省的金砖国家新工业革命伙伴关系创新基地建设将全面推进，全市改革创新引擎综合改革试点落地翔安南部，这些将大幅提升翔安区域发展的站位高度，打开区位价值“窗口”。

2.不利因素

外部环境的复杂性、严峻性、不确定性上升。国际权威机构普遍保持对全球经济增速的较低预期，2024 年全球经济增速将放缓至 2.4%。在通胀高企、乌克兰危机和巴以冲突等地缘政治多点暴发、地缘经济割裂等因素的持续影响下，全球经济正经历疲弱阶段。这将对翔安外经外贸造成巨大挑战，外贸新订单减少等问题将更加突出。

翔安仍然存在发展欠账、城市欠账和民生欠账。翔安当前正处于工业化提升、城镇化提速、基本公共服务提质的关键时期，发展过程中还面临诸多困难和挑战。产业人才短缺问题尤为突出，本地高校及职业院校对产业发展的人才支撑严重不足，城市基础设施和公共配套水平相对落后，对人才的吸引力不足。一般公共预算财力缺口呈逐年扩大趋势，财政收支平衡压力加大。受资金影响，土地征收款不能全部及时到位，城市化发展所需的用地征拆滞后。

（二）2024 年发展展望

2024 年翔安区经济将继续保持平稳较快增长，全市综合改革试点落地区域——翔安南部片区启动区将高标准谋划和建设；经济结构不断优化升级，“4+3+3”[①]现代化产业链群加快成形发展；厦门科学城、航空新城、凤翔新城、同翔高新城、海洋高新产业园等重点片区将加快建设；乡村振兴战略深入实施，高附加值城郊型农业将取得新进展；高颜值生态城区加快建设，生态文明治理体系更加完善；教育、卫生、文化等社会事业稳步发展，人民群众的获得感、幸福感、安全感进一步增强。综合各方面因素，预计 2024 年全区地区生产总值增长 6.5%，规模以上工业增加值增长 10%以上，财政总收入增长 6%，固定资产投资增长 5%，居民收入保持平稳增长。

三、2024 年对策建议

2024 年，翔安区应围绕厦门市“一二三”战略规划这一重点，坚持稳中求进、以进促稳、先立后破，以稳增长、增动能、扩投资、促改革、惠民生为抓手，推动经济实现质的有效提升和量的合理增长，加快建设“五个翔安”，为全市发展大局作出新的更大贡献。

（一）发力经济增长态势

1.做强主导产业

实施电子信息产业高质量发展行动。推进电子信息产业核心关键技术和设备开发，加快“增芯强屏”延链补链，推动云基科技OLED新型材料项目落地，加快天马 8.6 代、天马研究院、艾丽鑫光学电子等项目建设。

大力发展智能电网、数控装备等高端装备制造。加快ABB工业中心上下游配套产业落地，重点推进晟

① 指平板显示、半导体和集成电路、新能源新材料、机械装备制造等 4 个传统优势产业，航空临空、海洋高新、生物医药等 3 个特色重点产业，旅游会展、文创体育、数字经济等 3 个新兴潜力产业。

腾祥输配电等项目增资扩产，捷昕精密模具、永裕来机床和蓝旭科技等项目落户专精特新产业园一期，推动西安迅尔雷达项目、特变电工海底电缆等项目投资落地。

实施新能源新材料产业发展“五个一”行动。依托中创新航等龙头引领，主攻锂电池、新型储能及新型显示材料、第三代半导体材料等方向，加快中创新航三期二阶段、盛屯新能源等项目建设，推动氢能源产业园、莱尔斯特光伏、纳米光纤管储氢等项目落地，力促闽投储能、鹭岛氢能动建。

加快布局生物医药、海洋高新、航空临空产业。依托厦门科学城生物医药产业园、厦门海洋高新技术产业园、临空产业园等优势园区平台，推动厦门航空、山东航空、东方航空、静谧生物专利新药落地，打造经济增长新引擎。

2.做大第三产业

做大做强现代服务业。做大批发零售业、其他营利性服务业体量，加大盛屯、悦服好工等龙头企业跟踪帮扶力度，推进一批食品、汽车、软件信息等项目落地，做好项目接续。深入落实房票制度，推动存量商品房有序销售，助力房地产业走出困境、向新发展模式平稳过渡。

提升第三产业质效。抢抓城区发展契机，充分发挥和释放翔安体育会展旅游资源和特色优势，打造“体育+”“会展+”等新业态、新模式，加速壮大总部金融、酒店物流、体育会展等现代服务业。加快建设国内特色文化旅游名城，积极对接中国艺科所，成立丝路艺术科技港，主动生成文化影视项目，新建一批高星级酒店、中高端商圈，力促盖世威、特步、英裕等高能级总部、酒店、商业综合体落地建设，不断提升辖区文旅酒店配套服务水平。

3.激活消费潜力

深化城乡消费提升行动。推动商旅文体展融合发展，提升打造一批特色商圈、夜市街区、文旅景点。软硬环境双线并进，进一步升级汇景购物广场、闽篮城市广场等传统商业广场，对接中高端商业综合体形成新商圈。注重保留马巷老街原有的传统商业文化魅力，深层激发老街活力。加快新城片区建设，进一步完善交通等配套，吸引人聚集人。

加大消费产品供给。支持住房改善、汽车家电等大宗消费，大力促进赛事展会、文娱旅游等服务消费，线上线下常态举办各类活动，实现“周周有活动，月月有比赛”。在工业园区产业工人聚焦区域，重点建设“邻里中心”项目，引进商业团队运营，打造符合产业工人消费、休闲的经营业态。充分利用新会展中心，打造大型滨海会展综合体。

提升市场消费环境。加强消费者权益保障，完善商品质量监督抽查结果公示制度，严格落实经营者三包制度和缺陷消费品召回制度，实行经营者产品和服务标准自我声明公开和监督制度。加快建设以信用监管为基础的消费诚信体系，加强重要产品追溯体系完善，推进餐饮服务“明厨亮灶”建设。

（二）加快发展动能转换

1.深入推进新型工业化

实施中小企业“数转智改”行动。加强新型信息设施建设和应用，力争实施重点技改项目 70 个。发展数字经济产业，加快数字经济产业园三期建设，推进数字产业化、产业数字化，支持企业“上云用数赋智”。推动互联网、大数据、人工智能等新一代信息技术与制造业深度融合，推进制造业数字化转型，加快5G、数据中心等新一代信息技术与制造业深度融合。

实施绿色制造行动。积极稳妥推动工业绿色低碳发展，引导重点行业加快低碳改造，建设绿色工厂、绿色园区和绿色供应链，提高工业资源综合利用效率和清洁生产水平，构建资源节约、环境友好的绿色生产体系。支持ABB厦门工业中心打造“碳中和”园区示范基地。党政机关、国有企业带头采购绿色产品。

实施产业链协同发展行动。围绕重点产业链深入推进“强链补链稳链”，发挥龙头企业带动作用，鼓励龙头企业扩大区域供应链体系，加大上下游供需对接，促进全产业链发展，提升产业链韧性和安全水平。探索链长领导协调、链主导航引领、链创协调公关的融合工作机制，做到协调创新、集聚集约发展、主体培育、开放合作、产融合作。

2.坚持创新驱动发展

深化科技创新引领工程。借助厦门科学城（莲河片区）、同翔高新技术产业基地翔安片区、厦门大学国家大学科技园建设，持续引进“大院大所”，推动福建海洋创新实验室、上海张江研究院落地。支持翔安、嘉庚创新实验室产出更多突破性成果。扶持发展专业化众创空间、科技企业孵化器等孵化平台，加快科学城Ⅱ号孵化器建设，加快哈工大大数据（厦门）产业园等产业平台运营，继续推动嘉庚创新实验室、翔安创新实验室等创新平台建设。

优化完善创新生态。促进创新链、产业链、资金链、人才链深度融合，加速创新要素的合理流动和有效配置。着眼创新资源高质量供给，促进创新资源聚集、供需匹配和优势结合，完善重点领域项目、平台、人才、资金一体化的整合机制。制定和完善诚信制度，保护知识产权，增创创新主体间的信任，营造安全稳定的融通创新氛围。鼓励企业针对市场需求加大工业产品研发创新，打造知名品牌和特色产业集群。

强化企业创新主体地位。深化市场主体培育工程，新增国家高新技术企业160家、亿元以上企业50家、专精特新中小企业10家。大力培育高新技术企业，引导辖区企业申报高企认定，形成高新技术企业成长的梯次结构，壮大高企队伍。依托中创新航、瀚天天成等新兴产业企业，加速新兴产业规模化发展，以应用场景为牵引，大力培育新产品、新模式、新业态，以龙头企业带动中小微企业发展，构建大中小微企业专业化分工协作的新兴产业生态体系。

3.抓牢招商引资

深化招商入统攻坚行动。坚持“引强入翔”战略，积极创新招商方式，加强常态化入统工作，推动促落地、促注册、促入统有机贯通，力争全年新增签约项目120个以上、入统企业100家以上。

强化产业链招商，聚焦“4+3+3”现代化产业体系，谋划全产业链招商图谱，建立“链长”“链主”双链驱动机制，紧盯产业链薄弱、核心、高附加值以及供应链上下游配套缺失环节，强链、补链、延链，开展精准招商、上门招商。

积极开展基金招商，建立产业投资基金可持续发展机制，实现产业和资本的深度融合，持续做大区产业引导基金规模，发挥基金吸引社会资本的杠杆作用，“以产带投”培育引进一批高精尖的瞪羚企业、哪吒企业。

开展平台招商、以商招商，积极拓展“信息源”，办好各类区级招商活动，强化与福建大数据集团、金圆、象屿等省市国企以及自贸区、火炬管委会的战略合作，拓展招商资源，实现优势互补。

（三）积极扩大有效投资

1. 着力推动片区综合开发

力推航空新城框架全面铺开。加快新机场主体工程建设，保障新机场主体框架成型，通航配套、产业招商等全速推进；把握厦门太古翔安新机场维修基地建设机遇，推动上下游产业链企业整体东移，力促空管航司、机务维修等关键产业和配套项目动建。

高标准建设翔安南部片区启动区。高水平谋划启动区基础设施和产业布局，推动火炬、翔业等 5 个产业园区加快建设招商，重点依托厦门科学城（莲河片区）、新机场片区等，打造厦门科技创新原始策源高地和国家级临空经济示范区，为综合改革试点落地提供坚实保障。

提升南部新城功能品质。与央企合作共建东山公建群，启动港汉片区建设，推动中心区组团有机串联，推动华润等高端商业综合体落地，加快建设滨海浪漫线三期工程，积极策划区级新片区，推进九溪西、彭厝北、巷北、新店等片区成片开发，带动老城区全面转型。

不断完善凤翔新城功能。强化场馆项目招商运营，加快市政设施完善，力促华润文娱、腾讯云音乐落地合作，办好一批高端赛事活动，提升新城品牌价值，打造国际赛事会展名城。

推动同翔高新城向东拓展。全面提升内厝片区交通、商业等综合配套服务，加快建成以高新技术产业为主导、配套服务设施完善的产业新城。

2. 着力推进项目建设

深化项目带动战略。抢抓国家加快推进保障性住房、“平急两用”公共基础设施、城中村改造建设政策窗口，加大项目深度谋划，加快“十四五”重点工程实施，确保重大项目适度超前、滚动接续。力争全年完成固定资产投资 670 亿元以上。做好全生命周期服务，加大项目策划生成力度，围绕 2035 年远景目标，坚持“成熟一片、开发一片、见效一片、配套一片”，加强项目与规划协同布局和落地。落实项目前期工作计划和关键节点进度，推动项目建设，全力做好工程建设审批服务，力促项目尽快形成投资量。

推动基础设施提质。力促第三东通道全线、嘉庚大桥开建，加快新 324 国道、同翔大道改造建设，力争民安大道、舫山北路等 7 条“断头路”开工，争创国家“四好农村路”示范区；持续完善公交服务覆盖和地铁“P+R”换乘 22 等接驳配套，密切跟进地铁 5 号线前期。新建翔安北水厂、汀溪至翔安原水工程二期，全面完成建成区正本清源改造、农村污水治理完善提升。分类开展城市更新，实施 22 个老城区、城中村改造提升，推进下潭尾片区综合整治和刘五店古街保护利用。

3. 着力强化要素保障

加强用地保障。围绕产业集聚、空间集约、功能集合，深化园区标准化建设。围绕多渠道用地保障，积极探索低效用地再开发，推动工业用地“标准地”出让、“工业上楼”建设，力争出让产业用地 960 亩，新建高标准厂房 90 万平方米。围绕产城人融合，大力发展楼宇经济，加快新城CBD一揽子综合提升。

加强用工保障。充分落实各项稳就业政策措施，精准施策推进各类重点群体就业，深化闽宁劳务协作。深化“群英领翔”人才计划，积极开展产教融合试点，培养符合企业岗位需求的专业实用型人才和技术工人，努力形成产业升级与人才集聚“双螺旋”上升的“磁场效应”。加强劳动者权益保障，依法严惩恶意欠薪欠款行为。

加强资金保障。通过公开拍卖、注资国企等市场化方式，加快盘活一批长期低效运转、闲置的行政事业单位国有资产。全面压减行政成本，大力精简会议、差旅、培训、庆典等，鼓励现场办会、市场化办会；严格执行规范工资津贴补贴和其他各项福利，不得以任何形式增加长期聘用的编外人员、提高经费标准。

（四）全面深化改革开放

1.坚持全面深化改革

助力市场经济基础制度完善。聚焦综合改革试点，大力争取规则、规制等制度性改革落地。进一步落实要素市场化配置改革，提升公共数据、社会信用、知识产权等应用水平。

深化经济体制重点领域改革。深化投融资体制改革，探索实施政府与社会资本合作新机制，拓宽 TOT、EOD 等市场化融资渠道，更大力度争取专项债资金和政策性开发性金融工具，保障重点项目资金需求。深化财政管理体制改革，优化财政投融资项目管理机制，提升项目决策科学性和资金使用有效性；健全区对镇街财政管理体制，激发基层抓经济、促招商、协护税积极性。深化国企改革提升，实施国企发展赶超计划，增强区属国企核心功能和核心竞争力，支持区属国企制度创新、业务拓展。

2.坚持扩大开放发展

深化翔金交流交往。围绕建设共同产业、共同市场、共同家园积极先行先试，配合推进厦金大桥、望嶝变电站等工程建设，推动翔金区域基础设施互联互通，持续探索具有翔安特色的台青台胞参与社区治理模式，提升打造田墘、东园等融合示范点，率先构建翔金同城生活圈。

深化对外开放合作。积极参与金砖创新基地建设，发展跨境电商产业园区以及保免一体的国家级空港保税销售服务中心，争取金砖国家技能发展与技术创新大赛国际赛落户翔安。依托厦门火炬（翔安）产业区和同翔高新城、泉州芯谷（南安分园）和泉州（南安）高端装备制造园等产业集中区，探索建设厦门翔安–泉州南翼科技创新走廊。

3.坚持优化营商环境

深化“益企服务”行动。深化区领导挂钩帮扶重点企业制度，围绕行业龙头、减产大户、腰部企业、高附加值行业等分类帮扶，助力市场主体轻装上阵、焕发新活力。落细落实市区两级各类稳增长政策，持续开展减税降费，推动降低贷款利率，做好政策兑现，助力企业降低成本，提高盈利能力。支持协会商会、青创会带动中小企业抱团壮大，完善“以投带产”金融服务机制，助力企业高质量发展。

深化政务服务改革。着力破除审批服务、投资贸易、创新创业等关键领域“堵点”，提升政务服务质效。推动更多高频服务事项往基层延伸、向企业覆盖、可集成办理，让企业群众办事更便捷。深化政务服务标准化改革，完成审批服务事项标准化绑定工作，确保所有事项持平或高于标准化目录要求；推行告知承诺和容缺受理，按标准化目录配置“一件事”事项。

优化民营企业发展环境。全面落实中央、省、市关于促进民营经济发展壮大的部署要求，加快建立统一、开放、竞争、有序的市场体系，鼓励民间资本参与交通、水利、清洁能源、新型基础设施、先进制造业、现代设施农业等领域的投资运营，力促国企民企相互促进、共同发展。健全司法对民营企业的平等保护机制，创新金融服务，大力培育和弘扬企业家精神，推动民营经济发展壮大。

（五）持续增进民生福祉

1.全面推进乡村振兴

学习用好“千万工程”经验，全面开展国家乡村振兴示范县创建工作。大力发展城郊型高附加值特色农业，建设西岩山千亩都市田园、都市水产种业园，打造海峡两岸种博会永久举办地。深化乡村建设行动，实施乡村旅游精品工程，推动农村人居环境整治提升。稳步推进共同富裕，拓宽农民增收渠道，发展新型农村集体经济。扛牢耕地保护和粮食安全责任制，建设翔安粮库三期。

2.优化生态环境质量

持续深入推进污染防治攻坚，打好蓝天、碧水、碧海、净土保卫战，高标准抓好中央生态环保督察反馈问题整改，严防砂场、废弃矿坑、海陆养殖等问题回潮，确保整改成效经得起检验。稳步推进国土绿化行动，建成开放翔安中心公园，启动建设山海绿道，新增山上造林 1000 亩、园林绿地 50 公顷、健康步道绿道 10 公里，提标创建 2 个“绿盈乡村”，完成下后滨段、大嶝大桥段海洋生态保护修复工程。积极稳妥推进碳达峰碳中和，推动重点行业领域节能降碳，加快“电动厦门”、分布式光伏发电、集中供热建设，接续创建一批低碳近零碳示范点，探索生态产品价值实现的有效路径。

3.促进公共服务均衡

多措促进更高质量就业，健全完善公共就业服务体系，深入开展就业创业 3210 行动，加快零工市场（驿站）建设，帮助高校毕业生、被征地农渔民等重点群体稳定就业，力争城镇新增就业 1 万人。坚持教育优先发展，新续建教育补短板项目 19 个，新开办学校 7 所；深化“五融五促五提升”工程，拓展合作办学深度，提升基础教育教学质量，争创全国学前教育普及普惠区；实施基础教育强师计划，加强师德师风建设；深化职普融通、产教融合，投用翔安职校新校区。完善医疗卫生服务体系，力促复旦儿科医院翔安院区动建，支持公立医院高质量发展和中医药传承发展，增强基层防病治病和健康管理能力，争创国家慢性病防控示范区。

4.完善社会保障体系

推进全民参保，稳步提高社会保险覆盖面。健全分层分类社会救助体系，加强特殊群体、困难群众关爱保障，兜牢兜准民生底线。积极发展养老事业和养老产业，推动国寿嘉园建设，提升养老机构运营质效。完善生育托育、青年创业支持措施，建设妇女儿童友好型、青年发展型城区。支持刚性和改善性住房需求，统筹做好“保交楼”工作、保障房筹建和公租房配租，促进房地产市场平稳健康发展。

参考文献

[1] 翔安区人民政府. 厦门市翔安区人民政府 2024 年政府工作报告[R/OL].（2024-01-26）[2024-02-07]. http://www.xiangan.gov.cn/zwgk/zfgzbg/202401/t20240126_1036302.htm.

[2] 翔安区人民政府. 翔安区“十四五”经济社会发展基本思路研究[Z].（2019-12-31）[2024-02-07].

[3] 翔安区人民政府. 翔安区国民经济和社会发展第十四个五年规划和二〇三五年远景目标纲要[R/OL].（2021-07-28）[2024-02-07]. http://www.xiangan.gov.cn/mlxa/zfzl/sswgh/xaqssw/202110/t20211028_813662.htm.

[4] 翔安区人民政府. 翔安区“十四五”规划实施情况中期评估报告[Z].(2023-11-20)[2024-02-07].
[5] 厦门市统计局. 厦门统计月报[R/OL]. [2024-02-07]. http:/ctjj.xm.gov.cn/tjzl/.

课 题 指 导：彭朝明　戴松若
课 题 组 长：兰剑琴
课题组成员：彭朝明　彭梅芳　陈毓虹
课 题 执 笔：兰剑琴

第二篇　产业创新篇

第九章

厦门城市发展动能转换的路径与对策研究

一、厦门推动发展动能转换的实践

实践表明，产业是城市发展的动力，制造业是创新的主战场。厦门产业发展助推城市动力实现了从贸易到地产，再到以创新为引领、以先进制造为主体的实体经济的转换。

第一阶段：得益于特区政策，从贸易起家，并确立以“三来一补”为主的外向型工业体系。得益于特区政策优势，厦门在全国率先利用外国贷款建设机场、港口、通信等基础设施，率先推进税利分流改革，率先进行国有资产管理体制改革，率先推行土地有偿转让和政府采购公开招投标，成立首家中外合资银行，相继批准设立海沧、杏林、集美三个台商投资区和象屿保税区。厦门产业实现从贸易起家，催生了建发、象屿、国贸等如今的三家世界 500 强企业，并逐步确立起以“三来一补”加工贸易为主的外向型工业经济体系。2000 年，厦门规模以上三资企业工业产值达到 593 亿元，占工业总产值的 84.8%；全年外贸进出口总值突破百亿美元，外贸总量居全国前 5。

第二阶段：房地产蓬勃发展，至今仍对全市经济有重要影响。1999 年，住房分配货币化促进厦门房地产市场复苏，2007 年厦门房地产量价齐升，岛内部分楼盘均价首次破万。这一时期，房地产业蓬勃发展，成为城市发展的主动力，建发、象屿、国贸三大国企也将业务拓展至房地产领域。2014 年，全市房地产投资占比约 45%，税收占比约 1/4。

第三阶段：做强做大先进制造成为经济发展的首要工作，创新驱动成为首要战略。2009 年以来，厦门从打造LED和太阳能光伏、计算机及通信设备、平板显示、航空维修、输配电及控制设备、生物医药等 13 条百亿先进制造业产业链，到构建“5+3+10”千亿产业集群（2014），再到构建“4+4+6”现代化产业体系（2022），逐步完善创新驱动的产业发展规划，先后引进天马微、电气硝子、联芯、宁德时代等先进制造业重大项目，并聚焦前沿技术、积极布局未来产业，形成“基础研究+应用研究+工程开发与产业化”的发展模式。三大国企也实现从单纯贸易到多元化实体企业的转型，如建发布局浆纸，国贸打造国贸产业发展基金。

二、厦门推动发展动能转换面临的困境

（一）前端的基础研究能力弱

厦门基础研究的起步时间较晚，目前仍处于高度重视和战略布局的爬坡过坎阶段，基础研究和应用基础研究能力与现实需求不匹配。一是企业创新动力不强。从创新覆盖面看，约有六成的规模以上工业企业没有开展研发活动，八成的规模以上工业企业没有建立研发机构。从创新链环节看，厦门目前研发投入主要集中在试验发展环节，多为应用创新和集成创新，以解决工程、应用问题为主，在数学、物理、化学等基础研究领域分布薄弱，企业向研发投入结构前端延伸不够，99%的研发投入投向试验发展阶段。产业技术变革以模仿性、渐进性创新为主，重大颠覆性创新成果偏少。二是对社会主体投入基础研究的渠道和政策激励不足。如社会主体参与基础研究的渠道不多，支持企业等社会主体参与基础研究的政策基本处于空白，科学捐赠主要集中于高校，捐赠税收激励政策不完善。

（二）关键核心技术掌握不足

高技术产业主要集中在产业链的低附加价值环节，总体上仍处于不断升级的加工制造阶段。高新技术仍大量依赖进口，在技术合同进出口方面存在较大逆差，严重威胁产业链安全。如集成电路、平板显示、机器人、医疗器械、检验检测等行业的重要设备和关键零部件有一半以上基本不能实现国产替代，高端芯片基本依赖进口。

（三）人才队伍建设任重道远

厦门人才面临“哑铃式”短缺，不仅缺高端人才，也缺基础人才。一是厦门对高端人才吸引力较弱。国家实验室等顶级创新平台对高端人才具有强吸附能力，国内先进地区正大力布局国家实验室，而东部沿海仅福建省未进入国家实验室体系，缺少重大科学研究平台和载体，难以满足高端人才科技创新需求。二是本地高校毕业生留存率偏低。根据中国大学生求职平台梧桐果发布的《2020 届中国校园招聘报告》，深圳的高校毕业生本地求职留存率高达 82.03%，遥遥领先于其他城市，新一线城市中最高的合肥留存率为 73.69%，而厦门未能进入全国前 15 位。厦门产业集聚度不高，行业龙头欠缺，大学毕业生在厦的发展通道和上升空间有限；同时，高企的房价也对此类人才产生挤出效应。

（四）高校研究支撑相对薄弱

纵观世界主要科技强国的崛起之路，大学作为科学和技术供给密度最高的主体一直扮演着重要角色。如斯坦福大学为硅谷提供关键的人才智库，是硅谷创新链服务体系建设和商业模式创新的有生力量。目前，我市的高校专业设置难以适应本地产业技术创新需求，厦门大学以自然和人文学科为主，科研成果转化相对不足，对本地产业创新的支撑能力较弱。集美大学、华侨大学等高校虽然设置有较为齐全的工程类专业，但科研力量尚不能支撑本地企业在全国甚至全球占领科技制高点的需求。

（五）科技创新体制机制改革不充分

制约创新发展的思想观念和深层次体制机制障碍依然存在，创新体系整体效能不高。一是市场配置科技创新资源的决定性作用与政府宏观引导之间的定位仍难以厘清，政府支持科技发展在对象、阶段、力度及评价体系等方面的平衡点仍难以把握。厦门现有 50 多家共性技术创新机构，包括引进清华、北大、国防科大、中科院海西研究院、中船重工 725 所等 50 多所高校院所在厦设立研究院或技术转移机构，普遍存在体制机制、治理结构和监督考评机制等机制问题，制约了引进外部创新成果在厦转移转化和进一步孵化成长为高技术产业项目。二是目前境内外科技企业在税收、科研财政资金流动、科研项目行政审批、科技金融监管、人才职业资格互认等方面的政策法规壁垒依然明显，科研资金、科研仪器设备、样品等跨境使用困难，港澳台及国际知名科研中心的优质资源未被充分学习利用。

三、国内先进城市推动发展动能转换的经验

（一）深圳：强化企业科创主体，提升原始创新能力

2005 年年初，时任深圳市委书记李鸿忠，在分析深圳发展面临的困难时，提出“四个难以为继”：土地有限，难以为继；资源短缺，难以为继；人口不堪重负，难以为继；环境承载力严重透支，难以为继。为此，深圳提出“把自主创新写在我们的旗帜上”，成为全国首个国家创新型城市试点。

一是确立“企业为大”的创新体系。深圳在创新主体、创新制度、创新资源和创新文化等多方面的建设中表现突出，营造出极具竞争力的创新体系。深圳为摆脱高校科研能力相对薄弱的短板，坚持“产业第一，企业为大”的原则，成为最早确立企业创新主体地位的城市。实施创新推动举措：在创新资源配置上向企业倾斜，设立企业专利、标准资助专项经费，推动企业成为创新主体；发挥企业家在自主创新活动中的核心作用，制定了技术入股、无形资产评估等管理办法，成立企业家服务机构，降低创新成本，调动企业持续创新的积极性。形成“6 个 90%”的经验，即 90%的创新型企业是本土企业，90%以上的研发机构设立在企业，90%以上的研发人员集中在企业，90%以上的研发资金来自企业，90%以上的专利来自企业，90%以上的重大科技项目发明专利来源于龙头企业。仅粤海街道就密集分布了 212 个产业园区，集聚了超 1000 家高新技术企业，走出了华为、中兴、大疆等实力强劲的研发型企业以及互联网科技巨头企业——腾讯，诞生了超 100 家上市公司，贡献了超 4000 亿元的GDP。2023 年 9 月，华为更是突破美国的重重技术封锁，发布首款搭载自主研发 5G芯片的MATE60 系列手机，实现 5G芯片领域零的突破。

二是引育新型研发机构，聚焦原始创新。深圳先后支持设立的华大基因研究院、光启高等理工研究院等一批代表性新型研发机构，已成为深圳科技创新的先锋力量，开创了一个跨越式提升源头创新能力并快速实现产业化的新型科技研发模式。深圳政府对新型研发机构的设立、宣传推介、对接国内外资源等方面提供财政资金资助和技术支持。2007 年华大基因研究院南下深圳后，8 年间深圳以无偿支持、平台建设、国家专项配套、项目专项等方式，累积资助约 2.5 亿元。

（二）南京：以体制机制之“优”，激发创新创业之“活”

自 2017 年年底实施创新驱动发展“121”战略以来，南京连续 5 年以一号文形式聚焦创新名城建设。提出不仅要集聚建设名校、名所、名企、名家、名园区，还要建设创新氛围最佳、创新效率最高、枢纽功能最强、知识产权保护最严格、营商环境最优的城市，“让创新成为南京最突出的城市气质和发展驱动力”。一是强化顶层设计，成立全国第二个市委创新委，推动高新园区去行政化改革，构建“市委创新委+高新

区管委会总部”的创新治理架构。二是组建400余家新型研发机构，人才团队平均持股56%，激发“拿自己钱、办自己事”的热情，孵化9000余家科技人才企业、集聚14500多名科研及管理人才。三是全国首推人才举荐、市场业绩、薪酬评价“三位一体”市场化评价体系，“不拘一格”选出符合南京主导产业体系，被院士大家、同业同行、市场风投等认可的人才。四是国内首创建设“海智湾”国际人才街区，提供3个月免租金的“拎包入住”人才公寓，其间每人每月发放3000元研习补贴，相关工作探索被《人民日报》纳入“十八大”以来我国人才事业创新发展综述。

（三）合肥：科创助推战略性新兴产业“无中生有”“小题大做”

2005年，合肥提出“工业立市”的重大战略决策，并始终将发展实体经济放在经济发展的第一位。在实体经济的发展过程中，合肥始终坚守科创经济，坚持走创新型发展道路，实体经济类型由轻工制造、重化制造逐渐过渡到智能制造，以集成电路、新型显示、新能源汽车为代表的战略性新兴产业加速发展，形成“芯屏汽合，集终生智”的产业发展模式。战略性新兴产业年复合增长率20%以上，在国内省会城市中位居前列，树立起“IC之都”“平板之都”“中国声谷”的响亮招牌。2019年，人工智能及新型显示器件、集成电路等3个产业集群成功入选首批国家战略性新兴产业集群名单。2022年，战略性新兴产业对合肥工业增长贡献率达78%。

合肥注重发挥高校院所资源密集的科研优势，实现战略性新兴产业“无中生有”和“小题大做”。最具代表性的新型显示产业实现“从沙子到整机”的整体布局，形成了涵盖上游装备、材料、器件，中游面板、模组以及下游智能终端的完整产业链，建成了世界最大的新型显示面板生产基地。从业企业超80家，累计投资项目超110个，已完成投资超1400亿元。龙头企业京东方全球出货量第一，完成了从行业追赶者到领导者的身份转变，在合肥的投资已超1000亿，不仅撑起了合肥的经济，而且仅京东方8.5代线二级市场股票减持已实现净收益约140亿元，回报率约271%。

四、厦门推动发展动能转换的对策建议

深圳、南京、合肥等国内先进城市推动动能转化的实践经验有力验证了制造强则产业强、产业强则城市兴。先进制造是经济发展的压舱石，是创新的主战场。面对国内外形势的深刻复杂变化，坚持先进制造、服务经济双轮驱动战略，巩固壮大实体经济根基，坚持基础研究和原始创新导向，实施科技创新引领工程，是培育发展新动能、赢得未来竞争新优势的关键所在。

（一）大力发展实体经济

1.做大万亿电子信息产业集群

打造“芯-屏-端-软-智-网”一体的产业生态圈。大力发展新型显示材料和设备，全力保障天马微8.6代线落地投产；拓展开发车载、智能家居等应用场景，促进产品向高端应用场景延伸，发展应用于新能源动力汽车、可穿戴智能设备等未来热点应用场景的产品；全力突破集成电路成熟制程、封测技术等关键技术环节。促进云计算、工业软件、信息安全等软件信息产业发展，争取以人工智能等轻资产、高价值产业赋能城市转型，发展作为底层技术的人工智能，全面赋能未来产业、科技教育和社会管理。

2.推动战略性新兴产业加速发展

推动新能源料材器用协同，成为GDP破万亿新增量。做大新能源整车规模，支持金龙系围绕大健康、大安全、大民生和大基建展开特种车产品布局，引入新能源乘用车整车企业；培育氢能及储能未来产业。实现先进功能材料等“卡脖子”产业突破性发展，建设五大特色产业集群。在后疫情经济背景下，促进生命健康等产业爆发式发展，着力建设中国生命科技之城。

（二）强化企业创新主体

1.强化企业研发投入的主体地位

推动创新要素高效配置，支持企业前瞻布局基础前沿研究，扩大国家自然科学基金企业创新发展联合基金规模，开展未来产业科技园建设试点。引导企业加大研发投入，落实支持科技创新税收优惠政策，建立金融支持企业科技创新体系常态化工作机制，形成银行信贷、专题债券、股票市场协同支持企业创新的金融手段。

2.强化企业科技创新决策的主体地位

发挥战略牵引作用，支持企业更大范围更深程度参与厦门市创新决策，建立企业家科技创新咨询座谈会议制度，加快推进企业创新高端智库网络建设，提升企业科技创新自主决策能力。

3.强化企业科研组织的主体地位

完善项目组织机制，进一步发挥企业作为出题人、答题人和阅卷人的作用，推动更多任务由企业方提出。通过“揭榜挂帅”等方式，支持企业加入基础研究、技术创新、产业化等方面的科技创新活动。

4.强化企业成果转化的主体地位

发挥市场优势，提升企业作为需求侧的成果吸纳能力和转化能力，健全产学研成果对接和产业化机制，加速高校、研究院所等科技成果在企业转化并产业化。以更大力度支持企业建设中试验证平台，完善成果转化激励约束机制。

（三）建设高质量创新载体

1.打造厦门科学城创新“引擎”

建设科学城I号孵化器，启动科学城Ⅱ号孵化器建设运营，持续引进“大院大所”，扶持发展专业化众创空间、科技企业孵化器等孵化平台，促进北京、上海等地“双一流”高校科技成果来厦转化，形成“校园–科技园–产业园”共生互动创新共同体。

2.大力推进研发机构培育建设

加快突破重点实验室建设，推动嘉庚实验室联合宁德时代争创国家能源实验室福建储能基地；加快建设动物及生物安全三级实验室，积极推进传染病疫苗研发全国重点实验室申报工作。借鉴深圳“民办官助”模式，加强政策集成、优化“店小二”式服务，引育一批民办新型研发机构，加快建设厦门国创中心先进电驱动技术创新中心、厦门星座卫星应用研究院等一批未来产业领域新型研发机构。

3.强化高校院所创新支撑

鼓励发展新工科，支持厦门大学等高校更新专业及课程设置，根据动能转换实际需求，增设符合产业转型升级要求及新兴产研发展需求的专业，根据产业发展前沿，合理安排课程体系，做到专业设置服务于产业发展。畅通校企沟通渠道，推进优质产学研基地、实习基地等建设，推动科学技术服务于生产。

（四）激发人才贡献度

1.加强人才引进与培育

强化精准靶向引才，按图索骥、以需引才，围绕重点建设学科、优势特色产业、国家级平台建设精准招才引智，“一事一议”“一人一策”引进更多高端人才、顶尖人才。全面拓宽引才渠道，持续创新引才方式，充分发挥用人主体的作用，不唯地域、不求所有、不拘一格，灵活采用多种方式，柔性引才聚才。加快建立以创新价值、能力、贡献为导向的人才评价体系，大力推进科技成果使用、处置、收益制度改革，打通人才引进、培养、使用、评价、激励等方面的体制机制障碍。加大人力资源储备，大力引进大学毕业生，在新一轮的毕业生争夺战确立厦门优势，为未来产业发展积蓄潜力。

2.推动优质资源向人才倾斜

支持企业自建职工公寓，推动各区扩大人才租赁房供给，完善保障型商品房基层医疗机构、学校、商场等配套设施建设，为人才提供多层次的安居保障。加强人才子女教育保障，继续推动基础教育“名校跨岛”，实施骨干员工积分入学加分倾斜。促进基层人才职业发展，发放职校技校毕业生留厦补贴，深化产教融合、校企合作，加大“订单式”培养力度，共建职业技能实训基地，培养更多高素质职业技能人才。

（五）深化科技创新体制机制改革

1.改革科研院所管理机制

赋予并推动落实高校院所、医疗卫生机构等科研单位在科研活动中的选人用人、科研立项、经费使用、成果处置及其收益分配、职称评聘、设备采购等方面更大自主权。探索对高校院所等科研单位实行不同于一般事业单位的管理制度，对科技人员实行不同于行政干部的管理方式。支持市属高校院所探索试行年薪工资、协议工资、项目工资等更加灵活的薪酬制度。

2.创新科技成果转化机制

开展“技术源头掘金”行动，瞄准国内外一流高校院所，启动科技扫描和成果追溯，挖掘遴选形成重大科技成果清单。推进科技成果转化综合试点，探索赋予科研人员职务科技成果所有权或长期使用权的机制和模式。支持高校院所、医疗卫生机构等建设概念验证中心，加速挖掘和释放基础研究成果价值。实施技术经纪（理）人养成计划，推动开展技术经纪专业职称评聘工作，支持国家技术转移人才培养基地（厦门）建设，组建技术经纪（理）人事务所，争创国家科技成果转移转化示范区。

3. 健全容错机制

提高对创新失败的容忍度和创新探索的宽容度，对政府部门、高校院所、国有企业等在推动创新和成果转化中出现失误或影响任期目标实现的，按照“三个区分开来”原则依法依规予以容错，营造鼓励创新、包容失败、干事担当的良好生态。

参考文献

[1] 任保平. 从中国经济增长奇迹到经济高质量发展[J]. 政治经济学评论，2022（6）：3-34.

[2] 王铭槿，李永友. 高质量发展中的新旧动能转换进程：趋势特征与省际差异[J]. 经济学家，2022（9）：28-38.

[3] 高文静，施新政. 资本积累、偏向型技术进步与异质性劳动力需求[J]. 劳动经济研究，2021（4）：57-80.

[4] 李长英，周荣云，余淼杰. 中国新旧动能转换的历史演进及区域特征[J]. 数量经济技术经济研究，2021（2）：3-23.

[5] 安礼伟，张二震. 中国经济新旧动能转换的原因、基础和路径[J]. 现代经济探讨，2021（1）：9-15.

[6] 傅春，赵晓霞. 双循环发展战略促进新旧动能转换路径研究：对十九届五中全会构建新发展格局的解读[J]. 理论探讨，2021（1）：82-87.

课 题 指 导：彭朝明
课 题 组 长：陈菲妮
课题组成员：彭朝明　陈菲妮　彭梅芳
黄光增　黄榆舒　王成龙
陈亚军
课 题 执 笔：陈菲妮

第十章

厦门打造新型储能产业链研究

一、概　述

（一）新型储能产业链基本情况

根据国家发改委、国家能源局于2021年发布的关于加快推动新型储能发展的指导意见，新型储能是指除了抽水蓄能外，以电力输出为主要形式的储能。新型储能主要包括电化学储能、压缩空气储能、飞轮储能、超级电容储能等方式。新型储能具有调节能力强、选址灵活、周期短等特点，是实现产业升级、推动经济发展的“新引擎”。

新型储能产业链主要包括上游原材料及生产设备、中游储能系统制造与集成运维、下游应用环节，具体如图10-1所示。

上游原材料及生产设备主要为电池材料等原材料、涂布机等储能电池制造设备，以及其他储能生产设备。其中电池材料包含正极材料、负极材料、电解液、隔膜四大材料以及其他结构件。

中游储能系统制造与集成运维主要为各类储能细分产品，以及储能系统设计、集成、建设、安装、运维等。其中储能产品按技术不同可分为物理储能、电磁储能、电化学储能等；目前锂离子电池是电化学储能的主流技术路线，此外电化学储能还包含铅酸蓄电池、液流电池①等。

下游主要为不同应用场景及储能后市场服务。其中，储能核心应用场景为用于电力系统的发电侧、电网侧、用户侧。储能后市场服务包含储能电池回收利用、储能电池检测等。

① 液流电池根据电解液不同又分为全钒液流、多硫化钠液流、锌溴液流和铁铬液流等，目前全钒液流为主流。

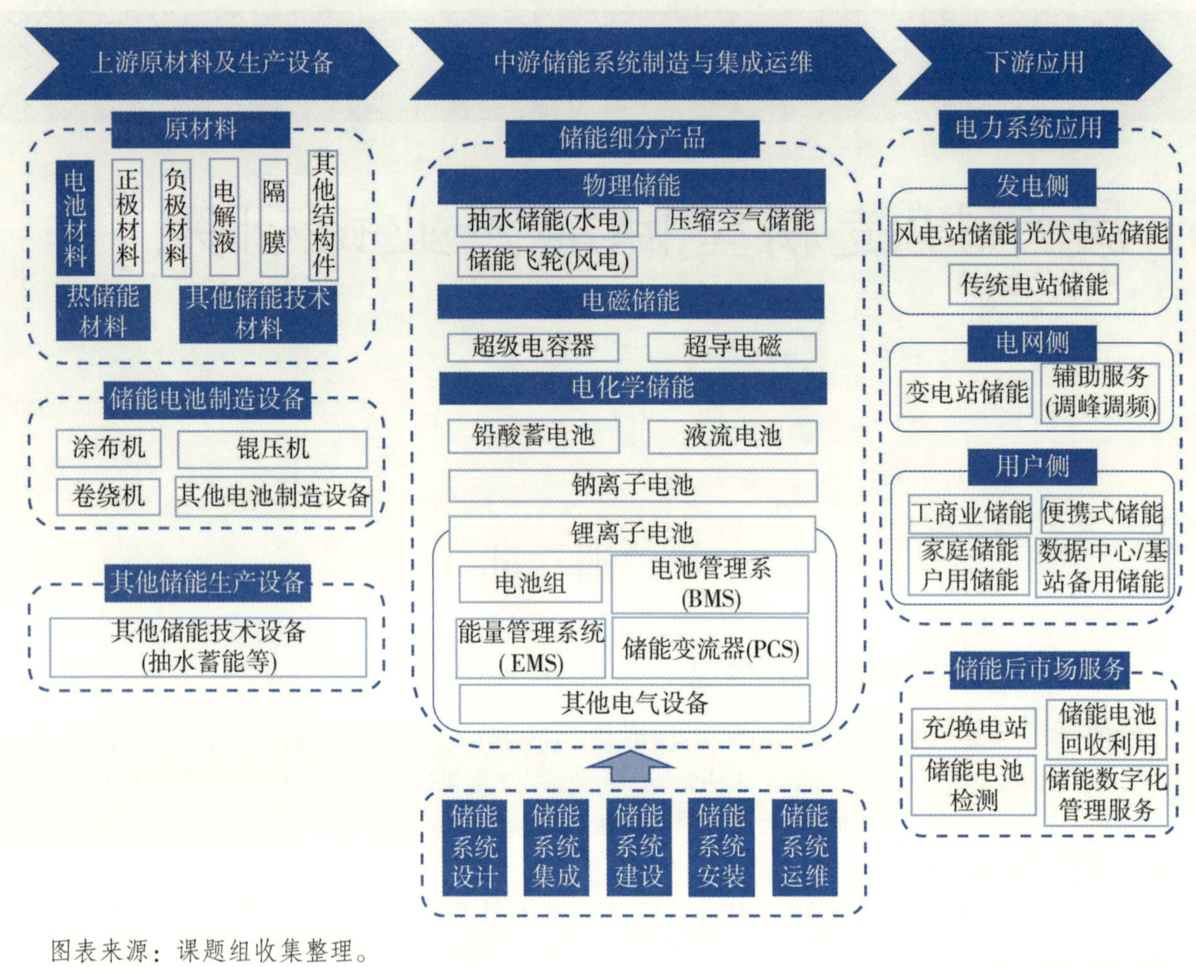

图表来源：课题组收集整理。

图 10-1　新型储能产业链图谱

（二）我国新型储能产业发展概况及前景

根据中关村储能产业技术联盟（CNESA）统计，2023 年 1—11 月我国新型储能新增装机规模为 15.1GW/32.9GW·h，已超过过去十年的总和。另据国网能源研究院发布的《新型储能发展分析报告 2023》，我国新型储能位居全球装机榜首，已处于快速发展通道，迈上千万千瓦新台阶。未来一段时间，新型储能将继续保持规模化增长态势。

2021 年 7 月，国家发改委、国家能源局发布《关于加快推动新型储能发展的指导意见》，指出到 2025 年实现新型储能从商业化初期向规模化发展转变，装机规模达 30GW 以上。国家电网相关规划提出，预计到 2030 年中国新型储能的装机规模将超过 120GW。《储能产业研究白皮书 2022》预测，到 2030 年，新型储能总投资规模将近 9000 亿元。因此，储能是比肩甚至超过动力电池市场的巨大蓝海，市场规模将达到万亿元级别。国内部分省市“十四五”规划的新型储能装机目标具体参见表 10-1。

表 10-1 部分省市“十四五”规划新型储能装机目标

序号	时间	地区	文件名称	储能装机目标 / GW
1	2022 年 12 月 19 日	青海	《青海省碳达峰实施方案》	6
2	2022 年 2 月 28 日	甘肃	《甘肃省“十四五”能源发展规划》	6
3	2022 年 9 月 5 日	山西	《山西省“十四五”新型储能发展实施方案》	6
4	2022 年 12 月 30 日	山东	《山东省新型储能工程发展行动方案》	5
5	2023 年 2 月 23 日	宁夏	《宁夏“十四五”新型储能发展实施方案》	5
6	2022 年 3 月 29 日	内蒙古	《内蒙古自治区“十四五”电力发展规划》	5
7	2022 年 4 月 10 日	河北	《河北省“十四五”新型储能发展规划》	4
8	2022 年 6 月 6 日	浙江	《浙江省“十四五”新型储能发展规划》	3
9	2022 年 8 月 18 日	安徽	《安徽省新型储能发展规划（2022—2025 年）》	3
10	2023 年 3 月 15 日	广东	《广东省推动新型储能产业高质量发展的指导意见》	3
11	2022 年 8 月 1 日	江苏	《江苏省“十四五”新型储能发展实施方案》	2.6
12	2023 年 2 月 6 日	河南	《河南省碳达峰实施方案》	2.2
13	2022 年 5 月 19 日	湖北	《湖北省能源发展“十四五”规划》	2
14	2022 年 10 月 13 日	湖南	《湖南省电力支撑能力提升行动方案（2022—2025 年）》	2
15	2022 年 12 月 29 日	广西	《广西壮族自治区碳达峰实施方案》	2
16	2022 年 11 月 29 日	云南	《云南省应对气化变化规划（2021—2025 年）》	2
17	2022 年 12 月 6 日	四川	《四川省电源中网发展规划（2022—2025 年）》	2
18	2022 年 7 月 14 日	辽宁	《辽宁省“十四五”能源发展规划》	1
19	2022 年 9 月 28 日	江西	《江西省碳达峰实旅方室》	1
20	2022 年 11 月 21 日	贵州	《贵州省碳达峰实施方案》	1
21	2022 年 10 月 13 日	北京	《北京市碳达峰实施方案》	0.7
22	2022 年 8 月 26 日	福建	《福建省推进绿色经济发展行动计划（2022—2025 年）》	0.6
23	2022 年 8 月 25 日	天津	《天津市碳达峰实施方案》	0.5
24	2022 年 7 月 22 日	吉林	《吉林省碳达峰实施方案》	0.25

资料来源：北极星储能网。

二、厦门新型储能产业链建设情况

（一）产业链初步成型

目前，新能源产业作为厦门市重点发展的战略性新兴产业，已逐步形成以动力电池、储能电池为发展主体，上游材料和核心零组件、下游车联网和充换电等为配套的新能源产业链和产业集群。

从产业链分布看，厦门新型储能产业在新能源产业集聚成链的基础上，已初步构建了涵盖上游原材料及生产设备、中游储能系统制造与集成运维、下游应用等全产业链基本覆盖的格局。

从价值链看，在正负极材料、电池组、储能变流器等储能产业高价值环节均有厦门企业布局，部分企业如厦钨新能源、海辰储能、科华数能等处于行业地位领先，具有较强竞争优势，带动厦门新型储能产业链在某些细分领域环节具有较强竞争力。

1.上游原材料及生产设备环节

在原材料领域，除了对环境有一定污染的电解液外，在正极材料、负极材料、隔膜以及结构件等细分领域，我市均有代表企业布局。厦钨新能源锂离子电池三元正极材料技术领先，在四川雅安投资建设（含规划）了一期和二期合计产能达 4 万吨的磷酸铁锂生产项目。

2022 年以来，厦门还陆续签约了恩捷隔膜、中科华联锂电隔膜、兴荣磷酸铁锂正极材料、杰瑞硅碳负极材料、科达利结构件等一批补链强链项目。目前上述项目大多数处于建设阶段，尚未投产运营。其中，恩捷股份厦门锂电池隔膜生产基地项目为恩捷股份（51%）与宁德时代（49%）合资设立，已于 2023 年开工，项目规划 16 条锂电池隔膜基膜与涂布分切生产线，设计隔膜年产能 16 亿平方米。厦门科达利精密结构件生产基地项目投资额不超过 12 亿元，项目仍在建设中。详见表 10-2。

表 10-2　上游环节原材料领域厦门部分企业情况

上游环节具体领域		材料成本占总原材料成本比重[a]	厦门代表企业	行业竞争力
原材料	正极材料	45%	厦钨新能源、厦门兴荣	厦钨新能源居 2022 年中国锂电池行业正极材料年度竞争力品牌榜单第 6 位[b]，固态储氢材料居行业前列，磷酸铁锂正极材料主打低温性能良好、倍率性能良好的差异化发展路线。
	负极材料	15%	杰瑞	—
	电解液	10%～15%	—	—
	隔膜	15%	厦门恩捷[c]	恩捷股份为湿法隔膜行业龙头，2021 年在中国锂电隔膜市场份额为 38.6% 左右，其中湿法隔膜市场份额约为 50%，均居行业第一。[d]
	结构件	—	厦门科达利	科达利公司占据市场绝对龙头地位，2022 年全球锂电池结构件市场占有率约 31%，领先第二名震裕科技 19 个百分点。[e]

注：a.熠熠全球能源观察．储能大全：产业链图谱及未来市场评估［EB/OL］.［2023-04-10］. https://mp.weixin.qq.com/s?_biz=Mzg5OTg0NTg1OA==&mid=2247534293&idx=2&sn=5e95929c1a9de5e9e8f4c4c256a0ec7d&source=41#wechat_redirect.

b.EVTank、海融网、电池网、伊维经济研究院、中国电池产业研究院等联合发布的 2022 年度中国锂电池行业年度竞争力品牌榜单，该竞争力榜单主要基于联合发布单位长期对锂电产业链各环节及重点企业的跟踪研究积累、实地走访和电话访谈并结合 EVTank 内部数据库、海关进出口数据库、上市公司定期报告等渠道。

c.厦门恩捷锂电池隔膜生产基地项目为恩捷股份与宁德时代成立的合资公司，双方持股分别为 51%、49%，该基地总用地面积约 400 亩，总投资 52 亿元，拟建设 16 条锂离子电池隔膜基膜和涂布分切生产线，计划 2023 年建成并部分投产，产品主要应用于新能源汽车动力电池系统、储能电池系统等市场。

d.李玲玲．2021 年中国锂电隔膜市场供需现状及竞争格局分析［EB/OL］.［2023-04-10］. https://www.chyxx.com/industry/1108805.html.

e.张雷，黄华栋，虞方林．锂电池结构件全球龙头，科达利：深耕大圆柱电池，能否带来增量？［EB/OL］.［2023-04-11］. https://baijiahao.baidu.com/s?id=1768401521087357412&wfr=spider&for=pc.

2. 中游储能系统制造与集成运维环节

储能细分产品领域，电化学储能技术方面厦门以锂离子储能电池技术为主，钠离子储能电池仍处于研发阶段。其中，电池组方面，龙头企业及代表项目主要有海辰储能、厦门时代B项目及中创新航三期项目。其中，中创新航三期项目、厦门时代B项目仍处于建设中，主要产品包括储能电池及新能源汽车用动力电池。厦门时代B项目即厦门时代新能源电池产业基地项目（一期），为国内最大的锂电池制造企业宁德时代在厦门的产业基地，项目总投资130亿元，将建设动力电池及储能电池生产线。中创新航厦门三期项目计划建设产能40 GWh的动力电池及储能电池生产基地，将分阶段实施，第一阶段项目预计2023年年底竣工。海辰储能成长迅猛，为国内储能电池制造龙头企业，2022年中国电力储能电池交付项目数量第一、2022年居国内储能锂电池出货量增速排行榜第一，2022年产值仅约40多亿元，而至2023年一季度，企业订单总价值已超过百亿元，预估全年产值可达到约两百亿元，发展势头迅猛。储能变流器方面，科华数据行业竞争力强，根据IHS Markit①公司公布的2021年十大储能变流器供货商排行榜，科华数据的全资子公司科华数能位居全球前五名。详见表10-3。

表10-3 中游环节锂离子电池领域厦门企业情况

中游环节具体领域		成本占电池组成本比例	厦门代表企业	行业竞争力
锂离子电池储能产品	电池组	60%	海辰储能	2022年中国电力储能电池交付项目数量第一，2022年中国储能电池出货量增速第一[a]，2022年中国储能锂电池企业总出货量排名第七[b]。
锂离子电池储能产品	电池组	60%	厦门时代（B项目）	2022年中国储能锂电池企业总出货量排名第一位[c]。
			中创新航三期项目	中创新航主营动力及储能电池，2022年国内动力电池装机量排名第三[b]。中创新航厦门项目待三期整体投产后，将成为该企业目前规模最大的生产基地。
	储能变流器（PCS）	20%	科华数能	2021年储能变流器出货量居全球前五，储能中大功率变流器出货量国内排名第二[d]，仅次于阳光电源。

注：a.高工产研（GGII）调研报告显示，在2022年电池出货量达2 GWh及以上水平的储能电池企业排名中，海辰储能斩获行业"双第一"。

b.高工产研（GGII）《2022年储能锂电池企业总出货量排名TOP10》榜单。

c.IHS Markit榜单。

d.科华数能．科华数能2021年全球储能变流器出货排名TOP5［EB/OL］.［2023-04-12］. https://www.sohu.com/a/602524638_121421247.

储能系统集成运维领域，厦门拥有以ABB、科华数据等为代表的储能系统集成商，业务范围涵盖储能系统集成安装以及运维等服务。其中，ABB自主开发设计的"储能小屋"可提供精准调控源、网、荷、储智慧一体化解决方案；科华数据可提供"新能源+储能"全场景解决方案。

① IHS Markit即埃信华迈公司，是信息处理、研究咨询领域的全球领先企业。

3.下游应用环节

电力系统应用领域，厦门储能系统制造与集成运维领域的龙头如海辰、科华、ABB等企业的不同系列产业均可应用于发电侧、电网侧及用户侧，应用场景非常广泛。清源科技研发的户用储能系统及便携式储能产品已研发成功，目前已在欧洲及大洋洲等地区试销售其自主品牌的户用储能系列产品。

储能后市场服务领域，厦钨新能源、海辰储能等龙头企业已积极布局电池回收利用业务，加快推进储能电池回收利用相关技术研发及业务探索。

（二）同翔高新城集聚态势初显

同翔高新城既是厦门新能源产业的主要承载平台，也是储能产业企业的主要集聚地。高新城陆续落户了厦门时代新能源电池产业基地项目（一期）、海辰储能磷酸铁锂储能电池产线一期及二期项目、恩捷隔膜、科达利结构件等细分领域龙头企业项目。其中，厦门时代新能源电池产业基地项目（一期）于 2022 年 9 月 6 日开工建设，项目总投资不超过 130 亿元，主要建设动力电池及储能电池生产线，规划产能 60 GWh。海辰项目一期年产 15 GWh的M1 智慧工厂已全面投产，二期项目将建设 8 条磷酸铁锂储能电池产线，规划年产能 30 GWh，将于 2023 年全面建设完成，项目达产后产值将达 300 亿元以上。

（三）发展环境逐步构建

一是研发创新方面。初步建设了以厦门时代新能源研究院、高端储能材料国家地方联合工程研究中心、能源材料与器件研究所等为代表的一批储能领域科研院所，产业发展的科技支撑逐步增强（见表 10-4）。二是政策方面。储能作为新能源产业的一个重要细分领域，目前我市已出台的扶持政策主要集中于新能源汽车方面，如已出台加快新能源汽车推广应用促进产业发展实施意见、新能源汽车产业发展及推广应用规划、新能源汽车推广应用财政补贴办法等政策。

表 10-4　厦门新型储能产业领域主要研发机构情况

机构名称	主要业务与研究方向
厦门时代新能源研究院	依托宁德时代 21C创新实验室与嘉庚创新实验室，在智慧能源、储能技术、高功率器件、下一代动力电池等重点领域联合打造先进技术服务平台；依托校企联合培养人才。
高端储能材料国家地方联合工程研究中心	针对我国高端储能材料产业发展现状中“卡脖子”的基础、前沿、共性问题，发挥产学研合作机制，围绕正极材料、负极材料、新型电池和电化学性能测试等四个方面，开展前驱体、高能量密度电池材料、新型电池材料等关键制备技术研究。
新能源汽车动力电源技术国家地方联合工程实验室	侧重新能源汽车动力电源的共性技术、产业化的瓶颈技术和创新性技术的研发与攻关，并与企业紧密合作完成相关技术的产业转化。计划建成化学储能材料和动力电源技术关联的服务性平台。
能源材料与器件研究所	下一代电化学储能材料与器件、柔性可穿戴储能器件等电化学能源储存材料与器件；氢能与燃料电池等电化学能源转换材料与器件；钙钛矿太阳能电池和有机太阳能电池的关键材料设计制备与器件应用。

资料来源：课题组收集整理。

三、厦门新型储能产业链建设存在的问题

（一）本地供应配套有待提升

厦门虽已基本在储能产业链上、中、下游集聚一批代表企业，但由于产业链仍处于建设发展初期，本地供应配套关系仍有待搭建。如上游正极材料方面，厦门缺乏矿区优势，海辰等企业的原材料供应商主要分布在四川，一定程度上会提高电池组生产企业的生产制造成本，削弱企业的成本竞争力。隔膜方面，2022 年我市虽签约引进了恩捷隔膜，但其工艺路线采用湿法，与使用干法工艺的海辰无法构建上下游配套关系。再如ABB等储能系统集成领域企业，其开发的智慧化“储能小屋”产品，储能电芯由国内另一家储能电池龙头亿纬锂能供应配套，产业链本地配套度仍有较大提升空间。

（二）储能产品有待丰富多元化

从全国看，储能产业已进入快速发展期，规模化应用趋势逐渐显现，技术呈现多元化快速发展，广东、浙江、山东、湖州、天津、湖北等省市纷纷创新部署了铅酸电池、铅碳电池、锂电池等多项储能产品。而厦门储能细分产品以磷酸铁锂储能电池为主，产业发展容易受制于上游原材料端成本价格变动及供应不稳定影响；纳电储能、氢储能等其他技术路线的储能产品以研发储备、试产为主，量产成本仍然较高，技术创新有待继续深化突破。

（三）产业园配套有待加强

一是产业发展用地不足。如据海辰储能反映，其有较大意愿将储能电池后续增资扩产项目继续在厦落地，但目前缺乏明确的用地保障。

二是园区交通、住房等配套有待加强。由于同翔高新城位置较偏远且处于开发建设阶段，停车位规划建设滞后，员工上下班班车及私家车停车位配套严重不足。住房方面，同翔高新城与其人才配套公寓规划建设协调度有待提高，龙泉公寓作为同翔高新城配套建设的保障性住房项目，能保障的人才住房配套数量偏少，且交房期还有一年左右，目前企业引进人才及新入职员工需要在车程约半小时左右的园区外租房子住，为企业生产带来较大不便。

（四）发展环境有待完善

一是缺乏储能项目专项补贴政策。由于储能项目具有高成本、低收益率特点，经济性是制约电储能规模化及商业化发展的核心。国内常州、重庆、合肥、苏州等地已对储能项目实施补贴政策（详见表 10-5），以提升储能项目盈利能力。但目前厦门缺乏储能项目补贴政策，加上我市的电价差过低难以实现峰谷套利，对调动本地储能行业企业投资积极性、提升产业竞争力带来较大不利影响。

二是人才队伍有待壮大。储能是新兴产业、未来产业，正处于起步阶段，人才短缺显得尤为突出，如清源科技拟组建一支约 60 人左右规模的研发团队，但目前仍存在 50%的人才缺口。厦门市尚无一家涉及储能技术与工程领域的职业院校，厦门大学 2021 年才获批开设储能科学与工程专业，无论是技术工人还是研发人才，本地高校及职业院校对产业发展的人才支撑严重不足。

三是储能电池通关便利程度有待提升。如海辰等龙头企业积极拓展海外市场，生产产品约 50%销往海外，而港口运输将储能电池列入危化品管理，相对通关手续较多耗时较长，企业对产品出口通关便利化提

升有迫切需求。

表10-5 我国近期部分地区储能补贴一览表

时 间	政策名称	城 市	储能补贴
2023年5月	《东莞市加快新型储能产业高质量发展若干措施》	东莞市发改局	对用户侧新型储能示范项目，经认定后，自投运次月起按实际放电量给予投资主体不超过0.3元/千瓦时补贴，补贴累计不超过2年，同一项目累计最高不超过300万元。
2023年1月	《常州市推进新能源之都建设政策措施》	常州市政府	对装机容量1兆瓦及以上的新型储能电站，自并网投运次月起按放电量给予投资主体不超过0.3元/千瓦时奖励，连续奖励不超过2年。
2023年1月	《重庆两江新区支持新型储能发展专项政策》	重庆两江新区管委会	对在新区备案且建成投运的用户侧储能、分布式光储、充换储一体化等项目，储能配置时长不低于2小时的，按照储能设施装机规模给予200元/千瓦时的补贴，对单个项目的补助最高不超过500万元。
2022年10月	《合肥市进一步促进光伏产业高质量发展若干政策实施细则》	合肥经信局	对装机容量1兆瓦时及以上的新型储能电站，自投运次月起按放电量给予投资主体不超过0.3元/kWh补贴，连续补贴不超过2年，同一企业累计最高不超过300万元。
2022年6月	《关于2022年山东省电力现货市场结算试运行工作有关事项的补充通知（征求意见稿）》	山东省能源监管办	容量补偿电价:新能源发电能力充裕时，电价按照基准价（99.1元/兆瓦时）乘以谷系数K1（K1取值0-50%）收取；在发电能力紧张时，容量补充电价按照基准电价乘以峰系数K2(K2取值100%-160%）收取；其他时段维持基准价不变。
2022年3月	《苏州工业园区进一步推进分布式光伏发展的若干措施》	苏州工业园区管委会	光伏+储能项目（2022年1月1日后并网，项目接入园区）电量补贴0.3元/千瓦时，补贴3年。
2021年9月	《关于推进源网荷储协调发展和加快区域光伏产业发展的实施细则（征求意见稿）》	义乌发改局	根据峰段实际放电量给予储能运营主体0.25元/千瓦时的补贴，补贴两年，补贴资金在“十四五”期间以500万元为上限。
2022年5月	《关于开展2022年新型储能项目试点工作的通知》	宁夏发改委	为鼓励企业投资积极性，给予自治区储能试点项目0.8元/千瓦时调峰服务补偿价格，全生命周期内完全充放电前600次在辅助服务市场中不考虑价格排序，优先调用储能试点项目。
2022年2月	《关于申报2022年生态文明建设储能领域市级预算内基本建设投资项目的通知》	成都发改委	对入选的用户侧、电网侧、电源侧，虚拟电厂储能项目（年利用小时>600），按照储能设施规模给予每千瓦230元且单个项目最高不超过100万元的市级预算内资金补助，补助周期为连续3年。
2021年1月	《关于印发支持储能产业发展若干措施（试行）的通知》	青海省能源局	对“新能源+储能”“水电+新能源+储能”项目中自发自储设施所发售的省内电网电量，给予0.1元/kWh运营补贴（使用青海储能电池60%以上项目，再增加0.05元/kWh补贴）。

资料来源：课题组收集整理。

四、厦门新型储能产业链发展方向和重点

目前，储能技术多元化发展态势明显，但从技术成熟度看，锂离子技术较为成熟，进入规模化应用阶段，形成了较为完备的产业链；钠离子、飞轮等多种新兴储能技术快速发展，进入工程化示范阶段，其中钠离子电池有望在 2023 年实现规模化量产。本报告结合储能各类技术发展趋势及厦门本地产业基础情况，提出如下提升我市产业链竞争力的发展方向和重点。

（一）强化锂离子电池储能优势

支持海辰等企业实施增资扩产项目壮大锂离子储能电池制造规模。支持从材料、单体、系统等多维度提升电池全生命周期安全性和经济性，鼓励企业开发“大容量、低成本、长寿命、高安全、全气候、易回收”的储能电池。引导杰瑞等企业改进工艺提高硅碳负极材料性能及应用水平。加强电解液用高纯溶剂、新型锂盐和功能性添加剂开发，鼓励隔膜关键工艺和设备攻关。

（二）积极培育新兴储能产业

加快钠离子储能电池研发及产业化。鼓励企业加速布局钠离子电池领域，支持厦钨加强匹配钠基电池的正负极材料、隔膜、集流体等主辅材料研究，支持海辰等企业加强钠盐以及水系钠离子电池等技术攻关，提升能量密度，推动电芯中试化生产，推动降低量产成本。支持钠离子储能电池在5G基站等领域示范应用。

发展氢储能技术。依托嘉庚创新实验室、能源材料与器件研究所等行业领域科研院所及厦门时代、厦钨新能源等龙头企业，开发质子交换膜电解水等可再生能源制氢关键技术，鼓励提升固态储氢材料与工艺水平，发展固体合金储氢、低温液态储氢等储运材料及技术，鼓励研制相关制备、转换、储运设备，提高氢储能的安全性和经济性。支持催化剂、膜电极等核心材料和器件的国产化替代。

（三）前瞻布局未来储能产业

积极研发新型环保、长寿命、低成本的铅炭电池。开发新型空气电池、半固态电池、固态电池、镁（锌）离子电池等新型电池。发展低成本、高能量密度、安全环保的全钒、铬铁、锌溴液流电池。开展压缩空气储能等长时储能技术和设备开发，促进压缩机、膨胀机、换热系统等关键部件产业化。探索推动飞轮储能、超级电容器等其他新型储能技术装备研发及产业化突破。

（四）开发安全高效的储能集成系统及产品

支持ABB、科华数据等集成系统企业应用全环境仿真平台、先进算力算法、工业基础软件、人工智能等技术，开发基于大数据驱动和先进计算算法的模块化、一体化储能安全智能系统。鼓励海辰、清源等储能设备生产企业提升热管理系统、电池管理系统、能量管理系统等性能，开发多功能、安全环保、智能化的户用储能产品，高时长、大功率、快响应、高安全、低成本的工商业储能产品。

（五）开展电池高效综合利用

鼓励厦钨等企业依托高端储能材料国家地方联合工程研究中心，加强和能源材料与器件研究所等行业

领域研发机构的科研合作，加快突破储能电池安全高效回收拆解、梯次利用和再生利用等技术，支持开展废旧储能电池精细回收等工程示范。

五、厦门打造新型储能产业链的对策建议

（一）加快建设厦门新型储能产业集聚区

1.实施产业链招商专项行动

一是围绕储能产业链图谱及储能产业发展路线图，聚焦关键原辅材料、关键设备、关键零部件等核心环节，编制储能产业招商项目库，综合运用以商招商、以链招商、以侨招商、资本招商等方式，引进一批储能产业链上下游的高水平创新型企业和服务机构，以及产业辐射带动能力强的重大产业项目落户。二是充分利用好投洽会、国际投资论坛等重大经贸活动平台，举办储能产业招商活动和领域相关经贸投资分论坛；发挥好海峡创新项目成果交易会等项目落地转化服务平台作用，推动储能项目、资本和人才资源有效衔接，吸引高成长性优质储能项目及其配套项目在厦落地发展。

2.打造一流储能企业集群

鼓励储能产业链上下游企业强强联合，打造链主企业引领、单项冠军企业攻坚、专精特新企业铸基的一流储能企业群。一是遴选一批储能产业链链主企业并列入市领导挂钩重要企业，完善“一对一”专员服务工作机制，在产业促进、产业空间、工业投资、技术改造、技术创新、金融服务、土地和人才保障、承担国家重大专项等领域，依规予以重点支持。二是提升链主辐射能力，鼓励海辰、厦门时代等电芯模组、系统集成领域龙头为上下游企业提供拓展服务，鼓励上下游企业强强联合，抱团发展。三是实施储能产业领域“个转企、小升规、规改股、股上市”市场主体专项培育计划，培育一批储能专精特新“小巨人”、制造业“单项冠军”“独角兽”等优质企业。

3.支持参与行业标准制定

一是聚焦储能系统设计、运输、安装、验收、投运、运维、灾后处理、电池回收等多个环节，支持有条件的企业及研发机构参与国际标准、国家标准、行业标准、地方标准的制定和修订，构筑厦门新型储能产业的行业标杆地位。二是鼓励厦门时代等行业龙头、厦门大学化工学院能源材料与器件研究所等高校科研机构牵头制定储能地方标准，支持厦门市氢能标准化技术委员会加快研究制定支持氢储能产业发展和示范应用的技术标准。三是建立对符合要求的标准优先立项审批发布机制。引导和鼓励企业积极承担储能领域国际性标准化技术委员会、分技术委员会、工作组秘书处或召集人工作。

（二）积极拓展储能场景多元化应用

1.积极拓展发电侧“新能源+储能”应用

一是支持厦门本地储能企业积极参与福建省风电开发[①]，支持海辰等储能企业继续深化与山东电建、东方电气等工程总承包商战略合作，积极参与宁夏、甘肃、青海、西藏、新疆等新能源高渗透率地区的电源侧储能电站建设。二是支持太平货柜建设与分布式光伏电站联合运行的储能电站，鼓励发展集装箱式电池储能系统等应用。三是支持发展储能“众筹共建、集群共享”商业模式，建设共享储能交易平台和运营监控系统。

2.深入推进电网侧场景开发应用

一是探索推动在火炬（翔安）产业区ABB厦门工业中心、同翔高新城等条件成熟的产业园区建设示范性储能电站项目，打造厦门新型储能产业发展成果对外展示窗口名片。二是加快建设厦门虚拟电厂平台，发挥同安凤岗源网荷储协同自治示范项目带动作用，深入推进一批源网荷储互动示范项目。三是结合工业园区、大数据中心、5G基站、充电站等区域分布式储能建设，推动建设智能控制终端和能量管理系统，充分挖掘储能、充电桩、光伏、基站等分布式资源调节潜力，推动终端设备用能实现在线监测和智能互动。

3.大力开发用户侧储能应用

一是支持围绕城市建设、民生改善、数字赋能等领域，使用储能新技术新产品搭建示范应用场景。二是在安全可靠的前提下，推动有条件的工商业企业和条件成熟的产业园区配置用户侧储能，支持精密制造、公用事业、金融通信等行业和公共数据中心等供电可靠性和电能质量要求高的重要电力用户配置储能。

4.鼓励充换电模式创新

一是深入推进“光储充放检”综合性充换电站建设，加快华荣“光储充放”等示范站建设，继续推进建设一批涵盖光伏车棚、梯次储能、液冷超充、V2G充电桩等多种设备的绿色能源示范站，提供一体化换电储能应用解决方案。二是积极推动智能化改造升级直流公共快充站，在公交、城市物流、社会停车场等领域试点建设直流双向充电桩，探索规模化车网互动模式。

5.积极探索氢储能等试点应用

引导厦钨新能源、圣元环保等氢储能产业链企业参与绿氢、绿色甲醇生产基地等储运基地建设，积极推动新型储氢技术与传统煤化工、石油化工产业链耦合发展。在安全可靠的前提下，积极探索在古雷石化基地、厦门港口码头等推动氢储能等试点应用。支持与周边地区以及“一带一路”国家和沿线地区在技术、资源、人才等方面加强协同合作，支持厦门大学、嘉庚创新实验室等高校和科研院所“走出去”开展海上风电制氢、海岛绿氢示范、光伏制氢以及相应氢储能等示范项目。

---

① 根据福建省发改委关于加快推动锂电新能源新材料产业高质量发展实施意见的要求，各类已建、在建的风电和集中式光伏项目要参照配建储能设施。

（三）强化储能产业质量安全管理

1.加强全过程安全管控

完善储能设备制造、建设、回收利用等全过程安全管理体系。强化储能电站项目单位落实企业安全和消防安全主体责任，规范执行储能电站建筑设计防火等标准要求，加强安全风险管控。建立储能电站企业专职消防队伍，编制应急预案并定期进行事故演练。大力推进储能项目安全管理制度，推动项目运营维护安全规范开展。

2.制定安全技术标准

加快研究并制定覆盖规划设计、设备选型、项目准入、质量监督、消防验收、并网验收、运行维护、应急管理、梯次利用、回收利用等全过程的储能安全技术标准。围绕设备制造、安装、运营等重点领域，发布一批符合市场创新需求的安全技术团体标准。完善储能产品质量监督体系，对储能设备的核心部件实行严格管理。加强储能电站专业技术监督，提高设备安全可靠性。

3.建立信息化监管平台

建立覆盖全市储能电站的数据监管平台，实现对项目运行情况的监测、评估和监管，支撑储能电站管理和效益评估。分批分期推动储能电站数据监管平台与公安、消防、交通等平台对接，逐步拓展平台服务功能。

（四）营造优质储能产业生态环境

1.建设专业化储能产业人才队伍

一是加大储能人才引进。加强储能产业人才开发路线图研究，将储能产业列入重点支持方向，加快从全球靶向引进高端领军人才、创新团队和管理团队。二是加强人才培育。强化储能技术、储能材料、储能管理等学科专业建设，鼓励厦门大学扩大新设立的储能科学与工程招生规模，推广厦大与宁德时代联合培养储能专业硕士模式，支持集美大学、华侨大学等高校围绕产业需求新增储能领域相关硕士点和博士点，鼓励开展储能学科专业本硕博培养并扩大规模。鼓励厦门技师学院增设储能材料与技术相关专业，大力培养储能专业职业技术人才。三是积极开展储能产教融合试点，大力推进一批储能技术产教融合实践基地建设，支持有条件的储能企业与厦门技师学院、福建水利电力职业技术学院等职业院校及职业培训机构合作，培养符合企业岗位需求的专业实用型人才和技术工人。

2.强化创新引领加大研发支持

一是发挥厦门大学、中国科学院海西研究院厦门稀土材料研究所等高校院所在储能领域的基础研究主力军作用，推动储能前沿材料、关键技术等方向的基础研究继续深化，为扩大厦门在储能领域的引领优势提供源头力量。支持嘉庚创新实验室筹建国际首套智慧储能大科学装置，加快打造能源材料领域的国家战略科技力量。二是完善关键核心技术攻关“揭榜挂帅”制度，实施以需求为牵引、以能够解决问题为评价标准的机制，支持高端储能材料国家地方联合工程研究中心、厦门时代新能源研究院等机构联合有条件的储能链主企业和领军企业，组建体系化、任务型的创新联合体，围绕储能产业关键核心技术开展攻关突破。三是支持储能企业与嘉庚创新实验室等高水平创新平台加强合作交流，开展科技资源共享和联合研发。组织编制《厦门市储能技术发展路线图》，将储能领域技术创新项目列入市重点领域研发计划重点支持方向。对国家级、省市级储能领域公共服务平台和创新平台建设给予一定财政支持，对符合条件的储能首台（套）重大技术装备推广应用项目按一定比例给予奖励。四是构建完善的“科研—产业—资本”生态体系，持续完善对新型研发机构科技成果转化方面的扶持政策，积极争取国家科技成果转化引导基金与本市科技创新创业引导基金共同设立子基金，扶持处于转化应用科技成果种子期、初创期、成长期的科技型中小企业发展。

3.完善产业园配套环境

一是加大产业发展用地保障。推动厦门与漳州、泉州等周边城市以签署产业合作共建共享协议等方式加强跨区域产业协作，探索建设一批储能产业跨区域共建产业园，推动共建产业园建立多方共赢的长效化成本分担机制、财税分享制度和收益分配制度，促进龙头企业及重点项目发展空间瓶颈得到突破。二是加快优化同翔高新城储能产业发展所需的用水、电力、蒸汽、燃气等供应保障，配套建设污水深度处理和回用等设施。三是推动园区交通配套优化提升。推动公交公司为园区提供更加便利的公交、地铁接驳服务，在海辰储能及产业人才大量入驻的储能企业附近寻找合适地块建设临时停车场、立体停车楼等停车设施。四是加强园区住房、商业等综合生活配套，加快推进龙秋公寓配租及同安龙泉公寓一期、二期等保障性住房项目，推动社区商业、社区服务等项目与保障性住房项目同步投用，持续完善同翔高新城周边地铁、商业综合体、体育中心、医疗机构等生活配套设施布局，为储能产业人才入驻园区提供高品质的生活配套。

4.助力提升企业及产品国际市场竞争力

一是助力储能企业开拓国际市场。支持厦门港开拓新兴市场班轮航线，提高厦门港危险化学品承运服务能力，优化港口配套安全、应急等方面基础设施建设，进一步优化提升储能电池产品海运通关便利化水平，将厦门港打造成区域范围内储能产品最高效率“出海口”。二是提高储能企业绿色贸易能力水平及产品国际竞争力。引导和支持储能企业开展储能产品全生命周期碳足迹核算，探索将同翔高新城建设成为风电、水电直供的低碳产业园，探索采用绿电区块链存证、增加电网绿电送电配比等方式为园区储能企业提供可追溯绿电来源证明。

5.加大财政金融支持

一是加大财政支持。加快制定厦门新型储能发展规划及配套专项扶持政策，借鉴先进地区，推动对储能建设项目给予一定投资建设补贴和运营补助，对投资金额较大的重点储能建设项目给予贴息支持。大力实施技改奖补推动高效储能设备推广，发挥好厦门市工业企业技术改造专项资金作用，鼓励企业尤其是高电耗企业积极投资使用高效率、智能化的储能设备，助力企业节能降耗和降本增效。加大储能新技术、新产品推广应用支持力度，对列入《福建省工业和信息化重点新产品推广目录》的产品给予一定补贴和奖励。二是加强金融支持。推动厦门市产业引导基金设立储能领域子基金，引导基金向新型储能龙头企业、关键领域“补短板”项目、“卡脖子”核心技术攻关项目以及新一代电池技术项目倾斜。鼓励在厦的银行、互联网金融公司、投资公司等金融机构围绕新型储能产业链“链主”企业及龙头企业，开展配套中小企业供应链融资业务，支持企业以储能项目应收账款、仓单和存货质押等进行融资。鼓励金融机构为在厦储能企业的境外市场业务提供外汇和跨境人民币资金结算优惠。

6.营造产业发展浓厚氛围

一是支持举办高规格储能展会及论坛，打造厦门新型储能产业发声渠道及重点产品宣传展示平台，提升厦门储能制造影响力。二是向上积极争取推动完善厦门分时电价机制，合理拉大峰谷电价价差，推动探索储能容量电费机制，探索开展新型储能容量市场交易，逐步建立终端峰谷电价动态调整机制，调动市场主体参与储能建设的积极性。三是支持厦门自贸片区积极探索，聚焦外商投资准入引导、知识产权协同保护等方面，制定配套制度创新清单，以自贸区制度改革创新赋能新型储能全产业链建设及竞争力提升。

参考文献

[1] 国家发改委. 关于加快推动新型储能发展的指导意见[Z].(2021-07-15)[2023-04-05].

[2] 中国电力报. 国网能源院发布《新型储能发展分析报告 2023》[EB/OL].(2023-12-15)[2024-01-02]. http://www.chinapower.com.cn/chuneng/dongtai1/20231215/228533.html.

[3] 北极星储能网. 12 省市 39. 7GW!“十四五”储能规划目标来了[EB/OL].(2024-03-10)[2023-04-02]. https://news. bjx.com.cn/html/20220520/1226924.shtml.

[4] 每日经济新闻. 恩捷股份牵手宁德时代迎新进展：拟在厦门设公司建 16 条生产线，总投资 52 亿[EB/OL].(2024-02-12)[2023-04-13]. https://baijiahao.baidu.com/s?id=1736168671759141995&wfr=spider&for=pc.

[5] 科华数能. 科华数能 2021 年全球储能变流器出货排名TOP5[EB/OL].(2024-03-15)[2023-04-12]. https://www.sohu.com/a/602524638_121421247.

[6] 厦门日报. 厦门时代新能源电池产业基地项目主体已封顶，计划年底投产[EB/OL].(2023-07-05)[2024-03-10]. https://baijiahao.baidu.com/s?id=1770363915954737516&wfr=spider&for=pc.

[7] 北极星储能网. 37 地区储能补贴[EB/OL].(2023-12-25)[2023-04-15]. https://finance.sina.com.cn/esg/2023-02-03/doc-imyemynm3677161.shtml.

[8] 工业和信息化部，教育部，科技部，等. 关于推动能源电子产业发展的指导意见[Z].(2023-01-03)[2023-05-15].

[9] 广东省人民政府办公厅. 关于印发广东省推动新型储能产业高质量发展的指导意见[Z].(2023-04-25)[2023-05-15].

[10] 广东省制造强省建设领导小组办公室. 关于加快推动新型储能产品高质量发展的若干措施的通知[Z].(2023-03-31)[2023-04-30].

课题指导：彭朝明　戴松若
课题组长：李　婷
课题组成员：彭朝明　谢　强　李　婷
林　智　肖凌欣　黄光增
陈亚军
课题执笔：李　婷

第十一章

厦门加快种业发展研究

农业现代化，种子是基础，种子种苗是农业生产的关键要素，是支撑现代农业可持续发展的基础，加快厦门种业发展，对于提高厦门农业的附加值，加快农业转型升级发展，推动农业高质量发展具有重要意义。

一、厦门种业发展情况

（一）产业实力不断提升

近年来，我市加大政策扶持力度，不断优化机制、细化措施，种子种苗产业实力不断提升，在国内具有较大影响力。持有农作物种子生产经营许可证的种子企业数量占全省30%，年销售额占全省45%，均居全省首位，涌现出农友、百利、中厦等一批重点龙头种苗企业。“厦门种子”品牌影响力不断扩展，花椰菜、鲜食玉米种子国内市场占有率超30%。

（二）产业集群加快形成

我市种子种苗产业包括农作物、水产、花卉三个板块，形成了农业以优质蔬菜嫁接苗生产为龙头，水产以对虾、加州鲈鱼苗等优质苗种养殖为主体，苗木以草花、蝴蝶兰、三角梅等花卉苗木种植为特色的产业格局。农业种子种苗方面，我市已成为长江以南地区最大的蔬菜工厂化育苗基地，蔬菜嫁接苗年产2亿多株。水产种业方面，我市拥有高水平遗传育种研发团队，目前已培育国审新品种11个，以生产经营对虾、石斑鱼、鲍鱼、海马等海水苗种和罗非鱼、加州鲈等淡水苗为主。花卉种子种苗方面，我市草花种子种苗产业规模位居国内前三，年生产量约占国内市场15%，其中秋海棠、繁星花等品种国内市场占有率达70%以上，以铁皮石斛为主的药用花卉种苗产量全省第一。

（三）园区建设加快推进

加快推进厦门同安闽台农业融合发展（种子种苗）产业园建设，进一步完善片区水、电、路、网等基础设施，引进、培育种子种苗企业13家，园区企业拥有自主研发新品种达167个、种子种苗专利50项。

规划建设闽台合作育种协同创新平台，全力打造两岸种子种苗业创新中心。规划建设厦门现代水产种业园区，位于翔安区欧厝东部临海地块，侧重于研发即种业的上游部分，中下游部分主要布局在石浔海洋种业片区，形成互相配合较完整的种业产业格局。积极推动种业总部小镇项目建设。加大市、区财政资金投入，对符合相关要求的企业补助贷款贴息，重点支持社会公共服务、供水和供电等基础设施配套建设。

（四）对台合作不断深入

充分发挥地缘优势，加强厦台种业深度融合发展，共同研发推广新品种，同安闽台农业融合发展（种子种苗）产业园成为台湾种子种苗在大陆重要的集散地，打造出海峡合作种业品牌。协同创新加快推进，两岸联合育种攻关及商业化育种、种质资源交流持续推进，建设闽台合作育种协同创新平台，开展种子种苗科研及种质资源库建设，多渠道引进台湾优新品种和种质资源，累计引进台湾杨桃、芭乐等台湾农业优良品种 300 多个。合作交流加快发展，初步集聚了陈景星、苏丽珍、曾明宝等一批台湾专家，举办各类两岸农业培训及交流活动。

（五）政策环境明显改善

我市出台《加快厦门同安闽台农业融合发展（种子种苗）产业园建设实施方案》、《厦门市扶持蔬菜种子种苗产业发展措施》、《促进厦台农业融合发展若干措施》等举措，对符合相关要求的企业给予贷款贴息补助、生产用电优惠、农机购置补贴、支持台湾各类人才到产业园投资创业、支持品牌创建、鼓励研发创新等多项扶持政策，加力推动园区闽台种业企业加快发展。厦门市农业农村局等 7 部门出台《关于加强农业种质资源保护与利用的通知》，明确农业种质资源库建设及保护举措，鼓励开展种质资源基础研究、鼓励联合育种攻关、鼓励种质资源产业开发等，园区良好的政策环境初步构建。

二、厦门种业发展存在的问题

（一）种业产业规模相对较小

与国内种业发达城市相比，我市种业产业规模相对较小，销售额与长沙、合肥等地种企总销售额的差距较大。厦门种企实力也还比较弱，企业平均年销售额约为 900 万元，为长沙、合肥的 46%、26%。无种业上市公司，而合肥拥有丰乐种业、荃银高科、江淮园艺等 3 家上市种企。

（二）园区建设有待加快

种业产业园是种业企业、科研机构、服务机构等在空间集聚的重要载体。长沙隆平高科技园（种业硅谷）土地面积 2.68 平方公里，是中国生物育种尖端人才及企业最密集的区域，杂交水稻、谷子、食葵种子市场占有率全球第一，杂交玉米、辣椒、黄瓜种子市场占有率全国第一，集聚了隆平高科、湖南科裕隆等种企。厦门缺乏具有较高能级的种业产业园，现有的闽台农业融合发展（种子种苗）产业园繁育和展示功能较强，集聚各类创新要素的能力较弱。

（三）用地问题较为突出

做大种业企业需要较大规模成片的土地，但是目前土地分散在农民手中，土地流转受到诸多制约，土地集中难度较大。同时，流转期限较短，据了解，我市农业用地流转期限一般在5年，对于长期扎根发展的企业不利，合同到期后，农民不再租地给企业，使得企业的投资受损，企业也无法进行长远发展打算，制约企业做大做强。

（四）种业创新能力有待提升

与国内平均水平及先进园区相比，厦门种业科技创新基础和水平总体看还较落后。据调研，园区种业企业的育种技术多数还停留在以杂交育种为主的2.0时代，落后于国内种业已广泛应用分子标记、基因编辑等育种技术的2.0向3.0时代过渡的阶段。此外，园区种业在智能化和数字化新方法新技术应用、科技研发投入等方面存在明显短板，种业领军人才较为缺乏，种业相关的高等院校、科研院所实力不强，科研创新平台不够，面临巨大的竞争压力和追赶式发展的重大挑战。

链接：合肥种业之都建设经验做法

合肥加快建设种业之都，取得较好成效，2022年全市种子销售收入104.8亿元，持证农作物、畜禽、水产种子企业242家，其中A股上市企业2家，国家级育繁推一体化企业8家，杂交水稻出口额连续4年位居全国第1；种畜禽场数量、产值领跑全省，稳居第1。农业科技研发和创新转化能力均位居全国前列。其中，全市两系杂交水稻、小麦抗病、西甜瓜、南瓜等领域育种水平达到国内领先水平，油菜杂交育种、蔬菜育种、水稻功能基因发掘利用等已达到国内先进水平。其主要经验做法如下。

一、健全政策体系，聚力“护种”发展

省委省政府高度重视合肥种业发展，出台《加快推进种业振兴 打造种业强省行动方案》，明确支持合肥打造种业之都。2021年，合肥市在全省率先出台《加快推进现代种业发展打造种业之都的实施意见》，将现代种业上升到全市重点产业链，把推进“种业之都”建设作为全市科技创新体系的重要板块，赋能都市现代农业提升发展的重要驱动。设立种业建设发展专项资金，真金白银支持种业创新发展，鼓励种业企业兼并重组、做大做强、研发创新、开拓国际市场，规划建设种业园区，加快良种基地建设等，2022年全市兑现市级种业奖补资金2439万元，2023年，预计兑现4000万元以上。2022年，制定《种业之都建设三年行动计划（2022—2024年）》，明确全市种业发展“立足全省、服务全国、面向世界”的定位和“当好全省排头兵，跻身全国前三强”的目标，构建“双谷引领、二园集聚、两中心协同、N基地支撑”的种业空间发展布局，并设立了5亿规模的种业产业引导基金——合肥市种业之都建设及科技强农发展基金，发挥财政资金引导撬动和杠杆放大作用，带动更多社会资本投入种业产业。

此外，配套制定《2022年合肥市推进现代种业发展政策实施细则》，提高政策实施的针对性。如在奖励符合条件的新品种研发方面，明确一次性奖励的申报对象为企业，而非科研机构，

以确保科技补助发挥减轻企业研发成本作用。如奖励符合条件的优良新品种方面，规定可按新品种销售额的一定比例给予一次性奖补，并明确奖补资金用于新品种研发，以进一步激励种业企业持续加大研发投入。

积极引导种业企业多基地布局。支持种业企业在合适区域建设广泛制种基地，如引导丰乐种业建设布局肥西基地、福建泰宁基地、贵州岑巩基地、海南基地、江苏金湖基地、四川罗江基地等多个制种基地。一方面，有利于突破土地资源不足的瓶颈制约，另一方面，提高了种业企业对自然灾害的防范能力，分散了制种风险，也有利于助力企业扩大市场占有率和影响力。

二、发挥科研实力优势，助推“育种”创新

依托中科大生命与医学部、中科院合肥物质科学研究院、安徽农业大学、安徽省农业科学院等科研院所，及国家杂交水稻工程技术研究中心华东分中心、国家水稻商业化分子育种技术创新联盟、国家农作物改良安徽分中心、农作物育种省（部）重点实验室等基础研究平台，分别建成国家级、省级、市级种业研发平台10个、19个、11个。成立科技成果转化专班，常态化对接中国科大、中科院合肥研究院等22家高校院所，常态化登“门”（校门）入“室”（实验室），开展科技成果项目发现挖掘，加速科技成果就地交易、就地转化，加快促进实验室的育种创新科研成果向形成市场的新品种转化。

依托合肥智慧农业谷农业传感器与智能感知安徽技术创新中心，打造数字育种产业互联网，并争创国家技术创新中心。推动中科院合肥物质科学研究院牵头，联合高校科研院所以及相关企业共同建设智能育种加速器大科学装置平台，目前该平台已经通过专家论证，进入关键技术预研阶段，最终目标是将该平台打造成我国四个综合性国家科学中心中唯一一个农业领域的大科学装置，推动实现缩短育种进程、提高育种效率，以夯实安徽建设种业强省、合肥打造“种业之都”的科技硬核支撑。

三、强化智力引进，汇聚“引种”人才

抢占全国食药用菌种业发展战略高地，与中国工程院李玉院士团队合作共建中国菌物谷，建设一院（中国菌物创新研究院）、一园（中国菌物科技创新产业园）、一基地（中国菌物试验示范基地），计划引进国内外菌物开发类头部企业10家以上，产值超100亿元，助力合肥建设成为我国菌物种业的原创地、菌物产业化发展的领先地、三物农业种业鼎立的战略高地。引进全国生物育种头部企业杭州瑞丰生物科技有限公司（国家杰青、浙江大学教授沈志成团队）落户合肥，共同建立合肥生物育种创新平台。

此外，合肥长丰县与中国科学院合肥物质科学研究院合作创建合肥智慧农业谷，建设一院（合肥智慧农业协同创新研究院）、一园（智慧农业装备与技术产业园）、一基地（智慧农业试验示范基地），引进研究员、副研究员、硕士博士等人才198人，申请专利33件。引进北京市农科院、安徽省农科院、杭州市农科院、南京农业大学等单位的多名从事农业生产科学研究、品种培育、技术研发、推广应用等方面专家学者，开展指导培训，打造智慧农业硅谷。同时，中科院合肥物质科学研究院通过创办新型研发机构——合肥创新院，持续实施“松绑+激励”政

策，激励科研人员创新创业。如在市场化薪酬、成果转化奖励、多元股权投资、人才引进机制等方面大胆创新改革，允许科研人员以“技术股+现金股”形式持有股权、将职务科技成果转化形成的企业股权70%奖励给成果完成人、横向技术合同净结余经费作为科技成果转化给予科研人员现金奖励且不受绩效工资总量限制等系列举措，吸引了大量高端科研人才到研究院工作，调动了科研人员从事成果转化的积极性，助力孵化了一批具有自主知识产权的高新技术企业。

四、培优培强种业龙头企业，做强“用种”产业

聚焦荃银高科进入全球十强、丰乐种业进入全国五强、皖垦种业进入全国十强目标，支持荃银高科国际化发展，支持皖垦种业加快上市步伐，培育富煌水产、江淮园艺等上市梯队，积极打造“合肥种业上市板块”，发挥龙头种业带动作用。荃银高科的杂交水稻、丰乐种业的杂交玉米、皖垦种业的软麦、安徽国豪的油菜、丰大种业的节水抗旱稻、江淮园艺的瓜果蔬菜，戬谷生物的生物育种、博大牧业的白山羊选育等均发挥原创技术和品种优势。目前，合肥市已构建形成以水稻、小麦、玉米、油菜、蔬菜为代表的种业龙头企业方阵，正积极引领全省乃至全国种业创新发展。

延长产业链条，推动种业龙头企业走多元化发展道路。引导丰乐种业除聚焦种业主导外，积极延伸拓展产业链条，成立农化公司和香料公司，实现种子、农化、香料三大板块协同发展，丰乐农化荣登2021年中国农药行业企业TOP50榜单，丰乐香料居2022中国轻工业香料行业企业前十强，2022年农化、种子、香料三个板块收入分别贡献了公司总营收的69%、22%和9%。多元化发展战略助力提升了企业盈利能力，推动企业品牌价值进一步增加。

三、厦门加快种业发展的对策建议

深入学习贯彻习近平总书记关于加快种业振兴的重要论述，聚焦短板弱项，抓住关键环节，发挥厦门海洋优势，以水产种苗为突破，提升发展农作物、花卉种苗，加大支持力度提升种业全链条竞争力，加快园区载体建设，推动土地规模集约使用，增加研发投入，不断提高种业创新水平，完善服务保障，营造良好的种业发展环境，全力推动我市现代种业高质量发展。

（一）推动种业企业集聚

强化产业链招商。围绕研发、育种、种苗、销售、展示展览等产业链招商，加强与荷兰、日本、以色列等国家的种业企业合作，大力引进国内知名种业企业，引进两岸种子种苗行业龙头企业，建设由种业到农产品的全链式供应体系。做大做强龙头企业。鼓励农友、百利、中厦等重点龙头企业以收购、并购、参股、控股等方式开展兼并重组，做大做强，引导资源、技术、人才、资本等要素向优势企业集聚。鼓励企业向外拓展。支持企业在省外、海外建立制种繁种基地和市场营销网络。

（二）加快建设园区载体

打造空间集聚的种业产业园。借鉴隆平高科技园等建设经验，加快建设闽台农业融合发展（种子种苗）产业园、厦门现代水产种业园区、种业总部小镇等项目，建立双创服务、共性技术服务、成果转化等公共服务平台，形成具有厦门标识度的种业创新集聚地。加大招商引资力度，打造集种子研发、试验展示、加工仓储、物流交易等功能于一体的产业园区。开展良种联合攻关。支持种业龙头企业和科研院所、高等院校，联合创建种业技术创新中心，采取“定向委托”、“揭榜挂帅”等方式，选育具有接近或达到国际一流水平的突破性品种。建设公共服务平台。协同建设生物技术育种研发与应用平台、品种联合测试平台，提升科研创新、成果转化一体和产学研相结合的能力。

（三）保障种业用地需求

加快土地流转制度创新，促进土地集约使用，既要保障企业用地需求，也要保障农民土地权益，可供选择用地模式如下：一是股份合作模式。农民以土地入股，与企业进行合作，参与企业生产经营，推进土地经营权入股发展。二是国有收储模式。引导农民土地到村集体，流转到农业国有投资公司，再出租给承包方，便利企业用地。三是市场化模式。由市场化的土地经营公司，向农民租用农用地，企业再跟土地经营公司租地。

（四）推动种业创新发展

加强种质资源保护利用。加强生物种质资源调查、搜集、保护、鉴定、深度评价和重要功能基因发掘，以及育种材料改良创制，建设一批中期种质库、种质圃，带动种质资源共享利用。鼓励育繁推一体化种业企业开展种质资源收集、鉴定。建设农业种质资源交流与利用平台，推进种质资源交流共享，提高种质资源利用效率。

提升育种创新能力。加大商业化育种投入，鼓励企业与科研院所、高等院校联合育种创新，引进、整合育种资源、技术和人才，构建以市场为导向、企业为主体、基地为依托、产学研用深度融合的育种创新机制，加快提升种业自主创新能力和水平。以玉米、辣椒、苦瓜、番茄等优势种子以及其他果蔬种子为主攻方向，依托百利、农友、华泰五谷等龙头企业和中国农业大学等科研机构，加强分子设计育种、高效制繁种等关键技术攻关，突破工程化育种、高品种创制、规模化测试、良种繁育、种子加工等核心技术，培育一批高产优质、多抗广适的突破性新品种。

打造育种创新平台。结合引进院士等战略科技人才，争创国家重点实验室。培育新型研发机构，支持条件成熟的创新（研发）中心申报省级、市级新型研发机构。采取“定向委托”、“揭榜挂帅”等方式，开展良种联合攻关，选育国际一流水平的新品种。支持高校院所研发团队以品种权、专利等知识产权到园区企业作价入股，加速科技成果孵化、转化和产业化。

优化育种创新生态。建立一批智能检验、数据智能分析等公共平台，完善园区分子检测、转基因检测、土壤环境检测等公共服务。建设种子质量检测公共服务平台，建立种子基因库，采购快速高通量种子质量检测的仪器和设备，在种子真实性、纯度、品质等方面为园区企业提供服务，为种子市场监管提供技术支撑。强化种业知识产权保护，打通种业知识产权创造、运用、保护、管理和服务全链条，健全以新品种权为主的知识产权服务体系，加强知识产权运用，提升种业知识产权质量和效益。建立跨部门执法联动机制，严厉打击套牌侵权、非法生产经营转基因种子等违法行为，净化种业市场。

（五）强化种业政策保障

一是加力培育种业龙头企业。鼓励百利、农友等种业优势企业以兼并收购、参股控股等方式做大企业规模和效益，并对获得上市、重组上市后将注册地迁移至厦门的种业企业给予一定奖励。支持种业企业积极开拓海外市场，对出口达到一定规模的企业给予市场开拓费用补贴。二是加强财政支持支持。加大市、区两级财政对园区基础设施的支持力度，扩大厦门同安闽台农业融合发展（种子种苗）产业园专项发展资金规模。三是引导社会资本投入。设立种业发展基金，引导社会资本加大现代种业发展重点领域投资。四是强化银行信贷支持。引导商业银行将种业作为信贷投放重点，发展种业知识产权质押融资、产业链融资等新型金融产品，为园区内企业试点开办土地经营权和果树等抵押贷款业务，加大种质资源开发、关键技术及标准研发等信贷支持。支持市农业担保机构为园区内农业生产企业提供贷款担保业务。

参考文献

[1] 厦门市农业农村局，厦门市财政局. 厦门市扶持蔬菜种子种苗产业发展措施[EB/OL].（2020-07-03）[2023-12-19]. https://www.investxiamen.org.cn/show/431.html.

[2] 青岛市人民政府办公厅. 关于加快现代种业创新发展的实施意见[EB/OL].（2020-02-15）[2023-12-19]. http://www.qingdao.gov.cn/zwgk/xxgk/bgt/gkml/gwfg/202202/t20220224_4415378.shtml.

[3] 江苏省农业农村厅. 江苏省“十四五”现代种业发展规划[EB/OL].（2022-01-21）[2023-12-19]. http://nynct.jiangsu.gov.cn/art/2022/1/21/art_51418_10323746.html.

课题指导：彭朝明　戴松若
课题组长：林汝辉
课题组成员：陈国清　刘飞龙　李　婷
课题执笔：林汝辉　李　婷

第十二章

厦门培育壮大专精特新企业研究

一、概 述

（一）内涵与特点

“专精特新”，是指企业具有专业化、精细化、特色化、新颖化的发展特征。具体为：

“专”：专业化（主营业务专注专业）。企业专注核心业务，具备专业化生产、服务和协作配套的能力，其产品和服务在产业链某个环节中处于优势地位，为大企业、大项目和产业链提供优质零部件、元器件、配套产品和配套服务。

“精”：精细化（经营管理精细高效）。企业经营管理精细高效，在经营管理中建立了精细高效的制度、流程和体系，实现了生产精细化、管理精细化、服务精细化，形成核心竞争力，其产品或者服务品质精良。

“特”：特色化（产品服务独具特色）。企业针对特定市场或者特定消费群体，利用特色资源、传统技艺、地域文化或采用独特的工艺、技术、配方或特殊原料进行研制生产或者提供独具特色的产品或服务，具有独特性、独有性、独家生产特点，有较强影响力和品牌知名度。

“新”：新颖化（创新能力成果显著）。企业创新能力成效显著，具有持续创新能力，并取得比较明显的成效，企业产品或者服务属于新经济、新产业领域或新技术、新工艺、新创意、新模式等方面创新成果，拥有自主知识产权，应用前景广阔，具备较高技术含量或附加值，经济社会效益显著，具有良好的发展潜力。

在 2021 年财政部和工信部发布的《关于支持“专精特新”中小企业高质量发展的通知》和 2022 年工信部发布的《优质中小企业梯度培育管理暂行办法》文件中，提出“十四五”期间，加强中央财政资金引导，促进上下联动，将培育中小企业与做强产业相结合，努力在全国推动培育一百万家创新型中小企业、十万家专精特新中小企业、一万家专精特新“小巨人”企业，形成优质中小企业梯度发展格局。创新型中小企业具有较高专业化水平、较强创新能力和发展潜力，是优质中小企业的基础力量；专精特新中小企业实现专业化、精细化、特色化发展，创新能力强、质量效益好，是优质中小企业的中坚力量；专精特新“小巨人”企业位于产业基础核心领域、产业链关键环节，创新能力突出、掌握核心技术、细分市场占有率高、质量效益好，是优质中小企业的核心力量。

（二）评价与认定

依据工信部的认定标准，厦门市工信局制定了关于专精特新中小企业和专精特新“小巨人”企业认定条件和评价指标，并实行动态管理。厦门市专精特新中小企业认定主要从企业从事特定细分市场时间、营收规模及增长率、拥有自主知识品牌、研发费用投入及占营收比重等指标开展，专精特新“小巨人”企业认定标准更高，评价指标更加注重特色化和创新性，如主导产品在全国细分市场占有率需达到10%以上，创新能力指标需同时满足营收规模、研发费用占比、自建或联合建立研发机构、拥有2项以上与主导产品相关的Ⅰ类知识产权等多项条件。专精特新中小企业可自愿申报专精特新“小巨人”企业，由市工信局进行初核并推荐至工信部参与终审。

二、厦门专精特新企业发展情况

（一）企业加快扩容

厦门自2014年起持续开展专精特新企业培育认定工作，到2022年已累计培育九批次1208家市级专精特新中小企业；六批次314家省级专精特新中小企业，数量位列全省第一；四批次143家国家级专精特新“小巨人”企业，数量占全省总量50%，位列全省第一，居全国副省级城市第6位；三批次31家国家级专精特新重点“小巨人”企业，数量占全省总量47%，位列全省第一。厦门已形成数量多、增势快、层次清晰的专精特新企业群，是支撑厦门高质量发展的生力军。由厦门企业和企业家联合会发布的《2022厦门企业百强系列榜单分析报告》显示，2022厦门专精特新企业十强营业收入总额达136.4亿元，是上一年度的3.73倍。

（二）产业持续聚集

厦门专精特新企业行业分布较为集中，主要分布在电子和机械两大支柱产业。现有143家国家级专精特新“小巨人”企业中，有70家分布于计算机、通信、电子、机械等行业，占比约49%。而从2022年厦门入选工信部第四批专精特新“小巨人”企业的64家企业来看，分布于新材料、半导体、生物医药等战略性新兴产业的企业数量有所增加。其中，仅集成电路领域即新增6家，显示新兴产业发展加速。从区域上看，火炬高新区成为厦门专精特新企业聚集高地，2022年第四批国家专精特新“小巨人”企业超过一半来自火炬高新区。

（三）创新效应凸显

厦门专精特新企业通过聚焦细分产业、强化技术创新，不断在行业领域形成独特优势，在厦门产业强链补链方面发挥了重要作用，是厦门产业转型升级和创新发展的重要引擎。2022年厦门专精特新“小巨人”企业平均发明专利有效授权量为23.9件，高于全国水平，全国9279家专精特新“小巨人”企业平均有效发明专利量为15.89件。接近一半的专精特新“小巨人”企业拥有软件著作权。

（四）政策不断完善

2014年以来，厦门市不断健全专精特新企业培育机制，相继出台《厦门市进一步支持中小企业发展若干措施》《厦门市中小企业发展专项资金使用管理办法》《厦门市“专精特新”企业认定管理办法》《厦门市市场主体培育工程实施方案（2023—2026 年）》《厦门市优质中小企业梯度培育管理实施细则》等多个培育扶持政策，着力从“认定奖励+其他财政资金补助”，搭建创新成果对接、产融对接、供需对接、创新创业大赛、管理培训等服务平台，支持、推动中小企业向专精特新方向发展。对获得工信部认定的国家级专精特新“小巨人”企业，给予 100 万元奖励；对获得厦门市认定的专精特新中小企业给予最高不超过 50 万元奖励。成立区域性股权市场“专精特新”专板工作专班。2022 年专板展示企业 208 家，占专精特新企业总数近 20%。

三、厦门专精特新企业发展存在的问题

（一）综合实力不强

从国家专精特新“小巨人”企业数量来看，厦门累计培育量虽然过百，但与深圳、宁波、成都、杭州等城市相比，仍然差距较大（见表 12-1）。企业整体规模偏小，研发型人才持续供给不足，创新效率不高。尚未有在北交所上市的专精特新企业，企业在产品的专业性、先进性以及技术、管理和商业模式创新方面尚有不足，与本地产业策划生成新的应用场景的能力还不强。

表 12-1　累计培育专精特新“小巨人”企业数量城市对比

名称	深圳	宁波	成都	杭州	青岛	厦门
企业总数 / 家	444	283	200	209	152	143

（二）产业协同不强

与厦门“4+4+6”现代化产业体系建设的融合度还不足，电子信息、机械等细分领域的专精特新企业上下游在本市的关联配套仍然薄弱，产业链供应链上企业间的协同合作不紧密。软件信息领域的专精特新企业多集中在生活性服务业，与本地的机械装备等制造业融合度较低。产业链与创新链深度融合不足，仅有两家省级制造业创新中心，尚未形成开放的产学研用协同创新机制，为专精特新中小企业服务的公共创新体系还不完善。

此外，厦门专精特新企业在创业初期还面临公共事业、城乡建设等领域的应用场景开放度不足、下游应用企业偏少的困境，制约了企业的市场拓展和产能释放。

（三）融资难仍存在

目前，针对专精特新企业的银行贷款仍然主要依赖抵押质押，获得信用贷款的难度较大，尤其是科技型、轻资产类企业融资难题并未缓解。风险投资不活跃，缺乏市场化的投资基金。2022 年包含厦门在内福建省获得VC/PE投资的专精特新小巨人企业占比不足 1/4，低于全国水平。厦门 143 家专精特新“小巨人”企业上市公司仅 10 家，占比不到 7%，杭州为 33 家，占比高达 15.8%（见表 12-2）。

表 12-2　专精特新“小巨人”企业上市公司数量城市对比

名称	深圳	宁波	成都	杭州	青岛	厦门
上市公司数 / 家	47	13	22	33	10	10
占比 / %	10.6	4.6	11	15.8	6.6	6.99

（四）发展环境待优

厦门尚未出台全市性扶持专精特新企业发展专项政策意见，北京、南京、重庆、广州、深圳等多地均出台专项政策，厦门现有的通用性政策与上述城市相比在国际市场开拓、产业空间支持、质量品牌建设、精准服务方面尚有落差。如，在协助专精特新企业设立海外分支机构，建立海外贸易组织或搭建全球化平台方面的政策还较薄弱；缺乏“专精特新”专有园区，产业空间保障受限；对专精特新“小巨人”企业奖补力度与郑州、广州等城市相比尚有差距，郑州、广州最高奖励达 200 万元；中小企业公共检测服务平台缺失，如“小巨人”企业万新新材料反映，公司的橡胶、硅胶零部件的尺寸测量须到外省进行，每次费用 3 万～5 万元左右；受限于企业规模以及较高的政策门槛，专精特新企业在高级人才认定、技改资金分配、“一事一议”等方面同等条件下与大企业相比处于不利地位，往往达不到政策奖补标准。

四、厦门培育壮大专精特新企业的对策建议

（一）强化梯度培育

按照“创新型中小企业—专精特新中小企业—专精特新‘小巨人’企业—单项冠军企业”的成长路径，聚焦“4+4+6”现代产业体系，从战略性新兴产业和制造业核心基础零部件、元器件、关键软件、先进基础工艺、关键基础材料中，遴选一批专注于细分市场、创新能力强、成长性好的中小企业作为培育对象。加快制定厦门市专精特新中小企业发展行动方案。

（二）提升创新能力

组建创新联合体。鼓励专精特新企业围绕重点行业领域“补短板”“填空白”，联合高校、科研院所组建创新联合体，以“揭榜挂帅”等形式承担国家级和市级重点科技计划项目，参与关键核心技术研发攻关，解决“卡脖子”问题，对专精特新企业申报科技专项等在同等条件下给予优先支持。支持专精特新企业建设企业技术中心、重点企业研究院、工程研究中心，参与技术创新中心、制造业创新中心、技术创新联盟和产业创新服务综合体建设。

加强科技成果“赋智”企业发展。深挖专精特新企业科技创新需求，强化科技成果有效供给，畅通技术供需对接渠道，持续提升中小企业技术实力，建立科技成果赋智企业发展的常态化、长效化机制。健全成果项目库和企业需求库，完善厦门赋智对接平台体系，遴选一批优质的科技成果评价和转移转化机构，推动一批先进适用科技成果到专精特新企业落地转化。借鉴深圳，重点培育专精特新企业中技术先进型服务企业，着力培育一批服务厦门产业转型升级、大小企业协同创新的技术先进型服务企业集群。

支持智能化绿色化技术改造。梳理专精特新企业在智能化改造、工业互联网和绿色低碳发展等方面存在的问题和技术需求，支持市级技术转移平台组织供需对接，“点对点”为企业推出一系列服务，促进企业

数字化装备普及、信息系统集成、工业互联网创新应用，绿色低碳转型，对专精特新企业符合条件的技术改造项目给予政策倾斜。

打造公共信息服务平台。提高信息采集、处理、传递和共享的综合服务能力，为专精特新企业提供互联互通、及时便捷的综合服务信息。如引导大企业、产业链核心企业依托自身信息优势，构建与专精特新企业的信息共享机制。

（三）推动协同发展

推动大中小贯通发展。在电子信息产业“芯屏端软”、装备制造汽车“三电”、输配电设备、航空工业等优势产业集群，发挥厦门时代、ABB等产业龙头带动作用，加强专业化协作配套，引导大企业面向专精特新中小企业发布采购需求，促进专精特新中小企业与大企业深化拓展供应链合作关系；引导链主企业、龙头企业在产品转型升级、新旧动能转换、加大精益变革、质量标准化等方面对专精特新企业进行指导帮扶；鼓励龙头企业向中小企业开放共享大科学装置、科研平台等资源，开展技术研发、检验检测、中试熟化等技术服务。

加深协作配套。结合厦门市“益企服务”工作，定期举办大企业与专精特新中小企业配套合作项目对接活动；建立大中小企业协作配套产业联盟，认定一批协作配套示范企业；鼓励链主企业、龙头企业与中小企业组成联合体参加政府采购，符合条件的给予一定比例的价格扣除。

（四）拓展融资渠道

扩大直接融资规模。充分发挥厦门两岸股权交易中心职能，按行业、按阶段为专精特新专板企业提供资本市场一对一、一站式的培育孵化服务。健全债权融资、股权融资、股份制改造、上市、兼并重组等多层级的资本市场服务，满足企业不同发展阶段的需求。为专精特新企业搭建“现场路演+网上路演”的常态化路演平台，组织投资机构参与企业投资对接及项目路演。对投资我市专精特新企业1年以上的风险投资机构，可通过设立创业投资风险补偿专项资金的形式，按投资额给予一定比例的风险补贴。

加大间接融资力度。建立行业管理部门与金融部门对专精特新企业目录出库入库动态信息共享机制，定点向金融机构推送企业目录和需求信息。引导政策性银行和商业银行开发具有针对性的金融服务产品，通过对专精特新企业增加首贷、提供长期低息贷款、推行便利续贷来增加信贷支持力度。

用好再贷款再贴现等货币政策工具，鼓励银行创新“央行再贷款+”“央行再贴现+”专属产品，降低专精特新企业综合融资成本。

（五）助力市场开拓

加大场景推广应用。推荐专精特新企业产品（解决方案），支持企业在政府、学校、地铁、公交等场所以及全市财政性投资建设（举办）的重大工程、重大设施、重大活动中开展产品应用、体验、展示，每年评价一批新品进入全市创新产品应用示范推荐目录，扩大企业影响力。

加大首台（套）首版次应用力度。支持本市企业采购专精特新企业开发生产的首台（套）重大技术装备，根据成套设备和单台设备的实际销售总额按一定比例给予研制单位和用户单位奖励。对专精特新企业中纳入政府采购目录的首台（套）首版次产品，同质同价下优先采购。支持保险机构在首台（套）重大技术装备、首版次软件产品试点应用中，建立理赔快速通道，加强基础研究和分析，优化保险方案和服务。

助力企业开拓海外市场。把握国际贸易格局变化，引导专精特新企业及时调整出口市场的格局和方向、培养差异化意识，通过探索产业链和价值链中的缺口，打造具有竞争优势的产品。通过引导专精特新企业融入大企业产业链体系，生产和出口与大企业相互依附的产品，借助大企业成熟的出口体系和销售网络来开拓自身的海外市场。

（六）健全服务体系

完善政策配套。加快出台全市性专精特新企业专项政策，瞄准企业需求靶心，完善土地、财税、投资、人才等方面政策支持。对现有专精特新企业实施增资扩产、新建重大产业项目，按项目固定资产投资总额给予扶持。

加强人才智力支持。积极探索校企合作模式，与省内、市内高校合作定向培养专业性技术人才、技能性人才，定期组织专精特新企业技术人才、管理人才参加高校培训、大型企业调研学习等。定制专精特新企业培训课程，举办高管研修班、技术骨干培训班、精益生产班、财务管理班等，切实提高企业人才技术水平和管理能力。加强人才引进，将国家级专精特新“小巨人”企业实际控制人和核心技术高管分别纳入厦门市B类、C类高层次人才认定范畴。

加强用地用房支持。借鉴广州做法，将省级以上专精特新企业的用地需求优先纳入供地计划，专门针对专精特新企业需求规划切分并供应一批中小工业地块，实行“带方案”招拍挂供应。向国家级专精特新“小巨人”企业出让土地、分割转让产业用房时，所考核的投资强度与税收贡献等标准可调低不超过30%。政府建设的“产业保障房”优先租赁给专精特新企业。借鉴深圳，加快建设“专精特新”园区，发挥市区两级国资国企作用，搭建产业园区运营综合平台。鼓励专精特新企业以“抱团联建”等方式共建产业园区和总部。

加强知识产权保护。完善知识产权管理保护机制，依托厦门知识产权司法协同中心，将专精特新企业列为首先保障对象，提供快速受理、快速确权、快速维权优先服务。

加强企业精准帮扶。完善专精特新企业服务平台，汇聚全市1600家专业服务机构资源，为企业提供“一体化、专业化、协同化、全方位、公益性”的公共服务。鼓励企业引进管理咨询机构开展战略管理、精益生产、组织架构、品牌策划、信息化建设等咨询服务。用好我市“益企服务”行动“一对一”服务专员，精准滴灌，及时解决企业困难。

参考文献

［1］工业和信息化部. 关于印发《优质中小企业梯度培育管理暂行办法》的通知［EB/OL］.（2022-06-01）［2024-02-20］. https://www.miit.gov.cn/jgsj/qyj/wjfb/art/2022/art_7fd04a4a9c0349628f8ec5311eb3411a.html.

［2］浙江省人民政府办公厅. 关于大力培育促进“专精特新”中小企业高质量发展的若干意见［EB/OL］.（2022-04-05）［2024-02-21］. http://www.zasme.com.cn/index.php/news/detail/164.html.

［3］叶子申. 厦门：多举措助力专精特新企业发展［EB/OL］.（2022-10-19）［2024-02-21］. http://xm.fjsen.com/2022-10/19/content_31157606.htm.

课题指导：彭朝明　戴松若
课题组长：林　红
课题组成员：戴松若　林　红　董世钦
梁子升　谢　强　姜耘时
课题执笔：林　红

第十三章

厦门加快推动新型基础设施建设研究

一、厦门新型基础设施建设成效

为构建面向未来的厦门新型基础设施体系，厦门市政府于 2020 年印发了《厦门市推进新型基础设施建设三年行动计划（2020—2022）》，经过三年建设，已取得明显成效，全市新型基础设施建设水平跃上新台阶。

（一）信息基础设施逐渐完善

新一代网络设施加快部署。强化 5G发展引导和建设，出台《厦门市 5G移动通信基础设施专项规划》，获评福建省首个国家千兆城市。截至 2023 年年底，厦门千兆城市 5 项关键指标均排名全省前三，其中每万人 5G基站数 26.9 个、5G用户占比 47.2%、500M及以上用户占比 48.2%，均为全省第一。卫星技术开发加快，成功发射“厦门·天卫科技壹号”先导星和主星，卫星遥感应用在农业、水利、城市“两违”等领域。

工业互联网建设成效显现。开通运营厦门工业互联网标识解析二级节点，落地产品溯源、供应链管理等标识应用。建成投用厦门国际互联网数据专用通道，成为福建省首条通达我国国际通信出入口局的直连高速通道，服务企业近三百家，有力提升厦门在国际金融服务、跨境电商、跨境物流、跨国制造及国际文化交流等领域的通信服务能力。

大数据中心加快建设。厦门拥有福建省规模最大的数据中心基地、中国电信东南云基地——中国电信海峡通信枢纽数据中心，以及福建省内第一个CQC国标A级认证的超大型数据中心——中国移动（福建厦门）数据中心等大型数据中心。截至 2023 年年底，全市数据中心机柜数总计超 2 万个，数据存储已达到YB级，完成原定目标。

大力部署计算中心。厦门人工智能超算平台成为中国东南区域计算能力首屈一指的超算平台项目，平台浮点计算能力突破 1 亿亿次/秒，可应用于智能家居、智慧医疗、智能制造、机器翻译等多于 15 类 30 子项的AI示范性工程项目。厦门鲲鹏超算中心算力提升按需推进，目前算力已充分满足业务需求，为用户提供大量云端资源进行业务测试和国产化适配，涉及医疗、工程、制造、公共安全、科研等多个产业方向，以及大数据、数据库、高性能计算、容器、图像识别、深度学习等多个技术方向。

（二）融合基础设施初见成效

城市大脑加快建设。城市大脑底座支撑加快提升，首批应用场景取得阶段性成果。“免申即享”上线政策持续增加，惠及企业5000余家，政务服务“一网通办”、市域治理“一网统管”等核心应用启动建设，“数看厦门”上线“13+1”个专题，实现75个主题507个主要业务指标指尖查阅。

智慧市政、智慧海洋、智慧公安、智慧生态等设施建设成效初显。智慧多功能杆加快建设，发布《智慧杆建设技术导则》地方标准，多功能杆建设管理更加规范，部分智慧多功能杆挂载环境气象监测、交通监控、智慧屏等设备，初步实现交通、5G、视频等合杆建设。建成海洋渔船通导与安全装备及渔港动态管理平台、建成投用市政工程中心指挥平台，加快生态环境大数据平台、“智慧公安大脑”等平台建设，海上安全保障、城市公共安全保障和生态环境智慧治理等进一步加强。

智慧交通物流持续推进。智慧海润码头全智能化改造项目基本完成，完成远海智慧港口示范区建设验收，远海5G+智慧港口工程实现“5G+北斗+无人集卡智慧港口2.0”商业化运营，搭建全国首张5GSA+MEC港口生产专网，实现5G港区全业务场景应用，厦门远海码头成为全球首个5G智慧码头，以及中国第一个自主研发的全智能、零排放、安全、环保的全自动化集装箱码头。智能网联汽车应用场景初步打造，“厦门城市公交综合智慧系统科技示范工程”“城市级车路协同及数字化智慧出行示范平台项目”等3个国家级示范工程项目有序推进。

智慧能源不断提升。建设源网荷储协同控制试点平台、负荷需求侧响应试点平台等虚拟电厂平台，积极探索电网新形态，电力大数据创新应用取得新成效。

医疗信息化应用加快。数字健康基础设施持续完善，加快“三医一张网”建设，推进“三医”部门信息互通共享和业务协同。数字健康应用领域不断拓展，“美丽厦门 智慧健康”微信平台作为核心载体，健康咨询和医疗服务、健康档案和影像共享、公共卫生应用等各类便捷服务持续拓展，全市建立超1300万份个人健康档案，覆盖全市95%常住人口。数字健康新技术推广逐步见效，数智化赋能慢阻肺早筛与防治项目获得全国数字健康创新应用大赛医学人工智能主题二等奖，厦门大学附属心血管病医院启用全球首个“5G+VR心血管介入手术教学平台”，厦门市医疗急救中心搭建全省首个5G智慧急救车载视频云，首个国家区域医疗中心复旦中山厦门医院利用信息化手段创新在“厦”看上海专家就医模式。

智慧校园取得初步成果。全市中小学均已接入教育城域网，厦门“i教育”综合服务平台持续提升，教育类全部29项审批服务事项实现“一趟不用跑”和“最多跑一趟”，其中22项实现“一趟不用跑”，累计评选一百二十多所中小学智慧校园达标校。

（三）创新基础设施布局不断提升

嘉庚创新实验室建设取得新成效。实验室坚持体制机制创新驱动，在科技攻关、人才团队、设施条件等方面取得多项“国内乃至国际首个”领先成果，实验室人员总规模达1200余人，吸引外部投资逾4亿元。成功研发鼻喷流感病毒载体新冠肺炎疫苗并获批紧急使用；成功研发目前全世界品种最为齐全的新冠病毒系列检测试剂，其中总抗体试剂在国际评价中获评最优并被优先推荐；成功研制全球首个ORF7缺陷的水痘减毒活疫苗。

其他科技基础创新平台建设顺利推进。推动国家新能源汽车技术创新中心在厦设立分中心，启动建设厦门智能网联汽车检验检测公共服务平台，新松机器人厦门研究院、柔性电子研究院、未来显示研究院、厦门健康工程与创新研究院等新型研发机构发展良好。

产业协同创新平台加快培育。推进厦大高端电子化学品国家工程研究中心重组建设，对厦门近年来重点发展的集成电路半导体、光电显示、新材料产业链实现关键核心技术突破具有积极意义。国网福建省电力有限公司与市政府签订战略合作框架协议、共建新型电力系统工程研究院协议，城市配电网建设、电能替代、碳排放管理、直流微电网等方面合作将进一步加强。

（四）数字产业化与产业数字化加快推进

数字产业化加速。电子信息产业体系进一步完善，平板显示、计算机与通信设备、集成电路等电子信息制造业，以及物联网、信创软件、大数据与云计算等软件信息服务业加快发展，电子信息产业集群成为支撑经济发展第二大支柱产业。信创产业初步集聚，引进神州鲲泰、中标麒麟、浪潮等一批领军项目，成立市信创产业联盟，推动厦门成为全国少数几个完整布局信创产业链的城市之一。

产业数字化水平提升。区块链基础设施加快赋能，金砖创新基地区块链综合服务平台“星火·链网”超级节点（厦门）正式发布，将以网络标识这一数字化关键资源为突破口，助力推动“金砖”及“金砖+”国家和东南地区产业数字化转型升级。创新中心提速发展，落地全国首个华为开发者创新中心，率先打造鸿蒙开源操作系统生态。在智慧医疗、智慧交通、智能家居、智慧能源等方面初步打造示范应用。与厦门大学、华侨大学等十余所本地院校联合开展鸿蒙人才培养，集聚了快快网络、快商通、卡伦特等一批SaaS（软件运营服务）企业。元宇宙等新兴领域标杆示范加速落地，启动建设国内首个元宇宙先导区，设立元宇宙产业发展基金和元宇宙孵化器和加速器，成功打造“产业数字化元宇宙超市”“元宇宙+投洽会”“元宇宙+金鸡”等创新示范应用。

二、厦门新型基础设施建设存在的问题

（一）信息基础设施能耗过高

信息基础设施能耗过高，对运营企业造成较大的电费成本压力，对全市经济绿色转型带来较大压力。5G基站、数据中心、边缘计算服务器等基础设施均附带高能耗属性。据初步测算，仅数据中心这一项设施的全年耗电量，已经达到全市全社会用电量的3%左右。据估算，厦门每使用1万个数据中心机柜，一整年的用电量约可供5万～6万户普通3口家庭一整年使用。此外，5G基站、边缘计算服务器等信息基础设施的耗电量同样巨大。一方面，我市目前尚无配套的新基建运维企业电费补贴政策，相关企业每年运维数据中心、5G基站等信息基础设施电费高企，资金成本压力较大；另一方面，在碳达峰碳中和目标要求下，迫切需要进一步降低数据中心等信息基础设施的电能利用效率（PUE），以助力全市实现节能降碳和绿色高质量发展。

（二）融合基础设施应用不够深入

各行业各领域的信息化数字化转型有待加快，数字化应用场景有待进一步拓展。尤其工业方面，厦门制造业企业大多处于数字化转型的初期阶段，全市规模以上工业企业的上云比例与杭州、天津等先进城市相比，仍然较低；尤其在工业企业关键工序数控化率、数字化研发设计工具普及率、关键业务环节全面数字化普及率等两化融合关键指标上，差距较大。此外，文化旅游、卫生体育等民生应用领域，信息化、

网络化与智能化的融合应用也有待继续拓展和深化；跨部门间数据尚未全面共享互联，“信息孤岛”仍然存在。

（三）创新基础设施引领支撑作用不够强

全市高能级的科研创新平台数量较少，如全市国家级重点实验室数量远远落后于深圳、杭州等先进地区；面向生物医药、集成电路等产业领域的认证认可、检验检测等公共技术服务平台较为缺乏，距离有效满足新兴产业快速发展需求还有较大差距。

（四）投融资模式有待完善

市场化投融资模式不够完善，尚未构建政府引导、企业为主、市场运作的投融资格局。融资方面，新基建所需的长期低成本建设资金来源渠道亟需拓展，不动产投资信托基金（REITS）、资产证券化等创新投融资工具探索不足、应用不够，导致新基建整体融资能力不强、融资渠道有限。投资方面，社会资本参与基础设施建设仍然缺乏规范化、制度化的安排，政府和社会资本合作（PPP）项目存在盈利能力低、市场化退出机制不畅等问题，导致民间投资积极性不高、社会投资不足。

（五）网络信息安全建设仍须加强

在新型基础设施建设推进过程中，大量设备联网给网络信息安全带来新的压力，尤其在能源、电力、通信、交通等关键领域，一旦发生信息数据泄露、黑客攻击等安全事件，极有可能给人民群众造成较大损失。因此，信息安全的基础技术研发能力仍需进一步提高，数据安全风险及网络安全防范能力仍需持续加强。

三、厦门新型基础设施建设的重点任务

2024 年是开展新一轮新型基础设施建设行动承上启下的关键时期，应大力推进信息基础设施升级、融合基础设施赋能、创新基础设施引领工程，加强统筹协调，强化项目带动，推动相关项目尽快落地见效。

（一）加快推动信息基础设施升级

建设千兆光网。深入推进千兆光网建设覆盖和扩容提速，规模部署 10G-PON 光线路终端设备（OLT），推动光传送网（OTN）节点向网络边缘延伸。以应用为导向，积极引导宽带用户向千兆光网升级，推进光纤到房间、到桌面、到机器。大力推动住宅小区、办公楼宇、工业园区、产业园区等FTTR建设应用，支持在教育、医疗、金融等行业开展全光网络改造，打造一批标杆示范项目，提供万兆接入能力。

建设 5G网络。采用“宏+微+室”综合立体覆盖方式，推进全市域做全做深 5G网络覆盖。党政机关、事业单位、国有企业、学校、医院、重点商圈、交通枢纽等公共设施资源免费开放支持 5G通信基站建设。推进 5G室内分布系统建设，在政务、交通、能源、港口、工业园区等领域开展 5G虚拟专网建设。加大行业塔与社会塔资源双向共享和相互开放，推动以智慧多功能杆为载体的 5G微基站建设。

建设下一代广播电视融合网络。进一步提高有线、5G一体化的综合覆盖率。持续改造、升级广电 FTTH（光纤到户）网络及前端高清互动云平台，推动有线电视网络承载和内容支撑能力不断提高。加大高

清、超高清电视，支持 4K/8K超高清实验频道的开办和行业应用。建好用好新一代融媒体中心，加快打造新型主流媒体。

建设大数据中心。引导数据中心有序提质扩容，提供高质量数据存算服务，为推动产业数字化转型提供支撑。加快建设中国移动（厦门）数据中心、厦门联通智云数据中心等项目，积极争取中央国有企业在厦落地建设“国家云”，积极谋划与粤港澳、成渝等国家级城市群间数据设施发展协同，加快融入全国一体化云服务格局。

建设算力网络。按需推进厦门鲲鹏超算中心、厦门人工智能超算平台升级优化，支撑多样化业务需求及产业生态需求。建成投用厦门数字工业计算中心。积极谋划云计算中心、边缘计算中心和智能计算中心等建设，构建多层次算力供给体系。推动厦门数据中心与厦漳泉都市圈，以及福建省内其他区域的数据算力设施跨区域协同发展，打造区域一体化算力协同体系。

建设物联网感知设施。将物联网感知设施、通信系统等纳入公共基础设施统一规划建设，推进市政公用设施、建筑等物联网应用和智能化改造。强化物联感知终端部设、接入、安全管理的规范要求，建设和完善市级统一物联感知管理平台，支持面向城市治理、面向产业的多场景物联应用发展。

建设工业互联网。完善工业互联网多层次平台体系，夯实网络基础和安全保障能力。加快工业互联网在龙头企业、重点行业、典型园区、关键领域应用赋能，打造一批工业互联网示范工厂、样板园区和行业先进解决方案。探索建设面向金砖国家的工业互联网标识解析二级节点，构建与金砖国家工业互联网合作的新机制、新路径、新方法。鼓励围绕“4+4+6”现代产业体系的工业领域、传统优势产业链以及商贸物流等产业领域，推广工业互联网标识应用和搭建应用场景，争创全国工业互联网创新发展新高地。

建设新技术基础设施。人工智能设施方面，充分发挥人工智能大赛平台作用，推动一批主题数据安全开放；围绕典型应用场景策划技术竞赛，推动人工智能技术突破和场景落地。围绕人工智能核心基础、重点产品、公共支撑等重点方向，支持企业参与工信部人工智能产业创新任务揭榜攻关。元宇宙设施方面，积极创建厦门元宇宙先导区，鼓励建设元宇宙应用平台，大力支持元宇宙内容创作和场景应用，加快建设鼓浪屿元宇宙、马拉松元宇宙、投洽会元宇宙等标杆项目。卫星互联网络设施方面，鼓励加快卫星互联网设施建设，打造通信、导航、遥感一体化卫星数据应用融合平台和各类卫星地基增强基础设施，形成北斗高精度时空、全球宽带卫星通信、高分遥感地图等天基融合数据信息公共服务。推动卫星通信与地面 5G网络基础设施、物联网设施以及典型业务场景互促互融，积极探索融合标准制定、技术试验和应用试点。区块链基础设施方面，积极争取国家级区块链设施超级节点、骨干节点、城市节点部署建设，创建一批区块链技术在政务、金融、贸易、医疗、交通等领域的典型应用案例。

（二）加快推进融合基础设施赋能

建强城市大脑。建强中枢设施，在经济发展、市场监管、社会管理、公共服务、生态环保等领域全面开展智慧应用建设，形成一批具有厦门特色的“多跨协同”融合应用场景。打造“大脑+”创新应用体系，持续完善升级政务服务“一网通办”、市域治理“一网统管”、政务办公“一网协同”、城市运行“一屏通览”功能，全面提升政务数字化水平。探索推动厦漳泉都市圈、闽西南协同发展区等区域的城市大脑数据共享、功能协同。

发展智能制造。大力推进工业软件、新兴智能硬件、工业APP、工控设备、数字化装备等在工业生产制造领域的应用，支持本地智能制造服务商为中小型企业提供云工厂智能制造技术升级。持续提升双跨平台及省级以上工业互联网平台引领示范效应，充分利用 5G技术拓展电子信息、机械装备、新材料、水暖厨卫等优势产业工业互联网平台功能，大力推广工业数字孪生，培育面向工业全行业跨领域的工业互联网平台。

建设智慧交通物流。智慧港口方面，推广厦门远海码头5G全场景应用和海润码头传统集装箱码头智能改造两个国家级改造样板，加大力度提升港口智能化水平。推动大型装卸设备远程操控、无人集卡、5G和北斗等先进技术应用，全面推广智慧集装箱操作系统。加快集装箱智慧物流平台向港口智慧物流公共平台的升级改造，推动客运指挥调度中心建设。智慧机场方面，充分利用新一代数字化技术，基于数字孪生、AI构建运控“一张图”，实现机场全域运行感知、全面主动运控，推动能源调控可视、可诊、可优，打造绿色低碳机场，提升安全运行效率，将厦门新机场建设成为国内智慧机场标杆。智慧物流方面，支持运用5G网络、自动化、大数据等新技术对装卸、仓储、分拣、配送等环节进行智能化升级改造，鼓励在路况良好、条件成熟的园区或社区开展智能物流配送等场景应用示范，持续推进国家物流枢纽信息服务平台建设。智慧交通方面，加快推动车路协同系统应用和智慧公交建设，支持实时车路协同、超视距防碰撞、智能车速策略、安全精准停靠等应用。建设推广全市智慧停车平台，建设完善路云基础平台、公交应用平台，建设一批5G智慧分级路口，实现典型“5G交通”场景应用，建成集美新城智能网联公交示范区等标杆项目。

建设智慧能源。建设坚强智能电网、虚拟电厂平台，完善提升源网荷储协同控制试点平台。实施电能替代及智慧能源利用，推动特色行业及区域再电气化，积极推动智能分布式可再生能源网络建设。建设覆盖主城区的一体化“互联网+充电设施”，推动电网与光伏电站、抽水蓄能电站、储能电站以及大功率充电桩的智慧物联。加快推动传统能源网络数字化改造，加快建设新能源充电桩，全面建成新型电力系统综合示范区。

建设智慧资规。进一步加强我市国土空间信息专业统筹管理，建立空间数据目录，推动数据汇聚和开放共享，形成统一的国土空间数据底板。加快构建完善自然资源三维一体“一张图”，大力推进新型基础测绘，建设实景三维厦门，推动国土空间数据基底从“二维”向“三维”转变。统筹推进城市信息模型管理平台、国土空间基础信息平台、时空云平台、地下空间信息管理平台等基础平台建设及应用。

建设智慧医疗。完善“健康医疗云”，扩大医疗机构接入覆盖面。加快建设国家区域医疗中心，建设特色重点专科智慧创新应用，重点提升脑肺影像人工智能辅助诊断水平。推进“5G+医疗健康”试点，聚焦突发公共卫生应急处置、急救管理、慢病管理、院内就诊等应用场景，支持远程医疗、移动医疗、智慧医疗等加快发展。加快医工结合数字药械产业链应用，建设市级医疗数字孪生平台，形成医疗数字大脑，推动“一屏”管理医疗机构理念实现。

建设智慧教育。夯实“一云一网一平台”数字教育基础支撑。加大运用5G、人工智能、VR/AR等新技术，推动智慧校园提质扩面，打造开放互联、智能感知、虚实融合的智慧教育环境。完善提升“厦门i教育”综合服务平台，深化教育大数据应用，不断提升教育管理决策、教育治理智慧化水平。

建设智慧文旅。全面构建“1+4+N”智慧文旅框架体系，建设智慧文旅一体化平台，推进数字政务、数字监管、数字文化、数字旅游四大文旅数字化体系建设，推动在文旅人才管理、从业分析、安全生产、文物管理、许可变更等方面创建一批数字化应用场景。支持文化场馆、旅游景区、影视基地等运用5G、云计算、VR/AR等信息技术建设超高清、沉浸式体验设施。

建设智慧体育。高水平建设新体育中心智慧体育场馆项目，打造全国标杆，积极推进厦门国家智能社会治理实验基地（体育领域）建设。完善提升“厦门i健身”系统，打造便捷智能、功能丰富的一站式全民健身综合服务平台。在全市推广建设智慧健身房，打造“家门口”的无人值守型公益智慧健身场所。

发展智慧商贸。建设商务大数据平台，打造集企业管理、营商环境、行业监管、商贸物流、外贸外经、招商引资、口岸通关、市场保供等功能于一体的“智慧应用”。加强商贸基础设施智能化改造、智能终端普及应用和规划布局。鼓励和支持企业建设供应链数字化平台、供应链创新与应用实验室。完善跨境电商综合服务平台。

建设智慧公安。持续推进雪亮工程建设，开展城中村物联感知体系支撑建设，升级扩容市雪亮资源库。高标准建成一批智慧公安检查站、智慧街面警务站、智慧安防小区，建强智慧警务平台、城市公共安全管理平台等骨干平台，争创全国社会治安防控体系建设示范城市。持续优化升级智慧执法办案中心，推动执法全要素全过程全覆盖式智能化规范化。

建设智慧市政园林。建立统一综合监管平台，聚焦市政设施、市容环卫、园林绿化、城乡水务、城镇燃气等城市运行管理重点领域，提升城市市政园林数字化治理水平。建强城市物联感知网络体系建设，推进市政设施、三水一气公共设施及地下管线等智能化物联感知终端部署。

建设智慧生态。全面建成厦门市生态环境大数据平台，夯实全市建设全国生态环境分区管控与国土空间衔接试点城市数据系统支持。布设 150 路前端视频监控，完善监测网络，建设“海陆空”生态环境监测一张网。创设生态环境监管一张图，提升大数据分析能力，衔接厦门“城市大脑”建设，构建生态环境保护社会共治大格局。

建设智慧水利。建设智慧水利数据中心、智慧水利应用支撑平台、智慧水利保障体系，重点打造流域防洪及水资源调度两项业务应用，推进数字孪生东西溪、大坝安全监测平台、原水智能调度系统等智慧水利项目建设，构建具有预报、预警、预演、预案功能的流域防洪及水资源调度体系。

建设智慧海洋。完善厦门智慧海洋综合信息服务平台，进一步打造海洋创业创新管理服务信息中心，推动“智慧海洋”工程与海洋产业深度融合。建设高光谱成像融合技术的立体海洋水质监测系统研制与产业化项目，开展基于海洋空间信息与水文数据的海洋数字经济产业化研究与应用，研发海域安防多平台立体信息终端，建成船舶智能运维系统集成与安全感知研发与产业化示范项目。

建设数字乡村。推进数字农业创新应用基地建设，推广人工智能、5G等农业新装备应用，加快部署农业物联网，推进智慧农机建设，探索运用大数据、区块链等信息技术提升农产品质量安全监管信息平台，提升农业全流程信息化智能化水平。完善乡村数字基础设施，加快推进农村 5G网络建设和广电网络升级改造，推动农村水利、公路、电力等生产生活设施数字化改造。加快建设城乡社区治理数据库、乡镇综合便民服务平台和网上办事平台，助力乡村治理数字化、智能化。

（三）加快实现创新基础设施引领

建设高能级科研创新平台。高标准推进厦门科学城建设，加快科学城系列孵化器建设。支持现有国家重点实验室、国家工程研究中心等国家级创新平台建设及其优化重组，筹建一批国家级重点实验室、工程研究中心、技术创新中心、产业创新中心、制造业创新中心，提升服务国家战略和地方经济建设的能力。高标准建设能源材料、生物制品省创新实验室，加快建设嘉庚创新实验室、翔安创新实验室和福建省海洋创新实验室、临床医学研究中心等重点实验室，争取纳入国家实验室布局或序列。依托厦门市健康医疗大数据中心，加快国家健康医疗大数据研究院建设。持续推进国家新能源汽车技术创新中心建设，策划智慧储能等大型科研基础设施，争创传染病疫苗研发等新一批全国重点实验室。积极探索分类型建立“总部+分部”的紧密型和松散型科研创新平台体系。

建设高水平产业创新平台。围绕厦门“4+4+6”现代化产业体系，高质量建设一批企业技术中心等产业创新平台。提升清华海峡研究院、厦门半导体工研院、厦门柔性电子研究院建设水平，培育一批市场化导向的协同创新中心、产业技术开发院等产学研合作机构。拓宽国际化合作渠道，大力建设金砖国际产业合作平台及重大国际产业化研究机构，建好以服务金砖国家创新基地建设为主要内容的嘉庚高新技术研究院，探索金砖科技创新平台建设，提升工信部部属单位分支机构及 8 个金砖赋能平台能力，积极争创国家级创新平台。

建设高标准公共服务平台。支持行业骨干企事业、高校、科研院所围绕新兴产业领域，布局建设一批技术创新引领、产业支撑能力强的科技创新与质量基础设施公共技术服务平台。充分发挥国家科技成果转化服务（厦门）示范基地作用，支持厦门科学城（北京）创新成果培育基地建设，促进科技成果转化。加快建设厦门市智能网联汽车检验检测、智能网联车路协同高速场景试验平台等公共服务平台。力争新能源领域的国家市场监管重点实验室落户厦门。面向生物医药、新一代信息技术、碳足迹与碳经济等新兴产业领域，谋划和建设一批标准计量、认证认可、检验检测等公共技术服务平台，争创国家检验检测认证公共服务平台示范区。聚焦青年创新创业落地及孵化，建设一批专业化创业示范基地（园）、科技企业孵化器、加速器等设施，融合技术链、供应链、金融链等，为青年创业项目落地孵化提供“一键式”服务接口。

四、厦门新型基础设施建设的对策建议

（一）加强统筹协调

建立市政府牵头抓总，市发改委日常协调，各牵头责任部门按领域推进实施的厦门市新型基础设施建设推进工作机制。加强各区、各部门、各行业联动，统筹协调解决跨区域、跨部门、跨领域的重大问题，推动相关项目尽快落地见效。

（二）实施项目带动

编制厦门市推进新型基础设施建设重大项目清单，建立月度滚动更新机制；围绕项目策划谋划、前期工作、开工建设、竣工验收、移交投用等关键节点，利用信息化平台统筹推进项目全生命周期管理和建设，实现项目建设提速提质提效。

（三）加大要素保障

将新型基础设施优先纳入土地利用年度计划，优先保障项目用地。强化信息基础设施与交通、市政等城市建设工程同步设计、同步审批、同步建设和同步验收。强化资金保障，持续加大财政资金对嘉庚创新实验室等围绕产业发展需求而建设的高水平科研基础设施的支持力度。综合运用各级政府预算内投资资金、专项债、政策性开发性金融工具、企业债券、REITs等“财政资金+金融工具”方式，加大对新型基础设施的资金支持。支持 5G、数据中心等新型基础设施建设能耗单列，研究出台降低用电成本措施。

（四）强化绿色低碳转型

强化新型基础设施的绿色低碳导向，充分利用人工智能、大数据等数字技术提升新型基础设施的能源管理智能化水平和能源消耗控制水平，从源头上减少能耗和碳排放强度。加快新型基础设施能耗和碳排放标准研究，积极探索全生命周期的新型基础设施项目绿色低碳发展标准，推动建立更加科学合理的能耗和碳排放评价体系，加快相关标准推广。推动将新型基础设施重点领域纳入碳排放监管体系，提升监管数字

化水平，提高能耗智能化检测能力，推动实现精准降碳。

（五）优化发展环境

深入推进重要领域和关键环节改革，着力破解各类市场主体公平参与新型基础设施建设的隐形壁垒。探索适用于新型基础设施建设和融合应用的动态、弹性、包容、审慎监管制度，推进适用于新业态、新模式等融合应用的法规制度建设。深入实施“上云用数赋智”，大力拓展数字技术应用场景，编制并发布应用场景建设需求清单，打造为新技术、新产品、新服务提供测试孵化、创新应用的良好生态环境。加强产业政策引导，围绕厦门市“4+4+6”现代化产业体系前瞻布局，打造产业与新型基础设施建设相互促进、协同并进的数字经济高质量发展高地。深化电信设施共建共享和行业数据互通共享，鼓励并支持基础电信企业开展5G网络共建共享，探索建设行业数据共享交换平台，推动跨部门、跨层级、跨区域的数据互联互通和业务协同，强化信息资源聚合互通和运用。

（六）落实安全保障

推动网络安全设施与新型信息基础设施同步规划、同步建设和同步运行。超前布局建设一批数字安全设施，为数字经济发展保驾护航。聚焦人工智能、交通物流、工业互联网等重点领域，加速推进科技仪器设备、操作系统、基础软件等国产化替代。落实数据安全法、关键信息基础设施安全保护条例、厦门经济特区数据条例等法律法规，保障关键信息基础设施安全稳定运行。加强网络与信息安全宣传教育，督促相关企业强化网络安全主体责任，做好网络安全风险和威胁的监测、防御和处置。建立健全数据共享开放、开发利用和安全监督管理机制，确保数据在开放共享中的安全可控。强化新型基础设施安全保障能力建设，定期开展常态化网络安全攻防对抗演习，提高新型基础设施应对网络安全事件的水平和协同配合能力。统筹构建关键信息基础设施监测预警、态势感知、信息通报、应急处置的安全运行平台。大力打击攻击、破坏新型基础设施的违法行为。

参考文献

[1] 成都市人民政府. 成都市“十四五”新型基础设施建设规划[Z].（2022-05-09）[2023-09-15].

[2] 深圳市人民政府. 深圳市推进新型信息基础设施建设行动计划（2022—2025 年）[Z].（2022-02-21）[2023-10-13].

[3] 深圳市工业和信息化局. 深圳市极速先锋城市建设行动计划[Z].（2023-02-08）[2023-09-20].

[4] 上海市人民政府. 上海市进一步推进新型基础设施建设行动方案（2023—2026 年）[Z].（2023-10-19）[2023-09-30].

[5] 福建省人民政府. 福建省新型基础设施建设三年行动计划（2023—2025 年）[Z].（2023-07-04）[2023-10-22].

课题指导：彭朝明　戴松若
课题组长：李　婷
课题组成员：戴松若　谢　强　李　婷
林　智　肖凌欣　林　敏
陈亚军
课题执笔：李　婷

第十四章

厦门推进“工业上楼”研究

“工业上楼”也被称为“摩天工厂”“垂直工厂”，是指在不改变工业用地性质前提下建设高度超过24米或楼宇楼层数达6层及以上的工业厂房，适用于新一代信息技术、生物医药、智能制造等“精密小轻”高环保低能耗的高端制造业。“工业上楼”对于土地资源高度稀缺的厦门来说，具有特殊的战略价值，有助于破解空间难题、提升土地利用效率、导入高端产业和先进产能，为制造业提供有力空间保障，实现产城融合。

一、厦门探索“工业上楼”的情况

近年来，厦门市为解决用地供需矛盾问题，强化工业用地政策供给，启动低效工业用地再开发试点工作，出台一系列政策措施，积极探索“工业上楼”新模式，促进工业用地集约高效利用。

（一）措施

1.支持工业用地控制线范围内的工业用地提容增效

为进一步做好全市工业用地管理，保障制造业发展空间，有序引导全市产业转型升级和城市功能更新，厦门按照《厦门经济特区促进土地节约集约利用若干规定》《厦门市加强工业用地保护利用实施意见》等规定，划定了工业用地控制线。厦门现行工业控制线内规划工业用地总计约76平方公里。在工业用地控制线范围内的既有工业用地，在保持原工业用途不变的前提下，可以申请通过新建、改扩建、拆除重建等方式增资扩产提容增效，经批准增容的，不再增收土地出让金。

2.鼓励提高工业用地容积率

2020年，厦门市自然资源和规划局发布了《厦门市工业项目建设用地控制标准》，新标准规定，工业用地建筑系数不低于40%、容积率下限1.0～2.0（电力、热力、燃气、水生产和供应业0.85除外），标准厂房容积率不低于2.0。《厦门市国土空间规划管理技术规定》明确，工业建设项目容积率上限3.0，确需突破容积率控制指标的，可以按规定，报市政府审批。2020年以来，厦门市已出让工业用地110余宗，容积率上限均为 3.0。2021 年后厦门市在土地出让合同中增设了容积率下限要求，出让成交项目中，容积率 2.0 以上占比约 63%。

3.鼓励建设高层厂房

2014 年出台的《厦门市推进工业用地节约集约利用的实施意见》规定，除特殊工艺流程和地质环境影响外，厂房建筑应在 4 层以上（含 4 层），原则上不超过 8 层（含 8 层）。2019 年，出台《厦门市工业企业用地增资扩产提容增效管理办法》，规定，因客观不可变更原因，确需超过 8 层的，可由工信部门提出意见后上报市政府研究。2022 年，《厦门市推进工业企业增资扩产提速增效的若干措施》明确要下放审批权限，将该项权限下放至属地区政府或园区管委会。2020 年以来，市自规局办理工业项目工程规划许可 170 项，厂房层数以 4～7 层为主，建筑高度 24 米以上占比超过 50%；厂房层数超过 8 层（含）的约 10 宗，建筑高度 35～52.5 米。思明开元创新社区、集美安仁产业园等工业社区正积极探索“工业上楼”模式，加快推进旧工业用地的改造提升工作。

（二）存在问题

1.缺乏顶层设计

厦门对“工业上楼”项目尚处在探索实施阶段，未出台“工业上楼”建设和认定标准、产业上楼引导指南、相关的规划和扶持办法、上楼项目审批实施方案等，各部门对“工业上楼”的认识不一致，导致项目建设和推进力度缓慢。

2.各方主体动力不强

由于“工业上楼”项目投资大、周期长、风险高、回报低等问题，特别是在当前严监管形势下，市场建设主体难以实现盈利，企业的参与意愿不强。据深圳市统计，深圳传统厂房建安成本约为 2600 元/平方米，通用型“工业上楼”建安成本约为 3100 元/平方米，成本大约增加 20%。受产业类型、容积率和建设运营成本的影响，厦门企业建设高层厂房的意愿不强。

3.高层厂房去化较慢

企业对于厂房存在明确的偏好。首层由于层高、荷载要求高，原料和产品运输方便，成为企业首选，高层楼段的厂房单价具备较高的市场竞争力。因此销售去化最快的部分为每栋物业的首层和顶层，分别对应最实用与最优惠。而中间层与顶楼本质都为上楼，均需要垂直运输，且价格难以拉开差距，因而去化较慢。

二、国内城市“工业上楼”的经验借鉴

2005 年以来，“工业上楼”在大湾区的广泛试水推广，也逐步带动了长三角、环渤海地区工业城市的发展。

由于节地压力不如大湾区那么强烈，且产业类型相对偏“重”，长三角、环渤海地区现阶段主要为堆叠式厂房模式，如苏州腾飞新苏工业坊、青岛城阳夏庄智造园等。但随着长三角和环渤海地区新旧动能转换全面提速，“工业上楼”的适用性逐步扩展提升。各地在推动工业上楼过程中形成了一系列可操作、可复制、能推广的经验做法，总结如下：

（一）筛选“工业上楼”产业类别

一是建立工业上楼“五要素”筛选模型。东莞水乡管委会印发工业上楼系统性指南，创新性提出工业上楼五要素筛选模型和筛选机制，即通过环保安全、减振隔振、工艺需求、垂直交通、设备载重五大要素，确定具体环节能否上楼，为判断各产业类别是否适宜上楼提供重要参考依据。二是分类推动产业上楼。天津根据国家现行产业政策、行业准入条件及产业筛选原则，结合产业发展导向，将《国民经济行业分类》GB/T4754 中第二产业 30 个制造业大类划分为重点鼓励上楼、有条件上楼、不建议上楼三类。

（二）推动“工业上楼”载体打造

一是持续扩大工业上楼载体供给。2022 年 11 月，深圳提出每年建设不少于 2000 万平方米、连续实施 5 年，向社会提供“工业上楼”的高品质低成本产业空间。二是明确工业楼宇建设标准。2019 年 7 月，深圳宝安区率先发布国内首个面向“工业上楼”的工作指引，对平面设计、层高、交通物流、层数与垂直交通、室内环境、建筑结构、外立面、减振隔振、节能安全环保、建筑智能化和消防要求等建筑指标做出详细要求。三是突出产城学人融合。深圳提出“工业上楼”所有项目落实“三生”“三创”要求，即生产、生活、生态“三生融合”，创新、创业、创投“三创结合”，打造创新城区。

（三）推动“工业上楼”机制优化

一是发挥国有企业主力军作用。深圳以“政府主导+国企实施”为原则，采用“低成本开发+高质量建设+准成本提供”的供给模式，以“总成本+微利”的价格面向符合条件的企业进行分割销售。该方案被国家发改委作为深圳经济特区 47 条创新举措和经验做法之一进行宣传推广。二是鼓励社会资本参与。天津滨海高新区鼓励多元化投资，国有资本和社会资本均可单独或联合开发建设运营，支持有工业地产开发建设经验的企业和投融资机构参与投资和运营管理。三是创新产权分割销售等运营模式。东莞松山湖智谷享受 50 年独立红本产权分割销售，分割销售到套，每层最多可以分成 7 个单元独立出证。工业厂房内每一层，每 300 平方米都做了洗手间的管道预埋，以便将来可改写字楼。四是优化行政机制，建立“工业上楼”专班，“串联”改“并联”审批。深圳建立“市政府—职能部门—各区政府”的“三审一签”三级联审制度，支持“并联审查，一次批准”，同一层级审批事项通过专班会议一次性审议通过，提高审批效率。

（四）加强“工业上楼”财税支持

各地从资金扶持、贷款贴息、租金补贴、税费优惠等方面出台举措支持工业上楼。佛山对单个扶持对象扶持总额最高可达 1000 万元。天津滨海高新区对工业上楼项目按金额最高 800 元/平方米，分两步走进行补贴：园区整体入驻率达到 70%，可兑现补贴的 50%；亩均税收等园区效益指标达标后，可兑现剩余补贴。青岛阳城区对工业综合体基础设施配套费实行第一层全额征收、第二层减半征收、第三层及以上免征，按 70 元/平方米/年的标准给予工业综合体开发投资企业已租赁的自持部分厂房三年租赁费补助。

三、厦门推进“工业上楼”的对策建议

当前，厦门经济发展进程中，面临着部分重点产业区域空间紧缺、工业园区品质不高、用地成本不断攀升等问题，部分产业园区面临原有工业用地利用率较低、建设标准不高、容积率上不去、旧工业区改造难度大等情况，造成部分用地资源损失。建议学习深圳、青岛等地的经验，积极探索“工业上楼”模式，向天空要空间，吸引和培育更多的先进制造业项目在厦门落地生根、发展壮大。

（一）加强“工业上楼”顶层设计

组建工作专班。组建厦门市推动实施“工业上楼”的工作专班，负责全市“工业上楼”项目的建设开发、协调推进、政策兑现、重大问题会商等职责，各成员单位按照各自职责做好推进工作。

科学制定建筑设计指南。打造“工业上楼”要在保证安全、节能环保、节省成本的同时，又能够满足企业生产的需求。要根据国家、厦门现行标准规范和政策规定，参考国内各地先进经验，出台《厦门“工业上楼”建筑设计指南》，对“工业上楼”项目容积率、建筑高度（层数）、标准层面积、层高、承重、柱间距、货梯设置、物流系统、卸货平台、平面布局等做出明确要求，对“工业上楼”的消防管理、环保管理、供水管理、供电管理、产业监管、设计审查等方面发布标准。使“工业上楼”逐渐走向规范化、标准化。

出台基于产业类型的引导政策。“工业上楼”的目的是提供产业空间，引导形成密度更高的产业集聚，在一栋楼宇的垂直空间中即可形成产业链上下游，更大力度发挥产业协同效应。要根据国家现行产业政策、行业准入条件及产业筛选原则，结合产业发展导向，将产业类型划分为重点鼓励上楼、有条件上楼、不建议上楼三类，针对不同产业类型出台相应的产业引导政策，吸引相关企业进驻。通过整合人才资源、科技资源、资本资源，形成产学研相结合的模式，更好促进产业发展。

（二）科学筛选上楼产业

围绕环保安全、减振隔振，工业需求、垂直交通、设备载重“五要素”，对“4+4+6”现代产业体系进行分析，研判各类产业的“上楼”适用性。

发展一批“硬科技”产业。抢抓国家“新基建”战略风口和“卡脖子”技术攻关，聚力引进一代信息技术、生物医药与健康、新材料与新能源产业。

壮大一批“特而精”产业。围绕平板显示产业、计算机与通信设备产业、机械装备产业等优势产业，引进产业链关键、核心、缺失环节等产业的小规模中试及生产制造环节。

培育一批“小而美”产业。依托厦门软件信息、旅游、影视、文化创意等产业的发展优势，在城市中心区域培育发展影视工业、时尚设计、医美等产业以及“工业+文创”“工业+互联网”等都市工业新业态项目，推动先进制造业和现代服务业深度融合，激活都市型产业提档升级动力。

集聚一批生产性服务业。推动工业设计、检验检测、技术服务等生产性服务业上楼（见表 14-1），为工业企业转型升级提供支撑。

表 14-1 “工业上楼”重点鼓励上楼细分产业

产业类别	所涉及的核心产品方式
平板显示	显示器件制造、感应器件、芯片、外观及配件、光学模组、微投影设备
计算机与通信设备	5G、6G通信设备、芯片及模组、射频器件、基站、天线等
机械装备	工业机器人、服务机器人、智能无人机、智能检测设备、电子制造智能专用设备、高端数控加工装备、自动化物流成套设备等
智能传感器	敏感元件及传感器制造、机器人新型传感器、智能传感器、集成电路制造
新能源	锂离子蓄电池、动力电池
新材料	电子专用材料、半导体材料、辅料覆铜板、微波介质材料、激光增益材料、高性能纤维等
生物医药与健康	中药饮片加工、医学研究和试验发展、生物药品制造、基因工程药物和疫苗制造、合成生物等
高端医疗器械	高值医用耗材、家用医疗设备、体外诊断产品、先进医疗设备等
现代时尚	工艺设计（纺织服装、服饰业、制鞋业、乐器制造、工艺品、珠宝首饰及有关物品制造）
影视工业	动作捕捉、虚拟拍摄、视觉特效、后期剪辑等

（三）分类打造上楼载体

根据各区区位、发展阶段、市场环境，实施差异化引导，建设总部基地、堆叠式厂房、工业综合体等工业上楼载体。

在思明、湖里等土地资源紧张、产业能级较高、创新资源丰富的中心城区，主要建设易集聚高端企业、凸显地标形象的研产一体综合工业大楼，以技术密集与轻加工、研究开发与创新、总部经济及生产性服务业为主体，融合数字、碳中和、文创等产业新业态。

在岛外老工业基地，如集美杏林老工业区、集美北部工业区、集美机械工业集中区、同安工业园，翔安工业园，鼓励“工改工”项目，主要建设 4～9 层的堆叠式厂房，满足中、大型企业的生产需求。重点发展轻型机械制造、计算机和通信设备等产业。

在岛外新开发产业区，如翔安机场临空产业区、环东海域新城暨现代服务业基地、东部体育会展新城等，重点建设工业综合体，工业综合体整体采用楼宇外观建设，创新探索“政府+链主企业+配套企业+科研院所”深度融合发展模式，以链式效应带动产业集聚。并围合式布置研发或高端制造生产用房，中央设置公共配套轴带，提供食堂、咖啡厅、嵌入式幼托、健身房等功能，为企业提供研发空间、交往空间与生活空间，打造资源更聚集、功能更复合的产业生态雨林。

（四）完善配套设施

完善生产研发配套设施。鼓励上楼载体建设科技创新平台来促进产业协同发展。园区可联合中俄数字经济研究中心、中科（厦门）数据智能研究院、未来显示研究院等一批高水平创新平台建设，积极打造面向企业和科研机构的人工智能超算公共服务平台和创新服务平台，实现“产业链-供应链-服务链-创新链”四链一体的新型产业园区生态体系，集聚和孵化一批工业 4.0 智能制造领域极具发展潜力的企业和机构。

完善生活服务配套。以产业为核心，驱动城市更新和完善片区的服务配套，以达到产业、城市、人之间有活力、可持续发展的模式。在不干扰园区生产的前提下，鼓励园区功能共享，通过慢行系统和城市交通系统立体融合，使园区与周边区域形成有机联系。升级周边生态环境，打破传统工业厂区的低端印象，塑造人文社区空间和高品质建筑空间融合的城市空间结合体。完善园区内生活配套，配备公共食堂、产业交流中心、公共会议室、图书阅览室、购物中心、咖啡厅、健身房等公共配套服务设施，形成功能较为完备的产业社区，激发创意，实现生产空间、生活配套、生态环境共赢。

（五）推动“工业上楼”的招商把控

专业特色楼宇精准招商。明确“工业上楼”的目标企业是实现了发展进阶的中小型成长性企业，他们未达到独立拿地的标准，迫于租赁场地经营的不确定性，企业对稳定的生产场地有强烈的需求。探索“一楼一特色”，定制不同特色产业支持政策，把在建项目、未出让土地纳入整体产业规划，制定预期性主导特色产业要求，在国内国际招商活动中针对性推介，吸引人工智能、智能制造及工业互联网、生物医药健康等新兴技术企业，各类补短板的“链条型”企业、独角兽企业、专精特新“小巨人”、研发总部、区域创新中心等。

根据园区产业定位进行前置招商。相比于单层厂房，工业上楼项目在楼板承重、环保安全、工艺需求、减振隔振、垂直交通等方面有诸多限制，如果做成标准厂房一样的流水线产品，则很难匹配企业的实际需求。工业上楼项目在开发建设时，可采取“预招商+厂房定制”的模式，在厂房建设之前，发布预招商公告，对有意向上楼的企业组织专家评审，确定引进的，最大限度根据企业需求量身定制厂房，并给予一定配套功能。

（六）优化“工业上楼”机制

发挥国资国企优势，打造“工业上楼”示范样本。“工业上楼”既要发挥“有效市场”作用，还要发挥“有为政府”的主动性，要以国有资金为主导，通过统一规划、统一建设、统一招商、统一运营，将一定比例的产业用地建设为高品质的国有产权厂房，打造“工业上楼”示范样本，快速形成优质国有资产，破解原旧工业用地空间碎片化和产业碎片化的弊端，迅速增加政府产业调控的新抓手。建设具有准公共产品性质的新型厂房，为产业升级提供低成本空间保障，以“低租留企”改变“撒胡椒面”式的资金奖补，重塑产业支持模式，大大提升政策的精准度和公平性。

完善共享共赢机制，鼓励多方参与。面向“工改工”项目全生命周期，建立政府部门、国有企业及其他市场主体间的长期利益共享机制。一是鼓励多元化投资，各类投资开发公司、社会资本可单独或联合开发建设，支持有工业地产开发建设经验的企业和投融资机构参与投资和运营管理。二是鼓励持有工业用地产权的企业，按工业综合体的标准和要求开发建设和运营，鼓励工业综合体按幢、层等固定界限为基本单元分割转让，租购并举周转灵活减轻中小企业资金压力。三是设立REITs（房地产信托投资基金），以租金收入和少量变现提供分红，提升存量厂房的流动性，募集更多证券市场资金，形成资金“活水”，扩大“工业上楼”建设规模，实现“资源—资产—资本—资金”良性循环的“滚雪球”效应。四是允许政府性基金或国有企业，根据实际需要，与上楼“链主”企业按照一定比例共同参股投资。对符合“工业上楼”的项目给予资金扶持、贷款贴息、租金补贴等支持。

优化审批机制，提高审批效率。建立“市政府—职能部门—各区政府”的三级联审制度，同一层级审批事项通过专班会议一次性审议通过，提高审批效率。

参考文献

[1] 张国华. 戴德梁行：粤港澳大湾区“工业上楼”与特色产业园区研究（系列之一）[J]. 住宅与房地产，2022（21）：33-35.

[2] 张国华. 戴德梁行：粤港澳大湾区“工业上楼”与特色产业园区研究（系列之二）[J]. 住宅与房地产，2022（24）：30-33.

[3] 张国华. 戴德梁行：粤港澳大湾区“工业上楼”与特色产业园区研究（系列之四）[J]. 住宅与房地产，2022（30）：30-33.

[4] 王晓羚. 成都市中心城区推动工业上楼的路径研究[J]. 产城，2021（10）：36-39.

课题指导：彭朝明
课题组长：黄榆舒
课题组成员：彭朝明　黄榆舒　陈菲妮
王成龙　彭梅芳　兰剑琴
林　敏
课题执笔：黄榆舒

第十五章

厦门培育发展新型研发机构研究

近年来，新型研发机构已逐渐成为区域创新体制机制改革的重要力量以及推动创新链与产业链融合发展的重要抓手。为鼓励国内外知名高校、科研院所、企事业单位和社会团体等各类主体在厦设立新型研发机构，厦门加大政策支持力度，引进和培育了一批新型研发机构，取得积极成效。

一、厦门培育新型研发机构情况

（一）新型研发机构内涵界定

新型研发机构概念内涵起源于深圳创办设立的深圳清华大学研究院，随着实践的进展，其概念内涵也在不断演进和拓展。一般而言，新型研发机构与传统科研院所相比，具有明显的运行导向市场化、管理制度现代化、建设主体多元化、融资渠道多样化和用人机制开放化等特征。但在实践中，新型研发机构概念内涵、范围界定仍存在模糊和争议的地方，如表 15-1 文件从操作层面对新型研发机构的界定与认定范围，就存在差异化的标准，导致在培育发展新型研发机构过程中难以形成统一的口径。

表 15-1　新型研发机构界定与认定范围

年份	文　件	界定与认定范围
2016	《关于鼓励社会资本建设和发展新型研发机构若干措施》（福建省人民政府办公厅）	1.企业、高等院校、科研院所、产学研用创新联盟、行业协会、商会和投资机构等以产学研合作形式； 2.在闽创办具有独立法人资格的新型研发机构； 3.“院地合作”“校地合作”“政企合作”等形式； 4.与国内外知名院校和大型企业在闽共建。
2019	《关于促进新型研发机构发展的指导意见》（科技部）	1.聚焦科技创新需求，主要从事科学研究、技术创新和研发服务； 2.投资主体多元化、管理制度现代化、运行机制市场化、用人机制灵活的独立法人机构； 3.可依法注册为科技类民办非企业单位（社会服务机构）、事业单位和企业。

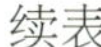

续表

年份	文 件	界定与认定范围
2022	《厦门市新型研发机构管理办法》(修订版)(厦门市科技局)	1.主体多元化、建设模式国际化、运行机制市场化、管理制度现代化； 2.具有可持续发展能力，产学研协同创新的组织。

资料来源：根据相关文件整理。

目前，国内新型研发机构主要业务集中在以下四个方面：一是应用性基础研究，相比高校开展的基础研究，新型研发机构更注重市场需求，强调市场应用和产业发展；二是产业共性关键技术研发，聚焦重点产业，解决产业发展共性技术问题；三是科技成果转移转化，将现有技术成果与市场实现对接；四是其他科技研发服务，包括创业孵化、研发外包等。

（二）新型研发机构政策支持

2019 年，厦门出台《厦门市新型研发机构管理办法》，并在 2020 年根据实际情况进行了修订，2022 年再次修订。目前，市级新型研发机构最高可获 6500 万元资助；总投资超过 1 亿元的旗舰型新型研发机构可获最高 1 亿元资助，还可获得申报厦门市自然科学基金项目、创新联合体、产学研项目等政策支持。

2022 年 4 月，厦门出台《关于加快推进厦门科学城建设的若干措施》，进一步推出“对新型研发机构，最高资助 1 亿元”的强有力支持政策，全力支持新型研发机构在厦落地，加速推动科研成果在厦转移转化，助力产业转型升级和创新发展。随着厦门科学城加快建设，厦门也在积极探索“科学家+企业家+投资人”新型研发形态，推动新型研发机构创新。截至目前，科学城“三谷”、I号孵化器等载体已落地超过 12 家新型研发机构和公共技术服务平台。

2023 年 3 月，出台《厦门市科技创新引领工程实施方案》，提出“大力培育发展新型研发机构”，“启动培育新型研发机构苏颂行动，规划建设 100 家新型研发机构、联合实验室”。2023 年，落地建设天津大学“厦门市北洋脑机接口与智慧健康创新研究院”等 6 家新型研发机构。

（三）新型研发机构培育进展

2016—2022 年，厦门获省级新型研发机构认定七批次共 57 家。2019—2022 年，厦门认定市级新型研发机构三批次共 10 家。其中，生命健康、新一代人工智能占比超 50%，其他主要分布在高端装备、柔性电子、新型显示、集成电路领域。从类型上看：57 家省级新型研发机构，高校主导的有 4 家，科研机构主导的 1 家，企业主导的 52 家；10 家市级新型研发机构，科研院所主导的 1 家，企业主导的 9 家。

二、厦门培育新型研发机构存在的问题

（一）新型研发机构制度创新有待加快

省级和市级认定的新型研发机构中，高校和科研院所主导设立的机构偏少，主要为企业内部或独立设立的研发机构（公司），其作为技术创新和成果转化基地、孵化高科技企业的“新型”研发机构特征等并不

显著。新型研发机构治理结构层面，共同议事、合同约束等机制尚未有效建立，基于明确的共治机制和行为规则来塑造双方合作关系的机制仍然薄弱，理事会、院长办公会等运作机制和效果不理想。

（二）新型研发机构功能定位需进一步明确

部分引进的新型研发机构创新溢出效应和本地根植性不强，区域融入不够，主动对接区域科技、产业的意识有待加强。一些新型研发机构研发投入水平有待提高，部分机构更加侧重成果转移转化、产业化应用等。以科技服务为主的新型研发机构与本地相关部门、企业的沟通信息渠道不畅，在科技创新和科技成果转化方面的联动和深入不够。行政部门隶属方面的条块分割也造成部分新型研发机构区域融入的制约。新型研发机构功能定位和发展策略，一方面结合“自上而下”获得发起机构的创新资源导入外，还需主动“自下而上”去链接区域科技创新与产业发展需求而获得价值认同和发展空间，尤其需与区域战略性新兴产业和未来产业发展加强关联，以形成“新型研发机构+新兴产业”耦合共生的良好生态。

（三）细化分类的支持政策和考核评价机制有待完善

新型研发机构基于不同功能定位形成了多元化的类型，需对新型研发机构进行更精准的画像，如针对研发转化型、产业创新型和产教融合型等不同类型新型研发机构，以及具有企业内部研发部门性质和外部独立行业公共性质的不同类型新型研发机构，采取更加精准的分类体系和差异化的政策支持及评价体系。例如，目前《新型研发机构管理办法》的政策支持工具主要是建设期资助和仪器设备补助，支持手段相对单一，如未列入重大科研机构类别，实际能获得的政策支持较为有限，因此在扩大认定范围基础上，还需在拓展其他类政策手段上叠加支持，如将研发费用补助、科技计划项目支持等向新型研发机构倾斜。同时，对于财政支持的新型研发机构，其绩效目标的激励和约束机制、科学专业的评价体系都有待建立健全。

（四）创新资源导入的稳定机制有待建立健全

资金方面，企业类新型研发机构反映资金持续性投入存在一定困难。企业类新型研发机构独立于母体公司后，一方面承接母体公司研发项目获得一定研发项目资金来源，但另一方面要面向市场，获得市场项目资金，而市场项目资金存在波动性和不确定性强的特征，而目前在政策资金支持方面，企业类新型研发机构能够获得的支持较少。人才方面，新型研发机构缺少领军人才和关键人物，而这类人才对于新型研发机构建设和运营初期，往往具有决定性作用。目前，在一些新型研发机构中，选拔任用富有激情和才干的团队领导者的机制未能建立。同时，部分新型研发机构成立初期，科研条件、科研资金等比较缺乏，对人才需求迫切，但人才吸引力不足，导致本地人才、高端人才集聚作用不明显。

三、厦门培育新型研发机构的对策建议

（一）加强顶层设计和制度供给

一是完善全市新型研发机构建设布局和功能定位。围绕厦门科技创新和产业发展战略需求，优化调整由市直其他部门、管委会和区级已签约引进的科研机构和新型研发机构的主管部门，统一归口市科技局，

由市科技局统筹全市新型研发机构规划、建设、协调和动态评估。二是建立合作高校院所与新型研发机构之间稳定的创新资源导入机制。强化引进共建新型研发机构合作方的权责和分工，加强合作高校院所在高水平科研人才、项目、学术资源等方面投入，保障新型研发机构稳定运行和可持续发展。三是完善新型研发机构治理结构。完善新型研发机构组织架构，优化理事会成员，简化政府部门人员范围，完善理事会和咨询委员会运作机制，引入科技界、产业界等领军人才，建立健全议事规则和重大事项协调机制等。

（二）建立健全专项政策支持体系

一是修订完善《厦门市新型研发机构管理办法》。对新型研发机构实行分类管理，并根据新型研发机构类型和实际需求给予财政科技经费稳定支持，拓宽政策支持工具，在建设资助、设备补贴基础上叠加研发费用补助、科技计划项目等多元化支持，并逐步提高取得实质性创新和重大突破进展的新型研发机构后补助和奖励比例。二是赋予新型研发机构先行先试改革试点。将新型研发机构纳入职务科技成果权属改革试点单位。在确定的重点方向、重点领域范围内，支持新型研发机构自主确定研究课题，采取“预算+负面清单”自主安排科研经费使用。三是创新“财政+金融”工具支持新型研发机构发展。采用创新券等方式支持企业向新型研发机构购买创新服务。支持科创基金与新型研发机构联合设立中试、量产基金，围绕关键核心技术、“卡脖子”技术、前沿科技成果转移转化提供从概念验证、小试、中试到产业化推广的全流程全方位资金支持。

（三）建立健全客观专业绩效评价机制

一是对新型研发机构开展专业绩效评价。统一由市科技局委托专业机构，主要考核其研发条件、创新能力、人才团队建设、成果转化效益、运行管理能力、孵化高新技术企业情况等。二是建立理事会下设评估委员会的自评估机制。对新型研发机构实行个性化合同管理制度，并根据合同约定，围绕科研投入、创新产出质量、成果转化、原创价值、实际贡献、人才集聚和培养等方面，由评估委员会做出符合机构设立目标和科研规律的评估。三是建立完善差异化动态评估指标体系。明确新型研发机构不同类型、不同功能定位和不同发展阶段的适度差异化绩效评估指标体系。

（四）建立新型研发机构良好生态

一是壮大新型研发机构群体。优化新型研发机构认定范围，取消“市级”内涵，结合新型研发机构多维度特征、功能定位和发展阶段差异，适度扩大新型研发机构认定和培育名单。鼓励龙头骨干企业、市属国有企业集团牵头组建或参与多元投资主体的新型研发机构。二是推动成立新型研发机构联盟。鼓励新型研发机构之间加强联系合作，促进在厦新型研发机构交叉融合、协同联动。鼓励新型研发机构建设公共技术服务平台、专业孵化空间，为内部孵化项目及外部企业提供专业技术服务，吸引上下游企业聚集。三是提升新型研发机构人才集聚能力。开展新型研发机构高端人才、战略科技人才、柔性人才等多元化人才引进和培育的体制机制改革创新。探索试行工程技术人才职称制度改革。支持新型研发机构开展人才“双聘双跨”机制，在稳步提高和固定本地科研人员比重的基础上，扩大兼职兼聘人才队伍。

参考文献

[1] 叶楠，孙皓，朱元清，等. 推动传统地方科研院所向新型研发机构转型发展的政策研究[J]. 科学管理研究，2023（2）：45-50.

[2] 卫世兰. 合肥市财政支持的新型研发机构建设现状及对策研究[J]. 安徽科技，2023（3）：23-26.

[3] 韩凤芹，陈亚平. 财政支持新型研发机构的探讨：困境、借鉴与改革路径[J]. 中国高校科技，2023（4）：33-40.
[4] 高燕燕. 让新型研发机构发挥更大作用[N]. 人民日报，2023-05-15.

课 题 指 导：彭朝明　戴松若
课 题 组 长：林　智
课题组成员：林　智　谢　强　肖凌欣
　　　　　　李　婷　姚厚忠　黄彩霞
　　　　　　陈亚军
课 题 执 笔：林　智

第十六章 厦门加强高技能人才队伍建设研究

高技能人才是指取得高级工、技师、高级技师、特级技师、首席技师等国家职业资格证书或职业技能等级证书的人员。技能人才特别是高技能人才，是国家战略科技力量的重要组成部分，是连接技术创新与生产实践最核心最基础的劳动要素。加强高技能人才队伍建设，对厦门加快构建“4+4+6”现代化产业体系，增强核心竞争力和科技创新能力，推动高质量发展具有重要意义。

一、厦门高技能人才队伍建设现状

近年来，厦门坚持以习近平总书记对技能人才工作重要指示为指引，推动技能人才规模不断扩大，结构不断优化，素质不断提升，技能人才工作取得了较好的成效。

（一）高技能人才培养力度加大

职业技能培训供给能力不断提高。作为全国首批职业教育创新发展高地试点城市，厦门出台《关于推动职业教育高质量发展助力两岸融合的意见》，加快推动同安职业技术学校扩建项目、翔安职业技术学校和集美职业技术学校新校区等一批建设项目，不断扩大职业教育办学规模。拥有普通高等、中等职业院校 33 所，在校生数约 16 万人。启动定点培训机构模式改革，将政府补贴项目向具备资质的 40 多家机构全面放开，初步形成行业企业为主体、职业学校为基础，政府推动与社会支持相结合的高技能人才培养体系。全市 8 所高校和职业院校入选金砖培训基地联盟、金砖示范单位，厦门城市职业学院智慧飞机维修和智能轨道车辆技术、厦门信息学校跨境电商和数据分析与可视化技术应用等 4 个项目被教育部中外人文交流中心、一带一路暨金砖国家技能发展国际联盟确定为未来技术技能与人文交流人才国际训练基地项目。

政府鼓励劳动者参加技能提升培训。先后出台《关于做好职业培训和技能鉴定等补助资金申报工作的通知》《关于开展职业技能等级证书职业培训补贴工作的通知》等系列政策，鼓励各类劳动者参加职业技能培训。如：对各类劳动者参加技能提升培训项目，获得高级工（三级）、技师（二级）、高级技师（一级）职业资格、职业技能等级证书，分别给予培训补贴 1500 元/人、2000 元/人、3000 元/人，纳入全市急需紧缺职业（工种）目录、重点（职业）工种目录的培训补贴在上述标准基础上分别上浮 20%和 30%；对企业职工技能培训项目，取得职业资格证书或职业技能等级证书的分别按中级工、高级工每年 5000 元/人、6000 元/人的标准给予企业补贴等等。

产教融合助力培养复合型技能人才。通过建设产业学院、技能提升中心等，提升职业院校服务产业的动力。如：厦门火炬高新区与厦门海洋职业技术学院、厦门软件职业技术学院共同建设职业技能提升中心，在职业技能培训、职业技能评价等方面高质量服务产业，提升产业工人的技能素质。开展现代学徒制、1+X证书制度试点等工作，如：市人社局制定出台企业新型学徒制培养政策，支持企业与职业院校合作，组织企业职工开展学徒制联合培养，对学徒进行非全日制学籍注册，采用弹性学分制开展教学，提升企业职工技能；市教育局遴选建设10个现代学徒制示范性项目，总结凝练提升“校企双主体管理、校企双主体教学、学生双重身份、校企轮岗学习”的现代学徒制“三双两段制”人才培养“厦门模式”。

（二）高技能人才评价更加科学

技能人才评价不断规范。逐步形成以职称系列主管部门为主体，产业联盟、行业协会、龙头企业共同参与的多元职称评价机制。推进职业技能等级认定工作，制定印发配套操作细则，全市已备案职业技能等级认定机构30家（含省属机构在厦考点），可开展认定工种近70个。规范专项职业能力考务管理，制定《专项职业能力考核考务指南（试行）》，梳理超140个项目的考核规范，完成专项能力考核题库修订的流程梳理。

新型产业人才职称评定制度取得突破。率先在全省增设航空维修、大数据、机电元器件、集成电路等7个职称专业，在全市9个重点产业或新兴行业开展职称改革试点工作。“打造职称行业改革的‘厦门模式’”事项被评为2022年度厦门市“十佳营商环境创新举措”。“航空维修产业职称评审”被列为国务院第六批自由贸易试验区改革试点经验在全国复制推广。

对台对外职业资格认可试点扎实推进。加强对台职业资格采认，第一批采认目录清单已推出56项水平评价类职业资格（工种），清单内对应的台湾职业资格按“非禁即享”原则直接采认，人才可直接在厦提供专业服务。开展国际职业资格认可试点，制定《厦门市国际职业资格认可目录（2022版）》，持有目录内职业资格的国际化人才可在厦提供专业服务，其境外从业经历可视同境内从业经历，有效吸引国际化人才来厦创新创业。

职业技能竞赛融入人才评价体系。出台《厦门市职业技能竞赛管理办法》，以厦门市职业技能鉴定中心代章的方式，根据选手成绩对其进行职业技能等级认定、发放职业技能等级证书。对参加市级职业技能竞赛成绩合格的选手，一类竞赛可认定为高级工技能等级，二类竞赛可认定为中级工技能等级。特别地，对在市级一类竞赛各职业（工种）获得第一名的选手，可认定为技师技能等级，已具有技师的，可晋升高级技师技能等级或本职业（工种）的最高等级；对获得第二、三名的选手，已具有高级工的，最高可晋升为技师技能等级，已具有技师及以上的，不再晋升；对在市级二类竞赛各职业（工种）获得第一名的选手，可认定为高级工技能等级。

（三）高技能人才激励不断优化

人才政策重点保障。将高技能人才项目纳入“海纳百川”人才工程，市拔尖人才、本土领军人才计划均覆盖高技能人才。将省级以上技能大师、国家技术能手等技能人才纳入厦门市高层次人才评价认定体系，对应享受“留厦六条”政策住房安居、子女教育、医疗保健等优惠待遇。放宽落户限制，优化高级技师、技工院校毕业生等人才落户政策，如获得高级技师职业资格（职业技能等级）的高技能人才，在厦门就业或拥有合法稳定住所的，可落户本市，其配偶、未成年子女可随迁落户。

物质激励加大投入。市级财政安排就业补助资金、职业技能提升专账资金等资金统筹用于技能人才培养工作，对参加技能培训取得高技能等级证书认定的人才，其培训补贴在原有补贴标准上上浮20%。及时发布工资指导线、劳动力市场工资价位、行业人工成本信息，引导企业与工会或职工开展工资等专项协商，为合理确定技术工人工资水平、实现“技高者多得”提供依据和参考。加大参加各层级技能竞赛奖励，如对参加中华人民共和国职业技能大赛获得金、银、铜牌的我市选手，分别给予 5 万元/人、4 万元/人、3 万元/人奖励；对获得第 4～5 名的我市选手，分别给予 2 万元/人奖励；对获得第 6～10 名的我市选手，分别给予 1 万元/人奖励；上述选手其专家教练按每个项目 1∶1 配套奖励等。

精神激励更加多元。推进技能大师工作室建设，已遴选出 197 家技能大师工作室，其中，国家级 5 家、省级 80 家、市级 112 家，先后培养出青年技术技能骨干超 6100 人，涵盖机械制造、汽车维修、社会服务、传统工艺等 60 余个职业工种。连续举办两届厦门市职业技能竞赛，通过较高频次的竞赛形成良好氛围，激发出劳动者特别是青年技能人才的热情参与感，推动全社会进一步重视高技能人才。提升职业教育社会认可度，每年 5 月举行职业教育活动周，各职业院校深入社区、开放校园，展示师生风采风貌，展现职业教育大有可为。

二、厦门高技能人才队伍建设存在的问题

（一）高技能人才集聚效应不够

一是高技能人才总量基数小。根据有关统计数据，截至 2021 年，厦门高技能人才总量约 21 万人，技能人才总量约 68 万人。北京高技能人才总量为 115 万人，技能人才总量为 340 万人；深圳高技能人才总量 144 万人，技能人才总量超 400 万人。与北京、深圳等大城市相比，厦门高技能人才以及技能人才的规模都较小。

二是高技能人才占比待提高。厦门高技能人才占技能劳动者总量的 30.9%，与先进城市北京的 33.8%、深圳的 35.8%等相比，存在一定差距。同时，国家《关于加强新时代高技能人才队伍建设的意见》提出，到 2025 年，东部省份高技能人才占技能人才的比例要达到 35%，厦门作为东部沿海较发达城市，完成该目标任务理所应当，但也存在时间紧、任务重的困难。

三是高技能人才结构待优化。新兴产业技能人才紧缺，根据《厦门市部分重点和急需紧缺职业（工种）指导目录》，全市工业机器人基本编程与维护、物联网系统开发应用、新能源汽车高压部件检测与维护、高低压配电柜操作与调试等新兴产业领域技能人才缺口较大。部分传统工种技能人才面临转岗就业，如，20 年前电焊工需求量大，目前电焊主要由机器人操作，只有不规则焊接才需要人工操作，造成大量电焊工人面临转岗就业。

（二）高技能人才培养存在短板

一是职业教育与产业需求匹配度有待提升。厦门职业院校受“职教高考”导向影响，学生培养和课程设置仍以升学为主，服务产业发展效果不显著。如厦门公办中职，学生接近 100%升学，在技能课程学习和技能训练上有所弱化，不仅影响校企合作的稳定性，也在一定程度上导致公办中职院校优质实训设备闲置。产教融合存在“合而不深”“校热企冷”现象，产业学院合作松散，缺乏长期规划和明晰的政校企各方责权利划分，企业积极性不高。职业院校、技工院校受办学场地、实训设施、师资力量等因素影响，难以扩大办学规模、提高办学水平。

二是技师学院与高等职业院校政策尚未互通互认。厦门技师学院现有在校生超 9000 人，是一所集职业技术教育、技工技师培训、职业资格鉴定为一体，福建省内综合实力最强的技工院校。但目前技师学院仍被列为中等职业教育，导致该校无法与高等职业院校享受同等政策，无法纳入高职院校同一平台同时招生，生源质量难以保证，导致高技能人才培养基础不够牢固。

三是企业培养高技能人才主体作用待发挥。企业用于高技能人才培养、研修和激励的费用不足，多数企业仅重视专业知识技能的培训，而忽视了技能人才的培养质量，人才培育经费难以落实到位。

（三）高技能人才评价有待完善

一是职业技能标准更新开发相对滞后。部分职业技术认定评价标准更新较慢、评价内容与生产实际脱节，职业技能标准落后于技术迭代，影响认定工作质量，评价结果无法满足用人主体的评价需求。新职业不断涌现，从事新兴产业的技能人才面临“无职可评”“无证可考”的尴尬境地，影响人才建设、行业壮大和产业发展。

二是职业技能认证规范不统一。“新八级工”中的学徒工、特级技师、首席技师的标准与界定、培养与培训、评价与认定、岗位与职责、激励与待遇等都不明确，实施难度较大。虽推行企业技能人才自主评价，但不同企业认定标准不一，存在相互不认可现象，自主评价的含金量和流通性问题凸显。职业技能等级证书各盖各章，与申领补贴、积分入户等公共服务事项挂钩，也存在含金量、流通性、公信力问题。

（四）高技能人才使用激励有待创新

一是技能人才职业通道不畅。技能人才的就业面依旧狭窄，工作多以工厂、工地、车间等一线基层岗位工作为主。大部分高职院校和技工院校毕业生无法应聘到管理岗位，也无法从其他技术岗位跨岗聘用至管理岗位，导致个人发展机会受阻。大部分职业（工种）的最高等级为高级技师，技能人才成长“天花板”明显，技能人才与专业技术人才未能贯通发展。

二是技能人才收入水平仍然偏低。技师、高级技师的收入水平与管理人员存在一定差距。据职友集网站公布的数据显示，厦门普工平均工资为 5000～6000 元/月，低于管理人员和工程师平均工资 6000～8000 元/月。同时，部分工种作业时间长、要求高、约束多，年轻人不愿意干或不适应工作节奏，流失率较高。

三是对高技能人才奖励力度不大。政府表彰奖励政策力度还不够，缺乏重奖政策。如，厦门对获得“全国技术能手”称号的劳动者，奖励标准为每人 10 万元。深圳对“鹏城工匠”的获评者每人奖励 50 万元。

四是技能人才社会地位较低。尊崇技能的人文环境有所欠缺，重学历、轻技能的传统社会观念尚未根本改变。技能人才较少在企业经营管理决策层中担任职务，一线劳动者职业认同度低，导致高技能人才队伍建设吸引力不足，愿意从事技术工作的劳动力相对偏少。

三、厦门加强高技能人才队伍建设的对策建议

（一）发挥职业学校培养高技能人才的基础性作用

优化职业教育类型、院校布局和专业设置。以提升技能为导向，推进职业教育一体化协同发展。组建“中－高职教育集团”，通过整合中高职院校资源、企业资源，设立校企合作理事会等，建立长效稳定的利

益共同体运行机制。加强贯通培养，遴选优质中职学校试办五年制高职教育，推动中高职“5+0”、中职与应用型本科“3+4”、高职与应用型本科“3+2”贯通培养。加快学科专业转型，围绕厦门“4+4+6”现代产业体系，扩大工业机器人技术、物联网系统开发应用、数字媒体技术、新能源汽车检测与维修技术、集成电路、虚拟现实技术应用等紧缺急需和特色专业的设置。

探索技工教育长学制贯通培养。推动技工学校与技师学院有序衔接，采用分段培养或联合培养的长学制贯通培养模式培养高级技能人才，加大技师学院基础设施投入力度，提质扩容技师学院，扩大办学规模。鼓励民办技工院校毕业生直接报考厦门技师学院高级工班，支持厦门技师学院加大高级工招生比例，招收中职院校、技工院校毕业生开展高级工以上级别培养，建立“1（厦门技师学院）+X（民办技工院校）”模式技工教育联盟。加快将技师学院视同高等职业院校办学层次转型，对技师学院参照高职院校标准，实施统一的生均拨款制度。在此基础上，进一步完善招生机制，推动技师学院与高职院校在同一平台招生，或者加快建立将技师学院信息同步向高中应届毕业生推送机制，进一步提高生源质量。

创新学徒制培养模式。借鉴德国双元制的学徒工培训模式，鼓励企业定向培养既具有理论知识，又具备专业技能和实践能力的高层次人才。对普通高等院校、职业院校、技工院校毕业年度在企业技能岗位实习的学生试点开展学生学徒制培训。对完成培养获得企业合格证书和相应技能证书，且与该企业签订正式劳动合同并在厦门缴纳社会保险的学生，可按相应标准给予企业补贴。

建设共享型公共实训平台。整合现有公办院校实训资源，实行统筹管理，充分共享。可借鉴深圳“政府出补贴、企业出场地、校企共建共享”建设模式，采取政府专项、企业投入、自我造血经费筹措方式，在岛外同翔高新城等地新建新兴行业公共实训基地，为院校、企业、行业协会提供教学、科研、培训、技术交流等服务。

加强“双师型”教师队伍建设。深化分配制度改革，扩大院校用人自主权。完善专任教师准入制度、专业技术职务评聘制度和兼职教师聘任管理机制，引导职业院校教师参与企业技术研发、产品设计，选派教师到企业挂职锻炼。加大兼职教师聘任力度，灵活引进企业工程技术人员从事专业和实践教学。在厦门技师学院设立“双师型”教师培养培训基地，根据专业特点开展定制化培养。

（二）加大以企业为主导的高技能人才培养力度

加强重点产业急需紧缺人才培养。行业主管部门和行业组织结合本行业生产、技术发展趋势，做好高技能人才供需预测和培养规划。围绕我市同翔高新城等重点产业园区产业需求、急需紧缺和重点职业（工种），以企业为主体，市场为导向，广泛开展各类劳动者技能提升培训，对完成培训的企业按标准予以补贴。充分发挥我市国有企业的主体责任和带动作用，将高技能人才培养作为“硬指标”纳入考核评价体系当中。探索国有企业与非公企业的联动机制，通过资源共享等方式，带动更多中小企业和上下游企业开展职业技能培训。

支持建设特色产业学院。借鉴深圳做法，推动重点行业龙头企业，如厦门时代、天马微电子等与职业院校联办产业学院，以股份制、混合所有制探索办学模式改革，共同参与职业学校专业设置、教材开发、培养方案制定、质量评价、教师培养培训、实习实训基地建设，共同开发高端认证证书等，打造集人才培养、技术应用研发、标准研制于一体的特色产业学院。

健全产教融合制度体系。深化产教融合、校企合作，开展订单式培养、套餐制培训。对每年向本市企业输送技能人才达到一定数量的职业院校，探索根据输送人才数量、层级、专业给予院校奖补。对纳入产教融合型企业建设培育范围的企业兴办职业教育符合条件的投资，可依据有关规定按投资额的 30%抵免当年应缴教育费附加和地方教育附加。

（三）完善高技能人才多元评价机制

完善高技能人才评价标准。顺应新经济、新业态快速发展形势，加快新职业标准开发。推动职业技能标准开发社会化，依托行业企业、职业院校、培训机构组建行业专家委员会，建立上下联动、社会共建、政府购买的职业技能标准研发模式。对国家还没有颁布标准的新职业，探索制定厦门标准。遴选社会培训评价组织，定期向社会公布职业技能等级认定机构和认定职业（工种）目录。

探索给予企业更多考核评价自主权。支持有条件的用人主体实施由学徒工、初级工、中级工、高级工、技师、高级技师、特级技师、首席技师构成的“八级工”制度。借鉴深圳做法，支持龙头企业面向内部员工开展“工评合一”“一试双证”自主评价，简化企业认证到社会认证备案流程。扩大企业之间技能人才认定机制的兼容性，建立高技能人才资源数据库，促进人才信息共享。

持续推动对台对外技术资格证书采认。鼓励台湾技能人才在厦门就业创业，对台湾同胞所持的台湾地区职业资格证书，对非准入类职业（工种），按“非禁即享”原则直接采认，对准入类职业（工种），在行业主管部门指导下扩大采信采认范围。通过采认的台湾地区人才在厦门地区就业、创业的，可在目前采认级别基础上落实厦门市技能人才待遇、比对企业薪资待遇、晋升职业技能等级、参与评选表彰、参加职业技能竞赛等。推动国际认证组织与厦门市技能等级认定机构合作，探索国际证书本地化和职业技能等级证书国际认可。

（四）完善高技能人才使用激励机制

拓宽技能人才职业发展通道。努力破除身份、学历、编制等障碍，打破职业技能、职称和管理岗位之间的界限，促进技能、技术、管理三类人才融合发展，畅通高技能人才成长通道。如在每年的事业单位公开招聘中，对技能水平有一定要求的岗位可针对性设置报考要求，适当放宽学历、年龄限制，用于招聘竞赛获奖选手、预备技师等高技能人才。完善学历和技能证书互认制度。专业技术人才根据自身情况和工作性质，可自愿申报相应系列（专业）和相应级别的专业技术职称、技能人员职业资格或职业技能等级。技工院校中级工班、高级工班、预备技师（技师）班毕业生申报职称评审，分别参照中专、大专、本科学历进行认定。

提高薪酬激励。鼓励企业发布分职业（工种、岗位）、分技能等级的工资价位信息，并实施动态调整机制。在国有企业探索推行关键技术技能岗位持股制度，对高技能领军人才“揭榜领题”采取项目工资制等分配形式。选取部分国有企业开展技能人才薪酬分配指导服务，企业特别是国有企业对高技能人才在学习进修、岗位聘任、职务晋升、工资福利等方面，比照相应层级专业技术人员享受同等待遇。完善科技成果转化收益分享机制，对在技术革新或技术攻关中作出突出贡献的高技能人才给予奖励。鼓励和引导企业为包括高技能人才在内的职工建立企业年金。

强化职业技能竞赛激励。完善对世界级、国家级和省市级职业技能大赛获奖选手和单位的奖励机制，推行“奖金+职业资格或职业技能等级晋升”组合式奖励。对中华技能大奖获得者、全国技术能手、国家级技能大师工作室领办人、全国劳动模范以及其他携带全国先进水平技术成果产业化项目来厦落户的，按标准给予人才补贴。继续推进金砖国家职业技能大赛等活动，将竞赛名次与厦门市职业等级认定结合起来。

提升社会地位激励。将高技能领军人才纳入厦门市、区级党委联系服务专家范围。注重依法依章程推荐高技能人才为人民代表大会代表候选人、政治协商会议委员人选、群团组织代表大会代表或委员会委员候选人。进一步提高高技能人才在职工代表大会中的比例，支持高技能人才参与企业管理。按照有关规定，选拔推荐优秀高技能人才到工会、共青团、妇联等群团组织挂职或兼职。提升高技能人才在各种评选表彰项目中的比例，建立完善高技能人才休假疗养制度。设立“工匠节”，评选“鹭岛工匠”，并给予奖励。

（五）营造崇尚技能的浓厚氛围

加强职业教育法治保障。充分发挥厦门特区立法权优势，加快职业教育立法，以法制明确产教融合中的知识产权归属、校企双方收益分配、企业激励政策等，强化企业高技能人才培养中的资金、资源投入保障，真正体现企业主体责任。将企业开展产学合作情况纳入企业社会责任报告，纳入推荐评优评先、政府性贴息贷款等的评价体系。允许职业学校开展有偿性社会培训、技术服务或创办企业，所取得的收入可按一定比例作为办学经费自主安排使用。

大力弘扬劳模精神、劳动精神、工匠精神。充分利用门户网站、微信公众号、各类新兴媒体广泛解读宣传技能人才政策，广泛宣传劳动模范、大国工匠、技能冠军等杰出人才的先进事迹，彰显他们在促进经济社会发展中的重要作用，营造尊重劳动、崇尚技能、鼓励创造的良好氛围，提高全社会对技能人才的认可认同。

深化技能人才国际交流合作。加强国际交流合作，推动实施技能领域“走出去”、“引进来”合作项目，支持青年学生、毕业生参与青年国际实习交流计划。依托厦门作为金砖国家新工业革命伙伴关系创新基地所在地及“一带一路”重要节点城市优势，切实了解各国对高技能人才培养、输送的关切诉求，推进厦门与各国在高技能人才队伍建设领域的交流互鉴，探讨未来合作模式。

参考文献

[1] 厦门市人力资源和社会保障局. 关于市十六届人大二次会议第 0057 号建议办理情况答复的函[EB/OL].(2023-04-18)[2024-02-20]. http://hrss.xm.gov.cn/xxgk/zfxxgkzl/zfxxgkml/gkdf/202304/t20230421_2754738.htm.

[2] 中共中央办公厅，国务院办公厅. 关于加强新时代高技能人才队伍建设的意见[EB/OL].(2022-10-7)[2024-02-20]. https://www.gov.cn/zhengce/2022-10/07/content_5716030.htm.

[3] 吴立波，黄楷胤. 高技能人才队伍建设的制度变革：目标、问题与路径[J]教育管理，2023(3)：38-44.

[4] 李悦群，李珂. 人才强国战略视域下高技能人才队伍建设：内在逻辑、政策重心与实施路径[J]. 职业技术教育，2023，44(19)：6-12.

课 题 指 导：彭朝明　戴松若
课 题 组 长：董世钦
课题组成员：戴松若　林　红　彭梅芳
　　　　　　梁子升　黄彩霞
课 题 执 笔：董世钦　林　红

第三篇　改革开放篇

第十七章

厦门打造国际化人才高地研究

当前，在全球创新发展、产业变革、海外人才加速回流的新趋势下，以外籍人才、海归人才以及具有国际化视野和国际竞争力的本土高端人才三类人才为代表的国际化人才已成为各大城市争相抢抓的创新资源要素，北京、上海、深圳等国内一线城市，成都、杭州等国内新一线城市纷纷加大国际引才工作力度，以更开放的视野、更创新的政策吸引、培育国际化人才。厦门更高水平建设高素质高颜值现代化国际化城市，努力率先实现社会主义现代化，人才的基础性、战略性支撑作用更加凸显，必须加快国际化人才队伍建设，全方位培养、引进、用好国际化人才，打造国际化人才高地，在各城市“抢人大战”中争取佳绩。

一、厦门打造国际化人才高地基础条件分析

（一）人才呈现集聚效应

外籍人才积极融入厦门。据市外专局和出入境管理部门统计，目前在厦工作生活的外籍人才近 1 万人，其中持有外国人才工作许可的 1788 人，包括A类高端人才 408 人、B类专业人才 1336 人、C类其他人才 44 人；另有国际留学生 702 人。外籍人才比较集中的三大行业领域为制造业（33%）、教育（23%）、批发零售业（16%）。

海归人才来厦热情高涨。从 2002 年到 2022 年，厦门每年引进留学人才从 600 人增至近 2000 人，留学人才总量超 3.6 万人，每万名常住人口留学人才数量名列全国同类城市前列，就业领域分布前三为科技类（36.2%）、管理类（20%）和金融类（14%）为主。多年来市财政累计投入 4 亿多的创业专项扶持资金，支持留学人才企业发展壮大。目前已有千名留学人才来厦创办 700 多家“高精尖”企业，其中 10 家企业入选国家“专精特新”企业；上市企业 12 家，市值达 700 亿元。

具有国际化视野的本土高端人才加快集聚。目前市级以上高层次人才约 1 万人，其中国家级高层次人才 1450 人、省级高层次人才 3917 人、入选市级人才计划的领军人才约 5000 人。此外，厦门还实施全省首个市级海外高层次人才和领军型创业人才计划——厦门市“双百计划”，入选项目给予最高 2000 万元扶持，截至目前引进落地近千名高层次创新创业人才，其中超过六成具有海外学习、工作生活经历，创办了艾德生物、大博医疗等一批上市企业。

众多台湾人才跨海来厦。作为对台先行先试的窗口，厦门广纳台湾人才，在“海纳百川”人才计划中

专设“台湾特聘专家（专才）”子计划，对台湾电子信息、光电、现代服务业等优势产业高端人才抛出橄榄枝，累计评选台湾特聘专家（专才）、高层次人才等近千人。现有省级以上台湾青创基地 26 家（其中国家级 8 家），数量位居大陆城市前列。

（二）国际化引才渠道日益拓宽

成立厦门城市引才联盟。整合政府、用人单位和人才中介机构力量，建设“国际化人才招聘专窗”，持续开发高质量引才需求，集中开展引才宣传和精准对接，贴近服务企业用才留才需求。联盟首批汇集了 92 家重点企业和 11 家科研文教事业单位，已征集联盟成员单位岗位需求近 2000 个，岗位平均薪酬均高于 1.2 万元，其中博士及以上高端人才需求近 300 人。

成立“驻北京国际化人才工作站”。建立“国际化人才项目精准对接、‘高精尖缺’人才灵活推荐、重点人才‘一对一’上门服务”等“三大机制”，作为展示厦门城市形象和人才生态的重要窗口，主动向北京人才高地借智借力，积极“走出去”主动链接全球人才资源，打造国际化引才前哨阵地。

主动“出海”办赛引才。自厦门海外创业大赛举办以来，累计募集人才项目 900 多个，入选市“双百计划”36 个。主要涉及信息技术、人工智能、智能制造、生物医药等行业领域，高度契合了厦门的产业发展需求。如韫茂科技估值已达 4 亿元，补齐了我市半导体集成电路产业的关键生产环节。

以才引才释放链式效应。建立“院士举荐”机制，建立由院士等顶尖人才组成的“人才举荐委员会”，其举荐的国际化人才可以直接入选对应人才计划。创设“厦门人才伯乐奖”，鼓励企事业单位、行业协会和人才顾问举荐人才，根据推荐落地人才层次给予相应奖励。市委人才办联合清华、北大等 6 家名校校友会，设立“群鹭兴厦”名校校友会引才工作联盟，持续加强高校优秀人才引进。

（三）引才体制机制持续创新

出台国际化引才“六条措施”。加快推进高质量人才基地建设，支持用人单位通过引才奖励、自主认定人才等方式，加大国际化引才力度。启动“青鹭英才优培行动”，面向知名高校吸纳教育科研、医疗卫生等领域的青年人才。推动外国高端人才工作许可省内互认，研究制定外籍“高精尖缺”人才认定标准，开展国际职业资格认证试点等。

探索服务外籍人才新机制。在火炬高新区设立全国首个“外国人才服务站”“移民事务服务站”二合一联动服务平台，在官任国际社区设立外籍人才服务分站，把外籍人才评价、工作、居留许可等多项业务整合为“一件事”套餐，做到“一窗受理、一站办结”。率先在全国针对符合厦门重点产业紧缺人才引进指导目录的外籍专业技术人才和技能型人才开展专业技术、技能水平评价试点工作。探索外籍人才特派工作模式，遴选外籍高管或专业技术人员组建全国首支外籍科技特派员服务队，深入企业开展精准产业帮扶服务。

完善留学人才工作机制。先行先试立法，2002 年出台全国首部支持留学人员回国创业工作的地方性法规，建立了包括留学人才引进、使用、激励和保障等制度，2011 年完成修订，出台配套实施细则，使政策更加完善、优惠、覆盖面更广。建立全省首个留学人员工作网上办事大厅，实现留学人才服务公共事项“即时办”和“全程网办”。打造全省第一个引进留学人才与项目对接交流平台，影响力从厦门辐射到省内其他地市。

出台台湾青年来厦扶持措施。对台湾青年在厦实习、就业、创业、生活便利以及青创基地建设等多个方面给予奖励支持，简化台湾专业人才在厦申请从业资格和取得执业资格的程序，给予台湾青年创业启动扶持资金，支持台湾青年参与评选省市各类高层次人才等。

二、厦门引进国际化人才存在的问题

虽然厦门国际化人才工作取得一些成绩，但在国内各大城市纷纷加大国际化引才工作力度的“抢人”形势下，厦门面临的引才形势不容乐观。根据领英发布的《2022 年中国海外人才职业发展分析报告》，在新一轮海归潮中，一线城市和新一线城市仍是海归人群首选回国发展城市。仅 2022 年一年，上海通过直接落户政策引进留学人员便超过 3 万人，几乎与我市留学人才总量持平。新一线城市人才吸引力愈发强劲，根据猎聘大数据研究院《2022 新一线城市人才吸引力报告》，中高端人才投递新一线城市占比排名，杭州、成都、苏州位列前三名，其中杭州新引进的跨城流动人才中，有超过 20%来自北京和上海。厦门相较于一线和新一线城市，引进国际化人才的短板主要体现在以下几个方面。

（一）国际化引才渠道不够丰富

国际化引才的市场化程度不高。厦门国际化人才引进主要依靠传统的政府主导方式，缺乏市场上人才供需信息的反馈机制，企业主要通过熟人推荐引进，而自主社会化招聘、高端猎头招聘、国际合作交流、海外专场招聘等方式运用较少，与一线城市存在差距；依托海外留学人员社团、侨团侨社等开展宣传力度不够，全市现有依托涉及海外人才的社会机构仅“海归之家”1 家，加之美国对中国海外引才的扼制打压，海外引才工作开展难度加大；以赛引才力度不够，海创大赛办赛规格不够高，仅火炬管委会主导，其他政府部门参与度较低，办赛力量有限，赛事影响力不够。

人力资源服务业整体实力不强。人力资源服务业仍处于初级阶段，产业化程度不高，主要开展劳务派遣、劳务外包等基础业态，高端猎聘、人才测评服务等高端业态较少；厦门已有人力资源服务机构近 800 家，但与北京、上海（均超 3000 家）等一线城市体量差距较大，缺乏有国际知名度的专业猎头公司。首批两家市级人力资源服务产业园于 2021 年开园，起步较晚，尚处于摸索阶段，需尽快学习其他城市建设国家级人力资源服务产业园的先进做法；提升人才服务市场化水平探索不足，近年来，各省市纷纷成立各具特色的人才集团，紧扣当地产业、企业和人才的个性化需求，积极嫁接相关市场化服务职能，构建精准有效的招才引智模式，实现人才驱动发展。

（二）国际化人才承接平台和培养载体不足

承接国际化人才的产业和创新平台不足。厦门经济体量不够大，产业承载水平有限，有影响力的总部级跨国公司、国家级高新技术企业、国家级重大创新平台、知名科研院所、新型研发机构等对国际化人才有强吸引力的平台不够多，对国际化人才的吸附力不够强，仅有的 3 家世界 500 强企业均为国企，且以传统贸易、物流为主，在核心竞争力上与深圳的华为、腾讯等科创头部企业差距较大。国际化人才上升空间和就业机会不足，容易面临“换岗即换城”的尴尬处境，如在人工智能、大数据、新能源、新材料等领域，厦门可选择的就业机会较少。

本地高校院所培养人才力量不足。厦门共有高等院校 16 所，其中，普通本科学校 7 所，专科院校 9 所，相较一线城市在数量和质量上都有较大差距，且毕业生留厦就业情况不容乐观，近三年厦门大学整体留厦就业率为 22%，集美大学 40%，厦门理工学院 50%，远低于新一线城市应届高校毕业生留存率（前三名为杭州79.24%、成都77.65%、重庆76.48%)。厦门大学是厦门唯一一所“双一流”大学,入选双一流建设学科的5个学科中,并无工科专业上榜,对厦门市先进制造业输送人才资源有限。

缺乏有特色的新型大学。厦门缺乏小而精的研究性大学和以国际化为特色的独立法人中外合作办学机构。国家“十四五”规划纲要提出支持发展新型研究型大学、新型研究机构,目前已有一批新型大学正在筹建中,如深圳理工大学、大湾区大学、福耀科技大学等。同时有多个省市探索中外合作办学模式,拓展至境外独立办学新模式,如海南省与德国比勒德菲尔应用科学大学合作的海南比科大项目(中国境内首个境外高校独立办学项目),建成之后将专门为海南自贸港培养高级产业人才;上海浦东新区允许境外理工农医类水平大学、职业院校在浦东新区独立办学,探索创办新型高水平产业大学和具有独立法人资格的中外合作职业技术大学。

(三)国际化人才体制机制有提升空间

人才政策创新力度不够强。目前厦门人才政策与其他城市同质化严重,侧重于工作生活补贴、创业启动基金、薪酬津贴等物质奖励,相较于一线城市,对突破性政策向上争取力度不足。如北京规定,外国人来华工作许可、工作类居留许可“两证联办”受理范围由A类、B类人才拓展至C类人才;上海浦东人才新政明确只要在浦东新区区域内工作的外籍高层次人才,可以直接申请在中国永久居留,不再受限于先前张江示范区和上海自贸区的政策实施范围;广州试行持有外国人永久居留身份证的外籍高层次人才创办科技型企业享受国民待遇;深圳境外高端紧缺人才个税优惠政策落地,境外人才实际税负水平明显降低。

错位引才特色不够突出。厦门具备打造海峡两岸青年聚集地的地缘优势,但目前在吸引台湾青年来厦就业创业,提供台胞生活便利化方面没有推出比平潭更具竞争力的举措,平潭着力打造台胞台企第一家园先行区,平潭综合实验区累计推出79项、全国首创50项对台创新举措,占全省七成以上;具备吸引海外侨胞回乡投资的历史渊源优势,但在汇聚侨资侨智方面,尚未针对侨商开展人才专项招引活动及向侨商倾斜的创业政策,而同为侨乡的广东充分挖掘江门、汕头等侨乡资源,推动便利华侨华人投资制度专项改革试点,引导和激励广大侨商参与粤港澳大湾区、深圳先行示范区建设。

人才发展体制机制有待进一步探索。在人才评价机制方面,以能力和业绩为导向的人才评价标准尚未全面建立,职称评审改革试点覆盖范围不够广,尚未覆盖厦门战略性新兴产业领域。在衔接国际职业资格与国内职称制度工作上稍显滞后,还未出台厦门外籍“高精尖缺”人才认定标准,境外人才执业制度不够便利化;在人才使用机制方面,人才选用机制上传统和思想束缚较多,用人论资排辈现象仍然存在,优秀人才特别是青年人难以脱颖而出,支持科技人才创新容错机制尚未建立;在人才流动机制方面,区域间共同的人才评价与互认机制不够健全,人才出入境便利化程度不够高,对人才流动的宽容度不够高。

(四)国际化软环境有待进一步优化

公共服务供给无法满足国际化人才需求。在国际医院、国际学校、国际航线、国际化社区等配套硬件上不够便利与国际化,无法对接主要国际商业医疗保险,缺乏能提供外语诊疗服务的国际医疗机构,全市只有3所高品质国际学校,国际航线数量较少,尚未形成高端国际人才社区群;在餐饮、文化场所、文化演出、行业展览、人员交流等配套软件上高端供给不足,暂无米其林餐厅,在册博物馆只有11家,缺乏国际一流的艺术展览和音乐演出,还未形成规模性的剧场群,不能满足国际化人才对高雅艺术的欣赏需求。

国际化人才服务链条不够完善。人才工作重点侧重“前端”引才,在留才用才、社会融入、社交需求等“末端”服务方面关注相对不够，外事、侨务等涉外政府部门在联络、服务国际化人才的资源和作用还没有得到充分运用发挥，专业化服务能力有待加强。如上海开设“一网通办”涉外服务专窗，从人才入境、居住、工作、生活等多方面为上海外资企业和外籍人才提供一站式综合服务；引进社会化服务机构作为专业对外服务机构，为永居、常住外国人提供汉语培训、就业、医保、社保、就医、就学、租房、租车、法律援助等诸多方面咨询和服务，厦门在这些方面尚有差距。

三、厦门打造国际化人才高地的对策建议

国际化引才工作要由“物质引才”“政策引才”逐步向“产业聚才”“事业留才”转变，转变传统的拼资金、拼政策的引才竞赛思维，向注重精准化引才、注重体制创新、注重人才发展、注重环境优化方向转变，助推形成“引得来、有发展、用得好、留得住”的人才发展良性循环。

（一）引得来——拓展多元化引才渠道

加快布局全球引才网络。做大做强厦门城市引才联盟，加快驻京国际化人才工作站建设，完善在京引才招商协同机制，在北京国际化人才工作站运营成熟的基础上，向上海、粤港澳大湾区拓展工作站网络；恢复海外工作站引才活动，组织相关部门开展赴外招才引智，充分利用厦门贸促会在 43 个国家设立的 50 个海外联络处、市商务局设立的 5 家海联会客厅等资源优势，以现有的海外贸易投资联络渠道拓展海外引才渠道；提升中国（厦门）海创大赛规格和影响力，以火炬管委会为主导，引导六区共同参与海创大赛，参照全球前沿技术或重点产业分布地图来科学设置赛区，办好英国、新加坡、北美赛区比赛，拓展至“一带一路”和“金砖+”国家，推动引进一批高水平“人才+项目”；加大“以情引才”力度，依托“大厦栋梁”计划，用好全球各地各类校友会资源，推荐国际化人才特别是闽籍人才来厦交流合作；发动“产学研用”各方资源和社会力量，加强厦门在地以赛促创新、以项目促创新，通过赛事和项目促成创新成果孵化运用，以成果应用引才聚才。

发挥人力资源服务机构引才作用。大力发展人力资源服务平台经济，构建国际化人才引聘服务专门平台，制定市重点产业紧缺国际人才目录，围绕产业发展需求加强高质量引才岗位开发，联合人力资源服务机构运用“国际化人才招聘专窗”“i海归”“爱门通Amoyer”等平台为国际化人才和用人单位提供招聘对接服务；加快推进厦门人力资源服务产业园建设，接洽和引入有较强基础架构和海外知名度的国际引才市场机构和平台，积极引进海德思哲、光辉国际等国际知名猎头公司，嘉驰国际、锐仕方达等民营新锐猎头公司来厦设立合资、独资机构，推动我市人力资源服务业产业化发展，发展国际人才鉴定、国际猎头等新型服务业态；探索以国有独资或控股形式组建人才集团，开展人才工作的市场化运营，为人才提供精细化、全链条服务。如武汉人才集团以高端人才猎聘、人才公共服务、职业教育为主提供服务，运用大数据、智能化手段提供引才服务，搭建人才数据平台。广州人才集团建设粤港澳大湾区人才产业研究院和人才大数据运营中心。

（二）有发展——搭建国际化人才发展的广阔舞台

丰富国际化人才承接载体和平台。围绕电子信息、机械装备、商贸物流、金融服务等我市支柱产业和生物医药、新材料、新能源、文旅创意等战略性新兴产业开展产业链招商，大力引进头部企业和区域研发

中心，提升国际化人才承载力和吸附力；打造以厦门科学城为代表的国际化人才高地，高标准推进嘉庚创新实验室、翔安创新实验室，策划海洋领域省创新实验室，在生命健康等未来产业领域策划建设国家技术创新中心或分中心，加强国际化人才招引"磁场"效应；建设院士创新中心，引进院士等顶尖人才及团队入驻，支持由院士领衔发起国际大科学计划或国际合作研究项目，面向全球招引人才团队，为院士及所在团队开展协同创新和成果转化提供技术研发、项目孵化、政策协调等一体化服务；做优做强厦门留学人员创业园和国际留学人员创业就业基地，为在厦留学生创业就业提供辅导服务，打造留学人才创新集聚区。

加大本地高校院所培育人才力量。以厦门大学为龙头打造区域高校集群，提升高校院所原始创新能力和高端人才培养能力，支持厦门大学在新能源、集成电路、高端电子化学品等领域培育更多科研人才，支持集美大学建设一流应用研究型大学，推动厦门理工学院建设一流应用型高校；建立健全招生培养就业联动机制，鼓励企业积极参与和高校合作研发，通过共同培养人才的方式多方位接触"未来"优秀人才，为在校生提供本地企业实习见习岗位，畅通企业实习转录用机制，促进高校毕业生多渠道就业创业。加强"留厦六条"政策宣传力度，鼓励优秀毕业生留厦发展，争取用两年时间提高应届高校毕业生留存率至50%；提升高校国际化办学水平，积极与国外高校、科研机构、政府机构开展交流互访，促进教师互换、科研合作，培养高水平国际化师资队伍。开拓学生出国学习渠道，推进与海外高水平大学学生交换项目，推荐优秀学生赴海外深造；举办高层次国际学术会议，推动高校专家担任相关国际学术组织重要职务，提升国际影响力。

探索创办新型大学。整合资源争取创办特色海洋大学，推动海洋职业技术学院和海洋三所在学科建设、师资队伍共培、教科研平台建设、产业学院、技术攻关等方面展开合作，共建海洋生物、海洋环境与资源、海洋工程等相关本科层次职业教育专业，共建海洋生物、海洋环境与资源、海洋工程等相关硕士学位点，培养高水平海洋技术专业人才；利用金砖创新基地优势，推动筹建金砖大学，支持金砖、金砖+国家、"一带一路"沿线国家开展职业教育姊妹校建设，将海外应用型人才培养模式和职普融通、产教融合、科教融合的先进经验引进国内，培养更多具有国际视野和跨文化能力的高技能人才；探索创办具有独立法人资格的中外合作办学大学，借鉴昆山杜克大学、宁波诺丁汉大学、上海纽约大学等中外合办大学的成功经验，接洽国际一流大学，争取导入国际教育资源，在厦创办中外合作办学大学或合作设立研究院。

（三）用得好——优化国际化人才工作体制机制

争取人才政策创新突破。积极向上争取试行一批特殊支持保障政策，向科技、产业、人才、载体等重点项目予以倾斜支持，进一步提升人才竞争比较优势。向上争取厦门自贸片区取得个税奖励政策突破，对高层次人才和紧缺人才个税实际税负超过15%的部分给予奖励或免征，持有外国人永久居留身份证的外籍高层次人才创办科技型企业享受国民待遇；向上争取技术移民试点和外国人才永久配额制审批，规范技术性人才取得外国人永久居留证的条件，推动建立技术移民职业清单和积分评估制度；向上争取授权厦门自行制定外籍高端人才、专业人才和紧缺急需实用型人才的认定标准，自主开展外籍人才专业技术、技能水平评价和认定，评价结果作为办理外国人来华工作许可、R字签证的依据，探索允许境外人士在厦参加中国相关职业资格考试。

突出对台对侨"错位引才"特色。打造台湾人才创新创业首选地，加大在厦台湾人才支持力度，重点引进半导体、精密器械、生物医药等台湾地区具有比较优势领域的高端人才，拓展台湾居民居住证应用场景，推动台胞在厦学习、就业、生活等方面享有与厦门居民同等待遇；进一步完善台湾特聘专家专才制度，扩大特聘专家覆盖面，健全台湾高端人才引才补贴政策，强化台湾高端人才扶持奖励；依托高校产业技术联盟组建“台籍专家智库”、选派“台籍科技特派员”，实施台湾全职教师引进计划，加快两岸人才融合步伐。建好用好海外华侨华人社团厦门联络总部，加强与海外侨商侨领对接联系，共享侨届优势资源，鼓励引导海外侨商积极宣传厦门，助厦引才；探索建设“侨专数据库”，做好发现举荐、联系服务侨届人才工作；建立完善“地方侨联+高校侨联+校友会”制度，建设“新侨创新创业基地”，用好侨资侨智侨力。

完善人才发展体制机制。改革评价机制，加快推进高质量人才基地建设，赋予企业更充分的用人自主权，推动构建以创新价值、能力、贡献为导向的人才评价体系，探索建立符合国际化人才实情的职称评审模式。加快出台我市外籍“高精尖缺”人才认定标准，积极向上争取支持厦门建立便利化的境外人才执业制度，允许具有境外职业资格的专业人才按相关规定在厦提供服务；创新使用机制，在重点产业和龙头企业中推行“揭榜挂帅”制度，面向全球高层次人才、团队发布技术攻关清单，支持企业通过项目合作、短期服务、技术顾问等方式柔性使用人才，在推动技术攻关和产业升级中发挥青年人才作用。鼓励本地企业在境外和上海、深圳等城市设立研发机构，在当地使用国际化人才，可视为本土人才纳入市级人才计划给予支持；完善流动机制，积极推行外国高端人才工作许可省内互认，允许在省内工作转聘时直接认定。探索周转编制管理，设立“高层次人才编制池”，允许企业借助政府人才专项编制引进紧缺高层次人才。

（四）留得住——提升国际化人才服务保障体系

营造“类海外”软环境。在厦门软件园、厦门科学城等国际化人才集聚的园区规划建设国际人才社区、国际人才公寓。提升官任国际社区周边双语氛围和国际化人文环境，推动国际化人才加快社区融入、文化融入；推动数字公共服务产品“适外化”改造，依托医疗机构、服务窗口等搭建外国人才服务驿站，探索在条件成熟的医疗单位提供外语诊疗等个性化服务，便利外籍人才享受公共服务；依托自贸区平台优势，建立海外高层次人才创新创业园，集创新创业服务中心、综合保税区、国际化社区等功能平台为一体，营造“类海外”的人才宜业宜商宜居环境；引入符合国际化人才饮食、消费、社交、文体休闲等生活习惯的餐饮品牌、零售品牌、文体设施及生活服务机构，强化设施功能，扩大服务范围，为国际人才提供精准的便利生活服务。

推出高效便捷的出入境便利化服务。为国际化高端人才及其家属出入境提供精准化、便利化服务，如争取外籍高层次人才永居推荐“直通车”制度由自贸区扩至厦门全域，在重点领域、行业引进的高级技术和管理人员，急需紧缺专门人员和科技创新团队成员等，可在口岸申请签证入境，入境后可按规定申请有效期 5 年以内的长期签证和居留许可，经厦门人才主管部门推荐可申请永久居留，对其配偶等直系亲属同等适用；允许获得在华永久居留资格或持有工作类居留许可的外籍人才和港澳台高层次人才聘雇外籍家政服务人员，此类外籍家政服务人员可申请私人事务（S2 字）签证入境；为国内高端人才申办APEC商务旅行卡，提高出入境便利水平，实现商务人员普通护照顺畅快速办理，为紧急出国商务开通“绿色通道”。

提供与国际接轨的专业服务。建优建实人才信息综合管理系统，梳理人才工作标准化数据，建立人才数据统计填报机制，加速人才工作数字化进程，构建数字化服务生态；完善“厦门人才之家”功能和“白鹭英才卡”制度，用好“12345”留厦热线，拓展人才服务项目，提高人才服务标准化、集成化、智能化水平；提升海外人才“一卡通”服务水平，完善厦门外国人才服务站功能，提高国际化人才服务质量；大力引进国际知名财务、法务、知识产权等中介服务机构，为国际人才提供跨国经营、法律、技术、金融等专业配套服务，让更多国际化人才“高兴地来、舒心地留、快乐地工作生活”。

参考文献

[1] 厦门市委组织部. 大力集聚国际化人才资源 加快国际化城市建设[Z].(2023-06)[2023-06-09].

[2] 中国新闻网. 厦门全面开启“抱团引才”[EB/OL].(2023-03-13)[2023-06-09]. https://www.chinanews.com.cn/cj/2023/03-13/9970753.shtml.

[3] 厦门火炬高新区. 引智有道聚才成林，打造国际化人才引力场[EB/OL].(2022-10-14)[2023-06-09]. https://xmtorch.xm.gov.cn/gxqdt_82627/mtjj/82690/202210/t20221014_2694236.html.

[4] 人民网. 厦门打造高质量留学人才生态[EB/OL].(2022-06-15)[2023-06-09]. http://edu.people.com.cn/n1/2022/0615/c1006-32446803.html.

课 题 指 导：彭朝明　戴松若
课 题 组 长：肖凌欣
课题组成员：戴松若　谢　强　彭梅芳
　　　　　　黄光增　李　婷　林　智
课 题 执 笔：肖凌欣

第十八章

厦门建设国际化营商环境研究

打造一流营商环境，国际化是重要的评价标准和内在要求。作为外向型经济发达的城市，厦门在打造国际化营商环境方面有独特的优势。厦门经济特区建设 40 多年来，特别是党的十八大以来，着力构建开放型经济体制，逐步形成从出口加工区、保税区到自贸试验区、金砖创新基地、海丝战略支点等全方位开放格局，国际化水平在省内处于领先位置；但对标全球最高标准的先进地区以及国内深圳、上海等标杆城市，厦门的国际化水平仍有较大差距。厦门应充分发挥经济特区先行先试作用，积极推动营商环境在规则衔接、国民待遇、贸易便利、竞争中性、权益保护等方面对标提升，全面实施更大范围、更宽领域、更深层次的开放，深度融入和服务“双循环”新发展格局，最大程度集聚配置全球高端要素资源，支持和鼓励各类市场主体参与国际分工，助力全市更高水平建设高素质高颜值现代化国际化城市。

一、厦门营商环境国际化现状

（一）营商环境国际化成效

从 2015 年开始，厦门率先在全国开展营商环境建设工作，围绕建设市场化、法治化、国际化营商环境，以改革的思路和创新的办法大力推动简政放权，以刀刃向内、自我革新的气魄，扎实推进打造国际一流营商环境建设各项工作，在多个领域实现领跑，连续三年国家营商环境评价中位居前列，获评全国标杆城市，连续五年全省营商环境监测督导第一名，2023 年厦门共有 7 个优化营商环境案例入选省优化营商环境工作典型经验做法，全省学习复制推广，营商环境已经成为厦门市的一张亮丽的新名片。在营商环境国际化方面，取得了以下成效：

1.外商投资环境持续优化

一是贯彻落实《外商投资法》精神，全面取消外商投资企业设立及变更的审批和备案，外国投资者在中国境内进行投资活动实行信息报告制度。外国投资者设立企业不需经商务部门审批或备案，直接向市场监管部门申请设立登记，通过企业登记系统向商务部门报送投资信息即可。二是全面实施与国际接轨的“外资准入前国民待遇+负面清单+备案”管理新体制，严格落实“全国一张清单”管理要求，建立违背市场准入负面清单案例归集和通报制度，建立公平竞争审查工作机制，降低和取消准入条件、控股比例等外商投资限制，营造一视同仁的投资环境。三是完善外资项目生命周期跟踪管理平台，形成重点跟踪外资项目“三清单一台账”，印发《厦门市商务局关于做好重点外资项目（企业）服务保障和监测预测预警有关工作的通知》，密切企业联系，做好服务保障和到资监测，稳定投资信心。四是积极拓展外资新业态，用好合格境外有限合伙人（QFLP）试点政策，持续推进新设QFLP基金项目落地。

2.对外贸易更加便利

厦门在全国率先建成国内领先的国际贸易“单一窗口”，成为全国自贸试验区“最佳实践案例”，先后有“互联网+自主报关”改革试点等 28 项改革成果被应用推广。成为亚太示范电子口岸网络（APMEN）国内仅有的两个成员口岸之一。参与APMEN空运物流可视化等试点工作，建成厦门口岸航空电子货运平台，成为APMEN首个落地运营的试点项目。率先全国推进口岸降本增效集成化改革，全国沿海十大集装箱口岸营商环境评测连续四年最优，厦门口岸集装箱进出口合规成本为大陆沿海主要口岸最低水平（进口每标箱 225 美元、出口每标箱 190 美元），低于台湾地区的水平，与新加坡、香港等地相比有竞争力；口岸进出口整体通关时间分别压缩至 23.96 小时和 0.89 小时，较 2017 年分别压缩 78.16%和 96.01%。落地多式联运“一单制”试点应用，实现多式联运“一次委托、一次付费、一单到底”的全程管控服务。抢抓离岸贸易创新发展机遇，成为全国新型离岸国际贸易试点之一，办理离岸贸易外汇收支业务规模全国领先。

3.金融创新试点成果落地

2022 年 4 月，厦门市入围全国第三批数字人民币试点城市，全省首创港澳台胞通过境外手机号开通数字人民币钱包，便利港澳台通报入厦快捷支付的举措将进一步深化两岸融合发展。积极争取中央关于支持我市综合改革配套金融方面支持政策，多举措推动支持法人金融机构打造华侨金融品牌、深化金融科技创新监管试点应用推广。协同人民银行深化对台及“金砖”“一带一路”沿线国家金融合作，推进跨境贸易本币结算。截至 2023 年 12 月底，已有 17 个国家和地区的 60 家境外银行在厦开立代理清算账户，累计清算金额 3231.19 亿元。

4.法治保障初步与国际接轨

海丝中央法务区加快建设，已初步构建了国际商事海事诉讼、仲裁、调解平台，补齐厦门涉外法律服务的短板，搭建了国际法务运营平台，设立外贸企业合规服务中心、“金砖法务特色专区”、域外法查明中心，吸引北京安杰、印尼雷米等境内外知名律师事务所入驻运营。“两庭一中心”（厦门国际商事法庭、厦门涉外海事法庭、海丝中央法务区厦门片区公共法律服务中心）、国际商事争端预防与解决组织全球首个代表处、中国海仲海上丝路仲裁中心等一批高端法务机构落地，率先构建与国际接轨、市场化运作的纠纷仲裁与协调等法治化机制。

5.国际化知识产权服务体系基本构成

推进建立与国际接轨的知识产权管理机制，2021 年制定出台《厦门市海外知识产权维权援助指南》，对外征集海外知识产权维权援助专家库为企业提供专业咨询及维权指引服务；在厦门知识产权运营公共服务平台开辟海外纠纷应对专栏，有针对性地提供在线查询、应对指导申请等服务。开展涉外知识产权纠纷委托调解护航企业“出海”，化解 100 多起企业维权案件。在厦门跨境电商产业园内设立跨境电商知识产权基层服务站，为跨境电商企业提供知识产权政策、法律法规咨询、侵权风险预警等服务。

（二）营商环境国际化的短板与不足

1.国际化综合实力不强

从经济总量看，2022 年，厦门GDP总量为 1160.1 亿美元，而土地面积、人口规模相当的新加坡、香港两地的GDP分别为 4667.1 亿美元和 3609.8 亿美元，从人均GDP看，厦门为 2.19 万美元/人，而新加坡、香港两地分别为 8.28 万美元/人和 4.91 万美元/人，差距较为明显。从全球资源配置能力看，厦门对资本的全球性配置能力仍然较弱，缺乏全国性金融机构总部和证券交易所等金融市场交易场所，国际性港口服务业、海运定价等功能较弱，而新加坡、香港两地是全球国际金融中心，港口服务业发达。新华社中国经济信息社等编制的《2022 新华·波罗的海国际航运中心发展指数报告》显示，新加坡连续 9 年高居国际航运中心城市前 20 强榜单榜首、集装箱国际中转业务比例超过 80%。

2.投资贸易便利化程度有待提高

目前所实行的一体化通关，还存在部门间的信息壁垒问题；对照世行B-Ready营商环境评价体系，我市对国际公约、协定不了解，特别是对服务贸易、数字贸易的国际通行规则研究不够，缺乏相应的法规规章；政务环境有待优化，还存在外贸专项扶持资金逐年递减、税务部门对外贸企业的稽查力度加大、部分签约外资项目进展慢落地难、出口信用保险政府联保政策覆盖面不广等问题；对标知名航运中心，厦门航运配套产业链条不够完善、现代航运服务业集聚平台存在短板，航运金融、航运保险、海事仲裁等高端航运服务业务拓展有待强化。

3.国际化人才体制机制有待提升

一是国际化引才的市场化程度不高，自主社会化招聘、高端猎头招聘、国际合作交流、海外专场招聘等方式运用较少，全市现有依托涉及海外人才的社会机构仅“海归之家”1 家，与一线城市存在差距，海外引才工作开展难度大。二是人才政策创新力度方面，目前我市人才政策与其他城市同质化严重，侧重于工作生活补贴、创业启动基金等物质奖励，相较于一线城市，对突破性政策向上争取力度不足。如北京外国人来华工作许可、工作类居留许可“两证联办”受理范围由A类、B类人才拓展至C类人才，实现了全覆盖；上海浦东人才新政明确只要在浦东新区区域内工作的外籍高层次人才，可以直接申请永久居留，不再受限于先前张江示范区和上海自贸区的政策实施范围；广州试行持有外国人永久居留身份证的外籍高层次人才创办科技型企业享受国民待遇；深圳、海南境外高紧缺人才个税优惠政策落地，境外人才实际税务水平明显降低。三是人才发展体制机制方面，在衔接国际职业资格与国内职称制度工作上稍显滞后，还未出台厦门市外籍“高精尖缺”人才认定标准，境外人才执业制度不够便利化；人才出入境便利化程度不够高。

4.国际税收业务与城市区位优势不够匹配

厦门既是经济特区、自贸区、自创区，又有着金砖国家新工业革命伙伴关系创新基地、“海丝”战略支点城市等多区位优势。但现有的厦门国际税收工作还没有充分体现这些区位优势，创新能力也不够强。同时，跨境税收服务体系还不够智慧化、集成化。国际税收领域在“以数治税”进行国际税收风险预警、办税服务更加便捷高效、跨部门信息交换更加集成等方面的提升还有非常大的空间。

5.涉外案件审理审判难度大

一是案件审理难度加大。近年厦门法院受理涉及境外投资者权益的纠纷增长明显，此类纠纷涉及公司设立、股权转让、增资、解散、清算等诸多环节，案件类型多样、法律关系复杂、矛盾争议较大，案件审理难度增加。纠纷涉及的国家和地区日益增多，由此对涉外审判工作提出了更大挑战、更高要求。二是域外送达和法查困难。不少当事人的住所地在域外且在中国境内又无可送达地址，需要通过全国司法协助管理系统层报至最高法院进行域外送达，普遍需耗时2～3年，个别案件耗时更长。同时，当事人、诉讼代理人和法官常常面临着域外法查明途径有限、程序烦琐、费用过高、周期较长、审查认定困难等问题，导致案件进程无法推进。三是海外知识产权维权难。多数企业遇到国外知识产权侵权纠纷时常以和解结束，且因企业经营、协议约定等原因外界较难获知相关信息，政府无法相应采取援助措施；缺乏海外知识产权维权实务人才。

6.包容普惠国际化程度不高

在公共服务方面，外籍人士的教育、医疗和卫生保健、保险等方面需求仍有很大制约，全市只有3所高品质国际学校，缺乏能提供外语诊疗服务的国际医疗机构，无法对接主要国际商业医疗保险，还没有专门的国际化社区，路牌等公共场合外语标识不规范，社会化的专业对外服务机构缺乏。

二、厦门建设国际化营商环境的思路

（一）总体思路

以习近平新时代中国特色社会主义思想为指导，深入贯彻习近平总书记关于优化营商环境的系列重要论述，按照总书记关于“加快推进规则标准等制度型开放”的重要指示，充分发挥多区叠加优势，以开放促改革、以改革促发展，对标RCEP、CPTPP和DEPA等国际高标准经贸规则，实施更大范围、更宽领域、更深层次的全面开放，营造更优的营商环境，不断提高“引进来”的吸引力和“走出去”的竞争力，最大程度集聚运筹全球高端要素资源、参加国际合作，支持和鼓励各类市场主体参与国际分工，主动融入和服务“双循环”新发展格局，为厦门更高水平建设高素质高颜值现代化国际化城市、努力率先实现社会主义现代化作出贡献。

（二）建设目标

积极参与全球化进程，在全球产业链、供应链、价值链体系中把握发展机遇，对标国际最高标准、最好水平、最便利程度，突出“首创性”“差异化”探索，着力夯实厦门营商环境在规则衔接、国民待遇、贸易便利、资源配置、竞争中性、权益保护等重要方面的比较优势，提升城市国际化软硬环境，建立与高素质高颜值现代化国际化城市相匹配的符合国际通行规则的体制机制，未来三到五年内成为国际化营商环境建设的城市标杆。

——推动投资自由化贸易便利化。建立与国际投资贸易适应的制度体系，推动投资自由化和贸易便利化，加快完善金融服务、法律咨询、会计咨询、市场调研、管理咨询、信息技术服务等专业服务，打造开放的厦门范本。

——建立集聚要素资源开放环境。建立与国际产业集聚相匹配、国际人才集聚相适应的创新环境、人才环境、技术环境、公共服务环境等高端要素环境，补齐短板，建成具有比较优势的国际资源要素汇聚平台。

——逐步引入政府竞争中立政策。政府做好“守夜人”角色，加强市场主体平等保护，加强知识产权保护，完善劳动纠纷调解机制，保护中小投资者，在强化竞争政策基础性地位进程中形成公平竞争的市场环境。

三、厦门建设国际化营商环境的对策建议

（一）高水平对接国际通行规则

1.加强与国际通行规则高标准对接

加强对CPTPP、DEPA等国际高标准经贸规则的研究和对接，理顺现有与国际规则不兼容的贸易、投资、金融等方面的厦门法规和政策，查缺补漏，删除不合时宜的规定；修改完善与劳工标准、职业安全、性别平等、可持续发展等国际贸易投资新议题相关的厦门法规和政策。加快制定服务贸易、数字贸易、跨境数据等领域规则的制定，打造若干与国际规则等高度衔接的开放平台，争取试点制定与CPTPP开放水平相近的投资与跨境服务贸易一体化负面清单，加强内外企公平竞争审查，尽力消除竞争性国有企业与非公经济的政策待遇不平等，探索建立相对独立的国际仲裁中心、国际商业法庭和国际调解中心。

2.对接世界银行新评估体系

对照世界银行B-READY营商环境评估视角、指标体系、评估维度、数据收集方式，在企业准入、获取经营场所、市政公用服务接入、雇佣劳工、金融服务、国际贸易、纳税、解决纠纷、促进市场竞争和办理破产等方面制定更加完善详细可操作的规章制度，在外商投资、贸易投资、工程建设、公司管理、行政监督等领域不断缩减审批事项，并通过流程优化、数字化升级等方式提升服务效率，提高营商环境的透明度和便利度。

3.探索构建现代化开放体系

适应新时代经济高质量发展的新要求，加快研究并推动出台有助于高端或紧缺人才、先进技术、信息和数据等优质要素自由流动、开放包容的政策和制度。积极推进自由贸易试验区厦门片区扩区，探索实施自由港政策，发挥扩大开放试验田作用。选择适当区域，规划建设金砖特殊经济合作区，探索实施以“低关税、零壁垒”的投资贸易自由化便利化为核心的政策制度体系，争取形成、落实一批有较大国际竞争力的关键政策。

（二）进一步优化外商投资环境

1.落实外商投资国民待遇

深入实施外商投资准入前国民待遇加负面清单管理制度。实行外商投资“非禁即入”，内外资平等对待。落实好全国版和自贸试验区版外商投资准入特别管理措施，争取将更多改革事项纳入综合改革后续批次授权事项清单、闽台融合放宽市场准入特别措施清单、全国第二批营商环境创新试点城市授权清单等，向上争取在厦门先行先试。

加大对外商投资企业享有准入后国民待遇的保障力度。保障外商投资企业依法平等获取人力资源、资金、土地使用权和自然资源等生产要素，公平参与市场竞争；依法保障外商投资企业在政府资金投向、税收优惠、费用减免、资质许可、标准制定、项目申报、政府采购等方面的公平待遇。

2.扩大外商投资开放领域

推进重点领域开放。进一步在电信、保险、证券、科研和技术服务、教育、卫生等重点领域加大对外开放力度，放宽注册资本、投资方式等限制，打造全方位开放的前沿窗口。如：在自贸试验区厦门片区取消应用商店的信息服务业务外资股比限制；争取国家增值电信业务进一步开放试点，探索在自贸试验区特定区域率先开放互联网数据中心（IDC）等增值电信业务；积极争取数字经济、数字贸易领域开放政策在厦先行先试。推进职业教育国际合作示范项目，允许经营性职业技能培训机构落户。鼓励符合条件的外资企业参与“互联网+医疗健康”创新发展；积极争取外资独资医疗机构开放政策在厦落地。落实国家关于扩大金融业对外开放部署，放宽或取消金融机构外资股权比例等准入条件，争取金融业开放措施项目率先落地；积极争取合格境外有限合伙人（QFLP）试点，开展面向金砖国家及共建“一带一路”国家的合格境内有限合伙人（QDLP）境外投资试点。

实施更开放的总部政策。支持地区总部功能性机构率先实施本市各项扩大开放试点措施，打造高水平总部经济平台，吸引全球优质企业总部落户。符合条件的跨国公司地区总部可以享受资金奖励及重点人员出入境、货物通关等便利化措施，支持在厦地区总部集聚业务、拓展功能、提升能级。

鼓励外资设立研发中心。研究制定我市设立外资研发中心的相关鼓励政策措施，增强全球资源配置和科技创新策源功能。鼓励外国投资者在本市设立研发创新中心、外资研发总部、开放式创新平台等，支持外资研发机构参与本市研发公共服务平台建设和政府科技计划项目。符合条件的外资研发中心与内资研发机构同等待遇，在研发成果产业化、国际国内专利申请、研发用品进口、出入境等方面享受一揽子便利化措施。落实国家关于科技创新减免税政策，对符合条件的外商投资企业实施研究开发费用税前加计扣除、进口设备减免税等优惠政策。探索采用“免申即享”方式对外资研发中心上一年度研发投入给予支持。

优化先进技术应用市场和标准组织准入环境。围绕先进技术应用推广，对标国际一流智库，探索搭建世界级先进技术应用推广平台，建立与重要科研院所、重要高校、重要国有企业、重要创新型领军企业和创新联合体的联系机制，加快汇聚国内外前沿技术创新成果和高端创新要素，探索实施科研物资等创新要素跨境便利流动政策，全面对接产业链供应链“锻长板”和“补短板”一线需求，打破制约产业发展和创新要素流动的信息壁垒和市场准入限制，推动先进创新成果直接应用转化。通过首购、订购等政府采购政策，支持新技术产业化规模化应用，大幅提高科技成果转移转化成效。探索设立国际性产业与标准组织，研究制定培育发展国际性产业与标准组织的政策措施，建立与国际标准相适配的认证和测试体系。

3.优化外商投资促进服务

完善投资促进体系。建立市区统筹、横向联动的投资促进工作机制，瞄准全球 500 强、重点领域龙头企业、行业隐形冠军，着力引入符合厦门城市功能定位的外资企业。对外资高端制造类大型龙头企业，符合国家鼓励外商投资产业目录的，可以纳入本市重大外资项目专班，给予协调推进。探索社会招商服务的新路径，提升招商活动市场化运作水平。鼓励各区、火炬高新区、自贸区、功能园区结合区域特点和资源条件，配套出台支持外资发展和促进招商引资的专项政策，整合建立面向各重点产业、重点区域的“市级统一+各区特色”招商引资政策服务包。强化 12345 企业服务热线的咨询服务功能，向外商企业精准提供政策查询和咨询解读服务；鼓励各区对招商部门、非公务员岗位实行更加灵活的激励措施。

进一步提高投资便利度。打造一站式网上服务平台，建设政府国际版门户网站，打造集政策发布、公共服务、咨询交流等功能于一体的一站式、多语种互联网国际化服务平台，围绕投资引导、投资落地、投资促进、投资服务等 4 个环节，发布拟对外招商的空间资源清单，提供全流程的外商投资服务。定期编制和发布外商投资指南、年度外商投资报告等指引，为外国投资者和外商投资企业提供政策信息服务和便利。推进涉外服务专窗建设，完善服务功能，为外商投资企业提供便利化政务服务。优化外商投资企业开办服务，外籍人员持护照可在线办理企业设立、变更登记，实现外商投资企业登记注册“全程网办”。推动涉外政务服务事项统一进驻市、区两级政务服务大厅，实现“一窗受理、并联办理”。

做好重点项目服务支持。对外资高端制造类大型龙头企业，符合国家鼓励外商投资产业目录的，纳入本市重大外资项目专班进行全流程服务，跟踪项目在谈、签约、注册和运营的全过程，及时协调解决项目推进过程中的问题和困难。对符合区域功能定位的外商投资新设或增资项目，各区、自贸区、高新区可按照其对本区域的经济社会综合贡献度给予奖励。积极落实国家发展改革委权限下放政策，对总投资 3 亿美元以下鼓励类外商投资项目进一步优化服务。

用好税收优惠政策。宣传落实境外投资者以分配利润直接投资暂不征收预提所得税等优惠政策。对在厦从事集成电路、人工智能、生物医药、关键材料等领域生产研发类规模以上企业认定高新技术企业时，满足从业一年以上且在中国境内发生的研究开发费用总额占全部研究开发费用总额的比例不低于 50%条件的，实行“报备即批准”，认定为高新技术企业即可按规定享受所得税优惠等相关政策。

规范企业有序迁移。尊重企业意愿，支持企业按照经营发展意愿，在本市范围自主有序流动布局，不得为企业跨区迁移设置障碍；企业申请办理变更登记时，市场监管、税务等部门应依法依规及时予以办理。由市财政局牵头组织协调相关部门落实企业迁移市区联动服务工作机制，实现跨区财税利益共享，更好地平衡迁入区和迁出区的利益。

（三）持续提升跨境贸易便利化水平

1.进一步优化通关全链条全流程

简化进出口环节随附单证。全面推广电子报关委托，明确在申报环节不再要求企业提交纸质版报关委托书。进一步简化进出口环节随附单证，实行企业提交单证一次性告知。落实海关总署统一部署，在确保信息安全的前提下，率先探索开展厦门与金砖国家跨境贸易相关单证互联互通、信息共享和联网核查。

优化货物进出口申报模式。国际贸易“单一窗口”功能覆盖口岸物流全链条。支持企业自主选择进出口申报模式，进一步完善进出口货物“提前申报”“两步申报”通关模式。在符合条件的港口扩大进口货物

“船边直提”和出口货物“抵港直装”试点，支持港口建设完善“直提直装”信息化系统，便利企业在线办理业务。

推进检验检疫监管模式改革。落实海关总署统一部署，在确保安全的基础上，继续推进进口巴氏杀菌乳检验监管模式改革试点。对符合条件的企业进口相关商品，在口岸实施“检查放行+风险监测”模式。加快推进进口商品第三方采信监管模式，对被采信的检验检测机构实施目录管理，强化事中事后监管。优化进口食品化妆品样品检验监管，用于展览展示的预包装进口食品样品，在符合准入要求的前提下，免予抽样检测；进口用于特殊化妆品注册或普通化妆品备案用的化妆品样品、企业研发用的非试用化妆品样品、非试用或者非销售用的展览展示化妆品，可免予提供进口特殊化妆品产品注册证或进口普通化妆品备案电子信息凭证，免予抽样检测。

进一步提升出口退税便利度。加快国际贸易“单一窗口”与税务退税系统数据交互，进一步提升口岸退税申报便利水平，推进货物出口、技术出口和离岸服务外包出口退税申报“免填报”。推行出口退税无纸化单证备案试点，经税务机关批准后，企业可选择以无纸化形式保存出口退税备案单证。

实行进出口联合登临检查。依托“单一窗口”将查验通知推送给口岸作业场站，开发预约联合登临检查功能等，完善联合登临工作机制，实现通关和物流操作快速衔接，提高进出口货物提离速度。

2.进一步清理和规范口岸收费

持续推进港口收费改革。按照国家部署，进一步完善港口收费政策，严格执行停征港口建设费、减并港口收费项目等国家降费措施，归并精简收费项目。继续实施免收货物港务费地方政府留成部分和引航费降费政策。推进政府购买集装箱查验服务费政策，落实海沧保税港区东、西集中查验区运输费用支持事宜。

进一步规范口岸收费。引导船公司规范调整海运收费结构，严格执行运价及附加费等备案制度。规范港外堆场收费行为，制定集装箱洗箱、修箱、验箱服务规则。督促口岸经营单位进一步清理精简收费项目，明确收费名称和服务内容。对有限竞争性经营的口岸服务，引入招标制度，鼓励市场经营主体公平竞争。对属于政府职责且适合通过市场化方式提供的服务项目，推进政府购买服务。

优化口岸收费公示。引导企业通过“单一窗口”口岸收费及服务信息发布系统，及时公示、动态更新海运各岸各环节收费及服务信息，便于货主进行比较选择和社会监督。探索开展空港“一站式”收缴费服务，实现港口缴费和结算“一站式服务、一次性办理、一体化管理”。

加大口岸收费监督检查力度。持续加强口岸收费监督，通过“双随机、一公开”方式，开展进出口环节收费专项检查，重点查处不按规定明码标价、价外加价或收取未标价费用等价格违法行为，依法依规调查处理口岸经营活动中涉嫌垄断的行为。

3.推动进口贸易创新

推进进口贸易促进创新示范区建设。用好湖里区国家进口贸易促进创新示范区政策，支持湖里区建设枢纽功能突出、双循环优势明显、贸易自由便利、服务配套齐全的进口示范区。

试行“CCC免办自我承诺便捷通道”措施。在“CCC免办及特殊用途进口产品检测处理管理系统”中为符合条件的企业开设便捷通道。对符合条件的企业进口免强制性产品认证（CCC认证）产品目录内的产品，免除CCC办证申请和核验，实现“白名单企业”自我承诺、自主填报、自动获证。

开展生物医药研发用物品进口便利化试点。建立生物医药企业（研发机构）进口研发用物品“白名单”

制度，简化“白名单”物品进口办理《进口药品通关单》手续。支持自贸试验厦门片区申请设立首次进口药品和生物制品口岸，争取开展跨境电商零售进口部分药品及医疗器械试点。

探索开展科研设备、耗材跨境自由流动。对接国家跨境科研用物资正面清单，对正面清单列明的科研设备、科研样本、实验试剂、耗材等科研物资实行单位事先承诺申报、海关便利化通关的管理模式，简化通关单申报、检疫审批、监管证件管理等环节。对国外已上市但国内未注册的研发用医疗器械，准许企业在强化自主管理、确保安全的前提下进口，海关根据相关部门意见办理通关手续。

4.促进跨境电商创新发展

推进跨境电商B2B出口监管试点。围绕“跨境电商+海外仓”模式，支持有需求的传统外贸企业转型跨境电商，支持跨境电商海外仓建设和发展。结合RCEP协定、CAI协定、金砖基地、“一带一路”倡议等契机，支持企业深耕重点国别，在金砖、“一带一路”沿线、东南亚、欧盟等布局海外仓，以海外仓为“桥头堡”，助推中国品牌出海，打造跨境电商出口本土化运营生态。推广厦门市跨境电商公共服务平台，为全市跨境电商综试区提供共性应用服务。

完善跨境电商出口退货政策。支持建设跨境电商零售进口退货中心仓，积极落实海关总署优化跨境电商零售进口商品退货监管流程，减少退货环节的举措。支持出口商品与退货复出口商品“合包”运输到境外，确保出口跨境电商“出得去、退得回、通得快”。

建立跨境商事争议在线解决（ODR）平台。依照《亚太经合组织（APEC）企业间（B2B）跨境商事争议在线解决（ODR）合作框架》及《示范程序规则》设置平台解纷流程，实现谈判、调解、仲裁全流程在线完成，并提供线上提交材料、线上审核、线上沟通及文书智能生成、在线签署等多项功能，运用信息化技术赋能，为跨境、跨语言、不同法律管辖权的争议提供快速电子解决方案和执行机制。

5.实施离岸贸易结算便利化措施

建设离岸贸易中心。依托厦门与金砖、“一带一路”国家大宗商品贸易基础，用好离岸贸易配套政策，及时跟进国家出台支持发展离岸贸易企业所得税、印花税相关政策，做好政策落实和动态评估，促进具有真实贸易背景的离岸贸易企业在厦集聚发展。加速搭建环球供应链与离岸贸易金融服务平台，完善大数据应用场景，深挖新型离岸国际贸易品种和业务潜能，支持和培育更多贸易新业态发展壮大。

实施离岸贸易结算便利化措施。支持银行根据展业原则和业务实际，为自贸试验区厦门片区企业办理离岸转手买卖外汇收支业务，自主决定审核交易单证的种类。支持银行探索离岸转手买卖的真实性管理创新，基于客户信用分类及业务模式，优化业务结算流程，提升审核效率。

6.提升跨境服务贸易开放水平

创建国家服务贸易创新发展示范区。及早对接全国版跨境服务贸易负面清单，出台与负面清单相配套、促进全市服务贸易发展的地方性法规、制度、政策，在放宽准入、接轨国际规则、推动数据自由流动、职业资格互认等方面先行先试，打造服务贸易发展高地。

大力发展数字贸易。参考《数字经济伙伴关系协定》（DEPA）的条款规则，探索在数字服务市场准入、跨境数据流动、数据规范化采集和分级分类监管等方面先行先试，支持数字产品贸易、数字技术贸易，探索数据贸易，打造数字贸易示范区。

实施服务外包转型升级行动。发挥服务外包示范城市先行先试作用，积极发展研发、设施、检测、维修、租赁、会计、法律等重点服务外包领域，扶持众包众创、平台分包等外务外包新模式做大做强。鼓励对外发包，支持厦门技术和标准走出去。

培育特色服务贸易。创新文化贸易发展体制机制和政策措施，推进国家网络级视听产业基地建设，大力发展数字文化贸易、推动数字出版、数字影视、数字演艺、动漫游戏、网络综艺、创意设计等新型文化出口。提升面向先进制造业集群化发展的国际化服务能力，推动工业设计、检测认证、工业电商、技术研发、综合供应链等生产性服务业向专业化和价值链高端延伸。

（四）推动要素资源全球化配置

1.打造国际化航空航运枢纽

争取国家支持拓展运用第五航权。在对外航权谈判中，支持厦门高崎机场（未来为翔安新机场）利用第五航权，在平等互利的基础上允许国内外航空公司承载该城市至第三国的客货业务，积极向外国航空公司推荐并引导申请进入中国市场的外国航空公司执飞该机场。开展厦门航空资源结构化改革试点，重点给予“一带一路”沿线国家和地区国际航线时刻支持。

提升国际物流供给能力。按照交通运输部统一部署，引导班轮公司（船公司）根据航运市场需求变化，优化增加中国港口航线航班供给和船舶运力投放，加快跨境运输船舶周转率，提升国际物流集装箱供给能力和周转效率。推动枢纽集装箱港开展国际集装箱中转集拼业务。支持基于《国家公路运输公约》（TIR公约）的国际道路运输业务发展，推动运输便利化水平不断提升。

推进多式联运“一单制”。支持自贸片区有关企业或运营主体按照国家统一部署，探索制定并推行标准化多联式联运运单等单证，联合铁路运营单位等共同申报多式联运相关示范工程项目，推进示范工程创建，推动简化多式联运手续、提高运输效率。配合推进全国多式联运公共信息系统建设，推进铁路与港口、海关信息互联互通，探索铁水联运“一单制”试点，为铁水联运提供支撑。探索推进符合条件的进口货物车船直取、水水中转、铁水联运发展。开展“空铁联运”跨境电商出口模式，开通“海铁联运”出口新路径。开展“组合港”通关业务，进出口货物在支线港与厦门港间通过驳船装载经水路运输。在确保生物安全、生态安全有效管控的前提下，扩大两段准入模式的推广和应用范围。推进空港口岸全链条信息集成，探索航空跨境贸易全流程电子化、无纸化，促进航空物流作业协同和通关效率提升。

开展国际航行船舶保税加油业务。争取国际航行船舶保税加油许可权，允许厦门市保税油供应企业在福建省范围内开展保税油直供业务，进一步增强国际航运综合服务能力，吸引国际航行船舶。

2.提升金融市场国际化水平

推进贸易投融资便利化。实施跨国公司本外币一体化资金池业务试点，对跨境资金流动实施双向宏观审慎管理。稳步推进贸易外汇收支便利化试点，进一步扩大便利化试点银行和试点企业范围。在全市优化升级资本项目收入支付便利化政策，推动银行采取单证合并、线上办理等方式。支持厦门地区银行不断提升跨境金融服务能力，为优质诚信企业货物贸易、服务贸易跨境人民币结算以及资本项目人民币收入境内依法合规使用提供便利化服务。

加快推进跨境投融资便利化。协同“一行两局”加快推进跨境金融创新与投融资便利化：一是打通境外资金入境投资渠道，在推广合格境外有限合伙人（QFLP）基础上，进一步争取各项跨境投融资政策试点，打造跨境资产配置与财富管理“双向通道”。二是深化市政府与各金融机构总行（总部）战略合作，积极争取面向“一带一路”、“金砖”国家、东南亚及海峡两岸的区域总部、结算清算中心与业务板块落地，推动组建货币经纪公司、商业银行理财子公司。加强金融招商与各产业链招商联动，依托各产业链的 500 强企业、央企、总部招商，打造总部企业跨境资金结算中心集聚地。三是以建设“丝路海运”为契机，进一步做强做优飞机船舶融资租赁，丰富飞机船舶融资和保险、资产转让、跨境海运资金结算等业务。

打造国际性REITs市场。支持注册在本市的各类内外资机构申请公募基金管理人资质并开展基础设施REITs业务，支持符合条件的在厦企业适时申请专项公募REITs基金管理人资质。大力吸引全球优质公募REITs基金管理人在厦设立总部和分支机构，对在本市新设立或新迁入的持牌公募基金管理人，对其开办和经营给予持续性支持，并鼓励落户所在区和园区给予配套支持和奖励。鼓励合格境外投资者通过QFII、RQFII等参与基础设施REITs产品投资。鼓励本市符合条件的项目积极申报基础设施REITs试点，项目申报和审查工作对国资、外资、民资等各类所有制原始权益人一视同仁、公平对待。

3.强化境内外人力资源配置

促进国际职业资格人才来厦执业。全面梳理境外含金量高的职业资格，建立国际职业资格证书认可清单制度，持有相关职业资格的国际专业人员在厦门备案登记后即可提供相关专业服务。对境外高端人才设立进境物品审批专用窗口、绿色通道，快速办理物品审批和通关手续。积极争取政策突破，探索厦漳泉外国人来华工作许可互认试点工作。

实施更加便利的免签入境措施。推动优化外国人 144 小时过境免签政策，扩充免签入境渠道，将外国人免签入境渠道由旅行社邀请接待扩展为外国人自行申报或通过单位邀请接待免签入境。扩大免签事由清单，放宽外国人申请免签入境事由限制，允许外国人以商贸、访问、探亲、就医、会展、体育竞技等事由申请免签入境厦门。

争取降低境外高端人才个人所得税率。对标国际做法，参考欧美主要国家的平均税率，研究并争取降低高端人才个人所得税；或参照粤港澳大湾区的个人所得税优惠政策，给予境外（含港澳台）高端或紧缺人才适当补贴，并对补贴免征个人所得税。

优化外籍人才服务体系。改革创新外籍人才工作证件办理模式，逐步实现签证证件业务全市通办和“两证合一”联办模式。优化外籍人才来厦就业审批办事流程，逐步下放外国人来华工作许可预审环节，进一步深化简政放权，提高服务效率。为符合条件的外籍人才办理永久居留证件。积极推进在华永久居留身份证在铁路、民政、社保、银行、不动产登记、医院、公园等系统实现全面适用。对已获得在华永久居留资格或持有工作类居留许可的外籍高层次人才、创新创业人才和港澳高层次人才，可以为其聘雇的外籍家政服务人员来华申请相应期限的私人事务类居留许可（加注“家政服务”）。实施在华外籍人才个人外汇业务便利化试点，满足在华外籍人才真实合规的个人经常项目用汇需求。简化在华工作境外个人薪酬购汇手续，在劳动合同有效期内到同一银行再次办理合法薪酬收入购汇的，试点银行可根据首次办理情况，免于审核重复性材料。加快推动外籍员工参与境内上市公司股权激励登记、变更及注销登记下放银行办理试点落地实施。

4.探索数据开放和国际化交易

培育数据要素市场。开展数据确权探索，实现对数据主权的可控可管，推动数据安全有序流动。在数据流通、数据安全等方面加快形成开放环境下的新型监管体系。有序开放公共管理和服务机构产生的部分公共数据。加快建立分领域的数据管理制度、跨境数据流动监管制度和安全风险评估机制。

建设国际数据港。建设数据交易所，在火炬高新区开展实质化运营。加快建设数字自贸区，加快建设数字服务出口基地，构建数字贸易全产业链。积极对接DEPA协定在跨境流动、政府数字公开、数字身份等相关规则，制定低风险跨境流动数据目录，探索建设国际数据港和离岸数据中心。

（五）营造国际化公正法治环境

1.完善与国际接轨的营商环境法规体系

理顺厦门现有与国际规则不兼容的贸易、投资、金融等领域的法规和政策，查缺补漏，删除不合时宜的规定；修改完善与知识产权、劳工标准、环境标准等国际贸易投资新议题相关的厦门法规和政策。大力宣传《厦门经济特区营商环境条例》，加快完善优化营商环境“1+N”法规政策体系，完善“双随机、一公开”监管、信用监管、“互联网+监管”、跨部门协同监管，创新包容审慎监管，完善执法制度、改进执法方式、健全执法监督机制，建立健全有利于各类新产业、新业态、新技术、新模式创新发展的监管规则。

2.加力建设海丝中央法务区

建设全方位、全链条法务生态圈，打造高端法务资源汇聚之区。发展、优化、完善国际仲裁、国际商事裁判等国际商事争端解决方式，打造国际商事海事争端处理优选之区。夯实知识产权基础性服务，拓展知识产权高端服务发展空间，打造知识产权保护标杆示范区，探索创新保护体系和机制。发展智慧法务新业态，持续推进政法数字化进程，打造数字政法创新之区。

3.打造便捷、高效的国际商事纠纷多元化解决平台

建设涉外商事一站式多元解纷中心，建立健全线上、线下解纷平台，为国际商事纠纷提供多元、高效、便捷的解纠渠道。对接仲裁调解的国际规则，引入国内调解组织、仲裁机构。鼓励调解组织、仲裁机构引入外籍调解员、仲裁员。引进国外律师事务所代表处，引入或借用内地和境外的涉外专业法律人才，为国际投资者提供一个预期明确的法律环境。探索建立国际商事审判专家咨询机制，选聘一批在国际法、国际贸易等方面的中外法学专家担任专家委员。以《厦门国际商事法庭规程（试行）》为指引，创新国际商事审判运行机制，准确适用国际条约、国际惯例，妥善审理各类涉外民商事案件，加快形成与海丝中央法务区建设发展要求相适应的国际化专业化审判体制机制。推进厦门国际商事法庭信息化、智能化、智慧化建设，打造集国际商事纠纷多元解决、国际商事司法一站通办、国际商事法务创新发展为一体的“厦门国际商事法庭一站式司法服务平台”。

4.高水平推进涉外知识产权司法保护

健全外国投资者和外商投资企业知识产权保护体系，加大行政司法保护力度，完善知识产权快速维权机制。支持法院制定侵害商业秘密案件诉讼指引，加强商业秘密保护；制定涉外知识产权案件立案指引，

便利外国当事人行使诉讼权利；允许标的额较小、符合相关诉讼请求的知识产权纠纷案件适用小额诉讼程序，提高维权效率。增强企业知识产权海外布局能力和预警意识，鼓励并指导平板显示、集成电路、生物医药等重点产业领域企业加强海外知识产权布局，引导企业建立内部知识产权风险点筛查诊断和防控机制。鼓励和支持保险机构推出知识产权侵权责任险、专利执行险、专利被侵权损失险等保险业务。

5.强化外商投资企业权益保护

加强《外商投资法》及其配套法规和利用外资相关政策的宣传解读。落实外商投资信息报告制度。各区政府严格兑现向投资者及外商投资企业依法作出的政策承诺，认真履行在招商引资等活动中依法签订的各类合同。依法保护外国投资者的投资、收益和其他合法权益，外国投资者的出资、利润、资本收益、资产处置所得、知识产权许可使用费、依法获得的补偿或者赔偿、清算所得等，可以依法以人民币或者外汇自由汇入、汇出。不断完善外商投资企业投诉机制，妥善解决外商投资企业投诉反映的突出问题，维护外商投资企业及其投资者的合法权益。

（六）打造高品质的国际人居环境

1.加强国际语言环境建设

建立外语标识相关标准，在全市范围在对所有公共场所进行双语标识改造，在公共服务机构和服务设施、重点单位等场所建立健全外语咨询与外语语音服务系统。加快长效性外语志愿服务队伍建设，不断满足国际高端展会、马拉松、投洽会和其他各类涉外活动的外语服务工作的需要。开展“百万市民讲外语活动”，提高市民外语普及率，改善城市的国际语言环境。

2.提升公共服务的国际化水平

进一步加快国际学校规划建设，引进境外优质教育资源，为境外人员子女在厦就读提供便利。扩大医疗机构涉外服务覆盖面，加快布局建设国际医院，逐步实现全市所有三级医院均提供涉外医疗服务；大力引进境外先进医疗团队，加强医务团队国际化建设。积极衔接国际有关跨国劳动者社会保障的劳工公约，建立和完善在厦工作的境外人员就业管理服务和社会保障服务体系。依法保障境外人士在涉外劳资纠纷、旅游购物争议等方面的各项权益，为境外人士在厦工作和休闲旅游营造公平和谐的环境。

3.建设国际化的生活社区

在现有厦大周边、官任路等外籍人口较集聚的区域，以国际化水平和国际化风格集中打造一批功能集聚、公共服务先进、国际风情浓郁的国际示范社区；在五缘湾、马銮湾等地规划新建一批国际化生活社区；完善社区涉外服务基础设施，组织、引导境外人士参与社区自治和社区文化活动。

参考文献

[1] 国务院. 优化营商环境条例（国令第 722 号）[EB/OL].（2019-10-23）[2023-05-12]. https://www.gov.cn/zhengce/content/2019-10/23/content_5443963.html.

[2] 北京市人民政府办公厅. 北京市关于进一步支持外资研发中心发展的若干措施[EB/OL].（2023-08-25）

[2023-08-31]. https://www.beijing.gov.cn/zhengce/xhengcefagui/202308/t20230825_3231369.html.

[3] 广东省商务厅，等. 广东省进一步深化跨境贸易便利化改革优化口岸营商环境若干措施[EB/OL].(2023-03-02)[2023-05-12]. https://www.waizi.org.cn/policy/128703.html.

[4] 厦门市发展研究中心课题组. 厦门打造国际化人才高地的对策研究[Z].(2023-06-09)[2023-07-20].

课 题 指 导：彭朝明　戴松若
课 题 组 长：彭梅芳
课题组成员：彭朝明　彭梅芳　兰剑琴
　　　　　　张林雄　王成龙　姚厚忠
　　　　　　刘飞龙　何旭东　许丽娟
课 题 执 笔：彭梅芳　兰剑琴

第十九章

厦门营商环境标准化建设研究*

实现营商环境的优化升级，需要建立统一、开放、有序的现代市场体系，加强和规范事中事后监管，营造稳定、公平、透明、可预期的良好环境。标准化简化、统一、协调和最优原理，对于提升政府服务水平和效率，固化各地改革成果，推动制度创新，加快建立公平、开放、有序的营商环境有着重要作用。

一、营商环境标准化概念、研究现状

（一）概念

1.营商环境

2019年10月22日国务院正式发布了《优化营商环境条例》，其中对“营商环境”第一次给予政府层面的明确定义：营商环境是指企业等市场主体在市场经济活动中所涉及的体制机制性因素和条件。

2.标准化

标准化就是把共同的或重复的事物或工作统一化，尽量避免差异化、个性化，减少歧义，提高效率。标准化是对营商环境进行规范化管理的重要手段。通过标准化，可以形成公正、透明、有序、便利的营商环境，为企业提供更好的创新空间和市场环境，有效降低企业经营成本和风险。

3.营商环境标准化

营商环境标准化就是指针对企业经营活动所涉及的一系列政策、法规、制度、服务等，通过制定和推广标准化、规范化管理和服务流程，提供公正、透明、便利、高效的营商环境，简单来说，就是通过一系列标准规范，为企业提供更好的创新空间和市场环境，降低企业经营成本和风险，提升城市吸引力和竞争力。

* 本文为厦门市2023年度社会科学调研课题项目（厦社科研〔2023〕B05号）成果。

（二）研究现状

1.国外

标准化主要是对科学、技术与经济领域内重复应用的问题给出解决办法的活动，其目的在于最佳秩序。标准化在工业领域最先得到应用，但最近几十年国际上在标准化跨学科研究方面出现了很多新的热点，包括：网络经济、知识经济、知识产权、标准化与创新、公共管理与公共政策等领域。20 世纪 70 年代开始，许多企业管理方法开始被采用，其中标准化思想逐步被应用于西方国家政府与公共服务领域。20 世纪 80 年代以来，标准化在西方政府管理与公共服务领域得到广泛的应用。英国政府以改进公共服务质量为目的，颁布《公民宪章》和《新公民宪章》，某种意义上可以看作是政府管理和公共服务领域的基本原则；加拿大政府制定《公共部门组织实施ISO9000 质量管理体系指南》；新加坡成立卓越服务办公室，主要职责是通过公共服务质量标准对优秀组织进行表彰，如新加坡质量奖、新加坡质量评比、ISO9000 以及人力资源开发资源等。近几年，营商环境优化是管理领域热点，但相关英文文献多在企业管理层面，侧重于影响企业战略和企业绩效的因素。因此国外涉及营商环境标准化方面的研究少之又少。

2.国内

对于公共管理领域标准化的认识，国内学者在进入 21 世纪以后取得了一些进展。一般而言，在公共管理部门领域内，标准化是针对重复发生的一部分事务或重复使用的部分概念，制定科学、统一的管理规范和技术规范，并予以贯彻实施和不断修订完善的过程。国内对公共管理领域标准化的研究主要集中在公共服务和行政审批两大主题上，其中公共服务中又以政务服务研究居多。大多数学者在各地公共服务和行政审批标准化实践的基础上进行了经验总结，还没有形成整体性且合理有效的公共管理标准化体系。2019 年，全国标准化工作会议做出加强营商环境标准体系建设的工作部署，目前国内对营商环境标准化的研究和实践尚处于探索阶段。

（1）营商环境标准化建设的作用。蔡永辉、马百彦（2019 年）认为，优化营商环境，从市场化的视角来看是构建包含法治、便利、高效、公平、透明、稳定、开放、可预期等特征的良好营商环境，而标准化蕴含的简化、统一、协调、最优原理，在很大程度上能够推动良好营商环境特征的形成，与优化营商环境实现内在逻辑的有效契合。但是目前没有学者提到标准化在促进营商环境国际化方面的作用。

（2）营商环境标准化的实践探索。林雯雯、张胜权、陈璐（2020 年）认为，我国营商环境的标准化工作还处于起步阶段，目前已有江西省、沈阳市等出台关于营商环境评价方面的地方标准，另有针对县域营商环境评价方面的团体标准。这些标准都是围绕营商环境评价领域，而在市场准入、监管手段、投资者保护等方面缺少相应标准。

（3）尝试搭建营商环境评价标准体系。刘星恒等（2021 年）认为，现有的营商环境标准体系设计通常有两个方向：一是基于市场主体生命全周期服务标准体系，即市场主体的初创、成长、成熟、衰退四个阶段所需要的公共服务产品构建体系；二是营商环境通用基础标准体系，即术语、数据、信息、基础设施、环境、安全、基本运行、评价等方面的要素。这两种体系搭建模式，虽然涵盖了营商环境的“软”环境和“硬”环境，但是两种体系如何进行融合，并将营商环境标准化落实到可执行可操作层面，暂未看到有关文献。

通过以上研究梳理，课题组发现国内外对营商环境标准化认识尚浅、营商环境标准化建设理论基础薄弱、营商环境标准化体系在实践中尚未建立，更不要说营商环境标准的执行及评价和改进机制。

二、厦门营商环境标准化先期探索情况

近年来，厦门主要在政务服务、行政审批、金融领域、纳税、公共资源交易、市政公用基础设施、在线庭审场所方面开展标准化探索实践。

（一）较早开展行政服务标准化

一是在行政服务中心标准化方面，自 2013 年起，厦门市陆续开展了市行政服务中心、集美区行政服务中心、海沧区政务综合体、翔安区行政服务中心、集美区 6 个镇（街）便民服务中心及 60 个便民代办点的标准化建设工作，以标准形式规范市级审批服务事项 989 项、区级审批服务事项 1577 项、镇（街道）便民服务中心公共服务事项 1400 项、村（居）便民代办点公共服务事项 795 项。其中湖里区在全市率先进行街道便民服务中心、社区便民服务代办点“一窗受理”改革，制定湖里区三级政务服务标准化管理规范，从场所、事项管理、审查审核、人员配置与服务要求、监督评价等方面对三级政务服务平台进一步规范，以区带街、街带社区的方式构建标准统一、运行高效、上下联动的政务服务规范化体系。二是在政务服务“自助办”方面，市审批管理部门致力于总结提炼厦门“e政务”先进经验，打造政务服务自助办的亮丽品牌，牵头推动了《一体化政务服务自助终端设置与运维管理规范》（DB35/T 2103-2022）（附件 1）和《政务服务自助终端系统接口要求》（DB35/T 2086-2022）（附件 2）的研制，2022 年均已正式发布实施。作为全国首次推出的一体化政务服务自助终端省级地方标准，填补了该领域标准的国内空白，有力促进了我省跨层级、跨区域、跨部门、跨系统自助服务的协同管理，将助力全省范围内打造“15 分钟便民利企服务圈”，为群众提供 24 小时、全方位、一体化的高质量政务自助服务保障。

现我市已形成福建省涉及面最广、数量最多、充满厦门特色的行政服务标准体系，为厦门市服务型政府建设注入了新内涵，打造了行政服务标准化“厦门样板”。

（二）推行行政审批标准化

为了更好地贯彻落实《国务院审改办国家标准委关于推进行政许可标准化的通知》精神，进一步加强行政许可规范化和标准化工作，厦门市成立了推进政府职能转变协调小组标准化组，负责牵头推进全市行政许可及相关政务工作的标准化建设。市质监部门对接市推进政府职能转变协调小组标准化组相关工作，强化标准研究与技术支持，专门成立了行政许可标准化工作领导小组，对照《行政许可标准化指引》并参照省地方标准《政府工作部门行政许可规范》，结合我市实际，发布了《厦门市行政许可标准化实施指南》，规定了行政许可事项、行政许可流程、行政许可服务、行政许可受理场所建设与管理以及监督评价的要求。

（三）开展金融标准化特色实践

1.制定银行业首个华侨金融服务标准

2022 年 12 月，厦门国际银行发布银行业首个华侨金融服务标准——《厦门国际银行股份有限公司企业标准——华侨金融服务标准》（以下简称华侨金融服务标准）。华侨金融服务标准参照国家、金融行业相关标准，

结合业界实践，打造华侨金融企事业客户、个人客户、同业客户金融服务体系，促进线上、线下、合作金融服务渠道建设，还包括组织、人才等实施保障等，对推动华侨金融服务标准化建设、专业化发展具有重要意义。

2.绿色金融标准化实践

为破解金融机构“识绿难”、企业低成本“融绿难”、支持政策“验绿难”的痛点，厦门市地方金融监督管理局推动建立“标准+平台+政策”的绿色金融支持体系，分步构建绿色金融基础设施。一是标准先行，出台专设蓝色金融目录的地方绿色金融认证标准。二是科技赋能，建设“厦绿融”数字识绿平台，开展绿色融资项目（企业）的识别、认定和融资对接服务；迭代升级“融资统计”“金融机构环境信息披露”及“一站式线上贴息”功能，切实增强企业获得感。三是政策直达，财政政策与结构性货币政策精准支持库内主体。2023 年 8 月末，共六批 226 个绿色融资项目（企业）顺利入库，其中金砖示范企业 11 家、蓝色企业直通车入库 6 家。政策实施以来至 2022 年末，库内主体累计获得绿色贷款 172 亿元，每年可实现碳减排量超 7 万吨。

此外，厦门产权交易中心在全国率先制订并发布适用于农村的ESC标准体系，即环境（environment）、社会（social）和乡村治理（countryside governance）标准体系。该体系主要亮点为“标准化、生态化、数字化”，使农村环境、社会和治理方面的发展水平和绩效转化为可以度量、计算、比较的数据。体系贯穿生态农村这一条绿色评价主线，探索助力全国农村工作高质量绿色发展，持续推进农业农村生态振兴发展。通过厦门产权交易中心全国首个农业碳汇交易平台，创新打造农业碳汇的全国高山阵地，成效显著，完成首批茶园碳汇交易，落地全国首个“农业碳汇交易平台创新数字人民币应用场景”，设立全国首个“农业碳汇大学堂”。

（四）开展智慧办税服务厅建设规范

国家税务总局厦门市税务局编制统一规范的《智慧办税服务厅建设指引》，规范化、标准化、智慧化地对办税服务厅进行升级和改造，全力推动智慧税务建设，为全国税务系统提供可复制可推广的经验。截至 2023 年 3 月，全市已规划建设智慧办税服务厅、智慧微厅等 19 个（其中 6 个正在建设中），有力增加办税资源，提升办税效率，降低办税成本，优化办税体验。其中火炬高新局智慧办税厅依托智能科技手段，内设智能导税区、数据监控区、政策快充驿站等多个功能区，同时首创推出同屏智能咨询辅导等功能，为企业提供“智能集成、双向联动、学办一体”的新型办税模式。相关建设经验先后被国务院“职转办”《全国优化营商环境简报》第 144 期、第 153 期采用，面向全国推介。

（五）出台公共资源交易地方标准

2018 年 6 月厦门市公共资源交易中心整合成立，2019 年，市公共资源交易中心开始开展标准化建设研究工作，现已制定出台《公共资源交易平台运行服务管理规范》五项标准、《建设工程电子投标保函平台》三项标准等厦门市地方标准，已正式立项《工程建设项目答辩操作规程》和《公共资源交易电子档案管理规范》等两项地方标准。2023 年 2 月，市公共资源交易中心标准化建设工作获国家发改委法规司肯定。

《公共资源交易平台运行服务管理规范》五项标准，推动厦门市公共资源交易平台标准化建设，推动全市公共资源交易项目形成“一个平台、一个流程、一个模式、一个标准”。2023 年 1—9 月，保障厦门市 2917 个公共资源项目入场完成交易。在厦门市行政审批管理局与厦门市建设局联合出台的《厦门市公共资源交易平台工程建设项目入场交易规则》中，明确执行《公共资源交易平台运行服务管理规范》的标准要求。

《建设工程电子投标保函平台》三项标准，推动电子投标保函实现从申请、出函、提交、核验、索赔、理赔到智慧监管等功能的全流程在线办理，在便利企业的同时也保证了电子投标保函的真实性、合法性和有效性，切实提升电子投标保函服务质效。至2023年9月，全市超过3400个工程建设项目应用电子投标保函，超过82万家次投标人使用电子投标保函参加工程建设项目招投标交易活动，使用率达95.82%，为投标人释放资金超过2000亿元。

（六）制定用水用电服务行业标准

“获得用电”方面，国网厦门供电公司协助国网公司、福建省电力有限公司编制了《国家电网公司业扩报装工作规范》、《国家电网公司业扩供电方案编制导则》，参与福建省电力行业地方标准《10kV及以下电力用户业扩工程技术规范》的修编。

“获得用水”方面，2020年完成《厦门水务集团有限公司供水服务标准》的编制与发布。2023年对标世行营商环境成熟度评价（B-READY）评价指标的要求，参编由上海城投水（集团）有限公司主编牵头的团体标准《城市供水系统用户端可靠性评价规程》（T/CUWA 20060-2023）的编制，该标准于2023年3月30日发布，2023年7月1日起实施。并于2023年8月18日完成科技查新报告。

网络接入方面，因信息通信行业的特殊性，网络接入从设计、建设、维护以及服务都有国标或省标行业标准和规范，比如《电信服务规范》（工信部令第36号）、《通信建设工程质量监督管理规定》（工信部令第47号）、《建筑物移动通信基础设施工程技术标准》（GB 51456-2023）、《福建省建筑物通信基础设施建设标准》（DBJ/T 13-105-2021）、《住宅区和住宅建筑内光纤到户通信设施工程设计规范》（GB 50846-2012）、《住宅区和住宅建筑内光纤到户通信设施工程施工及验收规范》（GB 50847-2012）等。市通信管理局已组织各基础电信企业按照标准进行落实。

（七）开展在线庭审场所标准化建设

1.精心布局打造在线庭审场所

积极推进“场所+规则”实体运作，促进“全市市场主体共同使用，全国法院共享庭审场所”。一是精心布局，结合群众需求和出行便利，从全市有意愿的法务机构和具备条件的行政部门、基层单位及偏远镇街中，精选打造首批12个在线庭审专用场所。二是规范运作，市中级人民法院联合市司法局出台在线庭审专用场所使用和监管规则，加装在线庭审地图，明确场所联络管理人，允许各类市场主体按需申请就近使用。三是长效保障，将场所一期建设纳入市发改委营商环境建设年度清单，将升级扩容纳入市政府提升数字化水平三年方案，将规范监管和资金保障纳入厦门市贯彻落实国家标准化发展纲要实施意见。

2.统一标准配置在线庭审设备

全市统一整体设计、统一技术标准。一是按需配备独立隔音大空间，张贴“厦门法院在线庭审专用场所”标志，提升在线庭审严肃性。二是网络设备重在信号稳定、音像高清，5G无线信号和有线网络连接同步保障，配备分辨率不低于4K的超大显示器，高像素投影仪和摄像头、扫描仪、全向拾音麦克风加音箱、手写签名及电子捺印等设备。三是设证人室，可同步录音录像或签订电子承诺书，提升在线作证效果。

3.完善规则提升在线庭审质效

制定“两标准两守则两规程”，保障庭审效果。一是明确身份与证据在线核验“两标准”。打通本地审判与政务数据共享通道，实时核验本地主体身份，为“外侨台港澳”诉讼主体提供远程视频授权委托见证服务；明确核验电子证据“三视全向”标准，确保书面及实物证据原件核对清晰明了。二是制定在线庭审秩序“两守则”。即庭前三日向当事人提示着装、行为、问答等方面的法庭礼仪规矩；对在专用场所在线作证的，要求全程接受录音录像监督。三是制定专用场所管理“两规程”。庭审引导规程，明确管理人辅助引导庭审等职责；技术保障规程，明确管理人技术保障职责和应急预案。

三、厦门营商环境标准化建设存在的问题

（一）缺乏营商环境标准化体系顶层设计

面对营商环境要素涉及行业广、门类多，要素边界模糊等难题，全国通用的顶层设计需要长时间的探索和验证，但在一定（行政）区域范围内，亟待有统一的顶层设计指导，实行“全市一盘棋”，搭建营商环境标准体系框架，将地区性的前期积累的经验做法加以固化，形成统一规范的操作流程，为职能部门及服务机构下一步的改进落实提供方向指导和路径优化。厦门营商环境相关领域标准化研究和建设刚处于起步阶段，标准化建设的机制还不完善。

（二）营商环境标准化建设创新突破难

当前大部分的标准由国家、省、行业统一制定，如政务服务全省统一实施“五级十五同”①，金融、纳税等事权归属中央，网络接入从设计、建设、维护以及服务都有国标或省标行业标准和规范。地方营商环境相关领域的标准化建设更多是落实上级部门的相关要求，或是在国家标准化基础上开展特色创新，较难有大的创新突破。

（三）营商环境标准化建设保障机制有待建立

当前全市及各部门均未建立营商环境标准化工作机制，相关组织、人员、平台等资源配置不足，标准化建设经费未能落实。在技术层面，当前跨部门的数据共享尚存在一些难点，有些接口未打通，需多部门联合进行数据平台的技术对接，全市政务信息共享不够无法满足审批互联、业务协同、结果互认、数据共享、数据监管等要求。

（四）数字化、信息化水平需进一步提升

厦门电子政务起步较早，各级各部门建立了许多信息系统，但全市政务信息共享不够，原先的政务网络环境、基础底层、数据库构架等，已无法满足营商环境建设对部门业务审批系统互联互通、业务协同、结果互认、数据共享、数据监管等要求，“i厦门”“厦门市民卡”等市级信息平台未能有效整合，与“福建省网上办事大厅”“闽政通”以及国家垂直系统等数据共享、功能融合还不够。全省办事免提交电子证照的

① “五级十五同”是指省、市、县、乡、村五级政务事项在事项名称、颗粒度、基本编码、实施编码规则、事项类型、设立依据、申请材料、办事流程、业务经办流程、事项办理深度、承诺时限、表单格式、审查要点、办理条件、收费项目等十五个方面实现全省范围规范统一。

323 类证照中厦门尚有 71 类电子证照尚未生成，未实现全市政务服务、公共服务等社会领域广泛运用统一的电子印章，企业电子印章尚未应用，与国内杭州、深圳等城市的差距大。

（五）政府部门间协同性不够

营商环境标准化工作需要政府各部门协同配合，但目前仍存在部门间的标准不一致影响办事效率问题，这一现象在政务服务事项跨部门审批中表现得尤为明显。例如，我市营商环境建设牵头部门、审批制度改革牵头部门、信息化建设牵头部门分设，由于缺乏协同工作机制，缺乏相应的工作标准，无形中影响了数据共享应用，增加了不必要的流转环节，影响了工作效率。又如，经营范围核准，由于依据标准不同，一些政府部门对于许可内容的描述，与市场监管部门的企业经营范围的表述可能存在不一致的情况，常以“一事一议”的办法解决，延长了办理时间。再如，行政执法监管存在部门之间处罚尺度不统一、服务内容不清晰、业务流程不规范等问题。

四、厦门营商环境标准化建设的思路

（一）总体思路

推进政府服务标准化规范化便利化是企业和群众的热切期望，是时代发展和优化营商环境的必然要求。大力优化营商环境就是要以自我革命精神加快政府标准化规范化便利化转型，以统一、高效、便捷的优质政府服务统领营商环境各领域各环节建设，真正让厦门成为投资兴业的热土。为此，厦门营商环境标准化建设应以习近平新时代中国特色社会主义思想为指导，深入贯彻党的二十大精神以及国家关于优化营商环境以及标准化发展的决策部署，落实《国务院关于加快推进政务服务标准化规范化便利化的指导意见》《关于印发贯彻实施〈国家标准化发展纲要〉行动计划的通知》《关于印发〈“十四五”推动高质量发展的国家标准体系建设规划〉的通知》《厦门经济特区优化营商环境条例》等要求，对标世界银行新一轮营商环境评估体系（B-Ready），以支持经济高质量发展为主题，以服务企业和市场主体需求为导向，以改革创新为动力，以规范行政行为为重点，推动标准化与营商环境重点领域深度融合，深化企业全生命周期服务标准化建设，构建与国际一流营商环境相适应的标准体系，在标准化助力优化营商环境上形成可复制、可借鉴、可推广的经验模式，为全国营商环境标准化建设提供厦门样本。

（二）建设目标

（1）搭建一套能够守得住安全底线、维护好公平竞争秩序、符合区域发展实际、科学实用的标准体系，并将营商环境标准化建设过程中形成的先进理念、方法和措施上升为标准规范，推动“厦门标准”成为各方共识。

（2）形成一批营商环境标准化促进经济高质量发展的创新典型。加大营商环境标准化改革创新力度，增强标准化营商环境对优势特色产业的提质升级作用，强化目标任务测评督导和营商环境三方评价，“以评促建，以评促改”，推动产业向价值链中高端迈进。

（3）建立科学合理、指向明确的营商环境优化长效工作机制，形成一批可复制、可推广的营商环境标准化先进经验，将厦门市的标准化营商环境建设成为全国最具影响力和吸引力的城市之一。

五、厦门营商环境标准化建设的对策建议

（一）建立科学、完善的营商环境标准化体系

营商环境标准体系建设是营商环境高质量发展的必要前提之一。厦门应以营商环境建设的顶层设计为指引，建立健全科学合理的标准体系，利用标准化手段提炼优化营商环境的实践经验，通过查漏补缺，规范各重点环节，从而整体提升营商环境建设水平。

1.构建营商环境标准体系

按照《厦门经济特区优化营商环境条例》等要求，借鉴世界银行新一轮评估体系、国家发改委营商环境评价指标体系以及国内先进经验，结合厦门市营商环境实际情况，从衡量企业全生命周期、反映投资吸引力、体现监管和服务等三个维度构建营商环境标准体系（包括通用基础标准、企业全生命周期服务标准、运行保障标准、监管执法标准、评价改进标准等 5 大标准子体系，见图 19-1）。在此基础上，研究整理现行国家、行业、地方等相关标准，提出标准修订重点和计划。

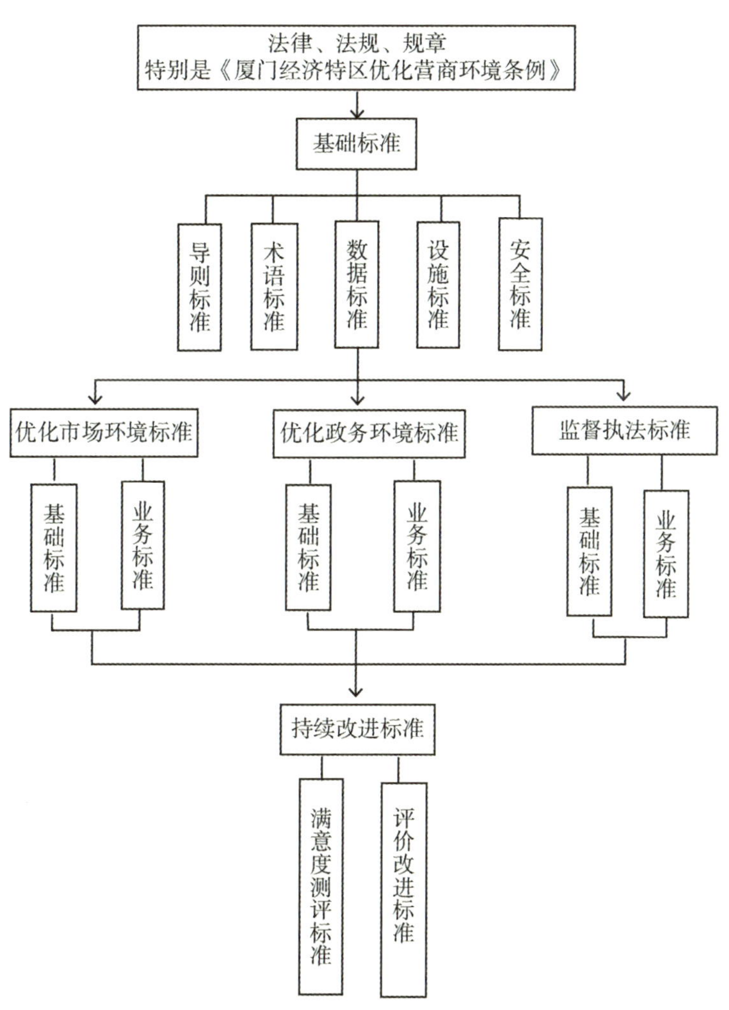

图 19-1 营商环境标准化体系初步框架

2.健全营商环境配套标准

按照“无标制标、缺标补标”的原则，梳理形成优化营商环境标准制订清单，启动标准立项和编制工作。通用基础标准主要包括术语标准、数据标准、信息标准、基础设施标准、环境标准、安全标准、基本运行标准；企业全生命周期服务标准，包括企业初创、发展、稳定、衰退等四个时期，针对市场主体，对市场准入、获取经营场所、市政公用设施服务、劳工、获取金融服务、国际贸易、纳税、促进市场竞争、办理破产等方面制订相应的过程服务规范；监管执法标准主要包括市场监管与执法、政府采购监管、知识产权发展、企业诉求纠纷回应调解、企业信用管理修复等标准；运行保障标准主要包括政务服务环境优化、基本公共服务与公共环境建设等标准；评价改进标准则是在运用厦门市营商环境评价指标体系的基础上，形成考核标准、评价改进标准以及企业满意度测评标准。

（二）提升企业全生命周期服务标准化水平

以不断提升企业全生命周期满意度为目标，推动公共资源交易、获取经营场所、市政公用设施服务、跨境贸易、纳税服务、争议解决、企业注销等重点领域标准化研制，争取公共资源交易等部分地方标准升级为国家标准。

1.升级公共资源交易服务标准

一是推进已立项标准的制定出台实施。编制《工程建设项目答辩操作规程》和《公共资源交易电子档案管理规范》两项标准，进一步提升公共资源交易服务管理标准化水平。二是争取编制出台国家标准。根据《2023 年国家标准立项指南》要求，推动《建设工程电子投标保函服务规范》和《公共资源交易平台运行服务管理规范》地方标准升级为国家标准，做好立项进度跟踪，配合完成立项答辩和技术评审工作，争取尽快编制出台国家标准。

2.推进经营场所获取标准化

开展工程建设项目审批制度改革，统一审批流程，统一信息归集，统一监管方式。制定工程建设项目一窗受理工作规程；采用“多审合一”“多评合一”“多验合一”等方式，开展报建审批区域性统一评价试点，统一开展环境影响、水土保持、文物保护、气候可行性等评价评估。研究政府投资建设项目《建筑类建设工程规划许可证设计方案规范》和《建筑工程规划管理技术规范》《建设工程规划设计技术文件办理指南》等相关办理指南文件的编制，更全面地指导我市建设项目审批和办理工作，促进建设项目审批效率提升。

3.推进市政公用设施服务标准化

一是推进“水电气网”一事通办标准化。优化“水电气网”业务“一事通办”流程，实现一口登记、一表申请、一窗受理、一次踏勘、一并接入；完善水电气网服务企业一站式服务机制，合并现场勘查与方案答复、外部工程施工与竣工检验、合同签订与装表接通环节；明确细化报装类别，压缩办理时限。二是推进行业标准升级。推进《厦门水务集团有限公司供水服务标准》提级，建议从企业标准提升至省级地方标准。梳理办电关键环节、流程、时间、可靠性、便利度关联关系，推动各项标准制定，构建电力营商环境标准体系框架，积极申报标准化试点示范。

4.推进跨境贸易服务标准化

充分利用“一带一路”倡议的深化和RCEP协定的实施，并以我国申请加入CPTPP和DEPA为契机，在标准制定方面，不断跟踪和对标CPTPP、DEPA等国际高标准经贸规则，同时开展先行先试，围绕对外贸易、跨境电商、服务贸易、数字贸易，研究制定或参与制定先进适用的地方标准、团体标准、国家标准，及时填补标准空白，推动标准与国际接轨。要以金砖创新基地为纽带，主动与主要贸易伙伴开展标准对接，推动标准互认和互联互通，促进贸易便利化。建设“一带一路”和金砖国家检验检测认证技术联盟，搭建公共检测交流服务平台，构建检验检测认证国际合作和互通互认机制。推进口岸信息化国际交流合作，推动厦门与“一带一路”沿线国家、金砖国家相关城市开展通关、贸易、物流等信息互换共享，探索实现“检测前置、结果互认、一路畅行”。

5.打造智慧办税服务标准化建设“样板间”

位于思明区观日路的火炬高新局厦门税务局智慧办税服务大厅打造了4项全国首创、6项全省全市首创功能，打造了税费服务新体系，成为税费服务精细化、智能化、个性化的精彩缩影。为此，建议进一步以提升纳税人缴费人满意度和获得感为出发点，从服务环境标准化、服务规范标准化、服务行为标准化入手，在全市各区和产业园区复制推广，并将相关做法经验提炼形成标准，在全国打造智慧办税服务标准化建设“样板间”。

6.探索商业纠纷解决标准化

在已成立的厦门国际商事法庭、国际商事争端预防与解决组织厦门代表处的基础上，加强商事纠纷解决制度建设，完善企业诉求表达、协商与纠纷调解机制，探索建立高效、便捷、实用的诉求回应制度规范、商事调解服务规范等，以标准化的手段服务企业，切实解决企业诉求问题，使诉求回应工作能够汇集民意、化解矛盾、深化监督、支撑决策，为企业创造通畅、和谐的诉求表达与矛盾解决的“绿色通道”。

7.开展企业注销登记标准化建设

制定适用简易注销的市场主体标准，对领取营业执照后未开展经营活动、申请注销登记前未发生债权债务或已将债权债务清偿完结的市场主体适用简易注销。允许营业执照和税务登记证“两证整合”改革实施后设立登记的个体工商户通过简易程序办理注销登记，办理时无需提交承诺书，也无需公示。简化企业注销程序，研究建立法人委托代理人、视频技术远程办理等注销机制。建立完善容错机制，对于被终止简易注销登记的企业，允许其符合条件后再次依程序申请简易注销等。探索建立对提供虚假住所等失联企业、冒用他人身份证虚假注册等违法失信企业的强制退出制度。梳理并公布企业营业执照和准入类许可类证件注销一站式服务改革许可证目录，制定统一的标准化操作手册，对企业登记注销及相关资质注销的办理流程、申请材料、表单文本等内容进行整合归并，让企业只需提交一次申请、报送一套材料，即可完成企业所有证照的注销，进一步提升企业注销便利化水平。

（三）打造政务服务标准化厦门样板

加强政务服务和技术标准规范统筹规划，加快制定政务服务事项管理、政务服务场所建设、政务服务实施等厦门市标准规范，梳理总结我市政务服务创新举措，推动相关部门将部分可供复制的经验加以标准化提升，积极申报、争取形成全国的政务服务标准，打造具有厦门市特色、国内领先的政务服务标准体系。

1.推进政务服务事项标准化

进一步推动高频政务服务事项按照全国统一标准开展无差别受理、同标准办理。统一公共服务事项标准，推动供水、供电、供气、公证服务、法律援助、电信、广电网络、邮政快递等行业的业务主管部门（或企事业单位）按照全省政务服务事项标准化目录管理要求开展公共服务事项标准梳理，统一事项体系和办理标准。扩大标准覆盖范围，根据省审改办的部署和省级行业主管部门对相关政务服务事项的标准化梳理，推动我市编办、军民融合、密码、监狱管理、国安、税务、海关、海事、民宗、人行、银保监、证监、烟草等暂未开展政务服务事项标准化梳理的部门完成相应事项关联和标准化梳理，并通过福建省网上办事大厅公布办事指南。

2.实现线上线下服务同标同质

完善闽政通APP与省网上办事大厅、e政务自助一体机、线下实体大厅政务服务事项标准的统一、业务的融合。各级政务服务机构应确保线下办事指南与福建省网上办事大厅公布办事指南的标准一致，落实政务服务事项、办事指南等线上线下同源发布、同步更新。各级审批服务部门办理线上线下业务收取的材料内容、服务流程、服务标准等应保持一致，实现线上线下无差别受理、同标准办理。加强各政务服务平台之间建设标准的衔接，实现福建省网上办事大厅厦门分厅、闽政通APP、“e政务”自助一体机之间的服务页面风格、办事指引、操作流程统一。推动政务服务网络向全市各区、镇（街道）、村（社区）政务服务场所延伸，实现政务服务网络全覆盖，确保所有基层业务部门可依托福建省网上办事大厅开展政务服务，共享政务数据资源。加快制定《一体化政务自助终端设置与运营管理规范》省级地方性标准。

3.推动政务服务场所标准化

统一调整各级集中提供政务服务的综合性场所名称，市级为“厦门市政务服务中心”，区级为“××区政务服务中心”，镇（街道）为“××镇（街道）便民服务中心”，村（社区）为“××村（社区）便民服务站”，各自贸试验片区、经济开发区、新区等为“自贸试验区××片区、经济开发区、新区政务服务中心”，市、区独立设置的部门办事大厅名称调整为“××市、区政务服务中心××局（委、办）××（按业务分类）分中心”；规范跨区域通办窗口、“办不成事”反映窗口、综合咨询窗口设置；推进智慧政务基础设施标准化，围绕预约取号、安防监控、屏幕显示、信息采集录入、核验扫描设备等全流程闭环服务设备设施需求，制定全市统一的政务服务场所智慧政务基础设施建设标准，加快政务服务场所智慧化升级改造，推进市、区、街（镇）智慧服务设施互联互通。湖里区打造规范化三级政务服务平台争取申报国家标准化项目试点，《无差别综合窗口运行管理规范》争取打造省级地方性标准。

4.推进一件事一次办标准化

落实国务院办公厅印发《关于加快推进“一件事一次办”打造政务服务升级版的指导意见》(国办发〔2022〕32号）关于优化业务流程、打通业务系统，强化数据共享，推动更多关联性强、办事需求量大的跨部门、跨层级政务服务事项实现“一件事一次办”的要求，建立健全“一件事一次办”标准规范。一是明确“一件事一次办”主题事项范围。围绕企业从开办到注销、个人从出生到身后全生命周期重要阶段，明确“一件事”服务场景，形成“一件事一次办”主题集成事项基础任务清单，确保“一件事”服务场景设计科学合理、贴近企业群众实际需求。二是科学开展流程再造。在全省政务服务事项标准化梳理工作基础上，对“一件事”服务场景涉及的政务服务事项受理条件、申请材料、办理流程、办结时限、收费标准、办理结果等要素进行深入研究分析，明确涉及政务服务事项办理前后置关系，按照“串并联相结合”的要求，科学开展流程再造，特别是针对“一件事一次办”涉及的部门协同和业务分工等难点问题，精准定位，细化流程优化的关键环节，明确办理链条上相关部门的责任划分和节点要求等内容，建立标准化操作规程，实现“一件事”“一次申请、一组流程、一次办好”。三是优化业务办理标准。按照“共性合并、个性保留”的原则，归并整合“一件事”服务场景涉及的政务服务事项申请材料和申请表单，形成标准规范的一套申请材料、一张申请表单。四是加大涉及“一件事”集成服务的市级自建业务系统与福建省政务服务平台的整合对接力度，实现互联互通、数据共享、业务协同。

（四）建立行政监管执法标准

构建统一高效的市场监管执法体系，全面推进严格规范公正文明执法，是践行习近平法治思想的重要举措，是法治政府建设的必然要求。我市应引入标准化思路，开展行政执法和监管等相关标准研究和应用，用标准规范执法行为，用细化的裁量基准压缩执法的“弹性空间”，用制度约束和标准规范解决问题并实现长效管理，着力推动执法理念、执法手段、执法方式、执法水平全面提升。

1.推进“双随机、一公开”监管标准化

“双随机、一公开”监管是政府管理方式的重大改革创新，可以有效减少多头检查、重复检查对企业正常生产经营活动的不必要干扰，是减轻企业负担、优化营商环境的有力举措。建议由市市场监督管理部门牵头，成立“双随机、一公开”省级地方标准编制组，总结近年来厦门“双随机、一公开”经验做法，全面细化工作流程、梳理规范标准，在充分摸底调研和技术分析的基础上，研制形成特色的地方标准，填补厦门市“双随机、一公开”监管地方标准的空白。在标准研制内容上，建议一要明确规定政府部门“双随机、一公开”监管工作的组织方式、抽查机制、抽查程序以及部门联合抽查的机制和程序，对部门联合随机抽查、信用分类结果运用等内容进行特别规定，对部门联合抽查事项清单动态调整、检查对象名录库和执法检查人员名录库建立以及联合抽查工作程序等进行明确，可以根据企业信用风险分类结果，对信用风险低的企业合理降低抽查比例和频次，对信用风险高的企业实行严格监管，有针对性加大抽查比例和频次。二要围绕行政执法公示制度、执法全过程记录制度、重大执法决定法制审核制度，制定重点环节标准，重点聚焦执法音像记录、法制审核、行政执法信息公示审核管理、行政执法档案管理等环节建立标准及配套管理制度，开展执法信息数据、执法装备、智慧监管等领域标准研制。规范行政执法文书；开展执法文书标准研究工作，配套编写行政处罚文书范例，推广使用统一印制标准文书，制定行政处罚文书及其编号管理标准。三要细化裁量基准。严格落实中央和省、市各级关于规范市场监督管理行政处罚裁量权的规定，按照过罚相当、量罚一致的原则，量化制定厦门市行政处罚裁量基准，明确刚性与柔性裁量基准，规范行使自由裁量权，压缩行政执法“弹性空间”。

2.推动基层综合执法标准化

推进执法标准化、制度化、信息化建设，统一综合执法场所、标志标识，优化标准化“四室”设置，

着重加强执法辅助人员和第三方人员管理工作，明确工作职责边界，规范人员着装、工作证件。强化执法装备配备，配备执法车辆、执法记录仪、平板电脑、便携式打印机、笔记本电脑、照/摄像机、执法音像光碟刻录机、执法记录采集站等装备设施，拓展配备无人机等新型执法装备，逐步推动装备设施配备标准化。梳理镇（街）综合执法事项目录，在权力清单基础上，进一步梳理涉及行政处罚、行政强制等权力事项，编制镇（街）综合执法事项目录，并按程序向社会公开。完善镇街综合行政执法简易程序和普通程序处罚案件办理流程标准，制定执法流程图。探索综合行政执法履职评估，从执法力度、办案质量、工作成效、优化创新、指导帮扶、群众评价和公众满意度等方面，探索制定对综合行政执法机构履职情况可量化的评估办法。

（五）夯实营商环境标准化数字支撑基础

营商环境标准化的实施离不开数字基础的支撑，因此，要持续深入推进“数字政府”改革，以“统一入口、统一支撑、统一标准、统一数据”为技术核心，支撑和服务政府、区域、行业、企业等标准化需求，进一步深化数字营商环境标准化建设。

1.建设一体化政务服务平台

加快建设“厦门市一体化政务服务平台”，完善一体化政务服务平台标准规范体系，通过市政务信息共享协同平台，向上对接省汇聚共享平台，实现与福建省网上办事大厅、闽政通APP，以及市、区两级政务服务业务系统对接，实现全市四级全畅通。推动现有自建系统整合，分批次整合本市各级各行业自建系统，强化一体化政务服务平台数据共享和业务集成能力。各审批服务部门能依托一体化政务服务平台支撑政务服务业务办理的，原则上不再单独建设面向企业群众的政务服务业务系统，确需单独建设的，应无条件向全省一体化政务服务平台开放数据端口，实现对接融合、数据共享。

2.建设全市统一的可信电子文件平台

基于国家电子文件管理标准，构建符合业务需求和基础框架的可信电子文件应用系统，实现跨业务、跨单位、跨区域的可信电子文件的统一集中管理，形成完整、关联、协同的应用体系，并按照厦门市政务信息共享协同平台标准完成数据对接和共享应用，为推动实施“一号、一窗、一网”提供电子文件基础支撑。推进数字档案标准化，制定《厦门市统一申办受理平台与部门档案管理系统对接规范》，建立健全政务服务数据管理部门、档案主管部门、综合档案馆、政务服务机构分工协作工作机制，减少事项办理过程中对纸质材料的依赖，加快数字化转型发展。

3.加强政务数据高效共享

完善全市统一的政务信息共享协同平台，提升数据传输的实时性、完整性、准确率。打通各区各部门涉及不动产登记、社会保障、户籍管理、水电气网联办、市场主体准入准营等重点领域以及人口、法人、地名、教育、婚姻、生育、住房、信用的政务数据接口。向上对接省数据汇聚共享平台，横向联通市政务服务管理平台和各区各部门业务系统，汇聚政务服务事项、电子证照等数据，并与人口、法人等基础数据库共享共用，支撑业务系统获取信息。

（六）强化营商环境标准化建设各项保障

1.加强组织管理

建立健全标准化工作协调机制，建立市营商环境标准化建设议事机构，或成立厦门市营商环境标准技术委员会，统筹推进全市优化营商环境标准化工作。强化部门协同、上下联动，形成合力，共同推动标准化建设的实施。营商环境各领域牵头部门加强标准化能力建设，做好基础研究，及时提出本专业领域标准化政策建议，高质量完成标准制修订、复审和宣传培训任务，开展好标准实施情况评估和研究分析，充分发挥在标准化工作中的技术支撑作用，推动标准化落实到营商环境服务各环节。

2.加大财政资金支持

市财政应给予营商环境标准化建设必须经费保障，建立专项资金。对牵头制定（排名第一位，不含修订）并完成国家标准、行业或福建省地方标准的企业和机构，分别给予50万元、20万元奖励，对参与制定（排名第二位至第四位）并完成国家标准的企业和机构，分别给予30万元奖励；对承担组建国家、省级专业标准化技术委员会、分委会秘书处的企业以及研究开发等其他组织，分别一次性给予100万元、50万元、20万元的专项补助；对获得中国标准创新贡献奖一、二、三等奖的单位，分别给予100万元、80万元、50万元奖励，获得组织奖的，给予50万元奖励；对通过国家级、省级标准化试点项目验收的单位，分别给予最高30万元、20万元奖励。

3.推动标准考核评价

建立营商环境评价标准化体系，制定科学合理的绩效考核标准和评价评优标准，优化评价流程，推动营商环境公开、透明、规范评价。要及时开展标准实施过程监督和实施效果评价，提高标准化工作效益。建立健全标准实施情况的检查、评价与改进机制，坚持问题导向，定期对各区各部门事项标准化、系统对接、数据共享、办事应用等方面进行考核通报，定期总结工作中的方法、经验并在此基础上加以推广应用，汇集整理在贯彻落实标准过程中发现的问题，及时提出修订意见建议，在不断完善中改进和提升服务和管理水平。

4.加大宣传引导力度

通过全市统一权威的政策发布平台以及国家、省、市传统媒体及网络新媒体等各种宣传渠道，大力宣传营商环境标准化经验成效，挖掘标准化建设过程中的先进做法、经验，塑造具有厦门特色的品牌故事，为全国营商环境标准化建设提供“厦门经验”和先进典范。

参考文献

[1] 于帆，张欣亮，闫春红，等. 浅议标准化在优化营商环境中的作用与实现路径[J]. 标准科学，2020（12）：112-113.

[2] 国务院. 优化营商环境条例（国令第722号）[EB/OL].（2019-10-23）[2023-10-12]. https://www.gov.cn/zhengce/content/2019-10/23/content_5443963.htm.

[3] 张霖，郭文军，王颖. 标准化助力优化营商环境的实践探讨[J]. 北京规划建设，2018（7）：39-40.

[4] 康俊生，张召翠. 市场监管领域优化营商环境标准化研究[J]. 标准科学，2021（3）：48-52.

[5] 蔡永辉，马百彦. 以标准体系建设支撑我国优化营商环境思考[J]. 中国质量与标准导报，2019（11）：32-39.

[6] 林雯雯，张胜权，陈璐. 优化营商环境标准化对策研究[C]//中国标准化协会，杭州市标准化研究院. 第十七届中国标准化论坛论文集，2020：1288-1292.

[7] 刘星恒，胡昊天，张晨鸣. 基于标准化视域下优化湖北省营商环境路径思考[J]. 中国标准化，2021（4）：79-86.

课题指导：彭朝明　戴松若
课题组长：彭梅芳
课题组成员：彭朝明　闫智君　彭梅芳
兰剑琴　洪丽君　林汝辉
林　静　刘莉琴
课题执笔：彭梅芳　兰剑琴

第二十章

厦门激发民间投资活力研究

民间投资是扩大有效投资的重要组成部分，是市场预期和投资信心的风向标，也是推动经济发展和扩大就业的重要力量。近年来，受疫情等外部因素影响，民间资本面临市场需求走低、房地产投资不景气、原材料价格上涨、资金短缺等困难，厦门民间投资进入下行通道，民间投资形势严峻。为此，研究如何调动民间资本的积极性，激发民间投资热情，对推动经济实现平稳健康发展意义重大。

一、厦门民间投资活力转弱

（一）民间投资增速和比重出现下降

近三年，厦门民间投资增速、占比呈现双下滑态势，2021 年全市民间投资零增长，2022 下降 5.6%，2023 年全市民间投资完成 638.7 亿元，下降 5.4%，低于全市固投增速水平（2023 年全市固定资产投资增长 0.5%）。

与深圳、宁波、青岛等同类型城市相比，厦门民间投资增速存在差距，在同类型城市中最低（见表 20-1）。厦门经济增长更依赖国有及外资投资的推动，民间投资活力有待激发。

表 20-1　2023 年厦门与全国、福建省及同类型城市民间投资增速、占比情况

指　标	厦门	深圳	宁波	青岛	全国	福建省
民间投资增速/%	−5.4	4.2	0.3	4.5	−0.4	5.2
民间投资占固定资产投资总额比重/%	—	35. 8	51.4	58.6	50.4	56.5

数据来源：厦门市发展研究中心整理。

（二）传统产业与新兴产业投资乏力

厦门民间投资主要集中在房地产、仓储、零售、餐饮、住宿等传统性行业，其中投资 6 成以上为房地产投资，在通信、交通、能源、环保、教育、卫生等领域进入较少。

由于民间投资主要集中在传统领域，民间投资主体普遍存在科技投入不足、研发能力有限的问题，大部分从事低层次的生产加工，缺少自主品牌，处于产业链、价值链的低端，厦门民间投资中的制造业投资、技改投资增长较为乏力，新经济领域投资较少。

受市场需求低迷影响，在投资占比大的房地产业、批发零售业等传统产业投资出现下降，而新经济领域投资未能弥补的情况下，民间投资占比逐步下降，影响到全市固定资产投资后劲。

（三）民间投资主体较为弱小

民间投资一般资本规模小、技术水平有限、积累经验不足，受这些因素影响难以大规模进入新基建以及公用设施、水利、公路水路、城乡电网、乡村建设等领域。厦门重点发展的“4+4+6”现代化产业体系，涉及门槛较高，需要大量研发资金和人才投入，中小规模的民营资本一般难以进入。

据统计，厦门民营企业竞争力不强，缺少大型民营龙头企业，杭州、深圳、宁波上榜“2023 年中国民营企业 500 强”的企业分别达 42 家、27 家和 20 家，而厦门尚无企业上榜。

二、厦门民间投资活力不足原因分析

（一）预期不确定导致不敢投

目前国内整体经济面临下行压力，民间资本所面临的压力和风险大大增加，投资回报率降低，利润空间缩小，民间投资主体对经济下行压力感受深刻，对市场变化更为敏锐，对经济形势和投资收益预期不明朗，民间资本趋向谨慎。另外，新引进项目中投资主体仍然是央企、省属企业等国有资本。项目投资存量、增量支撑情况均不理想。

（二）准入门槛高导致不能投

尽管中央和厦门都进一步放宽了民间资本进入的行业和领域，鼓励和引导民间投资参与公益事业和基础设施项目建设，但在具体执行过程中，民间投资的领域仍然受到限制。在通信、交通、能源、环保、教育、卫生等领域，虽然市场潜力大、社会需求旺盛，投资收益高，但由于存在准入门槛等因素，这些领域民间投资潜力还未充分释放。

（三）融资难融资贵导致没钱投

当前，银行更愿意把资金贷给政府融资平台和国企，对民间投资主体贷款趋于谨慎。大部分民企较难获得信用贷款，投资资金来源主要依靠自有资金、抵押贷款和民间借贷，融资要求条件较多、成本较高。民间投资存在贷款难、抵押物不足和融资成本高的状况。据工商联信息显示，厦门民企融资成本高于国企的融资成本，特别是在中长期投资贷款上，中小微民企也比大型民企的融资成本高，一定程度影响了中小微企业扩大投资的意愿。

（四）投资成本高导致不好投

1.企业经营成本高

2023年全国城市住宅房价排行榜，厦门长期位居第四位。企业用工成本也大大提高，在全球经济缓慢复苏的背景下，很多企业只能裁员降低成本。房价高、用工成本高、子女就学难等问题仍困扰企业的发展，民营企业面临人才流失，人才难引进等难题，对吸引民间投资影响较大。

2.制度性交易成本较高

政府与企业的交流方式仍以政务服务窗口为主，市、区领导挂钩服务只能覆盖部分重点企业，民营企业与政府交流缺乏有效、快捷的沟通交流渠道。惠企政策宣传力度不够，部分惠企政策存在“落实难、力度低、受众窄”等问题，有些政策较原则，缺乏细化和强制性规定，“免申即享”政策有待拓展。

三、厦门激活民间投资活力的对策建议

（一）提振信心，激发本地民企投资热情

1.建立领导干部挂点联系民企制度

以强化服务措施、促进企业发展、激活民间投资为目标，以帮助企业协调解决制约发展的困难和问题为重点，通过建立市各级领导联系市本级民营企业制度，进一步密切与企业的联系，增强服务企业的主动性、针对性和有效性，促进民间投资企业平稳健康发展。推动各级领导通过走访、座谈的方式深入企业，坚持调查研究与现场办公相结合，对企业提出的意见和要求，认真研究解决、限期督办，同时加强反馈工作，及时向企业告知办理结果，提振企业增资扩产信心和决心。

2.加快并完善相关财税支持政策

全面落实国家减税降费、缓税缓费、留抵退税等系列降本减负、纾困解难政策措施，加强政策广泛宣传和精准滴灌，让政策红利转化为企业活力。加大对民营企业的税收优惠力度，如对年应税所得在10万元以下的企业，在实行国家规定的优惠所得税率后，缴纳的企业所得税由市、区级财政以“即征即奖”的方式奖励给企业等。加大财政对民营企业的扶持力度，如按照中小企业发展所增税收的若干比例，逐年增加扶持民营中小企业发展专项资金。

3.加强相关民间投资政策细则推送和辅导

梳理汇总全市支持民间投资各项政策，针对重点堵点问题适时出台优化完善政策，形成促进民间投资政策工具箱。打造集项目信息推介、用地供应、产业地图、配套政策、诉求反映、问题反馈解决等服务于一体的民间投资智能服务平台，联动政务平台，强化一站式服务支撑。进一步加强政策推送的精准度，送策入企、深入解读、深入开展对企业家的宣传辅导，帮助企业家精准理解和切实用好各项政策。

（二）降低门槛，扩大民间投资领域

1.明确参与行业领域

明确一批全市范围内鼓励民间资本参与的重点细分行业，在交通、水利、清洁能源、新型基础设施、先进制造业、现代设施农业等领域中，选择一批市场空间大、发展潜力强的细分行业，鼓励民间资本积极参与投资。鼓励民间投资参与城中村改造。支持民间投资参与医疗、养老、体育、社会福利等社会民生领域项目投资建设运营。支持民间投资加大在新一代信息技术、生物医药、新材料、智能装备与机器人、智能与新能源汽车、新能源与节能环保、数字创意等产业投资力度；引导民间投资超前布局量子科技、区块链、天然气水合物、纳米科技等未来产业。

2.构建推荐项目清单

从省、市重点项目，市、区两级重大工程和补短板项目中，认真选取投资回报机制明确、投资收益水平较高、适合向民间资本推介的项目，形成拟向民间资本推介的重大项目清单。认真梳理适合民间资本参与的重点产业链供应链等项目，形成拟向民间资本推介的产业项目清单。做好完全使用者付费的特许经营项目收集，形成拟向民间资本推介的特许经营项目清单。

3.建立重点民间投资项目库

按照标准明确、程序严谨、客观公正的原则，在各区、各部门、开发区（指挥部）等单位推荐的基础上，经过专业评估，筛选符合条件的民间投资项目，建立市级重点民间投资项目库，加强重点民间投资项目的融资保障和要素保障。定期向国家、省里推荐重点民间投资项目。

3.落实同等对待支持政策

在招投标中对民间投资一视同仁，各类市场主体皆可依法平等进入，任何部门不得以制定规范性文件、印发会议纪要、发布带有排斥性的招标公告等形式，对民间投资主体设置显性或隐性歧视条款、准入门槛。对符合条件的建设项目，申报地方政府专项债券、财政补助贴息资金，以及保障用地、用能、资金等生产要素时，同等对待各类投资主体，不得单独对民间投资主体提出附加条件、额外要求。

（三）多措并举，解决民间投资融资难题

1.开展民间资本投融资服务

多种方式开展投融资合作对接，公开发布项目基本情况、参与方式、回报机制等信息，做好政策解读、业务对接、条件落实等工作，为民间投资项目落地创造条件。主动宣传解读《企业投资项目可行性研究报告编写参考大纲（2023 年版）》，引导民营企业切实重视可行性研究工作，不断提高投资决策的科学性和精准性，实现长期健康可持续发展。鼓励民营企业聚焦实业、做精主业、提升核心竞争力，避免片面追求热点、盲目扩大投资、增加运营风险。引导民营企业量力而行，自觉强化信用管理，合理控制债务融资规模和比例，避免超出自身能力的高杠杆投资，防止资金链断裂等重大风险。

2.支持民间投资多渠道获取资金

按照“成熟一批、推荐一批”的思路，向全市政策性银行、国有大型银行、股份制银行、法人银行和信托公司、证券公司、金融租赁公司等金融机构推荐重点民间投资项目库；有关金融机构按照市场化法治化原则，独立评审、自主决策、自担风险，自主选择符合条件的项目给予金融支持。主动开展投贷联动试点，加强与国家开发银行、中国农业发展银行等 7 家投贷联动试点银行驻厦机构对接，推动政府政策支持和银行融资服务同向发力、形成合力，引导加大融资支持力度。推动符合条件的民间投资企业到主板、中小板、创业板、“新三板”、两岸股权交易中心等交易市场上市、挂牌。积极推荐符合条件的民间投资项目争取中央预算内投资。支持社会资本参与投融资模式创新，推进国有企业混合所有制改革，发挥国企、民企各自优势，联合投资；推动社会资本以投资基金模式，参与创新投资、公共领域投资等。

3.积极发挥信用信息的支撑作用

加快完善民营企业信用体系，整合金融、税务、海关、工商、质监、环保等资源，建立民营企业信用体系，完善失信主体惩戒机制，为民间投资企业融资奠定基础。进一步推广“信易贷”模式，以信用信息共享和大数据开发利用为基础，深入挖掘信用信息价值，提升信用支持金融服务实体经济能力水平，提高民间投资融资能力。进一步升级完善市级融资信用服务平台，依法依规吸引金融机构入驻融资信用平台，提升平台服务水平和企业融资服务质量。

4.支持发行基础设施领域不动产投资信托基金（REITs）

进一步加大工作力度，储备更多符合条件的民间投资项目，向国家、省发展改革委报送基础设施REITs，促进资产类型多样化，进一步拓宽民间投资的投融资渠道，降低企业资产负债率，提升再投资能力。积极与自然资源、生态环境、住房、建设等部门加强沟通协调，重点围绕前期手续完善、产权证书办理、土地使用管理等方面，帮助落实存量资产盘活条件，支持更多的民间投资项目发行基础设施REITs。

（四）提升实力，做强做大投资主体

1.引导民间投资优化结构

重点支持民间资本投向厦门“4+4+6”现代化产业体系建设，加大对民间投资技术改造项目支持力度，持续推动产业高端化、智能化、绿色化转型升级，对符合条件的民间投资项目给予贷款贴息等政策支持。对民间投资主体建设技术咨询、研发设计、检验检测、技术转移、技术培训、科技企业孵化器等平台，给予专项建设经费补助和奖励。鼓励有条件的企业联合高校院所、产业上下游等建立多种形式的技术联合体，申报市级工程研究中心和市级重点实验室，提升企业核心竞争力。鼓励民间投资更多依靠创新驱动发展，加快引导民间投资参与乡村振兴、市政交通、现代服务业、社会事业和绿色低碳领域建设。

2.做强做大民间投资主体

引导民营企业走专精特新道路，打造“科技创新小微企业—科技创新小巨人企业—高新技术企业”梯次培育体系，加快培育隐形冠军、单项冠军企业。支持民营企业参与产业园区建设、运营，配套整合上下游产业链，形成规模优势，市区两级在项目策划、资金筹措、研发投入、设备购置、税费减免等方面给予支持；支持“个转企”“小升规”，支持规模以上民营企业股份制改造，加快民营企业投资主体多元化，鼓励有条件的股份制民营企业上市和挂牌交易。做实“链长制”，鼓励引导企业组建产业联盟或研发联盟，推动大中小企业融通发展；发挥建发、国贸、象屿三大国企资源整合优势，打造供应链公共服务平台，服务中小企业降本增效；丰富产业创新场景供给，在政务、医疗、交通等领域等推出一批应用场景，加速民营企业产业转化和市场拓展。

3.培育企业家精神

加强企业家产权保护，切实贯彻落实国家产权保护制度，深入推进法治建设，依法保障企业家的财产权和创新收益，增强企业家群体的财产财富安全感，提振发展信心，激发创新创业热情。加强新生代企业家队伍培养，将新生代民营传承企业家教育培养纳入市人才队伍总体规划，提升“厦门企业家日”活动影响力，举办各类企业家素质提升培训班，着力提高民营企业家综合素质。鼓励建设和管理领域的民营企业争创厦门市重点项目建设先进集体、先进个人，定期开展优秀民营企业和民营企业家评选，加强对民营企业参与全市重大工程先进事迹和突出贡献的宣传报道，营造鼓励民营企业干事创业、更好发挥作用的浓厚氛围。

（五）优化环境，提高投资服务水平

1.优化民间投资项目管理流程

在民间投资领域试点开展基于“多规合一”的项目策划生成，进一步优化民间投资项目核准备案、规划许可、施工许可流程。持续深化工程建设项目审批制度改革，探索优化民间投资工程建设项目审批流程，提高民间投资项目前期工作效率。对民间投资项目探索采取建设用地使用权地上、地表、地下分别设立等创新模式，提高土地供应与使用效率。探索对民间投资项目分栋、分层、分段进行预验收，在保证安全生产的前提下对个别检测耗时较长的验收材料实行容缺受理，探索联合验收模式，压缩竣工验收、不动产登记时间，尽早完成权属登记，帮助民间投资项目尽快具备融资条件。

2.持续降低民间投资综合成本

强化法治政府建设，营造公平、公正、平等的法治环境，增强经营主体满意度和获得感。建立“亲”“清”新型政商关系，构建“无事不扰，有事必应”的服务民企机制，推行惠企政策直达快享，提高“免申即享”政策覆盖面，提升创业者安全感、获得感。持续优化政务服务，重点优化报建审批流程、优惠政策的审批和办理程序、用电服务、纳税服务等，推进“互联网+政务服务”建设，提升办事效率，规范招投标和政府采购制度，降低企业交易成本。加快产业园区、新城产城人融合，完善园区周边生活娱乐配套和公共交通体系，完善“医学住行”配套服务，加大人才公寓、企业员工宿舍等政策性住房供给力度，提高生活便利度和舒适度，降低企业员工生活成本，解决企业投资后顾之忧。

3.畅通民间投资问题反映渠道

建立民间投资问题反映专栏，明确一批定点联系的民营企业，定期开展民间投资深度问卷调查，收集民间投资遇到的以罚代管、市场准入隐性壁垒、招投标不公正待遇等重点问题线索，以及民间投资主体提

出的项目前期工作相关的政策咨询和意见建议，分类转交相关部门加快办理解决，形成问题线索“收集—反馈—解决”的闭环管理机制。

4.建立民间投资工作调度评估机制

建立市级促进民间投资工作调度评估机制，对明确工作目标、梳理项目清单、公开推介项目、建立工作机制、加强与金融机构对接、做好要素保障、处理反映问题等工作进展，以及民间投资增速、民间投资占比、推介项目数量、吸引金融机构融资支持规模、项目要素保障力度、民间投资问题解决效率等工作成效，进行每月调度、每季通报、每年评估，压实工作责任。有关情况将以通报等方式印发各区县（市）政府和市直有关部门，并适时上报市政府。

参考文献

[1] 厦门市人民政府. 2024 年厦门市政府工作报告 [R/OL].（2024-02-02）[2024-02-23]. https://www.xm.gov.cn/szf/szfgzbg/202402/t20240202_2813652.htm.

[2] 冯静. 充分激活民间投资活力 [J]. 中国金融，2022（12）.

[3] 国家发展改革委. 国家发展改革委关于进一步抓好抓实促进民间投资工作努力调动民间投资积极性的通知 [R/OL].（2023-07-24）[2024-02-23]. https://www.ndrc.gov.cn/xwdt/tzgg/202307/t20230724_1358622.html.

课题指导：彭朝明　戴松若
课题组长：陈国清
课题组成员：戴松若　林汝辉　陈国清
刘飞龙　黄光增　林　敏
林永杰
课题执笔：陈国清

第二十一章

厦门培育壮大民营龙头企业研究

民营经济是推动厦门经济社会发展的重要力量，民营企业贡献了全市 47%左右的生产总值、45%以上的税收收入和进出口额、97%以上的市场主体。民营龙头企业是众多民营企业中具有示范、引领作用的骨干企业，是厦门民营企业的排头兵，对推动民营经济高质量发展具有重要作用。本课题以厦门市工商联发布的“2022 厦门市民营企业 100 强”为研究对象，分析厦门民营龙头企业发展情况。

一、厦门民营龙头企业发展现状

近年来，厦门民营龙头企业认真贯彻落实党中央决策部署和省委、市委工作要求，积极克服国内外各种超预期不利因素影响，聚焦主业、做精实业，综合实力稳步提升。

（一）经营规模平稳增长

厦门民企百强门槛和整体规模呈增长态势，2022 年厦门市民营企业 100 强榜单入围门槛为营业收入 11.43 亿元，较上年增加 12.7%。2021 年民营企业百强营业收入总额合计达 5891.16 亿元，同比增长 20.6%。大型民营企业不断增加，15 家企业营收超过 100 亿元，16 家企业营收在 50 亿～100 亿元之间、22 家企业营收在 30 亿～50 亿元之间。民营百强企业整体盈利稳步增长，2021 年税后净利润总额达 337.5 亿元，同比增长 66.5%。17 家企业净利润超 5 亿元。

（二）产业结构调整优化

民营百强企业产业结构分布以服务业为主，但制造业比重大幅提升。从数量上看，2021 年，第二产业入围企业 42 家，较上年增加 7 家；第三产业入围企业 56 家，较上年减少 8 家。从营收和资产规模上看，第二产业营收规模占比 41.6%，较上年提高 6.5 个百分点；资产规模占比 36.7%，较上年提高 5.9 个百分点。从国民经济行业分布上看，民营百强企业涵盖 28 个行业，其中批发业 35 家、房屋建筑业 10 家、零售业 6 家、橡胶和塑料制品业 6 家、计算机通信和其他电子设备制造业 4 家。

（三）创新质量稳步提升

民营百强企业持续加强科技创新，企业研发人员占比和研发费用投入强度稳中有升（见图 21-1）。百强企业中填报拥有研发人员的企业共 51 家，其中 26 家企业研发人员占员工总数超 10%；54 家企业有研发费用投入，12 家企业研发投入强度超过 5%。创新平台加快建设，25 家企业拥有经认定的省部级研发机构，2 家企业参与国家重点实验室建设、1 家企业参与国家工程研究中心建设。品牌培育持续加强，49 家企业拥有国内有效注册商标，21 家企业拥有马德里国际有效注册商标。

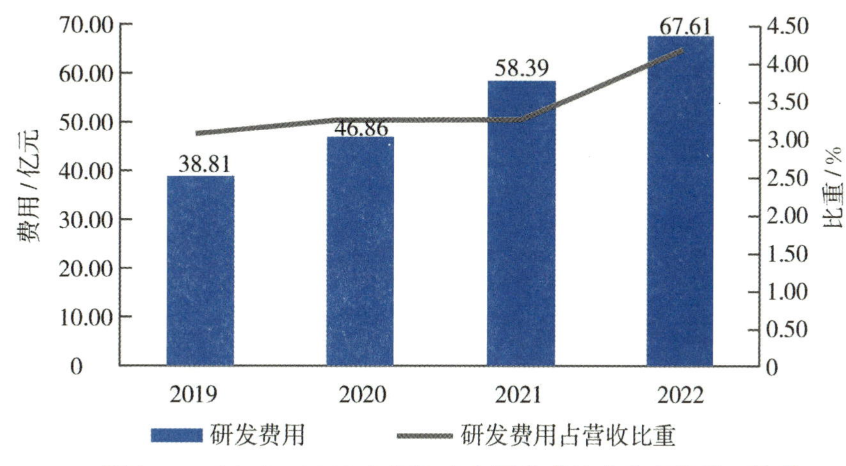

图 21-1　2019—2022 年厦门上市民营龙头企业研发投入情况

（四）转型升级速度加快

民营百强企业加快完善公司治理体系，顺应数字技术与实体经济融合发展趋势，对标碳达峰、碳中和目标，加快数字化转型、绿色低碳发展。现代企业制度加快建立，84 家企业已执行现代企业制度。企业数字化绿色化转型步伐加快，56 家企业在战略层面已制定或着手制定数字化转型战略规划，32 家企业通过数字化转型实现降本增效，46 家企业实施技术改造和设备更新。

（五）国际化步伐持续加快

民营百强企业主动融入双循环新发展格局，积极稳妥实施国际化经营，36 家企业开展出口业务，出口总额占全市出口总额的 15.8%。民营百强企业稳步实施全球化布局，依法合规“走出去”，27 家企业开展海外投资，户均 4.8 项。11 家企业参与“一带一路”建设，其中 8 家企业在“一带一路”沿线国家及地区投资项目或承包工程。

（六）社会贡献日益突出

民营百强企业积极履行社会责任，努力提升ESG（环境、社会责任、公司治理）治理能力，在促进共同富裕中主动担当作为。2021 年民营百强企业纳税总额达 203.9 亿元，较上年增加 28 亿元，占全市税收总额的 15.4%。2021 年，民营百强企业员工总数为 25.3 万人，较上年增长 7.6 万人，同比增长 42.6%。民营百强企业积极履行社会责任，建霖家居、圣元环保、吉比特、安井食品等 8 家企业发布ESG报告，31 家企业参与各类国家区域发展战略、49 家企业参与污染防治攻坚战、67 家企业参与社会捐赠。

二、厦门民营龙头企业发展存在的问题及制约因素

（一）存在的问题

1.龙头企业规模较小

厦门民营龙头企业体量总体较小，民营百强企业营收门槛和平均营收水平，与苏州、武汉、青岛等城市还有较大差距（详见表 21-1）。2021 年和 2022 年，厦门入围“中国民营企业 500 强”榜单的企业仅有 3 家，数量不到杭州、深圳的 10%。受国内需求收缩、供给冲击、预期转弱“三重压力”影响，厦门民营龙头企业发展势头减缓，2023 年出现“零”上榜情况，入围“福建省 2023 年民营企业 100 强”榜单的企业数也由 38 家减少到 33 家。

表 21-1　部分城市 2022 年民营企业 100 强营收门槛及平均营收

城市	营收门槛 / 亿元	平均营收 / 亿元
厦门	11.43	58.91
青岛	16.50	83.31
武汉	20.30	121.62
苏州	26.13	285.80
杭州	33.68	454.55
上海	35.75	965.95
北京	40.15	4370

数据来源：课题组搜集整理。

2.新兴产业领域企业偏少

如图 21-2 所示，厦门民营百强企业主要集中于批发（35 家）、房屋建筑（10 家）等行业领域，以劳动

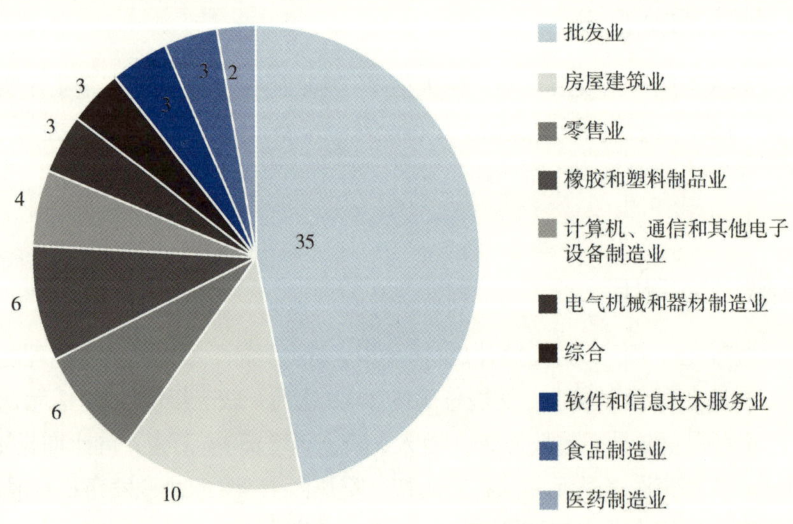

图 21-2　2022 年厦门民营企业 100 强前十大行业分布

密集型和传统产业为主，涉及生物医药、新能源、新材料、节能环保、软件信息等新兴产业领域的企业仅12家，企业数量占比不到15%。

3.企业盈利水平下滑

厦门民营龙头企业主营业务集中于中下游工业品、民用品生产制造等领域，议价能力较弱、抗风险能力不强，2022年以来，受全球经济增速放缓、国内需求不足等复杂形势影响，厦门民营百强企业利润水平和盈利能力逐步回落。以24家上市民营百强企业为例，24家上市民营百强企业整体销售利润率由2019年的7.9%下滑至2022年的7.3%。如图21-3所示，2022年24家企业净利润总额同比下降22.76%，2023年上半年净利润增速进一步放缓。

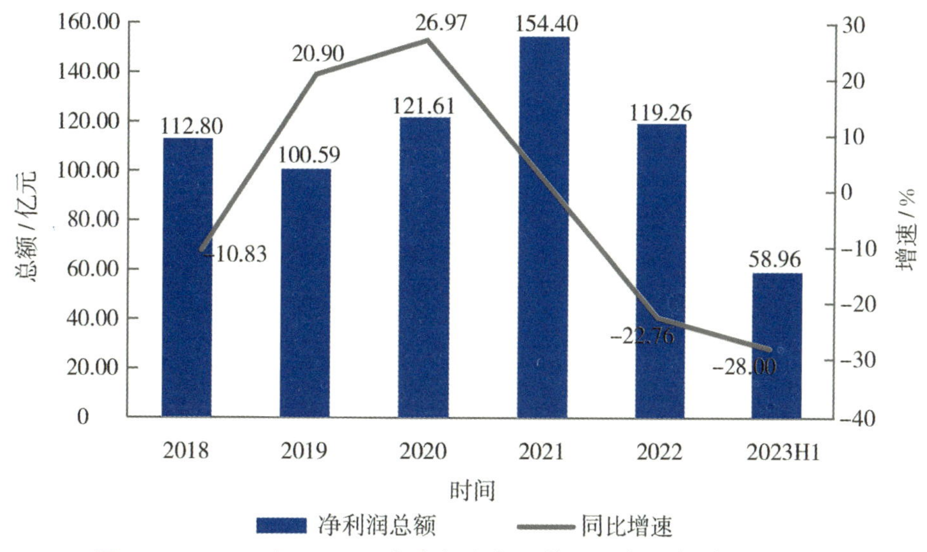

图21-3　2018年—2023上半年上市民营百强企业净利润增长情况

4.区域分布不够均衡

整体看，在企业数量、营业收入和资产规模等指标上，思明区和湖里区的民营企业在100强中占据主导地位，较岛外四区具有明显的领先优势。其中，排名第一的思明区，企业数量占比达43%、资产规模占比达64.4%、营收占比达49.2%。而岛外的集美区、翔安区、同安区民营企业发展相对缓慢，缺少带动力强的大企业，集美区规模以上民营企业数占全市14.8%，但民营百强企业仅占全市2%。

5.创新能力有待加强

厦门民营百强企业缺少国字号研发创新平台，重点实验室、工程技术创新中心、检验检测机构等科研基础平台建设仍显滞后。从研发费用来源看，民营百强企业获取外部研发经费支持较少，研发费用仍主要靠企业自筹。外部市场不确定性大、技术成果产业化困难、缺少技术创新服务平台等因素制约民营龙头企业科技创新。

（二）主要制约因素

1.市场机会获取不平等

当前在制度上明确禁止民企进入的领域已非常少，但在实践中还存在不少民营企业市场机会获取不平等现象。如在基础电信、自然垄断领域采取许可准入或核准制，民营企业基本不被准入；在数字政府、卫生医药等领域，基于安全考虑，一般指定由国企经营或国企优先运营；轨道交通等大型基础设施项目由国企实施，建设工程存在层层转包现象等。

2.要素成本增加与保障不足

民营百强企业调研显示，用工成本上升、税费负担重等方面制约企业发展，其中用工成本上升是最主要的影响因素，占填报企业数的 73.9%。民营企业融资仍较困难，商业银行更愿意贷款给国有企业，相比同等条件、同等信用评级的国有企业，民营企业贷款利率高出约 2～5 个百分点。调研显示，民营百强企业最希望改善劳动力资源供给和开放公共数据资源。

3.营商环境有待进一步优化

法治环境不够规范有力，企业对涉企纠纷处理时效、网上诉讼服务、拘留查封财产等强制措施满意度有待提高。政策落实有待强化，部分惠企政策存在“落实难、受众窄”等问题，“免申即享”政策覆盖面有待拓展等。

三、厦门培育壮大民营龙头企业的对策建议

（一）提升民营龙头企业带动能力

1.推动龙头企业融入国内国际双循环

一是深度融入全国统一大市场。引导龙头企业积极对接长江经济带、粤港澳大湾区等国家战略，充分利用泛珠三角区域合作、闽浙赣皖区域协作等平台，加强产业对接合作。二是积极开拓多元化国际市场。推进“五外”联动发展，加快建设“走出去”行业服务平台和海外服务驿站，深入开展“百展千企拓市场”活动，支持龙头企业拓展“一带一路”沿线国家、金砖国家等新兴市场。三是更好服务民营企业“走出去”。发挥厦门海丝中央法务区功能作用，推广“海丝中央法务区 · 云平台”应用，提升国际商事海事纠纷解决能力，为龙头企业“走出去”提供更好法律保障。

2.加快应用场景开放建设

一是推动应用场景开放。推进实施“场景鹭岛”行动，搭建场景创新实验室，结合翔安国际机场、地铁等重大项目建设运营需求，定期发布场景“机会清单”“能力清单”，支持龙头企业参与人工智能、区块链、5G等新技术新产品在市内外重大项目的应用场景建设。二是促进场景成果转化。对民营龙头企业经过

应用场景验证的技术、具备工程化推广条件的方案，在全市智慧城市建设项目中优先推荐使用；对于新技术和方案在新基建领域迭代更新和规模化应用的给予小批量验证和推广支持。

3.促进国企与民企协同发展

一是稳步推进混合所有制改革。推动国有资本与民营资本融合发展，支持民营企业参与央企、国企混合所有制改革，加快民营企业做大做强。二是深化国有企业与民营企业对接合作。探索“国企搭台、民企唱戏”发展模式，鼓励国企、民企在市场拓展、技术研发、原料供给、产业配套等方面双向对接，构建有竞争力的产业链和供应链；支持民间资本与国有资本联合，依法依规通过合资共设、股权转让、增资扩股等方式，共同参与重大项目投资建设运营。三是充分发挥大型国企赋能作用。发挥建发、国贸、象屿三大国企资源整合优势，进一步升级完善浆纸、钢铁、农产品、食品等产业数字化服务平台，发展“虚拟工厂”供应链模式，助力民营企业降本增效。

4.推动大中小企业融通发展

一是构建优质企业梯度培育体系。深入实施市场主体培育工程，加快推进“个转企”“微升小”“小升规”，建立“创新型中小企业—专精特新‘小巨人’企业—制造业单项冠军企业”的梯度培育体系，通过“苏颂杯”未来产业技术创新赛等“双创”活动，挖掘培育潜在专精特新中小企业。二是加强产业链协同发展。做实“产业链链长制”，鼓励龙头企业牵头组建产业联盟，开展产业协同、技术研发、项目投资等多领域合作，促进产业链上下游贯通、产供销配套、大中小协同。三是加强本地产品配套。开展民营龙头企业与中小企业“大手拉小手”对接协作行动，引导大企业面向中小企业发布采购需求，促进本地龙头企业、链主企业就近就地配套对接。

（二）推动民营龙头企业转型升级

1.加快数字化转型步伐

一是夯实新型基础设施。协同推进5G和千兆光网“双千兆”网络建设，推广“5G+工业互联网”，鼓励民营龙头企业参与数据中心建设，牵头建设特色工业互联网平台，打造产业“数据中台”。二是打造数字化转型标杆。支持民营龙头企业融入“数字厦门”建设，梯度培育“智能生产线—智能车间—智能工厂”。选择部分数字转型标杆作为全市智能制造实训基地、展示中心和工业旅游线路，强化标杆示范引领。三是鼓励龙头企业开展数字化转型诊断。培育引进数字化转型服务商，搭建智能化改造咨询诊断服务平台，建立市数字化转型专家库，加大科技创新券、算力券推广运用，加快推动龙头企业“上云用数赋智”。

2.提高龙头企业绿色发展能力

一是支持龙头企业绿色改造。鼓励民营企业加大生产工艺、设备、技术的绿色低碳改造，支持企业创建国家及省级绿色工厂、绿色数据中心、绿色供应链管理示范企业。二是鼓励龙头企业绿色低碳发展。支持龙头企业通过市场化方式参与低成本碳捕集与封存，积极参与全国用能权、碳排放权交易。鼓励龙头企业积极探索生态价值产品实现途径，参与湖里区EOD等项目开发建设。

3.鼓励企业加强品牌质量建设

一是支持龙头企业品牌建设。引导龙头企业抢抓“新国货运动”机遇，向品牌运营、研发设计等高价值链服务环节转型，加快打造自主品牌；鼓励龙头企业积极参与国外高端品牌并购，并在市内设立该高端品牌营销总部，打造一批具有国内外影响力的品牌。二是支持龙头企业标准化建设。鼓励龙头企业参与行业标准、国内标准和国际标准制修订，参评各级政府质量奖，培育“专精特新”产品。

4.支持龙头企业加快布局新赛道

一是支持龙头企业超前布局未来产业。引导民营企业深度融入全市“4+4+6”现代化产业体系，鼓励民营龙头企业聚焦主业的同时，沿产业链积极布局第三代半导体、氢能与储能、基因与生物技术、深海空天、未来网络、前沿战略材料等未来新赛道。支持未来产业领域创新创业，集中资源支持企业开展新技术新产品应用示范推广。二是鼓励龙头企业发展新业态、新模式。支持民营企业顺应科技创新和消费模式演变趋势，培育发展元宇宙、AIGC、轻IP、直播演艺等新业态、新模式，对人工智能、直播电商等新业态、新模式实施包容审慎监管。

（三）激发民营龙头企业创新活力

1.强化企业创新主体作用

一是鼓励企业加强研发投入。通过研发费用加计扣除、研发费用分段补助等政策，激励企业加大研发和人力资本投入；推行“揭榜挂帅”“赛马”等新型管理制度，支持民营企业承担实施国家、省市重大科技项目。二是支持龙头企业联合创新。推进创新联合体建设试点力度，支持民营龙头企业牵头或参与组建创新联合体，通过定向委托等方式给予创新联合体重大科技攻关项目接续支持。

2.支持企业建设创新平台

一是支持龙头企业建设高水平研发机构。推进企业千亿研发投入引领计划，鼓励龙头企业参与共建国家、省级重点（工程）实验室、企业技术中心、工程（技术）研究中心等科技创新平台，支持龙头企业参与国家、省重点实验室重组。二是推动龙头企业提升开放创新水平。鼓励龙头企业在上海、深圳等创新资源富集城市建设域外研发中心，开展“飞地创新”。鼓励有条件的龙头企业以多种方式设立海外研发机构和离岸孵化器，积极融入全球研发创新网络。三是加快科研资源开放共享。推动重大科技基础设施、科研仪器设备、科学数据和科技文献等科技资源向龙头企业开放共享。

3.提升科技成果转化水平

一是加强科技成果供需对接。建设科技成果转移转化公共服务平台，组织常态化的企业技术需求对接会，促进科技成果线上线下高效对接。加快培育技术经纪（理）人队伍，促进高校与民营龙头企业对接联系。二是深化产学研合作。支持民营企业加强与嘉庚创新实验室、翔安实验室等高能级实验室合作，对民营企业购买高校、科研院所及科技服务机构的科技成果、知识产权等服务及产品给予财政支持。三是构建需求导向的成果转化机制。推进科技成果转化综合试点，探索建立民营企业科技成果转化中试基地、概念验证中心，提升产学研转化效率。

4.营造良好的创新环境

一是完善科技创新服务。打造“鹭创通”科技创新创业综合服务平台，建设全市科技创新创业服务“一张网”。二是强化知识产权保护。依托国家级知识产权保护中心，支持民营企业开展专利快速预审、快速确权、快速维权。深化全国商业秘密保护创新试点建设，提升企业商业秘密保护管理水平。

（四）强化民营龙头企业要素保障

1.加强融资支持服务

一是加强银行信贷支持。健全政银企长效对接机制，完善民营企业融资担保体系，发挥增信基金、创新基金等“财政＋金融”政策工具增信作用，提高企业获贷能力。二是加强股权投资支持。依托古地石基金小镇，探索推进私募股权投资基金份额转让、认股选择权转让试点，激发私募基金创业投资活力。健全完善政府引导基金和国有产业基金支持民营企业容错机制。三是支持企业上市发展。深化与沪深交易所战略合作，依托沪深北交易所厦门基地，支持民营企业借助境内外多层次资本市场募集资金、并购重组。

2.强化土地要素保障

一是统筹民营企业用地计划。实施老旧工业园区改造，统筹新增建设用地、存量建设用地支持民间投资项目合理用地需求，建立健全长期租赁、先租后让、租让结合等工业用地市场供应体系。二是探索供地新模式。推行工业用地“标准地”、“工业上楼”等用地模式。探索增加混合产业用地供给，支持依法合理转换产业用地类型。探索实行产业链供地，对产业链关联项目涉及的多宗土地实行整体供应。

3.强化人才和用工保障

一是拓展企业引才渠道。深入实施“群鹭兴厦”、卓越工程师培养等人才项目，发挥城市引才联盟作用，建立民营经济领军人才“揭榜招贤”机制，支持企业通过聘请咨询、技术合作、短期聘用等方式柔性引才引智。二是加强用工保障。组织开展“民营企业招聘月”等公共就业服务专项活动。鼓励在厦高校与民营龙头企业建立产教联盟，建立员工教育培训基地、学生实训基地等，围绕龙头企业培养急需的技术技能人才。三是推进职称评审改革。探索在人工智能、新能源等领域增设新的职称评审专业，拓宽智能输配电职称专业改革试点评审范围；支持技术实力较强的民营龙头企业单独或联合组建职称评审委员会，开展自主评审。

4.加大数据要素开放共享

一是加强公共数据开放共享。推进数字要素市场化，建立健全公共数据授权运营机制，建设公共数据授权运营服务平台，推动公共数据向民营企业有序开放。二是支持民营企业数字资源开发利用。争取成立厦门数据交易所，支持民营企业依托市大数据安全开放平台，有序推动数据资源开发利用、交易流通，充分发挥数据要素价值。鼓励民营企业开展数据采集、传输及应用，培育一批数据驱动型企业。

（五）优化民营龙头企业发展环境

1.持续破除市场准入壁垒

一是持续放宽市场准入。严格落实市场准入负面清单制度，推动“非禁即入”普遍落实，建立违反负面清单的投诉和处理回应机制。平等对待国有企业和民营企业，做到惠企政策一致、市场机会均等。二是建立清理隐性门槛长效机制。全面开展市场准入效能评估，健全隐性壁垒线索发现、认定、处置全流程网上办理机制，不得对具备相应资质条件的企业设置与业务能力无关的企业规模门槛和明显超过招投标项目要求的业绩门槛。三是扩大民间投资范围。发布向民间资本推介的重大项目、产业项目和特许经营项目等三类项目清单，支持民间资本参与基础设施、公共服务、科技创新、乡村振兴等领域的投资，鼓励支持民营龙头企业参与REITs试点。

2.全面落实公平竞争政策

一是促进市场公平竞争。实施公平竞争审查第三方独立审查创新试点，清理与企业性质挂钩的行业准入、资质标准、产业补贴等歧视性规定和做法。二是规范招投标主体行为。加强招投标全链条监管，开展工程建设招标投标突出问题专项治理，取消违规设置的供应商预选库、资格库、名录库等。推进“评定分离”改革，支持民营企业和国有建筑业企业建立战略联盟，采用联合体投标、技术合作等方式参与市内、外大型项目建设。三是公平对待存量企业与招商企业。坚持招商安商并举，对市域内民营企业扩大生产、增加投资达到招商引资规模的，同等享受招商引资优惠政策。

3.营造平等保护的法治环境

一是依法保护民营企业产权和企业家权益。完善刑事案件查封扣押冻结财产机制，防止刑事侦查介入民事纠纷。深化知识产权司法协同保护、金融司法协同、破产审判等机制，营造良好法治环境。二是完善监管执法体系。全面实施跨部门联合“双随机、一公开”监管，实施涉企“综合查一次”制度；深化包容审慎监管执法“四张清单”工作，依法推行涉企行政执法“首违不罚”、“轻微不罚”，明确执法人员具体操作适用指引；规范环保、安监等执法监管，避免简单化，不搞“一刀切”。三是加强信用体系建设。建立企业公共信用综合评价机制，开展企业专用信用报告替代有无违法记录证明试点。完善民营企业信用修复制度，建立行政处罚后信用修复渠道主动告知机制，实行信用修复“一口办理、一次办成”。

4.构建高效便捷的政务环境

一是优化行政审批服务。推进行政审批标准化、公共服务便民化、政务服务智慧化建设，深化“AI＋政务”建设，完善涉企行政许可相关中介服务事项清单管理。二是加大政策支持。定期开展龙头骨干民营企业认定，对经认定的龙头骨干民营企业，在政府基金、上市融资、要素保障等方面给予政策支持。三是提升惠企纾困政策实效。深化“益企服务”专项行动，推动惠企政策和奖补资金“直达快享”，持续扩大惠企政策“免申即享”适用范围。

（六）培育优秀企业家队伍

1. 全面构建亲清政商关系

一是制度化规范政商交往。完善亲清政商关系正面清单、负面清单、倡导清单，规范政商交往行为。全面准确落实“三个区分开来”，支持公职人员坦荡真诚同民营企业接触交往。二是畅通政企沟通渠道。持续完善“五位一体”政企直通平台，充分发挥营商环境监督点作用，设立民营企业维权服务平台，建立民营企业诉求收集、转办、督办、反馈闭环机制。三是强化政策沟通和预期引导。完善向企业家问计问策机制，邀请优秀民营企业家开展有关咨政活动，涉企政策调整设置合理过渡期，提升涉企政策稳定性、连续性和针对性。

2. 完善教育培训体系

一是加强民营企业家培训。实施企业家能力素质提升工程，组建民营经济发展专家智库，依托厦门城市党建学院等培训阵地，打造“朝鹭学堂”等品牌；定期选派高层管理人才到知名高校、优秀企业学习交流，进一步提升企业家能力素质。二是培育新生代青年企业家。推进年轻一代民营经济人士培养工程，建立新生代企业家人才库，实行青年民营企业家培育“导师制”，深化厦门青创创业导师库建设，推动民营企业有序传承发展。

3. 深入践行企业家精神

一是加强优秀民营企业家宣传推介。持续办好“厦门企业家日”、“营商环境日”活动，利用厦门日报、微信公众号等媒体平台，讲好民营企业和民营企业家故事，弘扬重商、亲商、爱商优良传统。二是营造良好社会氛围。依法打击蓄意炒作、造谣抹黑民营企业和企业家的“网络黑嘴”和“黑色产业链”，营造尊重、支持民营企业家成长的社会氛围。三是强化“工商联+N”协同效应。推进商会组织建设，建立行业协会商会规范发展机制，充分发挥行业商协会枢纽平台、桥梁纽带作用，及时准确反映企业诉求。

参考文献

[1] 厦门市工商业联合会. 2022 年厦门市民营企业 100 强调研分析报告[Z]. [2023-12-01].

[2] 林丽明，游笑春. 推动民营经济在高质量发展中大显身手：访厦门市市长黄文辉. [N/OL]. (2024-01-09) [2024-02-15]. http://fjnews.fjsen.com/2024-01/09/content_31496772.htm.

课 题 指 导：彭朝明
课 题 组 长：黄光增
课题组成员：姚厚忠　龚小玮　林　敏
　　　　　　姜耘时　李　婷
课 题 执 笔：黄光增

第二十二章

厦门深度融入“一带一路”高质量发展研究

厦门作为“一带一路”重要战略支点城市，在服务“一带一路”建设中发挥重要作用。2013年以来，厦门在互联互通、经贸合作、人文交流、制度环境等领域不断展现新作为、实现新突破，并取得了丰硕成果，为厦门深度融入“一带一路”高质量发展打牢了坚实基础。

一、厦门融入“一带一路”发展现状

（一）互联互通实现新突破

1.“丝路海运”拓展海上通道

2018年12月，厦门港首发第一艘“丝路海运”集装箱船。2022年6月，厦门港开通国内首条“丝路海运”电商快线。目前，“丝路海运”航线总数已达116条，通达东北亚、东南亚、南亚、中东、非洲、欧洲等43个国家和地区的117座港口。

2.中欧（厦门）班列深耕陆上通道

2015年8月，首列中欧（厦门）班列从厦门自贸片区出发，2021年首次开出中欧防疫物资专列，2022年开出首列冷链专列、首趟至白俄罗斯班列。2023年中欧（厦门）班列累计开行108列，载货12276标箱，同比分别增长8%和16.9%，出口货物涉及LED灯管、彩色液晶电视半成品等，货源地辐射韩国、孟加拉国、越南等，主要发往俄罗斯、白俄罗斯、哈萨克斯坦等国。中欧（厦门）班列已开通中欧、中亚、中俄班列线路，可达欧洲波兰波兹南，匈牙利布达佩斯，德国汉堡、杜伊斯堡，俄罗斯莫斯科及中亚地区阿拉木图、塔什干等13个国家30多个城市，班列的另一端联通泰国、越南、印尼等海上丝绸之路沿线国家和我国台湾、香港地区，实现“海丝”与“陆丝”的交汇对接。

3.“丝路飞翔”开辟空中通道

厦门不断做大做强“丝路飞翔”品牌，持续推动“空中丝绸之路”建设，至“一带一路”沿线国家航线达 20 多条。目前，厦门机场已成为全国第 3 大国际航空入境口岸，始发至“一带一路”沿线国家航线达 20 多条，形成了一个以厦门为核心，辐射东南亚、东北亚，联通亚欧美澳四大洲的航线网络。

（二）经贸合作迈上新台阶

1.对重点国家（地区）贸易加快拓展

厦门对一带一路的外贸进出口主要集中在印度尼西亚、日本、韩国、英国、菲律宾、马来西亚、巴西、俄罗斯等国家。2023 年，东盟、欧盟、美国是厦门前三大贸易伙伴，合计进出口 4219.6 亿元，占进出口总值的 44.6%。对共建“一带一路”国家进出口 4607.9 亿元，增长 1.4%；对RCEP成员国进出口 3156.1 亿元，增长 0.03%；对金砖 4 国进出口 1092.5 亿元，增长 14.4%。

2.开放平台加快壮大

在全国率先建成国内领先的国际贸易“单一窗口”，成为全国自贸试验区“最佳实践案例”。以跨境租赁模式出口 30 架ARJ飞机定向投放至东盟市场，打造ARJ飞机海外运营基地。厦门航空维修基地维修能力全面提升，飞机机身维修、发动机维修和起落架维修的能力均列国内前三。保持全国最大的毛燕进口和指定加工基地。成为全国新型离岸国际贸易试点之一。金砖未来创新园进驻金砖未来技能发展与技术创新研究院、信通院东南创新中心、时代电服等项目。引进中俄数字经济研究中心等金砖合作项目，引进“链石科技”，搭建“金砖石材制造云”平台。金砖创新基地积极举办线上线下人才培训和交流活动，覆盖金砖五国及阿根廷、墨西哥、阿联酋等 46 个国家。

3.企业“走出去”步伐加快

厦门国贸在新加坡设立平台公司，在东南亚投资并购物流公司股权，布局中亚于乌兹别克斯坦成立平台公司。姚明织带印度工业园加快推进。象屿集团赴印尼投资设立不锈钢冶炼项目。珀挺机械工业（厦门）有限公司赴菲律宾设立电厂煤炭破碎及输送系统工程项目。盛屯矿业在非洲刚果（金）开展铜钴冶炼项目。金达威公司投资设立并购多家美国公司。金龙客车在“一带一路”沿线国家和地区累计出口量 12 万余辆。

（三）人文交流呈现新面貌

1.旅游会展合作不断深化

厦门不断扩大与“一带一路”双向人员往来规模，厦门市旅行社赴“海丝”沿线国家旅游线路及游客出境占比高达 60%以上，每年有近 200 趟赴东南亚国家包机旅游航班。以文博会、石材展、佛事展、厦门国际时尚周、海峡旅游博览会等会展活动为国际合作平台，推动与“一带一路”会展合作。

2.海洋合作加快推进

提升完善厦门国际海洋周、APEC海洋可持续发展中心等载体。厦门国际海洋周已经成为联系全球海洋政策、技术、决策、行动的平台和集海洋大会论坛、海洋专业展会、海洋文化嘉年华于一体的国际性年度盛会，累计吸引来自近 130 个国家和地区及近 20 个重要国际组织的近千名官员和专家代表参与。东亚海岸带可持续发展地方政府网络（PNLG）秘书处永久落户厦门。成立厦门市海洋国际合作中心，不断拓展“一带一路”海洋交流合作渠道。

3.科教文化交流合作不断加强

建设中以协同创新中心，聚焦优势资源，围绕以色列领先科学技术展示、成果转化、离岸孵化、基金投资、海外并购、商务服务等功能，打造技术供需对接、技术本地化再研发、创新资本对接、龙头企业关键技术引进和创新公共服务五大平台。厦门眼科中心积极参与“一带一路”沿线国家和友好邻邦的“光明行”慈善活动。打造“海丝路，闽南情”“一带一路”文化之旅，推动以闽南代表艺术为内容的作品在海丝沿线成功巡演。连续举办东南亚中国图书巡回展，增强“海丝文化”的国际传播力和影响力。2016 年厦门大学马来西亚分校正式开办，是中国第一所在海外全资设立的、具有独立校园的分校，已成为“一带一路”人文交流的旗舰项目之一。

4.“一带一路”朋友圈加快拓展

厦门以“一带一路”沿线国家与地区为重点不断深化友城合作，目前已经与 21 个国际城市结为友好城市，与 15 个国际港口结为友好港口。国家文化出口基地、国家数字服务出口基地、国家中医药服务出口基地、国家语言服务出口基地等一批国际交流合作平台落户厦门。2018 年全国首创设立海外华侨华人社团厦门联络总部，目前已有来自 47 个国家和地区的 102 个海外侨团委派代表入驻，推动海外华侨华人积极参与共建“一带一路”。

（四）制度环境呈现新气象

1.投资贸易更加自由便利

深化通关一体化改革，创新实施“先放后检”、“集中检验、分批核销”、出口转关自动核销等措施，实现口岸通关再提速；国际贸易单一窗口持续拓展应用功能，新上线“邮递物品综合服务系统”“海关非贸一体化运行智能管理平台”等一批应用场景，启动“海事蓝海智慧服务平台”等一批项目建设，扩大“单一窗口+出口信保”政策覆盖面，推进跨境贸易全链条、一站式办理。

2.营商环境不断优化

设立全国首支地方政府主导的海丝投资基金——厦门海丝投资基金，吸引厦门自贸片区产业引导基金共同参与，优先选择“一带一路”沿线投资项目，积极探索多种类、多形式的产业扶持新模式。基本建立起涵盖公共服务、投资基金、运营机构等领域的知识产权运营服务体系，获批开展全国唯一两岸与“一带一路”知识产权经济发展的试点，入选国家知识产权强市建设示范城市。厦门口岸连续三年在“中国十大海运集装箱口岸营商环境测评”中获评最优，厦门跨境贸易指标在国家发改委开展的全国营商环境评估中连续两年获评全国标杆。

3.海丝中央法务区加快建设

引进国际商事争端预防与解决组织在厦门设立全球首个代表处，引进国家知识产权局专利检索中心厦门代办处，落地100多家境内外法务、泛法务头部机构，建成启用知识产权CBD，初步构建了知识产权一站式服务的要素供给侧保障集聚区。

二、厦门融入"一带一路"发展存在的问题

（一）基础设施互联互通有待进一步完善

陆运方面，中欧班列面临漳州、龙岩等城市同质化竞争，班列产业配套不充足，存在本地货源不足、回程班列数量少等问题，运营成本较高。海运方面，"一带一路"国际航线较少，与"一带一路"港口合作深度不足，发展潜力有待进一步挖掘。空运方面，高崎机场国际全货运航线较少，不能满足发展需求。

（二）产业链供应链国际合作不足

厦门企业以中小企业为主，厦门产业链供应链存在部分领域核心基础零部件、关键技术和设备、关键基础材料依赖进口，以及质量技术基础不完善、共性技术创新体系缺失等问题，厦门产业链供应链对部分关键环节的掌控力较弱，厦门企业融入"一带一路"主要是以拓展市场空间和开发能源矿产资源为主，厦门电子信息、机械制造、新能源、生物医药等重点产业链与"一带一路"产业链供应链国际合作严重不足。

（三）创新国际合作深度不够

厦门企业中以独资新建、收购兼并、合资合作等方式在"一带一路"沿线国家设立联合实验室或技术推广中心等的科技型企业还不多。目前，厦门与以色列、俄罗斯等国家科研机构开展了创新初步合作，厦门与"一带一路"沿线国家共同开展新一代信息通信技术、新材料、人工智能、智能制造、生物医药、新能源等前瞻性合作研究还处于起步阶段。

（四）人文交流广度不够

"一带一路"沿线地区许多国家正处于新旧体制转轨期和社会局势动荡期。俄乌冲突爆发后，中东欧不少国家跟随美欧制裁俄罗斯，厦门与"一带一路"沿线国家的人文交流以民间交流和会议交流为主，政府层面的人文交流合作处于起步阶段，以项目合作为主的人文交流合作基本上处于停滞状态。

三、厦门深度融入"一带一路"高质量发展的对策建议

（一）高质量推进"一带一路"基础设施互联互通

充分发挥区位优势，深化海港、陆港、空港、信息港等四港联动，打造国际航运枢纽和国际航空门户，面向"一带一路"沿线国家，加快构筑联通内外、便捷高效的海陆空综合运输大通道。

1.加快海上通道建设

进一步完善港口远洋航线网络体系，重点开辟面向东盟、南亚、西亚、中东欧等"一带一路"沿线国

家和地区重要港口的新航线，发展一批友好港口。推广多式联运“一单制”，建立联通“一带一路”内外衔接顺畅、流动高效的国际多式联运核心枢纽，做大海铁联运规模。鼓励厦门企业参与“一带一路”沿线国家（地区）航运基地、港口物流园区建设和运营，吸引境外港航企业来厦合作建设港口物流园区和物流基地。统筹发展邮轮产业，吸引国际大型邮轮停靠，打造海上丝绸之路旅游圈。

2.加快陆上通道建设

推动中欧（厦门）班列高质量发展，完善欧亚地区运行线路及网络，加快提升海铁联运服务中心功能，构建海铁联运、陆海联运等多式联运体系，打造“一带一路”海铁联运综合试验区，加快构建欧洲—中亚—厦门—东南亚（台日韩）通道网络。探索在中欧（厦门）班列沿线重要节点布局加工组装基地、物流枢纽等，放大中欧（厦门）班列集聚辐射效应。多点开发俄罗斯及欧洲货源集散站，稳定去回程双向运量。加速布局完善境内外分拨点和仓储中心，强化东南沿海、台日韩以及“一带一路”沿线国家的货源组织，丰富回程货源品类，全面增强国际物流集散功能。加快推进中欧（厦门）班列信息化建设，建立信息平台，打造丝路数字班列。

3.加快空中通道建设

拓展与“一带一路”沿线国家和地区的民航合作，积极开辟国际新航线，加密国际干线航班，着力打开中南亚、欧洲、北美和金砖国家的空中贸易通道。争取航权、时刻、空域等航运资源，扩大面向“一带一路”沿线国家的航权开放。积极争取开通更多第五航权航线，建设航空货运基地，畅通“一带一路”主要国家和地区的航空物流大通道。加快培育空中中转、陆空联运和海空联运，打造国际航空中转集结中心。大力发展临空经济和通用航空。联合民航局、中国航协等机构，共同筹办“‘一带一路’航线发展论坛”等活动。发挥航空口岸“一带一路”通道作用，提高“一带一路”重大活动、重点合作、重大项目的人员出入境便利度。

4.打造“一带一路”国际信息枢纽

整合“厦门电子口岸”“厦门港口EDI中心”“厦门交通信息网”等信息网络平台，搭建统一的集疏港交通公共信息平台。加快建设面向“一带一路”数据枢纽，推动大数据、工业互联网、5G等新基建互联互通。建设海上丝路航运大数据中心，推进港口、航运信息交换，实现信息共享，开辟货物通关快捷渠道，提高港口信息化程度。

（二）高质量推进“一带一路”产业链供应链国际合作

充分发挥厦门企业和产业链优势，根植本土，抱团出海，全球拓展，互利合作，积极参与“一带一路”新兴市场建设，拓展产业链供应链国际合作空间，积极培育发展新动能。

1.加强面向“一带一路”产业链供应链国际合作

充分发挥厦门在电子信息、汽车、生物医药、新能源等领域的产业链优势，鼓励企业大力开拓中亚、俄罗斯、白俄罗斯等区域市场。加强与东盟国家纺织服装、机械装备、电子信息等产业链供应链分工合作，做强产业链上游研发设计以及品牌等高端环节。深化与印度优势软件开发企业对接合作，推动厦门软件和信息服务业产业链做大做强。推动与伊朗、沙特等国家在新能源开发、汽车制造、金融等产业链开展双向合作。推进与以色列在高科技、现代农业等产业链上的合作。积极推动与马来西亚、印尼等国家在旅游产业链和海洋产业链上的合作。引进新加坡高科技产业，共同开拓第三方市场。加强与日韩产业链的合作，吸引日韩企业投资厦门高端制造、服务业等领域，拓展与日韩合作的新领域，提升厦门与日韩贸易和投资合作水平。在RCEP区域内积极推动企业围绕共同关心的产业链供应链环节开展紧密合作，促进企业开展研发和技术交流，进一步推动高端产业链优势互补、深度融合。

2.加快推动“数字丝绸之路”建设

打造跨境数字产业链。推动与“一带一路”国家重点城市在新基建、大数据、云计算、智慧城市、电子商务、物联网、人工智能等领域的深度合作，与“一带一路”国家共商共建上下游产业链供应链价值链。鼓励厦门电子信息产业面向金砖国家打造电子信息高端制造基地。与越南、马来西亚、印度尼西亚加强电子信息、智能汽车等产业核心零部件研发、生产和组装环节投资合作。

建设国家数字服务出口基地。围绕人工智能、云计算、信息服务、区块链等核心数字产业，联手龙头企业面向“一带一路”着力发展数字化流程外包、行业应用等离岸服务外包业务，打造面向“一带一路”的数字服务出口高地。

提升跨境电商生态。鼓励企业布局建设跨境电商“一带一路”“创业飞地”，推动“跨境电商+网红直播”等新业态新模式向“一带一路”国家推广。探索构建面向“一带一路”的新零售区域中心，建设“云商城”、“云市场”、“数字生活新服务驿站”。鼓励电商企业与“一带一路”国家开展电商促销活动，带动产业链上下游协同出海，多渠道支持企业共建共享海外仓。

3.加强与“一带一路”服务贸易企业的国际合作

引进“一带一路”服务贸易中高端企业。针对信息技术、研发设计、动漫游戏、现代物流、文化旅游等重点领域和潜力行业，加大全产业链式招商引资、引智、引技力度，推动厦门服务贸易由中低端向高端延伸。着力引进“一带一路”服务贸易跨国龙头企业，带动服务贸易新领域集聚延伸，提升厦门服务贸易整体实力。

扩大“一带一路”服务贸易规模。积极探索服务贸易项目在线交易的新模式、新路径和新规则，推动厦门与“一带一路”海外市场的要素交流、信息交流、需求及项目衔接。加大对紧缺高端服务的进口，支持技术专利和专业服务的进口。积极构建“一带一路”和“RCEP”地区的跨境产业链，重点推动优势领域内的厦门标准、技术和解决方案出口。发挥厦门金融、电子商务、文化创意等领域优势，以文化相通为引领，带动“一带一路”服务贸易发展，推动双向人才、资金、数据流动。借助“新基建”契机，积极参与“一带一路”沿线国家数据中心等基础设施建设。

4.深度融入“绿色丝绸之路”建设

加强绿色产业合作。推进与“一带一路”沿线国家和地区在新能源、流域水环境治理、生物多样性保护、湿地保护修复、海洋生态环境等领域交流合作。鼓励企业赴境外设立聚焦绿色低碳领域的股权投资基金，通过多种方式灵活开展绿色产业投资合作。

加强绿色投资贸易合作。推动绿色低碳理念、技术及产品“走出去”，在“一带一路”沿线国家和地区推广应用绿色技术、绿色装备、绿色服务、绿色基建等，引导境外投资项目践行绿色投资。持续优化“一带一路”贸易结构，大力发展高质量、高技术、高附加值的绿色产品贸易。大力加强节能环保产品和服务进出口。

加强绿色金融合作。鼓励厦门市金融机构与“一带一路”金融机构合作，举办绿色金融论坛、沙龙等，为绿色金融国际交流合作搭建平台。鼓励厦门地方法人银行学习“一带一路”绿色金融发展经验，推动建立有厦门地方特色的绿色银行。加大厦门产业引导基金和海丝投资基金对“一带一路”绿色项目的支持力度。

5.提升开放平台能级

创新推进厦门自贸试验区建设。加快知识产权、竞争政策、争端解决等制度探索，全面提升贸易、投资、运输、资金、就业、数据等方面的开放度和竞争力。积极对标自由贸易港，探索实施更高水平的对外开放政策，持续开展贸易规则、贸易金融、多式联运等首创性、差异化改革探索。促进厦门自贸试验区与其他开放平台和区域的功能互补、政策叠加、协同发展，推动厦门自贸试验区创新成果经验复制推广。

加快推进金砖创新基地建设。支持在厦门开展面向金砖国家全方位开放的综合改革试点，立足建设面向金砖国家的制度型开放试验区，赋予厦门更多先行先试政策和更加灵活自主的开放政策。加强金砖国家在数字经济、智能制造、新能源、新材料等优势领域的产业合作，打造金砖国家产业创新合作网络。围绕智能制造、工业互联网、工业设计、绿色工业等领域，推动联合实施一批新工业革命示范项目。

6.支持建设境外产业园

按照“龙头企业+园区平台”模式，依托重点龙头企业，建设产业配套、上下游衔接、具有明显带动作用和聚集效应的境外特色产业园区。鼓励厦门企业在柬埔寨西哈努克港经济特区、俄罗斯、白俄罗斯、印度、中亚、中东欧等国建立境外产业园区，争取设立RCEP经贸合作示范区，大力发展保税加工、海外仓、国际物流基地、转口贸易等配套平台，建立厦门产品制造及营销的海外支撑点。

7.支持企业主动“走出去”

针对“一带一路”地区市场，助力电子信息、生物医药、新能源产业等企业“走出去”拓展市场，提升厦门产品知名度和竞争力。支持企业抱团合作开发“一带一路”矿产资源，建立海外资源供应基地。支持企业参与“一带一路”农林渔业资源开发，布局海外渔业基地。支持企业整合国际优质要素资源，积极参与境外并购，建立境外生产基地，设立境外研发机构、设计中心和高新技术企业，融入全球研发设计、生产制造、营销服务链条，提升核心竞争力和跨国经营能力。支持企业并购海外品牌、渠道等产业上下游产业，把总部、研发设计、高端制造留在厦门。加大厦门跨国公司培育力度，引导“走出去”企业把高端产业环节带回厦门。鼓励厦门市有自主知识产权和自主品牌的企业在“一带一路”沿线交通枢纽和节点建立自主营销网络、售后服务中心、仓储物流基地和分拨中心，构建集生产制造、营销推广、物流配送、售后服务等于一体的跨境产业链体系。

8.构建高质量开放型经济新体系

深入对接国际高标准经贸规则。对标《区域全面经济伙伴关系协定》（RCEP），推动重点领域深化改革，推动构建与国际通行规则相衔接的制度体系和监管模式。加强与《全面与进步跨太平洋伙伴关系协定》（CPTPP）、《数字经济伙伴关系协定》（DEPA）等国际高标准经贸规则对接。

联通国内国际两个市场。以国内大循环吸引“一带一路”资源要素，利用外资带动厦门高新技术产业、现代服务业发展，推进厦门传统产业升级。依托厦门外贸企业信息、渠道和客商等资源优势，积极开展“以贸招商”，引进一批有实力、有技术的外资企业。充分发挥境外投资企业渠道优势，带动返程投资。

（三）高质量推进“创新丝绸之路”建设

围绕厦门科技创新、产业发展的重大需求，加强与“一带一路”沿线国家产学研合作，不断提升科技创新体系开放程度，开创国际科技合作新格局、打造国际科技合作新高地。

1. 支持企业面向“一带一路”整合国际创新资源

鼓励本地优势企业“走出去”，在“一带一路”沿线国家和地区，通过入股等方式合作共建研发中心、离岸科技企业孵化器、科技产业园区和先进适用技术示范与推广基地。与俄罗斯、意大利、新加坡、巴基斯坦、泰国、马来西亚等国家的企业、科研机构和高校开展双边合作，增强技术交流，促进先进技术及成果的引进、输出和转移转化。鼓励科技型企业争取丝路基金、亚洲基础设施投资银行等战略性金融机构资金支持。

2. 支持共建“一带一路”研发机构

支持“一带一路”行业龙头企业在厦门设立实验室、企业技术研究院、研发中心等各类研发机构，打造技术创新中心、工程研究中心和产业技术创新联盟等共性技术创新平台，鼓励和支持其积极参与国际研发合作。支持“一带一路”知名高校、科研机构与在厦门单位开展合作，共同建立国际新型研发机构，通过建设境外的研发机构服务厦门产业发展，引领融入国内国际双循环，服务厦门建设新发展格局节点城市。大力吸引“一带一路”沿线国家创新型企业来厦门科学城设立科学实验室和研发中心，加速科技成果转化，培育壮大厦门新一代信息技术、先进制造、大健康和高技术服务等新兴产业集群。促进科学城与火炬高新区联动发展，促进厦门电子信息、新能源产业等创新发展。

3. 加快建设“一带一路”技术转移中心

在厦门科学城建设“一带一路”产权交易中心与技术转移平台，与沿线国家（地区）拓展技术转移协作网络，搭建技术转移信息平台，共建技术转移中心，促进绿色技术等转移转化。

4. 加强与“一带一路”智库国际合作

充分发挥厦门大学、华侨大学、集美大学等高校智库积极作用，加强与“一带一路”相关智库人员的交流合作，定期召开智库人员培训会和学术交流会，形成高质量的跨国智库成果，提升厦门融入“一带一路”能力。发挥厦门政府智库、企业智库和社会智库等多方主体作用，促进数字化时代“一带一路”智库数据的协同创新与共享。

（四）高质量推进“一带一路”人文交流合作

突出海外华侨作用，开展多层次、宽领域人文领域交流，提高合作档次和实效，筑牢人文领域交融互信纽带桥梁。

1.加强国际旅游合作

加强与东南亚、东欧、中东等重点旅游城市合作，打造以厦门为节点的“一带一路”旅游精品线路，支持共建“一带一路”国家重点城市在厦门举办旅游推广活动。紧密联系国际旅游组织、协会，吸引“一带一路”沿线国家知名旅行社在厦门落地。推进“互联网+‘一带一路’世界文化遗产”旅游项目，打造“云游”博物馆、线上美术馆等沉浸式旅游场景和特色线上品牌。

2.全面加强海洋合作

充分发挥厦门海洋优势，与“一带一路”沿线国家和地区合作建设海上渔业走廊。在海洋产业发展、海上互联互通方面与“一带一路”沿线国家开展先行先试合作，并以海洋高端装备、海洋生物制药等为重点，合作建设海洋经济示范区、海洋科技合作园、远洋渔业基地和海洋人才培训基地，打造海上丝绸之路国家海洋合作试验区。加强与“一带一路”沿线国家（地区）在海洋生态环境修复、生物多样性保护、预警预报、气候变化、防灾减灾等方面的海洋公共服务合作，共建共享海洋观测监测网、以北斗通信为主的海洋多模通信网、海洋环境综合调查监测网。

3.深化教育交流合作

积极参与中巴经济走廊、中蒙俄、丝绸之路、东中欧（中亚）和国际友好城市教育合作，吸引优秀学生来厦门留学、开展技能培训、定向培养人才、派遣志愿者和教师、吸引杰出人才来厦门访学和工作。支持厦门大学、华侨大学、集美大学等高校与“一带一路”沿线国家推进师生互派、学分互认，联合举办承办国际学术会议（论坛）。支持“丝路工匠”职业院校国际合作联盟发展，探索合作模式、推进资源共享，着力打造“丝路工匠”国际技能大赛品牌，鼓励职教院校在“一带一路”沿线国家地区办学，为企业参与“一带一路”建设培养优秀的技术技能人才。

4.携手共建“健康丝绸之路”

深入推进“一带一路”国际卫生健康合作，加强与“一带一路”国家在公共卫生、传染病防控等重点领域的合作。常态开展医疗队赴“一带一路”沿线国家义诊活动，加快推进与“一带一路”医疗产业、中医药、重大疾病防治技术等合作的项目。支持厦门市医院在“一带一路”沿线国家（地区）建设经营医院、开办特色医疗诊所。

5.全面提升文化体育交流水平

推动厦门优秀演出、传统技艺在“一带一路”国家展演巡演。吸引“一带一路”国家知名院团和艺术家在厦门演出。深化金鸡电影节美术馆、博物馆、音乐创演等与沿线国家（地区）的合作机制，进一步丰富和拓展文化交流合作内容。与共建“一带一路”国家、国际体育组织在运动训练、赛事组织、场馆管理运行等方面开展全方位合作。支持与“一带一路”沿线国家优秀教练员、运动员互派互聘，积极吸引“一带一路”沿线国家运动员来厦门参加国际马拉松等国际比赛。

6.构建高质量友城网络

以互补性强、合作潜力大为导向，积极拓展“一带一路”“朋友圈”，加快形成覆盖全球的友城网络。全面梳理友好城市优势领域、市场需求等情况，为双方开展实质性合作奠定基础。建立完善友好市（州）高层联系机制，推动双方务实交流合作。积极推动学校、医院、港口、企业等单位，与国际友城对口单位建立“点对点”友好关系，努力开拓对外合作渠道。

（五）高质量推进“一带一路”机制创新

完善项目、资金、人才、风险机制，不断推动体制机制创新，有效保障“一带一路”高质量发展。

1.完善项目推进机制

围绕开放通道、开放平台、开放产业、国际交往合作等，积极争取和策划实施一批关系全局和长远发展的重大项目。以引进境内外高科技项目、现代服务业项目、对外经贸投资项目、跨境基础设施建设项目和有助于提升厦门开放型发展能力的重大平台为重点，建立厦门融入“一带一路”重点项目储备库。建立境外合作项目滚动实施机制，开工一批、储备一批、谋划一批境外合作项目。借助国际咨询力量，依托现有的走出去企业加强合作项目开发储备，形成项目续接。针对规划设计、用地审查、环境影响评价、资金筹措、项目审批核准等项目前期工作，加强综合协调与服务，确保项目落地。

2.完善资金保障机制

加强与亚行、亚投行、世行、金砖银行，丝路基金、中非基金、中国-东盟海上合作基金等基金合作，争取对厦门市“走出去”重大项目的支持。加强对银团贷款、联合授信等融资合作模式的运用，引导中国银行、工商银行、建设银行、农业银行等商业银行联合支持厦门市海外项目。支持企业进行境外收购，支持企业以境外项目、资产或股权、矿权等权益办理抵押贷款。争取国家开发银行加大对通过厦门参与沿线国家（地区）的基础设施、金融合作、产能合作等项目的专项贷款支持力度，扩大“一带一路”专项债券发行规模。争取中国进出口银行加大对通过厦门开展沿线国家（地区）项目的贷款支持，增加优惠性贷款投放规模。吸引“一带一路”相关国际开发性金融机构、沿线国家（地区）商业性金融机构等到厦门设立机构。

3.完善人才保障机制

发挥华人华侨的力量，在“一带一路”沿线华侨华人集聚主要城市建立“海外厦门之友”区域联络中心、海外引智工作联络站。继续发展壮大“一带一路”海外华人商会、协会，在引进科技领军人才、关键核心技术和支持国内企业“走出去”中积极作为。定期举办“一带一路”企业高端人才培训班，进行有关“走出去”的法规、政策、礼仪、文化、语言等方面的专项培训。引导市内高校、高职院校培养翻译人才、海外营销策划人才、国际经贸和法律人才。适时选派市内机关事业单位、企业的骨干到海外项目挂职锻炼。注重发挥“一带一路”沿线国家在厦门市留学人员的作用，服务各类经贸和人文交往活动。

4. 完善风险防控机制

针对“走出去”和“引进来”的大型项目，开展可行性预研和风险评估。既要考察项目主体的技术水准和核心竞争力，更要评估项目落地国家的经营环境和社会风险。对于有可能涉及环境污染、能源安全、基础设施建设等方面的敏感项目，前期必须与所在国政府进行充分的沟通。鼓励厦门市保险公司积极研究开展“一带一路”风险保险业务的可行性，在目前已有海外保险业务的基础上，加大对厦门市企业走出国门的支持力度。针对厦门市融入“一带一路”可能存在的突出问题，制定相应的应急预案，加强与沿线国家、城市的沟通与交流，并根据预案提前做好演练。一旦风险管理失效，立即启动快速响应机制，作为风险防控的“兜底”之策。

参考文献

[1] 李惠茹，蒋俊. “一带一路”对我国沿线地区的出口贸易效应研究[J]. 河北经贸大学学报，2019，40（6）：67-74.

[2] 项松林. “一带一路”对中国与沿线国家贸易增长的影响[J]. 当代经济科学，2019，41（4）：1-13.

[3] 刘国斌. “一带一路”高质量发展推进中国式现代化发展的理论逻辑、现实基础及实现路径[J]. 东北亚经济研究，2024，8（1）：5-15.

[4] 潘雨晨，陈志成，刘震. “一带一路”区域分工、数字化水平与中国产业链韧性[J]. 经济问题探索，2024（2）：65-81.

[5] 李诗华，张语涛. “一带一路”背景下跨境供应链金融风险预警实证研究[J]. 对外经贸实务，2024，42（1）：81-85.

课题指导：彭朝明　戴松若
课题组长：刘飞龙
课题组成员：戴松若　林汝辉　刘飞龙
陈国清　林　敏　林永杰
课题执笔：刘飞龙

第二十三章

厦门加快建设国际性物流枢纽城市思路研究

一、国际性物流枢纽城市的内涵

党的二十大报告指出，要加快构建以国内大循环为主体、国内国际双循环相互促进的新发展格局，增强国内大循环内生动力和可靠性，提升国际循环质量和水平，加快建设现代化经济体系。作为现代化经济体系的重要组成部分，物流是推动经济高质量发展不可或缺的力量。建设国际性物流枢纽城市，有助于厦门主动融入和服务新发展格局，打造国内大循环的重要节点，构建国内国际双循环的重要枢纽，加快建设新发展格局节点城市。

物流枢纽是集中实现货物集散、存储、分拨、转运等多种功能的物流设施群和物流活动组织中心。国际性物流枢纽是我国现代物流体系的核心基础设施，是各种运输方式高效衔接和一体化组织的主要载体，是在国家物流枢纽的基础上辐射区域更广、集聚效应更强、服务功能更优、运行效率更高的综合性物流枢纽，在全球物流网络中发挥关键节点、重要平台和骨干枢纽的作用。

建设国际性物流枢纽城市，就是要大力发展枢纽经济，构建高效运行的现代物流体系，全面提升物流规模化、组织化、网络化、智能化水平，加快建设与现代化经济体系相适应的物流基础设施体系，形成多层次、广覆盖的物流节点及通道网络，推动海陆空枢纽功能日益完善，不断提高全球资源配置能力，形成多层次、多模式、多功能、多业态的全球物流枢纽城市。

建设国际性物流枢纽城市需要具备一定的基础条件。一是城市区位条件良好，具有港口、机场、铁路场站等两种及以上的重要交通基础设施和产业聚集区，能够与城市群分工相匹配，实现城市内与城市间的物流枢纽协同共建。二是城市物流枢纽规划空间布局集约，以连片集中布局为主，集中设置物流设施，集约利用土地资源。三是城市具有一定规模的物流基础设施和枢纽功能，具备提供公共物流服务、引导分散资源有序聚集、推动区域物流集约发展等功能，在满足区域生产生活物流需求中发挥骨干作用。四是城市物流服务功能完善，具备干线运输、区域分拨等功能，以及多式联运转运设施设备和系统集成、互联兼容的公共信息平台等，可根据需要提供通关、保税等国际物流相关服务。五是物流枢纽城市实现统筹运营管理，一家企业或多家企业联合主导国际性物流枢纽建设、运营和管理。

加快建设国际性物流枢纽城市有利于整合存量物流基础设施资源，更好发挥物流枢纽的规模经济效应，推动物流组织方式变革，提高物流整体运行效率和现代化水平；有利于补齐物流基础设施短板，扩大优质物流服务供给，打造低成本、高效率的全国性物流服务网络，提升实体经济活力和竞争力；有利于更好发挥干线物流通道效能，加快推进要素集聚、资源整合和城乡空间格局与产业布局重塑，促进区域协调发展，培育新的经济增长极；有利于深化国内国际物流体系联动协同，促进生产制造、国际贸易和国际物流深度融合，提高国际供应链整体竞争力，培育国际竞争新优势，加快推动产业向全球价值链中高端迈进。

二、厦门建设国际性物流枢纽城市情况

近年来，厦门市物流基础设施条件不断完善、运行组织效率持续提高、综合服务能力大幅提升、经济支撑带动作用明显，为建设国际性物流枢纽城市奠定了良好的发展基础。

（一）物流枢纽地位不断提升

对外经济联系紧密。厦门 2023 年进出口规模达到 9470.4 亿元，在 15 个副省级城市中稳居第 4 位，厦门港外贸集装箱吞吐量约占全港 75%左右。可见，厦门外贸实力深厚，外向型经济发达，具备建设国际性物流枢纽城市的竞争优势。

对外交通条件发达且联系便捷。作为我国大陆重要的出海口，厦门东临台湾海峡，南北连接珠三角和长三角地区，向西延伸至江西、湖南、湖北及京九沿线的广大腹地，是“海丝”与“陆丝”无缝衔接的重要节点。厦门是我国与港澳和东南亚地区连接的重要口岸，具有对接港澳和东南亚地区的区位与地缘优势，这些天然的地理条件，为厦门实现海陆空枢纽联动、建设国际性物流枢纽城市发挥不可替代的作用。

现代物流产业加快发展。物流产业市场主体数量平稳增长，截至 2022 年年底，全市物流及相关经营企业约 12000 家，2022 年，全市物流产业实现总收入 1698.07 亿元，实现物流业增加值 649.06 亿元，产业总收入和产业增加值近十年的平均增长率均超过 10%。现代物流产业呈现规模化、集约化、国际化发展态势，为国际性物流枢纽城市建设奠定良好的产业基础。

（二）物流枢纽支撑不断加强

1.海港方面

海港物流枢纽地位凸显。2023 年，厦门港集装箱吞吐量 1255.37 万标箱，在全国排名第 7 位，全球第 13 位，货物吞吐量 2.2 亿吨，海港物流枢纽地位位居前列，为国际性物流枢纽建设提供有力支撑。

海港物流枢纽功能不断提升。厦门港建成生产性泊位 182 个，设有集装箱、邮轮、石油、煤炭等专用码头，其中万吨级以上泊位 79 个，年货物通过能力 1.31 亿吨，集装箱通过能力 1220 万标箱。航道总长达 705 公里，其中万吨级以上深水航道 210 公里。综合效率与装卸作业效率国际领先，厦门海港枢纽功能提升，推动国际性物流枢纽建设迈向专业化。

海港物流枢纽国际连接网络加密。截至 2023 年 12 月底，全港集装箱班轮航线达 175 条（含外贸航线 133 条），通达全球 57 个国家和地区的 152 个港口，其中，“一带一路”航线达 86 条，途经 25 个国家 56 个港口，RCEP航线达 91 条，覆盖 10 个成员国的 57 个港口。厦门港通过公路连接全省路网，并通过 319、324 国道，沈海、厦成高速公路与全国公路网相连；直达码头前沿的铁路专用线通过鹰厦、福厦、厦深、龙厦线与全国铁路网相连。海港物流枢纽实现国内外有效联动，促进厦门建设国际性物流枢纽城市。

2. 空港方面

空港物流枢纽区域地位成型。2022 年，空港货邮吞吐量 26.21 万吨，位列全国民用运输机场第 12 名。厦门空港物流枢纽有效实现货物集散、中转等多种功能，位居空港枢纽榜单前列，区域地位成型，是建设国际性物流枢纽城市的重要组成部分。

厦门高崎机场国际辐射力较强。厦门机场航线网络覆盖欧洲、北美洲、大洋洲洲际航点。航线网络全球通达性较高，提升了物流枢纽城市的全球性和国际性水平。

厦门新机场空港枢纽建设有序推进。作为国内首个海岛型大型机场，厦门翔安国际机场以打造我国区域性枢纽机场与两岸交流门户机场为定位，有序推进建设进程，新机场建设工作于 2021 年全面开工，初步预计将于 2026 年通航。建成后将进一步增强对海峡西岸周边城市辐射和带动作用，发挥在地理区位、经济发展、对台贸易合作等方面的优势，推动厦门建设国际性物流枢纽城市。

3. 陆港方面

陆港物流枢纽外向格局形成。铁路、公路货运枢纽不断增强，2022 年，货物运输量 4.31 亿吨，增长 10.1%；货物周转量 3183.90 亿吨公里，增长 13.0%。厦门本岛与海沧、漳州的联系更加紧密，对构建闽西南协同发展区、国际性物流枢纽城市具有重要意义。

厦门成为东南沿海铁路枢纽中心城市。当前，厦门已形成以厦深铁路、龙厦铁路、福厦铁路、鹰厦铁路为骨干，海沧港货运专用线、东渡港货运专用线为支线的“四干两支”的铁路线网格局。厦门北站是东南沿海通道中的枢纽站，厦门成为福建“三纵六横”铁路网格局的核心城市之一，在全国“十纵十横”综合运输大通道中发挥重要作用，从而有力促进国际性物流枢纽城市的建设。

中欧（厦门）班列成为国际物流新通道。中欧（厦门）班列已稳定开行中欧、中亚、中俄三条国际货运干线，形成了“海丝”与“陆丝”无缝衔接的国际物流通道。作为国内唯一的由自贸试验区始发的中欧班列，中欧（厦门）班列拓展了厦门国际物流陆向通道，为厦门建设国际性物流枢纽城市发挥特色优势。

4. 物流园区方面

物流园区枢纽设施加快完善。全市在建和已建成物流项目超过 130 个，其中国家级示范物流园区 1 个，省级示范物流园区 5 个。已基本形成东渡、海沧、前场、同安、翔安等五大物流产业集聚区。厦门物流枢纽网络的覆盖深度和广度为建设国际性物流枢纽城市奠定坚实的基础。

（三）物流企业实力不断增强

1.外贸企业实力雄厚

厦门现有三家世界 500 强企业，建发、国贸、象屿集团，分别位于第 26 位、第 36 位和第 52 位，主营业务均为贸易业、物流业，呈现出良好发展势头，企业实力雄厚，可以有效助推厦门建设国际性物流枢纽城市。

2.物流设施经营企业支撑加强

厦门港务控股集团是福建省港口龙头企业，现有生产性码头 53 个，岸线总长 17 公里，可靠泊 20 万吨级集装箱船舶、20 万吨级散杂货船舶。集团从以传统的港口装卸和物流配套服务为主的企业，已经发展为多元化发展企业集团，成为厦门建设国际性物流枢纽城市的硬核力量。

翔业集团是一个以机场业为基础、酒店与物流等相关产业为延伸的企业集团。该集团辖厦门高崎国际机场、福州长乐国际机场、武夷山机场、龙岩冠豸山机场四个机场。翔业集团机场运营突出优势，对厦门建设国际性物流枢纽城市提供了有力的支持。

厦门航空经营至全国各大中城市以及中国港澳台、新加坡、马来西亚、泰国、日本、韩国、印度尼西亚等 240 多条国内、国际和地区航线，构筑了东南亚往来中国大陆的便捷通道，发展为连接台湾海峡两岸的重要纽带，为厦门建设国际性物流枢纽城市注入了能量。

3. 航运服务企业集聚发展

集聚中远海运、招商局集团等央企，中谷海运等民企和马士基、地中海航运、法国达飞、和记黄埔等外企，有力推动港航服务发展。全球排名前列的班轮公司、船级社、邮轮企业、船舶管理机构等知名国际航运组织纷纷在厦门设立总部、分支机构或项目实体，厦门港国际影响力逐步增强。航运服务企业集聚发展，形成了规模效应，提升了厦门国际性水平，从而夯实了厦门建设国际性物流枢纽城市的竞争力。

（四）政策支持力度不断加大

1. 列入首批国家物流枢纽建设名单

2018 年，《国家物流枢纽布局和建设规划》中提出要将厦门等 127 个城市建设为国家物流枢纽承载城市。2019 年，国家发展改革委、交通运输部联合印发《关于做好 2019 年国家物流枢纽建设工作的通知》一文进一步提出，要布局建设厦门等 23 个国家物流枢纽。2021 年，《现代综合交通枢纽体系“十四五”发展规划》一文提出，要优化提升厦门等 20 个国际性综合交通枢纽城市。2022 年，厦门获批成为国家综合货运枢纽补链强链首批 15 个城市之一。国家规划政策为厦门建设国际性物流枢纽城市提供有力支持。

2. 产业发展政策持续落地

厦门出台降低厦门港部分港口收费标准和减征集装箱车辆、市级重点物流企业货运车辆、邮快件运输车辆通行年费等减税降费政策和交通物流行业纾困政策，降低企业经营成本。制定优化口岸营商环境提升跨境贸易便利化水平的实施方案和专项行动工作方案，进一步优化通关流程，提升通关效率。实施《进一步降低物流成本促进现代物流产业高质量发展的若干措施》《进一步加快跨境航空货运高质量发展的若干措施》《支持厦门市多式联运“一单制”业务推广的若干措施》《厦门港集装箱发展扶持政策（2022—2024 年）》等产业扶持政策，支持引导企业转型升级、做强做大，推进物流产业高质量发展，支持厦门建设国际性物流枢纽城市。

三、厦门建设国际性物流枢纽城市存在的问题

（一）国际物流方面

1.货源拓展难度加大

厦门的直接经济腹地货源供给不足，从土地面积、人口规模、地区生产总值等多项指标来看，厦门市在全国副省级城市中排名靠后，经济体量偏小，直接经济腹地货量少，土地、人才等要素支撑不足。间接腹地资源薄弱，厦门毗邻的内陆地区经济发展程度不高，间接经济腹地货源供给能力不足。

2.国际中转规模不大

厦门国际中转在厦门集装箱吞吐量中占比仅为 9.7%，相较而言，全球港口该比例平均约为 25%，其中新加坡、香港、釜山等国际大港的集装箱中转量占比均超过 50%。存在较大差距，制约了厦门港枢纽地位发展，也制约了厦门建设国际性物流枢纽城市。

3.海铁联运存在不足

与青岛港、宁波舟山港、上海港、连云港港等国内主要港口相比，厦门港集装箱海铁联运的吞吐量绝对值偏低。厦门港集装箱海铁联运比例不足 1%，占比与国际、国内先进港口差距较大。对厦门建设国际性物流枢纽城市形成一定限制。

4.中欧（厦门）班列物流集聚效应仍未充分发挥

与西安、重庆、成都、郑州等城市相比，厦门中欧班列的物流集聚效应偏弱，中欧班列难以发挥出对厦门建设国际性物流枢纽城市的推动作用。

（二）基础设施方面

1.以港口为核心的物流枢纽集疏运体系尚不完善

集疏运方式结构不平衡，厦门港集疏运体系中，70.5%依托公路运输，29.1%依托水水转运，0.4%依托海铁联运。与国外一流港口对比，厦门港公路运输依赖度高，海铁联运占比低，低于全国平均水平 1.8%。集疏运体系的不完善制约了厦门建设国际性物流枢纽城市。

2.铁路设施建设存在短板

厦门对外铁路通道单一，货运铁路通道主要是鹰厦线，福厦线、龙厦线和厦深线等铁路，这些线路以客运为主，鹰厦线等级较低、速度较慢、耗时较长，且通过能力已达 78%，运能紧张。铁路进港“最后一公里”衔接不畅，支线未伸入港区码头内部，货物在码头与铁路场站之间依靠集卡车转运增加了运输时耗。

3.区域交通设施互联互通有待加强

由于建设时间较早，厦门与福建省内城市连接的高铁设计时速大多为每小时 200 公里，相较而言当前全国高铁时速普遍为每小时 300-350 公里。厦门与福建省内城市连接的高铁网络有待加密，2020 年年底福建高铁密度为 157 公里/万平方公里，低于江苏、安徽等省份。厦门与成渝、长沙等中部城市群缺乏高标准直达通道，与长三角等城市群铁路连接时长超过 5 小时，对厦门建设国际性物流枢纽城市形成制约。

（三）企业主体方面

1.国际化经营能力有待强化

厦门本地物流企业实力不强，缺乏资源整合能力，影响力有限，缺乏像顺丰、京东等影响力大的物流企业。目前，厦门多数物流企业普遍规模小，基本为传统的小货代、小仓储、小运输公司，大部分经营业务都只停留在物流链某一环节的服务，只能简单地提供运输和仓储服务，而在流通加工、物流信息服务、库存管理、物流成本控制等物流增值服务等方面尚处于摸索阶段，在服务水平和服务层次上距离真正意义上的物流服务供应商还有相当大的距离。

2.港务集团划归省级，市级对码头经营自主权有所下降

2021 年，厦门港务集团成建制并入福建省港口集团，作为省港口集团的全资子公司。福建省港口整合导致厦门对码头经营自主权下降，可能面临资源分配不均、分工不够明确、港口优势无法充分发挥等问题，对厦门建设国际性物流枢纽城市造成一定影响。

3.航运总部企业有待集聚

跨国航运集团在厦区域运营中心或者航运服务总部基地有待引进，世界航运 100 强、中国航运 100 强和央企、航运行业龙头企业分支机构集聚厦门有待提升，相关航运服务企业有待发展。

（四）政策支持方面

1.补贴力度与国内发达城市对比较弱

从补贴力度来看，2019 年，厦门对江西的海铁联运货物补贴 250 元/箱，宁波舟山港为 500 元/箱，差距较大，导致货源流失。据翔业集团反映，厦门对境外货运的补贴力度不如南昌、武汉、长沙等城市，厦门部分货源流失，厦门货邮吞吐量从最高的 2019 年的 33.1 万吨/年左右，下降到 2021 年的 29.8 万吨。

2.物流用地难以获得

厦门物流用地总量少，分布散、效率低。单块物流用地规模偏小，难以满足重大产业项目招商需求，不利于形成产业要素规模集聚，也难以列入国家级计划（200 亩是底线）。

四、厦门加快建设国际性物流枢纽城市的对策建议

建议发挥厦门区位、港口、政策优势，加快构建高效运行的现代物流体系，进一步做大物流产业规模，大力发展枢纽经济，提高全球资源配置能力，加快完善物流枢纽基础设施建设，形成多层次、广覆盖的物流节点及通道网络，打造联通全球、辐射全国、覆盖两岸的物流通道网络，努力提升物流产业国际化、专业化、集约化、智能化、低碳化水平，建成“一带一路”国际物流关键性节点、面向东南亚的国际港口城市、区域性国际航空货运枢纽，加快建成国际性物流枢纽城市。

（一）大力发展国际物流

1.加快建设国际集装箱枢纽港

一是做大集装箱国际中转业务。加强与高雄港、釜山港等周边港口合作，争取更多的集装箱、货物来厦中转。推进与全球干线船公司、航运联盟的紧密合作，开发国际中转和空箱调运等业务。开展多货主、多货物、多国别的国内外混合拼箱业务，做大做强国际中转集拼业务。二是做大航运物流规模。大力发展集装箱干线运输，推动发展内贸集装箱运输，完善支线网络建设，加快发展东南沿海内支线、海峡间支线和内贸线。大力发展大宗货物集散和临港工业，为港口业务发展提供重要支撑。大力推进大宗商品物流、冷链物流、保税物流、跨境电商物流等专业物流发展壮大。完善保税区等特殊监管区的保税贸易及展示、保税仓储等功能，推动国际分拨、配送功能向腹地拓展。支持企业“走出去”建设公共海外仓。三是加快专业服务业集聚。大力发展航运经纪、航运咨询、船舶管理、船舶技术、海事仲裁、船舶修造、船舶补给等各类航运服务，拓展产业链，吸引国际知名的航运服务企业、国际航运组织、海事律师事务所、国际海事组织和功能性航运机构入驻。

2.加快建设国际性航空枢纽

围绕“空”的优势，全力加快新机场建设，拓展国际航线网络，打造国际枢纽航空港。一是做大航空货运规模。出台扶持政策，加大揽货力度，推动电子产品、生鲜货物、航空快递发展，打造快捷高效的航空直运、中转、集散等服务，建设航空快件国际枢纽中心，扩大机场货物进出规模。二是拓展航空货运网络。吸引高品质航空货运公司在厦门设立基地，开行通达全球的全货机航线；支持DHL、UPS等国际快递公司、顺丰等国内快递公司开辟国际货运航线；鼓励航空货代企业在厦建立国际货运分拨中心，进一步促进航空货运中转业务发展。三是优化口岸服务保障。积极推进 7×24 小时全天候通关、通关过程无纸化、远程查验和电子放行。

3.拓展陆向物流新通道

以陆地港、海铁联运、中欧班列建设为载体，推广多式联运“一单制”，创新合作机制、扩大合作领域，搭建连接亚欧大陆、贯通中西部地区的物流新通道。一是培育枢纽经济。扩大“丝路海运”品牌影响力，加强与西部陆海新通道、中欧班列的联动，提升厦门港口型国家物流枢纽综合服务能力，通过多式联运有效连接中西部地区，形成陆海内外联动、双向互济的物流服务网络，构筑国际物流干线大通道，强化与节点城市、地区间的合作，培育枢纽经济。二是大力发展多式联运。推进铁路、公路、水运、航空等运

输方式有效衔接，畅通东西互济陆海通道，实现水陆联运、水水中转有机衔接，壮大中欧班列厦门集结中心，深化自贸试验区海铁联运过境集拼试点，建设融入新发展格局的多式联运组织中心。三是构建大通关机制。积极探索综合物流全程多式联运“一单制”试点，推进口岸通关物流服务全程电子化，构建泛亚泛欧多式联运大通关机制。简化经厦门港内支线货物、海运转中欧班列货物的中转监管手续。

4.大力发展智慧物流

推动物流服务数字化、智慧化，鼓励厦门市创新物流模式，推进物流服务一体化，打造智慧物流服务体系。一是推动物流设施智慧化。加强先进技术和设备在物流服务中的应用，建设自动化仓库、港口，推进各项设施设备更新换代，完成数字化升级，保障运输载体标准统一化，加快物流信息服务平台和资源交易平台建设和融合，提升平台支撑能力，物流各项要素联通，实现全面物联，打造数据共享、协同高效、智能运行的物流枢纽。二是推进物流服务软件升级。鼓励厦门企业信息数据共享，建立信息互通互联机制，集聚物流资源要素和物流业务信息，加快建设厦门信息服务和资源交易平台，增强智慧物流服务平台支撑能力，提高物流供求配备效率和服务水平。三是推动物流信息化发展。打造国际贸易“单一窗口”，推动申报要素整合优化，构建高效便捷的申报体系，集成航空口岸、航运口岸全流程信息，实现跨境贸易全流程电子化，推进航运海运作业协同，加快通关速度，节省通关时间。推广使用电子仓单、电子运单，利用数字化建设重构和优化供应链业务流程，拓展增值业务。积极探索厦门与金砖国家跨境贸易相关的文件票据的互联互通、信息共享和在线验证。支持航空物流公共信息平台建设，开发RCEP生鲜易腐货物空运通关小程序，加快通关速度。

（二）加强基础设施互联互通

1.加强港口互联互通

一是进一步完善厦门东渡、海沧、翔安、招银等港区基础设施建设，优化港口功能布局，建立港口物流服务平台，集港口物流、交易、商务配套等服务于一体，优化港口资源配置，提升岸线利用效率，合理设置专用泊位、集装箱泊位以及深水航道。二是强化厦门港国际港航资源战略布局，加大国际航线航班开发力度，扩大对外海向航线覆盖面，加快形成干支结合的全球航线网络化布局，深度融入全球开放体系。三是构建国际物流大通道，加强与中西亚、中东欧等地区国际走廊对接，在沿线区域布局建设码头、物流基地、分拨集散中心、海外仓和小商品城海外分市场等。

2.推动机场互联互通

一是以国际化的要求高水平建设翔安国际机场，加快构建对外集疏运体系，提高机场旅客吞吐能力，把翔安机场打造为我国重要的国际机场、区域性枢纽机场、国际货运口岸机场、两岸交流门户机场。二是积极推进厦门机场扩大开放航权，支持鼓励航空企业新开和增开国际、地区航线航班，开通与台港澳及东盟国家主要城市的空中快线。开通与加密“海丝”重点国家空中航线，争取开通厦门至中亚等国航线，为“一带一路”沿线国家和地区提供便捷通道，努力打造我国对“海丝”沿线国家重要国际航空枢纽。三是构建综合物流枢纽。发挥高崎机场周边多种交通网络优势，提升厦门航空港在多式联运中的综合枢纽功能。充分利用对台区位优势，将厦门作为两岸空运协作中台湾对大陆重要物流枢纽港，试点开通“台湾—厦门—大陆其他城市”大型货机货运航班，降低台厦航空物流成本；开展对台海空多式联运服务，提高厦门对台直航运输时间优势，提升直航货源竞争力。

3.推动陆路枢纽做强做大

一是依托中欧班列等铁路运线，扩展厦门铁路建设，建设远海铁路专用线，加强高铁货运和国际航空运输能力建设，推动更多优质要素集聚，加快厦门在全球资源布局中的地位提升。二是完善海沧港铁路货运通道建设，加快推动铁路运输通道完全接入港区，完善厦门港区内铁路支线布点与建设，加快建设完善海沧铁路站多式联运监管中心。三是推进前场铁路大型货场、前场物流园区内部和对外通道建设，开工建设沈海高速厦门段马銮湾片区（前场二路）出入口及连接通道工程，推进兴泉铁路支线前期工作。

（三）做大做强企业主体

1.发挥外贸企业作用

一是发挥建发、国贸、象屿等世界500强企业的作用，依托企业国际贸易优势，拓展国际货物采购、运输、配送、金融服务等供应链一体化服务，做大国际物流规模，推动厦门建设国际物流枢纽节点城市。二是支持引导外贸综合服务企业建设跨国供应链体系，以科技创新赋能供应链，打造数字化供应链服务平台，拓展质量管理、追溯服务、金融服务、研发设计等功能，提供采购执行、物流服务、融资结算、口岸通关等一体化服务。三是鼓励企业积极布局国际物流网络支点、海外仓和海外物流中心，完善全球营销和物流服务网络，积极参与国际供应链重构，加速发展全程供应链服务，推动国际物流枢纽城市建设。

2.发挥本地物流枢纽运营企业的作用

一是鼓励港务集团到关键通道节点、资源能源来源地投资运营战略性港口，探索投资欧美重要的集装箱枢纽港，打造具有国际竞争力的全球性码头运营商，成为服务厦门建设国际性物流枢纽城市的硬核力量。二是鼓励翔业集团向外拓展业务，探索参与经营“一带一路”沿线国家，特别是东南亚国家的机场。三是支持厦门航空开辟国际航线。巩固提升东南亚国际航线，继续拓展欧洲、北美洲、大洋洲等洲际国际航线。

3.加快航运企业集聚

一是加强与马士基、中远海运、台湾长荣、万海、阳明等国内外大型企业合作，拓展港口集装箱业务。二是大力引进世界航运100强、中国航运100强和央企、航运行业龙头企业分支机构落户厦门港。争取跨国航运集团在厦门设立区域运营中心，打造航运服务总部基地。三是支持本地港口物流企业整合重组，推动港口物流龙头企业做大做强。

（四）加大政策支持力度

1.完善物流用地政策

一是对市场需求强、社会效益高，具有公共服务属性和公益性质的城市物流基础设施，探索在规划、土地、建设运营、利益分享等方面建立市区协同保障机制，解决物流基础设施“落地难”问题。二是制定并适时更新厦门市港口、码头、物流（运输型）等经营性公用设施产业用地的基准地价。三是市级以上现代物流产业发展规划的物流园区、物流配送中心、快件分拨中心等为生产配套的仓储物流项目用地，享受工业用地政策。

2.加大财政资金的扶持力度，加强资金保障，支撑厦门物流业转型升级

一是积极向上争取中央资金对我市物流项目的支持，建设省市物流发展专项资金，解决物流基础设施建设、物流设备升级等资金缺口问题，支持技术改造、冷链物流、跨境物流等物流建设。二是贯彻税收制度改革，对物流企业租用大型场地或自建物流园区提供相应税收抵扣，对物流园区建设的企业考虑实行企业所得税二免三减半的税收政策，削减物流企业税收负担，创新纳税服务方式，提质增效，加强税收对物流发展的扶持力度。三是不断创新财政资金举措，发挥引导效应，以贷款贴息、后补助、股权投资等方式，支持物流企业开展国际物流服务。

3.加大金融支持

一是发挥政府引导作用，对符合要求的商贸物流企业给予相应的贷款补贴、风险补偿等融资补贴、给予贷款资金上的财政担保。二是鼓励银行、行业基金等金融机构以及民间资本加大贷款投放规模，加大中小型物流企业的信贷比例，纾解中小型物流企业融资信贷问题。三是鼓励有能力的金融机构对海外仓建设提供金融支持，为海外仓仓储物流服务提供出口信用保险支持，助力厦门国际物流发展。四是鼓励物流企业自主积极探索融资新方式，拓宽融资渠道，开展多渠道融资，通过发行债券、增资扩股、融资租赁筹集资金。

参考文献

[1] 中国社会科学院财经战略研究院课题组. 厦门推进四港联动，打造国家物流枢纽城市研究[Z].(2023-04-30)[2024-01-15].

[2] 厦门市发展研究中心课题组. 加快建设国际性物流枢纽城市思路研究[Z].(2023-06-15)[2024-01-15].

[3] 厦门市人民政府. 2024年厦门市人民政府工作报告[R/OL].(2024-02-02)[2024-02-19]. https://www.xm.gov.cn/szf/szfgzbg/202402/t20240202_2813652.htm.

课题指导：彭朝明　戴松若
课题组长：林汝辉
课题组成员：戴松若　陈国清　刘飞龙
黄光增　姜耘时　林永杰
课题执笔：林汝辉

第二十四章

厦门加快发展海铁联运研究

海铁联运是多式联运的主攻方向，是沿海港口与铁路货物运输双向互联贯通，高效完成整个联运过程的一种现代运输方式。现代化国际港口城市都在向海铁联运新模式发展，将铁路货场功能前移至港区甚至泊位，实现海铁无缝衔接，积极运用数字化技术推进货物运输资源信息整合和对接共享，并通过海运班轮和国际国内铁路班列高效衔接完成境内外、过境中转货物联运。

厦门大力发展海铁联运，有利于发挥对内对外两个辐射扇面枢纽作用，巩固提升外循环层级，努力增强内循环动力，推动双循环在厦门对接联通、相互促进，促进国内外资本、人才、技术、信息、数据等要素在厦门集聚，为打造新发展格局节点城市提供重要支撑；同时，通过海铁联运继续巩固国际集装箱枢纽港地位，进一步释放港口底层优势，打造“海丝”与“陆丝”无缝衔接国家物流新通道。

一、厦门港海铁联运开展情况

自 2004 年起，经过近 20 年发展，厦门港集装箱海铁联运取得一定成效，海铁联运线路已形成 5 条国内线路和 3 条国际线路，开通了三明（永安）—厦门、龙岩—厦门、漳平—厦门等省内线路班列和南昌—厦门、赣州—厦门、瑞金—厦门等省外线路班列，以及厦门至欧洲、中亚、俄罗斯等 3 条国际线路班列；海铁联运业务已覆盖闽赣鄂等内陆腹地、台湾地区以及东南亚、东北亚、欧洲等国家，形成东西双向互济、陆海内外联动的发展格局。

（一）海铁联运箱量增长较快

近 5 年来，省市两级加强市场培育和引导，持续出台集装箱海铁联运相关支持政策，海铁联运取得较快进展，集装箱海铁联运箱量年均增幅达 35.3%。2022 年厦门港完成集装箱海铁联运 6.5 万标箱，是 2018 年的 3 倍，较 2021 年增长 38%，其中厦门至省内地区的共 2.2 万标箱（占 33.8%）、至省外地区的共 4.3 万标箱（占 66.2%）。2023 年，厦门港累计完成集装箱海铁联运 10 万标箱，同比增长 53.8%。

（二）腹地货源拓展不断深入

江西是厦门传统腹地货源地，随着近几年业务进一步向纵深腹地拓展，海铁联运货源进一步拓展至福建、江西、湖南、湖北、四川等 8 个省份 36 个城市。陆地港方面，陆续建设了晋江、龙岩、三明、武夷山以及江西吉安、赣州等 6 个陆地港。厦门港集装箱海铁联运主要承担主体厦门外代公司已经在全国各地设有超过 30 个揽货网点。

（三）货物种类日益丰富

厦门港海铁联运进出口货物，以玉米、大麦、木薯干等粮食类大宗商品为主，还包括木片、石板等建材板材，以及塑料粒、牛皮纸、玻璃球、纸尿裤、瓦楞纸、家具、箱包等货品。近几年，随着新能源材料、新能源汽车市场需求旺盛，进一步拓展到钴等稀贵金属矿产品、新能源汽车等新品类。

（四）市场主体培育加快

从海铁联运业务链条各市场主体看，除铁路运输和港航企业外，关键业务链主要有厦门外代、沃丰德、鑫侨益等货代公司，其中厦门外代市场份额占八成以上。

（五）营商环境持续优化

海铁联运基础设施加快建设，铁路货运支线有海沧铁路支线、东渡港铁路支线，铁路货站有东孚、高崎、杏林、前场等 4 个；远海码头铁路专用线加快建设。厦门口岸在“中国十大海运集装箱口岸营商环境评测”中连续 4 年获得最佳成绩；持续出台集装箱海铁联运相关支持政策，补贴码头与铁路场站之间公路短驳成本，弥补铁路与公路运价差距，提升了海铁联运成本竞争力。

二、厦门发展海铁联运存在的问题

（一）集疏运通道建设总体滞后

一是港区联运基础设施薄弱。入港铁路和港站基础薄弱，现有进港铁路海沧铁路支线、东渡港铁路专用线 2 条支线，不仅等级低、场站小、设施设备老旧，不具备整列到发条件。目前，海沧远海集装箱码头铁路专用线在建中，海沧港区海铁联运设施项目仍在推进中。二是支线接驳作业设施配套薄弱。厦门港集装箱海铁联运长期依托铁路部门现有货运站联运，导致短驳成本高昂，无法满足联运的快速周转和集疏运需要。海沧多式联运港站作业量不足作业能力的 25%，高崎货站在天天班列开行后，作业能力短板突显。三是干线通道货运能力趋紧。厦门仅有厦门—南昌等 5 条国内海铁联运线路，目前国内干线通道仅鹰厦线通货，鹰厦铁路运能利用率 85%，部分区段能力趋紧，制约厦门港海铁联运纵深拓展能力，陆向腹地局限在福建省内及江西赣南一带。赣龙厦铁路主营客运，赣龙铁路运能利用率 69%，货运功能受限。规划建设的厦安铁路仍处于预可研阶段。

（二）“中欧班列+海铁联运”发展滞后

一是欧亚陆海双向通道建设滞后。厦门虽也成功运作台湾地区、东南亚等货物海运至厦门港，转接中欧班列前往欧洲等地的过境模式，但运作效率相对不高，综合成本缺乏竞争优势。二是厦门中欧班列运力不足制约海铁联运发展。2021 年以来，厦门中欧班列运营出现较大波动。厦门中欧班列运力被挤占导致运力计划严重不足，特别是需求旺盛的俄罗斯线分配不足。厦门“中欧班列+海铁联运”新通道受铁路端运力不足影响，台湾地区、东南亚等经厦门中转欧洲、中亚、俄罗斯的欧亚陆海新通道受阻，进一步制约厦门港海铁联运发展。

（三）物流成本竞争力缺乏优势

一是补贴政策差距较大。深圳港现行海铁联运扶持政策，将空箱纳入补贴。江铃汽车、江西盐矿等厦门港海铁联运大客户已逐步改往深圳港等出运。铁路运距补贴方面，政策支持不够导致湖南、湖北、四川等纵深腹地的海铁联运业务较难开展。二是铁路运价下浮优惠力度有差距。铁路运价近年来总体持续上涨，运价调价机制不灵活，南昌铁路局管辖内铁路段运价下浮幅度小于其他港口海铁联运线路所享受的运价下浮优惠。三是综合成本无比较优势。如加两端短驳成本，在无较大下浮运价优惠和专项补贴政策支持下，短距离集装箱海铁联运综合成本与公路运输成本相比优势不明显。此外，海铁联运周期长，用箱期长，如遇查验将产生巨额集装箱超期使用费。

（四）腹地货源揽货缺乏竞争优势

一是省内沿海地区同质化竞争。省内 4 大沿海港口均有疏港铁路对接，虽各有所侧重，但省内腹地范围重叠，供应链存在交叉，导致海铁联运货源分流。南昌铁路局放开其管辖内江西、福建两省 13 个城市同时运营中欧班列，导致厦门运力被严重挤占，制约厦门港进出口贸易、跨境电商和海铁联运发展。二是陆地港拓展滞后，覆盖范围小。厦门拥有 6 个陆地港，覆盖福建、江西两省；深圳港有 13 个陆地港，覆盖华南、西南、中西部多个省份。厦门港航企业已将海铁联运业务延伸至湖北、湖南、四川等地，但覆盖区域业务还缺乏陆地港等配套支撑与保障，难以为厦门港提供充足稳定、可持续增长货源。三是省外共同腹地货源竞争加剧。江西是厦门省外最大货源腹地，也是厦门港与宁波港、深圳港的共同腹地。厦门港仅占江西全省海铁联运市场份额的 20% 左右。江西外贸产业多为珠三角和长三角转移产业，受其总部要求和贸易习惯的影响，其主要出海口岸为深圳港、广州港、上海港、宁波港等周边港口。厦门与江西产业、贸易联系弱，缺乏较为紧密的关联合作关系，市场竞争机制下以单纯进出口通道方式揽货，缺乏竞争优势和区域深度绑定能力。

（五）联运组织总体效率不高

一是海铁联运通道运行时效较差。厦门铁路到发货物较少，铁路货运站集装箱取送车作业频次少，海铁联运集装箱在货运站及东孚编组站取送车待时较长。入厦铁路鹰厦线、赣龙厦线均为区域铁路线，货运量较少且中途连接线及编组站众多，非满载专列的厦门港到发海铁联运集装箱中途需要频繁停留铁路编组站编组作业，导致铁路运行时效性较差。二是港口航线布局有待优化。与宁波港、广州港、深圳港等周边大港相比，厦门港在航线节点的地位一般，船公司航线航班跳港、甩柜、撤线等情况时有发生；近洋航线位于海天码头，而中欧、中亚班列位于海沧货站，航线布局不够合理，导致相关货物驳运距离较远，降低综合运输效率。三是海铁联运协调机制有待加强。海铁联运涉及铁路企业、码头企业、航运企业、代理企业、内陆场站企业、口岸监管部门等多方主体，尚未建立统一协调机制。具体如，集装箱码头与临港铁路货站归属不同运营主体，相互间的作业调度协同难度较大。海铁联运高效对接的信息系统尚未有效打通，铁路、港口、船公司、货代等各环节自成一体，信息系统相互割裂，信息传递阻滞和重复手工操作现象严重。

三、厦门加快发展海铁联运的对策建议

（一）把握综改重大机遇，创新联运体制

一是建立战略性互联互通机制。鉴于湖南、湖北等中西部省份陆地港由商务部门主导，建议由市商务局与沿线主要城市商务部门对接，厦门港务集团积极参与，宣传厦门港航资源，整体营销，逐个突破。借鉴“赣深组合港”模式，依托港务集团已在赣州投资建设的陆地港，谋划推动“赣厦组合港”，推动厦门、赣州两地陆港海港资源共享、业务无缝对接、货物快速通关，助力赣州等江西城市向东畅通面向台湾地区、日韩、东南亚的海上开放通道。通过合资、参股等方式，支持港航企业与南昌铁路局共同建设经营港口、陆地港等项目，协同建立联运服务规范，加强货运信息交互对接。争取支持给予运价更大力度下调优惠，并将政策覆盖更多线路和货物品类。二是发展“中欧班列+海铁联运”模式。积极向国家有关部门争取运力，支持厦门中欧班列获得更多开行计划，形成班列规模。依托“丝路海运”平台，与相关铁路运输企业密切合作，持续探索港口与铁路互动新模式。提升对台港口合作水平，推动形成两岸集装箱联运网络，建立中西部地区及厦门中欧、东欧和中亚班列沿线地区货物进出台湾的主通道，吸引更多台湾货物通过海铁联运在厦门中转。三是加强市级层面推进机制。依托市港口高质量发展指挥部，成立海铁联运工作专班，建立海铁联运相关主管部门与港航企业、铁路运输企业、代理商、货主企业等相关主体沟通和合作平台，做好政策宣贯与企业服务。

（二）以产业合作为纽带，夯实联运货源

一是产业链赋能海铁联运。发挥好闽粤赣十三市等区域合作平台作用，引导总部设在厦门、加工制造环节有意愿向外布局的纺织服装、水暖厨卫、运动器材、食品加工等传统行业企业，将生产制造基地布局到江西等中西部内陆地区，为厦门港做大海铁联运厚植货源支撑，也为中西部地区发展注入新动能，增强内循环动力。二是供应链赋能产业链。鼓励建发、国贸、象屿三大国企发挥贸易和供应链优势，推动内外贸一体化发展。围绕“4+4+6”现代化产业体系建设，特别是电子信息和机械装备支柱产业集群，生物医药、新能源和新材料等战略性新兴产业集群的产业链配套需求，支持企业在江西、湖南、湖北等中西部地区加强供应链布局，扩大海铁联运货源生成量，推动“双循环”在厦落地。三是做大海铁联运进口业务。发挥厦门口岸在资源类、粮食等大宗商品以及红酒、啤酒、国际水产品等优质消费品的进口集散优势，对接中西部地区产业发展、消费升级需求，促进海铁联运进口业务扩大流量、提升能级，助力外循环提升层级。

（三）畅通集疏运体系，提升联运效率

一是打通联运堵点。推进前场货场开发建设，对标深圳平湖南铁路货场，增强前场货场开发主体资源整合和运营能力，优化厦门国际物流港公司股权结构，加快推进前场货场建设，切实发挥好多式联运枢纽功能。打通疏港铁路“最后一公里”，加快远海码头铁路专用线和海沧港区海铁联运项目建设，推进东渡支线扩改建集装箱作业线路工程落地。加快推进厦安铁路建设，与现有鹰厦铁路形成厦门港辐射内陆的铁路双通道，缓解泉州、厦门集装箱进出港瓶颈，降低腹地运输成本。二是推动信息互联互通。打造数字化海铁联运生态圈，加强“厦门集装箱智慧物流平台”建设，支持海铁联运运输企业、港站企业、代理企业、

货主企业及管理部门信息系统与该平台对接。推广多式联运“一单制”，探索第三方海铁联运全程数据互联共享服务，制定海铁联运标准运单，统一运单格式、信息记载规范、基本条款。加强新技术应用，探索电子标签赋码、区块链、大数据等技术在海铁联运场景运用，推进全程业务单证电子化和业务线上办理，实现单证信息联运和运输全程可监测、可追溯。

（四）着力优化营商环境，打造成本优势

一是完善海铁联运补贴政策。加强政策针对性，引导船公司在海运价、用箱期、内陆还箱等方面给予支持。加大对湖南、湖北、重庆等长距离海铁联运补贴力度，增加对海上散杂货通过集装箱内贸中转的扶持补贴。二是提高口岸通关效率。加强厦门国际贸易“单一窗口”功能建设，优化简化海铁联运集装箱及其货物过境通关流程，进一步缩短通关时限。三是加强宣传营销。积极推介厦门海铁联运产品、优惠政策，培育发展用户，尽力锁定重点区域、重点用户。

参考文献

[1] 张瑶，晁玉光，戴东生. 宁波大力推动海铁联运“一站式”发展对策建议[J]. 宁波经济（三江论坛），2023（10）：28-31.

[2] 宋凌玉. 双循环格局下集装箱海铁联运发展浅谈[J]. 中国物流与采购，2023（9）：101-102.

[3] 余雷. 打破海铁联运“最后一公里”瓶颈，畅通国内国际双循环[J]. 中国远洋海运，2022（11）：53.

[4] 解振全. 福建省海铁联运发展对策研究[J]. 铁道运输与经济，2022（3）：42-46.

课题指导：彭朝明　戴松若
课题组长：林　智
课题组成员：林　智　谢　强　肖凌欣
　　　　　　李　婷　许丽娟
课题执笔：林　智　谢　强　肖凌欣

第二十五章

CPTPP和RCEP的比较分析及厦门的对策研究

党的二十大报告提出，“要推进高水平对外开放，稳步扩大规则、规制、管理、标准等制度型开放”。《区域全面经济伙伴关系协定》（RCEP）与《全面与进步跨太平洋伙伴关系协定》（CPTPP）是区域贸易协定的典型代表，RCEP是我国加入的标准最高的贸易协定，CPTPP则是高标准国际经贸规则的代表。加强两个协定比较分析，明晰CPTPP与RCEP的现实差异，有助于厦门高质量实施RCEP规则条款，有助于对标CPTPP高标准经贸规则推进厦门高水平对外开放。

一、CPTPP和RCEP比较分析

（一）CPTPP和RCEP发展历程

1.CPTPP发展历程

2005 年 5 月 28 日，文莱、智利、新西兰、新加坡四国协议发起跨太平洋伙伴关系，签订了《跨太平洋战略经济伙伴关系协定》（TPSEP），亦称“P4 协定”。2008 年 2 月，美国宣布加入，并于 2009 年正式提出扩大跨太平洋战略经济伙伴关系计划，澳大利亚、秘鲁和越南宣布加入，P4 转变为P8，自此《跨太平洋战略经济伙伴关系协议》更名为《跨太平洋伙伴关系协议》（TPP）。因成员国在知识产权等方面的条款上存在较大分歧，特朗普于 2017 年 1 月 23 日签署总统行政命令，美国正式退出TPP。2017 年，日本接过TPP谈判主导权，在搁置了争议较大的 20 项条款之后，其余 11 个国家正式签署协议文本，并将其更名为《全面与进步跨太平洋伙伴关系协定》（Comprehensive and Progressive Agreement for Trans-Pacific Partnership，CPTPP）。2018 年 12 月 30 日，CPTPP正式生效。2023 年 7 月，英国成为CPTPP协定成立以来首个新成员国。截至目前，中国大陆、中国台湾、厄瓜多尔、哥斯达黎加、乌拉圭、乌克兰等已正式递交加入申请，韩国已开始起草申请加入书，泰国、菲律宾、印度尼西亚、哥伦比亚表达了加入意愿。

2.RCEP发展历程

《区域全面经济伙伴关系协定》（Regional Comprehensive Economic Partnership，RCEP）是 2012 年由东盟（文莱、柬埔寨、印度尼西亚、老挝、马来西亚、缅甸、菲律宾、新加坡、泰国、越南）10 国发起，包括中国、日本、韩国、澳大利亚、新西兰在内的15个成员国历时八年谈判，于2020年11月15日第四次区域全面经济伙伴关系协定（RCEP）领导人会议以视频方式举行会议后签订的自贸协定。2022年1月1日，RCEP生效实施。2023年6月，RCEP对菲律宾正式生效，标志着RCEP对15个签署国全面生效。截至目前，斯里兰卡已经提交了加入申请，孟加拉国表达了加入意愿。

（二）区域范围与影响力比较

RCEP和CPTPP都是覆盖亚太地区主要国家的经济一体化协定，但双方在区域范围和影响力之间存在一定差别。

1.区域范围比较

RCEP和CPTPP的成员国高度重合，CPTPP的12个成员国中，除加拿大、智利、墨西哥、秘鲁、英国等5个国家外，其余均为RCEP成员国。RCEP成员国主要分布在亚洲、大洋洲，斯里兰卡等新申请加入的国家位于南亚；而CPTPP成员国地域分布更加广泛，既有亚洲、大洋洲国家，也有欧洲和美洲国家。RCEP成员国经济基础及发展水平差别较大，除了5个发达国家和7个发展中国家，还包括柬埔寨、老挝和缅甸这3个欠发达国家，而CPTPP中没有最不发达国家。

2.影响力比较

从影响力看，RCEP是目前全球最大的自贸协定，无论是在辐射人口、经济总量方面，还是在贸易、投资规模方面，在全球和区域的影响力均大于CPTPP。RCEP和CPTPP陆地面积接近，但RCEP人口接近全球29%，覆盖人口是CTPPP的4倍。GDP方面，2022年RCEP成员国占全球29.2%，CPTPP为14.6%，RCEP的GDP是CTPPP的2倍多。货物贸易领域，RCEP国家进出口总额分别占全球26.2%和30.8%，CPTPP国家进出口分别为17.9%和17.8%。从投资情况看，2019年，无论是吸引外国直接投资流量还是对外直接投资流量，RCEP均领先于CPTPP。

（三）文本内容比较

CPTPP和RCEP的文本框架类似，大致可分为货物贸易领域、服务贸易和投资领域、规则领域和其他领域。RCEP全文共20个章节18个议题，遵循以WTO为核心的多边贸易体制规则，充分照顾亚太地区不同国家在不同发展阶段的需求，在“灵活性”和“高标准”之间相互做出妥协。CPTPP全文共30个章节28个议题，协议涵盖规则范围更广，较RCEP增加了监管一致性、国有企业与指定垄断、竞争力和商务便利化、发展、透明度与反腐败等10项新议题，更加注重规则导向，强调经济合作的“对等原则”，内容更注重“全面”和“进步”。

1.货物贸易领域的比较

（1）关税减让

CPTPP无论是在关税减免的程度上，还是在关税减免适用的范围上，相较于RCEP而言，均处于优势地位。从降税水平看，CPTPP坚持以99%零关税、零补贴、零壁垒的“三零”为标准，最大限度降低关税水平。CPTPP规定成员国应将99%的贸易品减让至零关税，第一年零关税的税目平均超过86%；CPTPP为成员国制定了统一标准的关税取消规则，任何成员的关税减让承诺与关税优惠都将自动赋予其他所有成员。CPTPP取消对再造货物的关税和限制措施，不对再造货物的进口采取任何禁止或限制，不对修理改制后再入境的货物征收任何关税，进一步降低货物贸易成本。RCEP确定最终实现货物贸易零关税产品整体上超过 90%，最迟 10 年内关税须降至零，并保留了一定的农产品配额。从关税水平看，CPTPP市场开放水平要明显高于RCEP。

从降税模式看，CPTPP成员货物贸易降税模式较为统一，即适用一张统一的关税承诺表，仅有个别特殊安排。RCEP成员货物贸易降税模式分为两种，澳大利亚、新西兰、文莱、柬埔寨、老挝、缅甸、新加坡和马来西亚 8 个成员采取统一适用一张关税承诺表的模式，中国等其余 7 个成员采用对不同缔约方适用不同的关税承诺表的模式。

（2）原产地规则

CPTPP原产地规则排外性更强、区域价值成分计算更加灵活，RCEP原产地证明形式更多样。在原产地认定标准方面，CPTPP和RCEP均采用税则归类改变标准、区域价值成分标准（regional value content，RVC）和生产工艺标准作为判定产品特定原产地规则的标准。区域价值成分要件方面，RCEP规定区域价值成分不少于 40%，采用直接法和间接法两种方法计算；CPTPP则规定区域价值成分按照计算方法不同遵循 30%、35%、40%、45%和 50%的不同标准，同时给出了价格法、扣减法、增值法和净成本法（仅限于汽车产品）四种计算方法，CPTPP在RVC的计算方面，为缔约方提供更大灵活性与自主性。生产工艺标准方面，RCEP中生产工艺要求仅为化学反应规则，而CPTPP中则包含化学反应规则、提纯规则、混合和掺合规则、粒度改变规则等。

在累积规则方面，CPTPP不仅允许具备原产资格的货物进行累积，还允许对非原产货物的加工增值进行累积，而RCEP目前仅允许对原产货物进行累积。CPTPP对再制造货物生产中所用回收材料的处理做出详细规定，有利于将更多再制造货物归为原产货物，体现了对再制造这一新业态的重视，而RCEP中无此规定。另外，CPTPP专门对纺织品和服装提出了极其严格的原产地要求，纺织服装“从纺认定”要求从纱线原料采购到加工制造必须满足原产地规则才能享受关税优惠。

在原产地证明方面，CPTPP仅提供原产地证书一种证明方式，且在规范内容上，颇为抽象含蓄；RCEP丰富了原产地证书类型，RCEP第 3 章明确规定三种原产地证明形式，除由官方授权的签证机构签发模式外，增加了“经核准的出口商声明”以及出口商的自主声明 2 种模式，RCEP对原产地自主声明赋予了较长过渡期。

（3）海关程序和贸易便利化

CPTPP和RCEP两个协定的海关制度与贸易便利化措施高度趋同，对通关效率要求极高。在预裁定方面，RCEP规定海关部门应尽可能在 90 天以内作出预裁定，不是强制性要求，如有合理的理由延迟作出预裁定，海关应在规定期限届满前通报申请人。而CPTPP规定在任何情况下应不迟于收到请求后 150 天作出预裁定，提高了申请人的可预见性。

在通关速度方面，CPTPP和RCEP都规定要进行抵达前处理，普通货物尽量在抵达 48 小时以内放行。为促进快递等新型跨境物流发展，推动果蔬和肉、蛋、奶制品等生鲜产品快速通关，RCEP和CPTPP规定快运货物在抵达并提交必要海关信息后尽量在 6 小时以内放行。对于快运货物，RCEP规定应至少允许通过航空货运设施入境的货物加快通关，但CPTPP无此限制条件，允许各种方式入境的快运货物加快通关。两者均规定一定标准以下的快件不计征关税，其中RCEP以货物货值或应纳税额为标准，而CPTPP以货物货值或货物数量为标准。另外，RCEP专门有对经认证的经营者（AEO）的贸易便利化措施，便利货物更快放行，而CPTPP没有涉及。

在透明度方面，CPTPP和RCEP均要求提前公布新制定或修订的海关法律和法规，并向利益关系人提供评论的机会。CPTPP还进一步规定应对关税配额、关税减免和原产地标记等相关建议或信息请求事项尽快做出答复。

在海关合作方面，CPTPP和RCEP均提倡缔约方共享关于海关管理发展的信息和经验，就影响缔约方之间货物贸易的重要海关事务开展合作，CPTPP专门针对在“对非法活动合理怀疑”的一方如何行使请求权和海关如何答复做出详细规定，内容更为丰富翔实。

2.服务贸易和投资领域比较

（1）服务贸易

CPTPP对服务贸易市场准入开放程度更高。RCEP对服务贸易开放采取“正面引导+负面清单”混合模式，并规定正面清单的国家承诺将在协定生效后6年内转为负面清单模式（柬埔寨、老挝和缅甸为15年），CPTPP全部规定实施负面清单管理，并通过设置棘轮机制保证各缔约方的开放度“只进不退”。在开放部门数量方面（WTO将服务贸易共分为12大类160个服务部门），RCEP除了柬老缅三个国家，其他成员承诺开放服务部门数量均达到100个以上，中国为122个，日本为148个，东盟整体开放部门达到100个。CPTPP服务贸易开放部门数量平均高于RCEP，CPTPP跨境服务贸易负面清单中限制措施数量最少的是新西兰，仅有4项，成员国平均在20项左右。

（2）自然人移动

CPTPP设置商务人员临时入境章节，加强商务和专业人员入境便利化。CPTPP文本内容与RCEP类似，除了提高临时入境便利度和透明度、促进多边合作外，还对APEC范围内增强商务人员流动性表示支持，并成立商务人员临时入境委员会，每 3年进行一次审议。通过承诺表对比，澳大利亚、日本和新西兰在CPTPP和RCEP中的承诺基本一致，略有不同之处，例如澳大利亚在CPTPP中承诺安装和服务人员入境停留期限最长为 3个月，RCEP无此承诺；新西兰在CPTPP中承诺专家首次入境停留期限最长为 3年，RCEP无此承诺。

（3）投资领域

CPTPP和RCEP投资章节均涉及投资自由化、投资保护等内容，主要区别有：RCEP专门有投资促进、投资便利化等条款，鼓励成员之间相互进行投资，而CPTPP协定文本中并没有提及这两项承诺。CPTPP加强投资者保护，在投资者—国家争端解决等新议题上有大幅进展，专门设置“投资者与国家间争端解决（ISDS）”内容，ISDS赋予投资者单项启动、直接对东道国提起仲裁的权力；RCEP则暂时搁置了ISDS条款，规定在不迟于协定生效之日起两年进行讨论，并在讨论开始后三年内结束讨论。在市场准入方面，RCEP以负面清单模式对农业、林业、渔业、制造业和采矿业等非服务业投资做出了承诺，CPTPP所有成员服务贸易和投资均采取全负面清单模式。从投资自由化水平来看，在RCEP协定中，日本、澳大利亚和新西兰除了少数敏感领域外，基本全面开放，大体与CPTPP的承诺水平一致。

3.规则领域的比较

（1）知识产权

CPTPP的知识产权规则仍是迄今为止所有贸易协定中最先进、最详细的，较RCEP具有更高标准。一是CPTPP对知识产权的保护范围更广，除了域名、声音商标外，将气味商标纳入保护范畴，将驰名商标保护范围由同类扩大到跨类且认定不以注册为要件，将著作权保护期限延长至 70 年，将“域名”“国名”纳入保护范围。二是CPTPP涉及专利的知识产权保护更为具体明确。CPTPP详细列明每种知识产权的保护标准，并对涉及专利保护的程序性制度不断细化，如补充了与农用化学品相关的专利保护措施。三是CPTPP涉及版权的知识产权保护较RCEP更为灵活，涉及网络环境下的知识产权问题，如软件的源代码知识产权保护以及非固定表演作品的保护。四是CPTPP加大了知识产权司法和执法力度，提高了对于著作权和商标权的民事损害赔偿标准，将更多侵权行为列入刑事程序和处罚范围，著作权犯罪无需主观要件，影院偷拍偷录入刑等。

（2）电子商务

CPTPP致力于消除发展电子商务的障碍，其规则比RCEP更全面，标准更高。例如，RCEP规定维持目前不对电子传输征收关税的做法，并非永久性做法，CPTPP则规定永久不对电子传输内容征收关税。RCEP未规定数字产品的非歧视待遇，未规定自由接入和使用互联网开展电子商务，未涉及源代码，而CPTPP要求数据跨境自由流动，电子商务网站的访问与使用不受限，禁止强制要求公开源代码。在减少数据贸易壁垒方面，RCEP规定不强制要求计算设施本地化，不得阻止通过电子方式跨境传输信息等，但设置了实现公共政策目标的例外条款，并规定若为保护基本安全利益不执行该条款，其他缔约方不得提出异议。CPTPP虽然也有此条款的例外条款，但限制性条件更少。

（3）竞争政策

CPTPP和RCEP均包含竞争政策章节，CPTPP强调竞争中立和非歧视待遇。RCEP更加强调各国制定竞争法的主权权利与法律法规的差异性，以保护不同发展程度的国家利益，以及执法能力的差异。RCEP对缅甸、柬埔寨、文莱、老挝等成员进行国内立法和完善监管体系提供了过渡期。CPTPP更强调执法程序的公正性和透明度，对竞争执法中的程序公正规定更加具体细致，可操作性更强。

（4）政府采购

CPTPP明确了政府采购的覆盖面和门槛，在政府采购领域约束性更强。RCEP规定了提升成员国政府采购透明度和国际化、公开化水平，提升政府采购在促进本地区经济一体化、经济增长和就业的作用。RCEP协定中仅有软性合作条款，没有实质性的政府采购出价。CPTPP要求相互合理开放政府采购市场，给予他国政府采购产品和服务国民待遇，给予投标者公平待遇，加强政府采购信息的可获得性。各成员均有一份实质性开放清单，清单中包括政府采购开放实体、开放金额门槛、开放行业部门、服务项目、例外情况等具体规定。

4.其他领域的比较

（1）国有企业和指定垄断

与RCEP等其他多边协议相比，CPTPP首次将国有企业单列成章。CPTPP第 17 章明确了国有企业和指定垄断的界定，在企业运营方面禁止非歧视待遇和商业考虑、非商业援助。国有企业应基于非歧视原则和商业考虑开展活动，实现市场化商业运营。政府不得通过向国有企业提供非商业援助而对他国产生不利影响，非商业援助规则与WTO的《补贴与反补贴措施协定》相比，不限于货物贸易的补贴行为，也涵盖服务和投资领域的补贴行为，规则约束的范围更大。同时，提高国有企业透明度，如公布国有企业名单、指定垄断范围、限定政府在国有企业的持股比例等。RCEP虽然也涉及竞争中性政策，但没有对国有企业与指定垄断进行专门的立法规制。

（2）劳工政策

CPTPP第19章“劳工”规定了推行严格的、可强制实施的劳动标准。CPTPP要求成员国通过国内法律保证履行《国际劳工组织关于工作中基本原则和权利宣言》核心标准的义务，将国际贸易与劳工标准相挂钩，以此加强劳动权利的可执行性。CPTPP规定，缔约方应采取和维持国际劳工组织宣言中所述的结社自由、有效承认集体谈判权、消除一切形式的强迫或强制劳动、废除童工、消除就业和职业歧视等权利。CPTPP要求成员国制定和实施与最低工资、工作时长以及职业安全与健康相关的工作条件法律和法规。RCEP没有劳工章节。

（3）环境保护

CPTPP第20章“环境”共23个条款对环境问题进行规制。CPTPP要求进行臭氧层保护，保护海洋环境免于船舶污染，提升公众参与度和透明度等。同时，针对海洋捕捞渔业补贴措施做出了规定，致力于维持生物多样性，管理外来入侵物种，向低排放和具有韧性的经济转变，促进环境产品和服务的贸易投资等。CPTPP对环境问题多层级磋商和争端解决做出了详细安排。RCEP虽然也有涉及环境问题，但没有对此专门进行规范，在我国之前的自贸协定中，环境条款以原则性承诺为主，约束性内容相对较少。

（4）监管一致性

监管一致性是21世纪“边境后”措施的重要原则，是消除区域间壁垒的重要手段。CPTPP倡导在监管措施的计划、设计、发布、实施和审议过程中加强对良好监管实践的使用，保证缔约方进行有效的机构间协调和审议，鼓励相关监管机构开展监管影响评估，设立监管一致性委员会等。RCEP没有类似条款。

（5）透明度和反腐败

CPTPP专门规定公布信息等透明度要求，包括相关法律、法规、程序和行政裁定等，附件还专门有对药品和医疗设备的透明度规定。反腐败条款要求缔约方批准或加入2003年《联合国反腐败公约》，采取必要措施打击腐败，促进公职人员廉洁，加强反腐败法律的适用和执行，提升私营部门和社会参与度等。RCEP没有专门的透明度和反腐败章节。

5.文本内容比较小结

通过以上比较分析，总体看，RCEP在对外开放的深度和广度方面，与CPTPP相比还存在一定差距。RCEP属于传统自由贸易协定，注重传统经贸规则领域，更多涉及与贸易实体相关的活动；CPTPP将贸易协定的重心由传统的以市场准入为主的“边境措施”转移到新的以规制协调为主的“边境内措施”，CPTPP中与货物贸易相关的议题仅占全部议题的28.6%（8章），而涉及非货物贸易的议题占71.4%（20章）。

RCEP里包含较多的软性义务，而CPTPP更多为约束性义务。软性义务即可尽量配合或者努力达到，但不做强制规定，多表述为“努力”“在可行的情况下”“在可能的范围内”“鼓励”等；约束性义务则多表述为“任何”“应当”“不得”等。商务部统计，RCEP协定中涉及我国的有701项约束性义务，同时还有200余项软性义务。CPTPP协定中约束性义务占比更高，这也是CPTPP作为国际高标准自贸协定的体现。

CPTPP治理结构更严密。CPTPP提供了更强有力的争端解决机制，在投资领域引入了中立而透明的投资者——国家争端解决机制（ISDS）。在协议条款执行机制方面，CPTPP设立由缔约方组成的各种议题的专业委员会负责监督和协调各自领域协议的执行，使得法规执行更有保障，治理结构的约束力更强。相对而言，RCEP治理结构较为松散，其争端解决机制基本沿用了WTO框架的模式，没有就各种议题组成专业委员会负责监督和协调专门议题条款的落实与执行。

二、我国加入CPTPP的意义及挑战

（一）我国加入CPTPP的重要意义

CPTPP的核心规则体现了对贸易自由化、经济全球化和区域经济一体化的追求，符合我国致力于维护多边贸易体制、深化国内改革、扩大高水平对外开放的总体利益目标。2020 年 11 月，习近平总书记在APEC领导人非正式会议上明确表达了“积极考虑加入全面与进步跨太平洋伙伴关系协定”的意愿。2021 年 9 月 16 日，中国正式提出申请加入《全面与进步跨太平洋伙伴关系协定》。目前，我国正在按照CPTPP加入程序，与各成员进行沟通和磋商。积极申请加入CPTPP是我国对接高标准国际经贸规则推动制度型开放的重要里程碑，表明我国对外开放的决心和信心，具有重要战略意义。

1.有利于推动我国开放型经济发展

CPTPP现有 12 个成员国中，我国是其中 8 个国家的最大贸易伙伴国，根据经济学者的研究和测算，加入CPTPP能给我国GDP、出口和进口分别带来 0.48%、2.23%和 3.41%的增长。目前，加拿大、墨西哥、英国与我国尚无双多边自贸协定，如果我国顺利加入CPTPP，有机会把墨西哥等作为中间枢纽，通过贸易投资、贸易服务等渠道，借助CPTPP协定参与到《美加墨三国协定》（USMCA），拓展国家合作新空间。加入CPTPP能为我国服务业“走出去”提供非歧视性统一规则待遇，取得贸易框架下的制度性保障，有利于我国服务贸易高质量发展。CPTPP市场开放力度大，市场准入限制较少，加入CPTPP有利于促进“引进来”和“走出去”，研究表明，加入CPTPP我国ODI（对外直接投资）存量将会提升 1.04%、FDI（外商直接投资）存量将会提升 0.81%。[①]

2.有利于推动高水平开放和深层次改革

CPTPP涵盖了贸易、投资、知识产权、劳工和环境等多个领域。加入CPTPP可以促进我国深化改革、加强法治建设，推动形成更加公平、透明、稳定的投资环境和贸易体制，有利于提升我国的开放水平和竞争力。此外，CPTPP规定了一系列高标准的自由贸易规则，如贸易投资自由化、关税和非关税壁垒的降低、知识产权保护、竞争政策、政府采购等，加入CPTPP将会促使我国改革和完善自身的制度和法律体系，提高我国的开放水平、贸易便利化水平、知识产权保护水平和公平竞争水平，为实现经济高质量发展注入新动力。

3.有利于构建新发展格局

加入CPTPP可以帮助我国更好地融入全球化进程，增强与其他成员国的经贸联系和合作，有利于建设高质量的双循环体系。我国是世界上最大的市场之一，加入CPTPP后将有利于我国更好地发挥超大规模市场优势和潜力，推动区域内贸易和投资的进一步发展。CPTPP规则带来的包括进口商品与服务的通关便利化、关税征缴制度改革能够有力促进内外贸一体化市场的形成。加入CPTPP可以帮助我国加强与其他成员

① 我国加入CPTPP对开放型经济的影响，其数据来源于王晓红等著的《加入CPTPP：推动高水平开放》（中国金融出版社 2023 年版）。

国的经济合作，加速构建开放与安全相平衡的产业链、供应链和创新链体系。

4.有利于提高我国参与全球经济治理能力

CPTPP代表了未来国际经贸规则的发展方向，我国加入CPTPP有利于在新一轮国际经贸规则制定中增强主动权和话语权，尤其是提高参与全球数字贸易规则制定和数字治理能力。

（二）我国加入CPTPP的主要挑战

1.谈判阻力

CPTPP协议规定新增成员的加入需要征得所有缔约方的同意。作为CPTPP成员的加拿大和墨西哥，同是《美墨加三国协议》（USMCA）的成员，USMCA存在一项“毒丸条款”，约束成员国与非市场经济国家自由贸易协定的达成，美国至今尚未承认中国的市场经济地位，我国与加拿大和墨西哥的CPTPP谈判可能激活“毒丸条款”，因此美国的立场十分关键，关乎加拿大和墨西哥是否同意我国加入CPTPP。与此同时，我国拥有比日本更大的经济体量，更为强劲的经济发展形势，我国的加入势必稀释日本的话语权。从大国博弈角度看，日本长期将亚太地区视为根基和命脉，并不乐见CPTPP中出现一个足以和其争夺亚太主导权的国家，因而日本是否支持我国加入CPTPP仍然是个变量。

2.规则障碍

加入WTO以来，我国不断加大开放力度，在商品贸易等传统对外开放领域的制度体系已经基本和国际接轨，但在数字贸易、跨境人才流动等新兴领域以及国有企业、补贴政策等“边境后”政策领域与CPTPP规则还存在较大差距，电子商务、劳工、国有企业和指定垄断等与国内的法律法规或经济体制有较大冲突，尚难以达到CPTPP的要求和标准。

一是数据流通的自由度。CPTPP制定了确保跨国数据流通的透明性和公平性的原则，禁止数据本地化要求和对软件源代码的披露。出于网络安全和国家安全考量，我国对跨境数据流动实施较严格监管，特别是在开放网络、网络访问和使用、源代码、个人信息保护、非应邀商业电子信息、计算设施本地化等方面与CPTPP规则要求差距较大。二是国有企业改革问题。CPTPP的“不利影响”“商业考虑”以及透明度制度规定为国有企业活动设置了严格的行为标准，国有企业是我国社会主义市场经济的重要支柱，从现实看对国企的补贴和市场准入方面距离市场中立还存在一定差距。三是劳工规则问题。CPTPP的劳工规则允许自由结社、集体谈判，禁止强制劳动。我国自1995年实施劳动法、推行劳动合同制以来，虽然劳动制度的发展逐步走向法制化，但在实践中现行劳动制度还有待完善。另外，工会是在党领导下的功能相对独立运行的机构，但与CPTPP要求设置独立工会等劳工条款方面的对接仍需协调与改革。四是知识产权保护问题。CPTPP加大了知识产权司法和执法力度，提高了对于著作权和商标权的民事损害赔偿标准，将更多侵权行为列入刑事程序和处罚范围。我国知识产权保护制度仍有待完善，加入CPTPP可能需要对其进行改革。五是政府采购制度问题。CPTPP要求成员国公开和透明地进行政府采购，并且为所有国家提供平等待遇。我国的政府采购制度仍有待改善，加入CPTPP可能需要加强政府采购规则的透明度和公正性。

三、对标CPTPP推进厦门高水平开放的对策建议

厦门是我国对外开放的重要窗口，拥有经济特区、自贸试验区、金砖创新基地等“多区叠加”优势，与CPTPP成员国家经贸往来频繁，2022 年与 12 个CPTPP成员国贸易额达 2390.75 亿元，占全市外贸总额 25.9%。厦门对外开放水平位居全国前列，厦门自贸试验区成立 8 年多来，累计推出创新举措 553 项，全国首创 126 项，厦门国际贸易“单一窗口”等 5 个典型案例成为全国自贸试验区最佳实践案例，占全国 8%。但与CPTPP高标准经贸规则相比，厦门在服务贸易、数字贸易、投资及知识产权等方面还有较大差距。当前中央支持厦门开展综合改革试点，以清单批量授权方式赋予厦门在重点领域和关键环节改革上更大自主权，主动对标CPTPP高标准国际经贸规则，依托厦门自贸区试验区等开放平台，稳步扩大规则、规制、管理、标准等制度性开放，加大知识产权保护、国有企业改革等“边境上”和“边境后”领域改革探索，推进新发展格局节点城市建设，为我国高水平开放探索经验、探路先行。

（一）全面落实RCEP规则条款

对标RCEP“抵达前处理”等规则，全面推广应用进出口货物“提前申报”“两步申报”“两段准入”模式，深入推进进口货物“船边直提”、出口货物“抵港直装”试点，开展“离港确认”监管模式试点。全面履行RCEP投资负面清单开放承诺，全面落实中国在RCEP自然人移动项下的承诺，为RCEP成员国商务访问者、公司内部流动人员、随行家属入境与停居留提供便利。高水平履行RCEP电子商务规则，推进数字证书、电子签名的国际互认，积极发展“丝路电商”。对标RCEP约束性义务，开展RCEP软约束规则向硬约束规则转变的试点工作，为落实RCEP协定、加入CPTPP提供示范。

（二）提升货物贸易便利化水平

1.推动货物贸易监管创新

对标CPTPP零关税政策，借鉴海南自贸港加工增值政策，就关键企业或产业实施“区内实质加工值超过 30%出区，免征关税”措施。对标CPTPP再造货物条款，积极争取在厦门自贸区开展重点行业再制造产品进口试点，实施部分再制造产品按新品进口监管，取消维修产品和再制造产品的进口限制和进口关税，落实进口二手航材、二手汽车、医疗设备免税政策。借鉴CPTPP重点货物通关便利化要求，争取参照郑州模式制定跨境电商零售进口部分药品及医疗器械正面清单业务。优化海关监管方式，推动国际邮件、跨境电商、国际快件集约式监管，推动易腐货物、快运货物“6 小时通关”。

2.拓展“单一窗口”功能

持续完善厦门国际贸易“单一窗口”功能，拓展“单一窗口+N”服务模式，推动业务信息双向交互，拓展服务贸易、数字贸易功能，打造“互联网+跨境贸易全流程综合服务”一站式平台。学习新加坡等先进的国际贸易“单一窗口”经验，推动国际贸易“单一窗口”数据元标准化建设，将通关流程全覆盖，打通所有关节，提高通关透明度和企业可预见性。推进厦门“单一窗口”与亚太示范电子口岸网络（APMEN）合作，加强与CPTPP成员国家“单一窗口”数据互换和业务联动。

3.用好原产地规则

鼓励企业申请办理RCEP项下的“经核准出口商”资格，支持自贸试验区企业自主签发原产地声明，用好区域原产地累积规则。对标CPTPP原产地政策，加强与CPTPP成员国海关间的执法与联络、估价、风险管理等交流与合作，探索建立由企业自主申明原产地，加强事后核查制度，简化货物关税归类、海关估价及关税减免等预裁定程序。

（三）推进投资和服务贸易领域开放创新

1.推进投资管理体制改革

以综合改革试点为契机，实施放宽市场准入特别措施，全面取消制造业外资准入限制，适度放宽电信、医疗、教育等领域的外资市场准入，降低服务贸易准入门槛。对标CPTPP投资者—国家间争端解决程序要求，健全完善外商投资投诉工作机制，将关注领域扩展至人权、环境、法治、知识产权等公共政策议题；依托海丝中央法务区，加强厦门国际商事法庭、厦门涉外海事法庭专业化建设，推进商事仲裁规则与国际接轨，引入投资者—东道国争端解决机制和国际仲裁制度。对标CPTPP监管一致性原则，全面落实准入前国民待遇与负面清单管理制度，将前置审批转变为事中事后监管，紧密关注国际投资安全审查相关的法律及案例，完善外国投资安全审查制度。

2.推进服务贸易重点领域开放

积极跟进全国版《跨境服务贸易负面清单》进展，支持跨境交付、自然人移动等服务贸易模式发展，构建与负面清单管理模式相匹配的跨境服务贸易监管体系。金融保险领域，探索优化资本项目下负面清单管理模式，缩减企业资本项目收入使用负面清单；按照内外资一致原则，优化外资金融机构审批流程、缩短批复周期；深化QFLP（合格境外有限合伙人）和QDLP（合格境内有限合伙人）试点规则改革，探索离岸贸易与对外投资的跨境金融服务。教育领域，探索取消教育培训机构中外合作办学以及教学管理人员的国籍限制，扩大高等教育学历学位互认范围。文化领域，探索分类分级管理方法，在以中方控制经营主导权和内容终审权的前提下，允许外商在自贸区投资院线服务及电影、电视节目、出版物、演出团体等业务，外资和内资依法平等进行内容审查。医疗领域，支持符合条件的外籍及港澳台医生在厦开设诊所，取消外资独资医疗机构及医务管理人员国籍限制，在外资控股、外籍医生引进、境外人员就医、新药试用、医疗器械使用等领域争取先行先试。电信业领域，取消应用商店等增值电信业务外资股比限制，鼓励外商投资互联网接入服务、在线数据处理与交易处理等业务领域，在自贸区探索增值电信外商独资经营开放措施。自然人流动领域，对标CPTPP关于商务人员临时入境条款，便利引进人才签证办理，优化提升外国人才工作、居留许可“一件事”联办窗口，提升国际化人才服务。

（四）积极融入数字贸易合作新规则

1.培育发展数据要素市场

加强数据汇集治理，研制“一数一源”、数据开发利用等标准规范和配套制度。加快制定《厦门市公共数据授权运营管理办法》，试点开展公共数据授权运营，引导培育数据合规、数据处理、数据经纪、数据评估、数据交易等市场主体。争取设立厦门数据交易所（中心），按照“所商分离”原则，突出交易所的公共属性和合规监管功能。发挥厦门国际互联网数据专用通道和厦金海底光缆等优势，争取试点建设离岸数据中心。

2.促进数据安全有序跨境流动

争取开展跨境数据流动安全管理试点，在自贸区开展跨境数据流动先行先试。对标CPTPP，采用“原则+例外”的模式，制定自贸区数据分类分级工作指引，制定自贸区核心数据和重要数据目录、数据出境负面清单，建设数据出境安全公共服务平台。探索对个人信息、重大数据进行分类管理，对健康、职业、个性等敏感数据实行跨境传输评估许可，对非敏感数据允许其自由流动及非本地化存储。放宽一般商业数据的跨境流动管控，设立跨国机构数据流通服务窗口，以合规服务方式优先实现跨国公司内数据安全合规跨境传输。建立跨境数据流动的安全检查和评估体系，借鉴上海经验，面向重点领域和场景开展数据跨境流动安全评估试点，探索建立“低风险跨境流动数据目录+分类管理+存证传输”管理制度。

3.推进数字贸易创新发展

加快服务贸易数字化转型，推动人工智能、区块链等信息技术在服务贸易领域的应用，依托货物贸易带动相关的金融服务、电子商务、供应链管理等数字服务出口，提升贸易价值链增值水平。依托国家数字服务出口基地，规划建设数据产业园，开展数据监管沙盒试点，推动电子发票、数字身份等一批跨境数据合作项目落地，引育一批数字贸易标杆企业，打造数字贸易创新发展高地。积极参与“数字丝路”建设，鼓励跨国公司在厦门设立离岸数据中心、结算中心、研发中心等，加快吸引全球数字贸易资源要素向自贸试验区集聚，积极探索数据贸易新业态、新模式。

（五）在规则领域进一步先行先试

1.深化国有企业改革

对标参照CPTPP相关贸易规则关于国有企业的定义，按照市场地位或竞争程度推进国有企业分类管理，提高国有企业的整体效率。借鉴越南做法，构建国有企业信息披露制度，明确信息披露的范围、主体、方式、监督机构等内容，增强国有企业信息透明度。加快建立现代企业制度，完善并明晰出资人董事会、管理层之间关系，党委与董事会、管理层之间领导和被领导关系，增强企业内部激励机制的完备性和有效性，使其公平公正地非歧视地参与市场竞争。基于中性竞争原则，完善对国有企业垄断认定、非商业援助界定等规则，营造公平的竞争环境。

2.健全完善知识产权保护机制

对标CPTPP的标准，在保护标准、保护范围等方面，进行知识产权制度改革创新。强化驰名商标保护机制，探索驰名商标主动保护机制，对未注册驰名商标实施跨类保护的规则。探索创新实验室数据保护机制，探索开展数据知识产权工作试点。结合厦门产业发展情况，积极探索“临时复制”司法保护机制。积极推进互联网服务商“避风港”机制，强化互联网知识产权保护力度。推进商业秘密保护创新试点，探索加强对商业秘密、保密商务信息及其源代码等的有效保护。对标CPTPP中关于程序公正的条款，在执法调查中保障被调查人和利害关系人的陈述、申辩权，依法按照时限完成调查工作。完善海外知识产权重大事件快速响应和纠纷信息通报研判机制，加强海外知识产权维权援助。

3. 完善政府采购政策制度

借鉴CPTPP审议机制，进一步丰富和完善政府采购内容，纳入更多实质性政府采购条款。构建公平透明的政府采购营商环境，采购人如采用单一来源方式进行政府采购，在公告成交结果时应说明采用该方式的理由。优化政府采购方式及流程，提升政府采购的电子化水平。针对中小企业特点，增加价格优惠、合同执行后采购实体及时付款、采购实体承担中小企业救济费用等条款。强化信息公开监督管理，推进信息发布平台建设，完善政府采购信息发布机制，加大政府采购信息公开力度。

参考文献

[1] 王晓红，等. 加入CPTPP：推动高水平开放[M]. 北京：中国金融出版社，2023.

[2] 刘敬东. CPTPP与国际经贸新规则：理论与实践[M]. 北京：中国社会科学出版社，2023.

[3] 于鹏，廖向临，杜国臣. RCEP与CPTPP的比较研究与政策建议[J]. 国际贸易，2021（8）：27-36.

[4] 全毅，王春丽. 以制度型开放推进实施自贸试验区提升战略[J]. 开放导报，2023（4）：41-48.

[5] 刘杰，林源，杜奇睿. CPTPP标准下上海重点领域高水平对外开放的思路与对策[J]. 科学发展，2023（5）：40-48.

[6] 全毅. CPTPP与RCEP协定框架及其规则比较[J]. 福建论坛（人文社会科学版），2022（5）:53-65.

课 题 指 导：彭朝明
课 题 组 长：黄光增
课题组成员：彭朝明　姚厚忠　陈菲妮
　　　　　　姜耘时　黄彩霞
课 题 执 笔：黄光增

第四篇　民生福祉篇

第二十六章

厦门推动农村预留发展用地高质量发展研究

一、厦门农村预留发展用地现状

厦门农村预留发展用地，是指在征收农村集体土地时，核定一定面积的土地，留给被征地的村（社区）集体经济组织，用于非农产业的开发经营，以为被征地农民提供长期生计保障。目前，全市共有涉农村（居）301 个（其中：行政村 147 个，村改居社区 154 个）。

（一）已落实用地

厦门自 1991 年开始施行发展用地政策，截至 2022 年年底，全市已批发展用地面积约 560 公顷。

其中，自 2020 年 11 月《厦门市农村集体预留发展用地管理暂行规定》出台以来，全市批准预留发展用地面积约 29 公顷、共 13 个项目，具体包括：湖里区 4 个项目，土地用途主要有租赁性公寓、零售商业、旅馆（酒店）、商务办公；海沧区 2 个项目，土地用途主要有租赁性住房、零售商业、旅馆（酒店）、商务办公；集美区 4 个项目，土地用途主要有保障性租赁住房、人才公寓、零售商业、旅馆（酒店）、商务办公；同安区 3 个项目，土地用途主要有保障性租赁住房、租赁性住房、零售商业。详情见表 26-1。

表 26-1　2020 年年底以来厦门落实集体发展预留用地情况表

序号	行政区域	用地项目	供地方式	土地用途
1	湖里区	湖里区江村社区发展中心二期建设项目	划拨	城镇住宅用地（租赁性公寓）、零售商业用地
2	湖里区	湖里区轨道交通 3 号线五缘湾停车场上盖项目一期工程（坂尚社区发展中心）项目	划拨	零售商业用地、旅馆用地（酒店）、城镇住宅用地（租赁性公寓）、机关团体用地、交通服务场站用地
3	湖里区	湖里区五通社区发展中心	划拨	零售商业用地、旅馆用地（酒店）、商务金融办公、住宅用地（租赁性公寓）
4	湖里区	湖里区钟宅畲族社区发展中心	划拨	零售商业用地、旅馆用地（酒店）、商务金融办公、住宅用地（租赁性公寓）

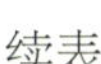

续表

序号	行政区域	用地项目	供地方式	土地用途
5	海沧区	海沧区祥露社区集体经济项目建设项目	划拨	零售商业用地、旅馆用地（酒店）、住宅（租赁住房）
6	海沧区	海沧区温厝社区集体经济项目（一期）建设项目	划拨	零售商业用地、旅馆用地（酒店）、商务金融办公；住宅用地（租赁住房）；教育用地；交通服务场站
7	集美区	霞梧大厦（集体发展用地）建设项目	划拨	零售商业用地（店面）、旅馆用地（酒店）
8	集美区	集美区西亭人才公寓建设项目	划拨	城镇住宅用地（人才公寓）、零售商业用地（商场）
9	集美区	集美后溪二农社区（新田路）产业园	协议	零售商业用地（商业）、商务金融用地（办公）
10	集美区	孙厝社区乐安里综合发展中心	划拨	零售商业用地、旅馆（酒店）、商务金融办公、住宅用地（保障性租赁住房）
11	同安区	阳翟发展用地（烧灰综合楼还建项目）	划拨	零售商业用地（商业）、城镇住宅用地（租赁性住宅）
12	同安区	同安区阳翟社区发展用地（A3 地块）项目	划拨	零售商业用地（商业）、住宅用地（保障性租赁住房）
13	同安区	四口圳社区发展用地保障性租赁住房	协议	住宅用地（保障性租赁住房）；零售商业用地（商业、生鲜超市便利店）

（二）管理政策

目前厦门农村集体预留发展用地管理政策为 2020 年 11 月出台的《厦门市农村集体预留发展用地管理暂行规定》（该政策 2022 年年底已到期，但新的政策尚未出台），政策主要创新点有：

一是多种方式落实发展用地指标，除了传统的供地建设方式之外，增加了购置房产、货币化补偿两种新的方式。

二是鼓励采取“飞地”的方式，整合跨镇（街）、跨村指标，促进发展用地项目集中连片开发，提高偏远村庄发展用地和小而散的发展用地项目收益。

三是土地用途可灵活调整，对于新供地项目，资源规划部门在核定规划条件时，制定可开发利用的土地用途清单，集体经济组织可灵活选择清单内的土地用途并动态调整。

四是试点扩大合作对象范围，允许集体经济组织与包括市、区属国有企业在内的各类资信好、实力强的企业合作开发运营。

（三）主要建设项目

目前，全市共有农村集体预留发展用地项目 105 个，其中：建成项目 64 个，在建项目 19 个，策划项目 22 个（见表 26-2）。项目类型大多为租赁住宅、公寓、商业、酒店、停车场等业态。厦门较为成功的项目案例主要在本岛、岛外工业集中区等区位好、交通便利、周边人流量大的地段内，而远离城区、区位交通均不佳的地段，则难以推动项目开发，即使项目建成也难以招商出租。

表 26-2　厦门集体发展预留用地项目情况表

区域	策划项目	在建项目	建成项目	项目总数
思明区	3	2	5	10
湖里区	5	3	7	15
海沧区	2	4	11	17
集美区	6	4	19	29
同安区	1	5	16	22
翔安区	5	1	6	12
合计	22	19	64	105

1.岛内

依托片区成熟度较高，建设商务商业、酒店等综合体项目，如蔡塘、枋湖发展用地项目等。

——湖里区蔡塘社区发展用地项目。项目位于湖里区中心地段，项目用地面积 3.1 万平方米，采用“商业综合体＋五星级酒店”模式，总投资约 6 亿元。采用社区居民集资建设模式，居民入股率近 100%，每股约 14 万元，厦门农商银行为部分困难户提供贷款，确保每一位居民都能入股。厦门农商银行为项目建设提供贷款约 3 亿元。项目建成后，运营较好的时候实现居民分红每年每股约 3 万元。

——湖里区枋湖社区发展中心项目。项目总用地面积 4.3 万平方米，包括两幢高档公寓楼、一幢酒店、一幢商务写字楼和裙楼商场，总投资约 10 亿元。采用社区居民集资建设模式，居民入股率近 100%，每股约 12 万元，市农村信用联社向困难户提供优惠利率贷款，确保所有居民都能持股。金融机构为项目提供贷款约 5 亿元。项目建成后，运营较好的时候实现居民分红每年每股约 2 万元。

2.岛外

依托工业集中区、成熟片区，建设公寓、餐饮、商业等生产生活配套项目，如集美三李城商业中心项目、同安区梧侣发展用地项目等。

集美三李城商业中心项目，是集美区重点打造的村居集体经济项目，也是集美灌口片区目前唯一的纯商业项目。该项目利用村集体留用地面积 2 万平方米，于 2019 年 4 月开工建设，2021 年 12 月投产，主要建设一栋商业中心综合体，提供超市、餐饮、影院、儿童游乐园等配套服务，不仅补齐灌口镇商业短板，还有力保障失地农民生活收入来源。项目由区属国企集美城发公司参与合作开发，村民以土地入股，不用投一分钱就可以领到租金收入，探索了“国企+村集体”合作发展之路。

同安区梧侣社区发展用地项目，已建设面积 5 万平方米，以店面、外口公寓为主。项目建设资金通过预留征地款的 70%（约 1 亿元）作为村民股资投入。项目建成后，租金收入相对稳定，较好改善了村民生活。（项目所在的同安工业集中区多为劳动密集型产业，产业相对低端，工人数量大，居住需求大，但随着周边外口公寓的大量建成、村民自主住宅出租的价格低廉，较大影响项目租金提升空间。）

3.租赁住房项目

2018 年厦门获批利用集体建设用地建设租赁住房试点，积极开展鼓励农村集体预留发展用地建设租赁型住房工作，取得一定成效。目前，全市已批 16 个发展用地项目建设租赁住房，土地面积约 20 公顷。已批的集体用地租赁住房项目收益分配方式或 100%归集体经济组织所有，或按照约定比例由集体经济组织与项目运营公司分成，项目建成投入运营后将有效促进村民增收。

二、厦门农村预留发展用地存在的问题

（一）由村集体经济组织确定项目选址难度较大

厦门发展用地一般安排在征地村组范围内或者周边地区，许多发展用地是在办理土地征收时临时选址，后期往往受多种因素影响难以落实，如与政府相关规划不符；政府对该地块有其他发展意愿；地块零碎细小，不利于土地集约利用等等。而由村集体经济组织自行选址，村集体经济组织由于对政府规划、意愿等难以了解，自行选址往往也是一厢情愿，难以落地。如同安区禾山社区，从 2003 年到 2012 年陆续征地 5000 多亩，被征地达 90%以上，征地主要用于重大交通设施等公共项目，基本难以为社区带来直接经济效益，虽有预留发展用地 90 多亩，但多年难以落地，理由如该用地项目太小难以单独上报等，而社区自行选址，又与政府意愿难以协调，社区认为，自下而上确定选址，既耗时耗力，又解决不了问题，希望自上而下，由政府推动解决。

（二）“置换物业”“货币化补偿”等政策操作性需要细化

2020 年出台的《厦门市农村集体预留发展用地管理暂行规定》虽然提出了购置房产、货币化补偿、“飞地”等多种方式落实发展用地问题，但或者缺乏实施细则，或者方案操作性不强，政策出台 2 年多来，尚未有落实实例。如，关于“置换物业”“货币化补偿”方式，是按照用地面积还是按照建筑面积补偿，具体按照什么价格标准进行补偿等均不明确。又如，关于“飞地”方式，同安区曾提出在凤南划出一块地的构想，集中统筹解决全区发展用地问题，但地块位置太偏，而且缺乏片区配套开发规划作依托，村民对地块未来发展前景缺乏好的预期，普遍难以接受这一构想。

（三）一般项目使用储备用地成本偏高

根据《厦门市政府储备用地划拨使用成本结算管理办法（修订）》规定，一般项目使用储备用地成本，需按对应区段办公用地楼面基准地价的 2 倍计算。实践中普遍认为按照这一规定，使用储备用地成本偏高。如据同安区禾山社区介绍，如使用市储备用地，每亩要支付 30 万元左右，而同期工业用地招拍挂每亩也不到 20 万，尽管土地不同用途会影响地价，但如按每亩 30 万元用地成本，村集体经济压力较大。此外，近年来，征地后管理属地化，对市里已不存在储备用地成本问题，而区里又没有相关规定，这就造成选择地块不同，使用成本没有明确标准。

（四）项目投资回报周期长

部分发展用地项目定位不够准确，项目运作效益不高，项目投资回报周期长，影响企业的积极性，村民意见也较大。如，在一些“金包银”等项目建设中，政府深入扶持，由区属国企代建，前期垫付了大量资金，尽管起到了促进建设实施的作用，但在已建成项目经营状况不佳的情况下，企业负担较重。如:北站片区发展用地圣果院商业中心，该发展用地由集美区政府委托厦门集美建设发展公司代建，建成后村集体以租赁形式交付给厦门圣果院公司负责运营，2009 年动工近 10 年未投入运营，投资回报周期长。

（五）村级集体经济组织能力有待提升

发展用地开发运作涉及选址立项、规划建设、招商引资、经营管理等多个领域，需要办理各项手续并经历众多行政审批流程，特别是要实现集体资产稳步增值和持续收益，需具备一定专业性，对管理层和运营团队有较高要求。然而农村基层自治组织选举出来的经济合作社领导班子虽然在集体中具有威望，却不一定具有土地项目开发经验，也不一定有把握市场最新动向、经营管理新兴商业业态的能力，不利于项目的可持续发展。

三、厦门推动农村预留发展用地高质量发展的对策建议

（一）加大区级层面统筹力度，全局“一盘棋”推动预留用地集约化、规模化、高效化开发利用

1.规划统筹

加强发展用地统筹规划建设、统筹集中布局，并结合征地拆迁等具体情况制定计划，纳入片区规划、大项目落地等统筹考虑，促进土地开发利用效率的提高，有序稳步解决预留用地问题。一方面，通过发展用地统筹规划引导发展用地集中布局以及加强对发展用地开发的统筹管理，统筹各村零散发展用地指标并进行集中选址，统筹形成集中的产业片区，促进形成镇街产业单元，同时形成集聚效应带动土地价值上涨，提升土地利用效率，如，结合厦门自贸片区建成区难以承接新的、有用地需求的和更高水平压力测试的创新项目的痛点堵点，选择翔安南部或者同安凤南片区等合适区域，探索使用农村预留发展用地作为用于临时租赁的二三产混合用地。另一方面，通过统筹集中布局推动开发主体的统一，有利于通过提高容积率、合理组织用地功能和完善周边交通配套及公共设施，形成单一主体或统筹方进行统一建设和集中管理的新模式，提升运营效率。

2.权益统筹

加快推进发展用地收益从依赖土地所有权向资源“资产化”转变。结合发展用地空间布局的统筹集中，推动土地开发权益与土地所有权分离，通过发展用地的统一规划、统一建设与统一运营，提高土地开发利用效率，将发展用地开发权益转化为货币收益、物业权益，各村集体按照其所拥有的土地开发权益共享土地增值收益，实现发展用地指标的“资产化”，实现指标与权益的统筹。

3.开发建设统筹

综合项目质量、招商引资、运营管理、风险防控等因素，加强对发展用地开发建设全流程引导，鼓励市场主体参与发展用地开发，充分发挥政府统筹和市场主体的作用，确保项目高质、高效。以区政府为主统筹辖区发展用地规划工作，确定指标兑现方式、标准及奖励措施，出台发展用地产业指引及招商、财政

等相关配套政策，引导全区发展用地开发和落地工作。镇街通过梳理历史发展用地情况，组织协调发展用地具体落地及征地工作，引导村集体发展用地合理、集中布局。引入有实力的企业与村集体合作，成立管理公司，负责发展用地开发建设、招商引资及运营管理工作。

（二）加快预留发展用地政策完善，科学引导预留用地持续健康发展

1.明确发展用地配套实施细则

加快制定“货币化补偿”、购买物业等方式的实施细则，规范申请条件、补偿标准、办理程序、资金拨付等环节，强化政策操作性。发展用地“置换物业”，可借鉴广州经验，通过指标换空间、土地换物业等发展用地置换物业的落地方案。以指标换空间，可在基准容积率基础上提高发展用地开发强度的，容积率提高部分按一定比例复合抵扣留用地指标，剩余部分作为奖励。以土地换物业，选择以区政府统筹建设物业形式集中安置的，每平方米建筑面积兑现一定征地面积的发展用地指标。

2.优化使用储备用地成本政策

把使用储备用地成本控制在村（居）可承受的范围，将使用政府储备用地成本“需按对应区段办公用地楼面基准地价的 2 倍计算”修改为“按照所在片区工业基准地价的 1.5 倍结算成本”。此外，区政府出台政策，明确区管理的政府储备用地结算成本，如使用市土总政府储备用地成本高于区管理的政府储备用地成本，区财政对用地主体给予相应补助。

（三）强化村集体经济组织经营管理人才培育，增强预留用地项目发展后劲

1.规范发展现代集体经济组织

健全农村集体经济组织内部治理机制。规范内部治理运行机制，在成员确认基础上，设立成员（代表）大会，选举理事会和监事会。制定完善集体经济组织章程等相关制度。通过参加学习班和进修等方式，加强对村集体领导班子的现代化经济管理意识培养，培养一支敢闯、敢干、会经营、懂管理、讲法律的村级领导干部队伍，增强村集体领导班子对集体资产的管理能力，减少和防止在实施发展用地项目过程中的决策失误和各种不良经营管理现象。

2.加强专业项目管理运营队伍引进培育

加强村集体经济组织专业化运营人才队伍建设，提升村集体发展项目策划、项目运营、招商引资等经营管理能力，探索构建“集体经济组织+驻村经济专员+职业经理人+城乡合伙人”等运营机制，建立健全人员选拔、激励、聘用、退出等考核管理制度，合理确定利润分成比例，推动形成多方共赢联农带农方式，吸引城市、企业的资本、技术、人才等要素资源，加强多领域综合开发，培育延伸项目效益增长点，推动村集体经济持续、健康发展。

（四）加强预留发展用地开发运营机制创新，建立共商共营多元化发展模式

1. 建立健全协商推进工作机制

把规划蓝图式的静态工作方式和协商协调动态工作方式相结合，建立区、镇街和村（居）的协同工作组织机制，着力解决规模核定、协调诉求、方案落实等重点环节、事项，促使全区上下统一思想、形成共识，把零散发展用地指标集中统筹安置。

2. 完善运营机制

以区政府为主导，制定完善发展用地管理工作办法，统领全区发展用地规划及统筹开发工作，明确有实力的企业，协调、推进全区发展用地统筹建设区建设、招商及运营工作。镇街负责统筹各村集体发展用地的集中选址，推动零散发展用地的统一开发建设，加快推进发展用地集中建设区的落地及建设。村集体负责梳理村集体发展用地指标落实情况，协调各村（居）发展用地指标兑现及落实工作，配合全区发展用地统筹建设区的选址及开发工作，形成“政府主导、土地入股、多方参与、利益共享”的多元化开发模式。

附：国内其他城市留用地做法经验

一、广州市花都区留用地统筹规划实践

花都区是广州市第一个按照全区统筹的思路进行留用地规划建设的试点行政区，通过集中统筹区引导留用地入园、以增量用地带动存量用地再开发、通过全流程设计实现从土地招商走向产业招商等形式，提高留用地的开发利用效率，激活土地效益。

（一）片区统筹，促进留用地连片集约开发利用

结合区域发展定位和目标，对重点片区及相对集中连片的留用地采用统筹的方式开展规划和建设。围绕全区十大重点战略发展平台，按照规划统筹布局的原则，每个镇街规划选择 1 处以上的留用地集中建设区进行布局，通过留用地统筹区规划建设，使全区留用地集中布局度由原来的 40%提升到 90%。对于位于留用地统筹区外、分布零散、规划不符、产出低效的历史留用地，鼓励村集体在与镇街及村集体进行充分协商的基础上，通过土地置换、作价入股与物业置换等方式集中进园，按面积比例享受留用地开发的收益，实现全区留用地的统筹规划、统一招商、统一运营。

（二）增存统筹，以增量用地带动存量用地再开发

坚持增存结合的理念，按照“分区施策、分类改造”的思路，结合工业产业区块、重点产业平台、轨道站点、城镇开发边界、生态保护红线和永久基本农田等因素，根据现状连片集中情况、规划条件、产值效益、用地手续、交通设施、基础设施、环保与消防等情况，重点对村级工业园等存量留用地按照“功能转换一批、改造提升一批、淘汰关停一批”的政策要求，采取存量物业与增量用地相结合的布局方式，以增量推动存量集体建设用地连片改造。

（三）开发统筹，从土地招商走向产业招商

规划联合相关部门制定开发流程，形成“指标核定—选址评估—规划落地—建设指引—招

商引导—运营指导”六步走的全流程体系，明确各个选址的用地布局、开发指标、产业导入及开发策略，形成“空间控制+产业引导”的综合性导则。留用地产业选择以花都区产业发展规划为指导，结合留用地产业发展基础，形成“一区（留用地统筹区）一策”的留用地发展产业目录，按照重要、主要与次要发展类型进行产业指引，为产业招商明确方向，实现从土地招商走向产业招商。

二、杭州西湖区“三统一”留用地开发建设模式

西湖区坚持“统一规划、统一开发、统一管理”的模式，在浙江省首创由区属国有企业西湖投资集团统筹合作开发，负责全区留用地项目的规划、建设、管理和运营，取得较好成效。

（一）统一规划

围绕发展集约度、产业协同度以及经济贡献度提升的目标，科学规划、合理布局，为项目高质量推进奠定基础。按照区域人气聚集度和配套成熟度，将具备调整条件、用地面积较小的地块，打包后进行集中合作布局，同时对部分村已核实但未落地的留用地指标，集中到优势区域开展合作布点，有效提高指标利用率和发展的集约度。

（二）统一开发

成立西湖区留用地项目推进领导小组，强化统筹协调。同时，制定留用地合作开发管理系列政策文件，保障村级留用地开发建设。按照“同股同权，共担风险”的方式引进绿城、滨江等第三方单位，设定合作单位遴选准入门槛，并建立合作单位名录库，借力第三方经验、技术、管理、运营等方面优势，打造留用地项目 2.0 版。

（三）统一管理

抓好项目策划定位和科学管理，做好配套设施完善，不断提升为企服务能力和水平，发挥园区集聚带动效应，释放发展动能。坚持以人为本，切实保障村社股民的物业价值与租金收益，主动让利百姓、分享项目红利，将项目中位置好、收益高的优质物业让村社先行挑选。此外，优化调整物业比例，部分村社实际分得物业比例提高至 51%。在项目建设、产权分割、后期运营过程中，村社、国企、政府形成政府监督、社会监督双重监管模式。

三、深圳土地整备利益统筹留用地开发建设模式

以规划统筹、利益统筹等方式体现利益共享，通过利益的平衡来一揽子解决留用地及土地历史遗留等问题。在整体地块范围内通过规划布局和指标调整将“蛋糕”做大的思路下，通过计算土地整备项目涉及的开发成本和实际收益，在满足政府、社区、市场各方主体共赢的情况下，合理划分政府收回和社区留用的土地，安排每个地块尤其是留用地的用地功能和开发建设量，确定各地块具体规划指标。

（一）划定用地范围

主要根据规划实施需要，结合利益主体诉求，或基于原行政村范围的“整村统筹”，或基于其他有利于落实片区公共基础设施、平衡项目利益的“片区统筹”模式。

（二）用地分配

主要以法定图则为依据，由政府和农村集体协商确定。留用地一般在法定图则确定的经营

性用地地块中选址，要求土地集中连片，方便后续开发利用。这种选址方法有助于整合原农村集体土地，按照规划要求进行布局和安排，改变土地空间分散、碎片化情况，同时也能满足社区发展预期，体现农村集体诉求，减少后续规划管理阻力。

（三）确定用地指标

主要满足两方面要求，一是落实上层次规划要求，满足全部控制性指标，如开发建设总量、公共基础设施等；二是结合社区发展诉求，在保持总量平衡前提下，谈判协商留用地块的用地性质、容积率、开发强度等。同时，通过制定对项目实际移交建设用地面积超出基准移交建设用地面积的部分进行建筑面积补偿的政策，在保障社区发展利益的同时，引导社区贡献更多留用地。

参考文献

[1] 沈丽贤. 厦门市农村集体预留发展用地政策探究及实施建议[J]. 住宅产业，2020（11）：107-110.

[2] 陈晓明，叶宝源，李邵华，等. 广州市留用地统筹规划方法探索[J]. 规划师，2020（15）：79-85.

[3] 深圳市规划和自然资源局. 深圳市土地整备利益统筹办法（征求意见稿）[EB/OL].（2022-03-29）[2022-12-2]. https://www.sz.gov.cn/szcsgxtdz/gkmlpt/content/9/9634/post_9634423.html#19176.

[4] 鲍蔓华. 杭州市西湖区政协专题协商村级留用地开发建设小记[N]. 人民政协报，2020-10-27.

[5] 厦门市农业农村局. 厦门村集体发展预留用地调研材料[Z]. 2023-06-12.

[6] 厦门市自然资源和规划局. 厦门村集体发展预留用地调研材料[Z]. 2023-04-14.

课 题 指 导：彭朝明
课 题 组 长：姚厚忠
课题组成员：黄光增　龚小玮　林汝辉
　　　　　　黄彩霞　姜耘时
课 题 执 笔：姚厚忠

第二十七章

厦门推动能耗双控向碳排放双控转变研究

一、推动能耗双控向碳排放双控转变的背景

（一）转变内涵

党的二十大报告提出，实现碳达峰碳中和是一场广泛而深刻的经济社会系统性变革。2023 年 7 月 11 日，习近平总书记在主持召开中央全面深化改革委员会第二次会议时强调，要立足我国生态文明建设已进入以降碳为重点战略方向的关键时期，完善能源消耗总量和强度调控，逐步转向碳排放总量和强度双控制度。

能耗双控主要指实行能源消耗强度和能源消耗总量的双控行动，旨在按省、自治区、直辖市行政区域设定能源消费总量和强度控制目标，对各级地方政府进行监督考核。能耗双控工作在推动经济社会高质量发展进程中，不仅提高了能源利用效率，还优化了生态环境质量，为全球应对气候变化工作贡献了中国力量。但缺点是不区分用能类型，在限制化石能源使用的同时也限制了可再生能源的发展。

碳排放双控是指实行碳排放总量和强度双控行动，是我国实现“双碳”目标的一项重要举措，其重点在于约束化石能源消费总量与强度，为新增可再生能源和原料用能释放了空间，在提升能源消费总量的同时有效控制资源与环境双重压力。

能耗双控与碳排放双控既有联系又有区别，能耗双控是碳排放双控的前提和工作基础，碳排放双控是能耗双控在应对气候变化国际新形势下的补充和发展，二者相辅相成、相互促进，能耗双控向碳排放双控转变更加突出导向性约束力，更符合化石能源向可再生能源转型的需求，奠定未来产业发展空间。

（二）重要意义

推动能耗双控逐步转向碳排放双控，是厦门贯彻落实国家部署的需要，有利于更好统筹发展和减排，有利于推动高质量发展，对加快促进经济社会全面绿色转型，积极稳妥推进碳达峰碳中和具有现实意义。

一是贯彻落实国家部署的需要。从能耗双控转向碳排放双控，是党中央、国务院立足国家发展实际，推动经济社会全面绿色低碳转型做出的重大制度设计。厦门是习近平生态文明思想的重要孕育地和实践地，是国家生态文明建设试验区。加快推动能耗双控向碳排放双控转变，既是落实国家重大决策的必然要求，

也是深化生态文明体制改革，推动美丽中国先行示范市建设的应有之意。

二是有利于更好统筹发展和减排。从能耗双控转向碳排放双控，将赋予地方能源消费总量更大的弹性。当前，厦门正处于经济总量做大、人口总量增加的发展阶段，GDP要实现“十四五”突破万亿元、2035 年突破 2 万亿元的目标，未来能源消费总量必然进一步增加。加快推动能耗双控向碳排放双控转变，有利于厦门更多依靠非化石能源满足新增用能需求，在有力支撑经济发展的同时保障“双碳”目标实现。

三是有助于推动高质量发展。从能耗双控转向碳排放双控，将更加聚焦降碳导向，更快推动产业绿色低碳转型。厦门是外向型经济城市，当前正着力构建“4+4+6”现代化产业体系，加快推动能耗双控向碳排放双控转变，有利于推动低碳零碳技术的突破和推广，引导各行业主动优化用能结构实现低碳转型，提升新能源、新材料等绿色低碳产业核心竞争力，有助于推动建立与国际接轨的碳排放控制体系，有效应对欧盟碳边境调节机制（CBAM）等新型国际绿色贸易壁垒。

二、推动能耗双控向碳排放双控转变的现状基础

（一）能耗双控政策体系不断健全

厦门能耗双控工作跟随国家和福建省的安排部署，从“十一五”时期开始起步。近年来，能耗双控各项制度政策不断完善，有效推动能源利用效率大幅提升，全市工业领域电气化率超过 60%，重点行业单位产值能耗普遍低于国内其他先进城市，“十三五”期间单位GDP能耗降低率实际完成 15.1%，超额完成预期下降目标的 127.7%，单位GDP能耗在全国和全省处于领先水平。

一是组织领导不断加强。成立厦门市节能减排工作领导小组，市政府主要领导任组长。市发改委牵头全市节能工作（2023 年前是市工业和信息化局），设立厦门市能源发展中心，负责全市节能监测服务和节能监察、审查等方面工作。先后制定“十二五”“十三五”“十四五”节能减排综合工作实施方案，并将能耗双控目标任务分解到各区各部门，纳入党政领导生态环境目标责任书考核，开展重点用能单位节能目标考核，形成“一级抓一级，层层抓落实”的工作机制，有效推动全市能耗双控工作。

二是法律法规逐步完善。先后制定《厦门市节约能源条例》《厦门市固定资产投资项目节能审查实施办法》《厦门市节能监察办法》《厦门市市级节约能源和发展循环经济专项资金管理办法》《厦门市公共机构节能管理办法》等法律规章。严格执行单位产品能耗限额强制性国家标准、终端用能产品强制性国家标准，落实固定资产投资项目节能审查、节能监察，对全市节能工作提供有力法治保障。

三是政策引导更加有力。落实差别电价、惩罚性电价、阶梯电价、节能节水项目/设备企业所得税优惠等价税政策，实施企业节约能源专项资金扶持，开展绿色技术和产品征集推广，推行合同能源管理，加大政府采购节能产品力度，组织全国节能宣传周，开展全民节能行动、绿色生活创建行动，营造全社会积极参与节能工作的良好氛围。

（二）碳排放双控体系初步建立

厦门作为全国首批低碳城市试点，自觉把推进碳达峰碳中和，作为贯彻新发展理念、构建新发展格局、推动高质量发展的内在要求，着力从产业、交通、建筑、城市建设等重点领域推动城市低碳发展，碳排放强度稳步下降。“十三五”期间，碳排放强度年均下降 6.3%，碳排放强度在国内处于领先水平。2023 年 7

月，被生态环境部评为国家低碳城市试点优良城市。

一是建立工作机制。2010 年，为推进国家低碳城市试点建设，成立厦门低碳城市建设领导小组，办公室设在市发改委。2018 年新一轮机构改革后，应对气候变化及低碳城市建设等职能转到市生态环境局。2022 年，为推进碳达峰碳中和，成立厦门市碳达峰碳中和工作领导小组，办公室设在市发改委，完成常设机构搭建和人员配置，建立工作沟通协调机制，形成碳达峰碳中和工作推进协同体系。

二是构建政策体系。着力构建碳达峰碳中和“1+N”政策体系，组织开展总体方案、分领域方案、支撑保障方案等 3 类 22 项政策方案编制工作，已出台《厦门市关于完整准确全面贯彻新发展理念做好碳达峰碳中和工作的实施意见》《厦门市碳达峰行动方案》等政策文件，提出了厦门碳达峰总量目标及强度下降目标。“十三五”期间，制定实施《厦门市“十三五”控制温室气体排放工作方案》，分解下达碳排放强度下降目标到各区，纳入党政领导生态环境目标责任书考核，并逐年制定工作计划，分年度推动实施。

三是提高基础能力。开展编制温室气体排放清单，已完成 2005—2021 年全市温室气体排放清单编制，有效掌握全市温室气体排放现状。建设厦门市碳排放智能管理云平台，将年耗能 5000 吨标准煤的约 70 家工业企业纳入平台，通过该平台，实现重点企业政府端及企业端的碳排放实时在线双向管理。组织华夏电力、瑞新热电等企业参与国家、福建省碳排放权市场交易，完成重点行业企业年度温室气体排放报告上报核查等工作。成立全国首个农业、海洋碳汇交易平台，有力推动自愿碳减排交易市场。制定低碳社区、园区、景区以及近零碳/零碳景区创建标准，完善全方位、多层次低碳试点体系。开展“双碳”工作与产业创新发展、应对气候变化等系列专题培训班，提升政府部门、企业等各级开展“双碳”工作的意识能力。

三、推动能耗双控向碳排放双控转变的问题和困难

推动能耗双控向碳排放双控转变是一项新的机制，是一个涉及面广、关联性强的系统工程，转变不可能一蹴而就。根据国家有关文件要求，结合实际，厦门推动能耗双控向碳排放双控转变还存在以下四方面困难挑战。

（一）数据支撑不足

开展“碳排放双控”工作首先要明确目标责任主体的碳排放量。国家虽已初步建立了碳排放统计核算体系，但在碳排放核算方法和标准、碳监测标准和规范、碳监管体制和机制等方面仍然存在一些问题。如依据现有统计职能，厦门市区级层面还未建立能源平衡表，各区能耗统计仅限于规模以上工业企业，普遍存在能耗统计能力不足问题，导致无法准确核算各区碳排放总量及碳排放强度。又如，现有能耗统计体系以经济活动作为划分依据，建筑和交通能耗被分散统计在各个产业部门，存在工业、建筑、交通等不同领域、行业能耗数据交叉，边界不够清晰等问题。再如，目前全市仅约 70 家重点企业纳入厦门市碳排放智能管理云平台，占规模以上工业企业的比例不足 3%，对重点企业、重点领域的碳排放监测覆盖面还不够。

（二）应对能力不够

从能耗“双控”向碳排放“双控”转变，国家尚缺乏清晰的制度设计，厦门在协调经济发展与碳减排、合理设定碳排放总量和强度目标、统筹岛内外发展差异与任务分解、科学安排碳排放“双控”时间进程等方面，都面临转变带来的挑战。在机构建设方面，市能源发展中心主要承担服务业、公共机构等行业节能

监测服务和节能监察等工作，在碳排放双控职责方面涉及较少，对发改部门承担全市碳排放双控的支撑协调不够。同时，区级能源相关职能还未划转到发改部门。在人才队伍方面，我市碳排放统计核算、碳交易、碳金融、低碳零碳负碳技术攻关等领域存在人才刚性缺口，多数企业没有专门的能源管理部门，缺乏能源管理、碳排放管理等方面的人才，政府部门工作人员对推进碳排放双控实践能力有待深化。在政策支持方面，北京通州等地已出台政策对企业自主开展碳排放状况核查、获得“碳中和企业”认证等方面予以扶持奖励，但我市还未有相关政策。在碳排放前置约束方面，上海 2022 年正式将碳排放评价纳入建设项目环评范围，对新建项目的碳排放增量起到一定的约束作用，厦门此方面工作还未开展。

（三）市场作用不强

碳市场交易、碳普惠机制等市场机制是碳排放“双控”的重要手段，但厦门目前还存在市场机制对碳排放“双控”作用发挥有限的问题。比如，在碳排放权市场交易方面，我市仅 11 家企业纳入全国、福建省碳排放权市场，剩下大量的企业、园区、社区、楼宇等减排主体未被纳入碳市场管理，导致不能通过市场机制激发相关主体的碳减排积极性。在碳普惠体系建设方面，全市层面的碳普惠方案还处于编制过程中，虽然市碳和排污权交易中心成立了农业碳汇、海洋碳汇交易平台，推动农业海洋碳汇自愿减排交易，思明区还开发了思明碳行者微信小程序，鼓励全社会节能减碳，但总体来说还存在覆盖面不广、参与度不高等问题，导致对个人低碳行为和企业、社区、家庭的中小型减排项目等激励引导还不够，急需加快全市碳普惠体系建设。

（四）法治保障不力

厦门能耗双控已具备相对完善的法律规章和政策体系，如《厦门市节约能源条例》对厦门中长期节能规划的制定依据、节能年度工作计划的设定方式，以及重点领域、区级重点用能单位目标责任分解的原则等做出明确规定。《厦门市节约能源条例》还明确要求设立专项资金，支持节能工作，目前主要依据《厦门市经济和信息化局 厦门市财政局关于印发厦门市市级节约能源和发展循环经济专项资金管理办法的通知》有关规定具体执行相关工作。“碳排放双控”工作在当前仅通过制定《厦门市碳达峰行动方案》等形式发布实施，天津等地已出台碳达峰碳中和促进条例，我市还缺乏相应的法治保障。

四、厦门推动能耗双控向碳排放双控转变的对策建议

推动能耗“双控”向碳排放“双控”转变，需根据厦门经济社会发展实际，坚持有机衔接、有序推进，夯实基础、创造条件，动态评估、科学考核的原则，分阶段、有步骤、全方位稳妥推进。

（一）加强统计核查体系建设

一是对接国家相关核算制度和体系。充分对接国家统计局、国家发展和改革委员会、生态环境部等相关部门的碳排放统计核算方法，摸清重点行业企业和重点产品碳排放统计核算体系。加强工业、交通、建筑等重点行业的能源消费统计，通过碳排放清单、核算和预测模型、在线监测等方法，测算厦门市分行业、分能源品种的碳排放量。完善企业碳排放统计制度，加强企业碳排放统计监测及服务能力建设。

二是建立厦门碳排放基础数据库。探索建立覆盖工业、交通、建筑等多领域的市级碳排放管理平台，

拓展厦门市碳排放和能耗智能管理云平台应用范围，利用大数据、互联网等数字技术，实现数据的实时采集、统计分析与定点观测。统计部门牵头成立厦门市碳排放统计核算工作组，会同相关部门，根据核算体系涉及的相关指标，统一统计口径，加强统计调查和监测。完善各区能耗统计，编制区级层面能源平衡表，为准确核算我市各区碳排放总量和碳排放强度奠定基础。

三是探索碳排放标准、计量、认证体系建设。加强各级各类标准的动态更新和衔接协调。建立健全工业、建筑、交通运输领域绿色低碳评价标准，完善园区、社区、景区、企业等低碳零碳评价标准和技术规范，推进相关标准国际衔接。探索建立重点产品全生命周期碳足迹标准和碳足迹、碳标签认证制度。

（二）循序渐进先行试点

一是逐步完善碳排放双控顶层设计和考核机制。坚持一盘棋，按照国家要求和工作节奏，不断加强碳排放双控顶层设计，逐步形成政策约束性机制。“十四五”期间，仍以能耗双控为主，碳排放强度为辅。合理调整控制范围和方式，落实原料用能和可再生能源消费不纳入能耗双控。“十五五”初期，推动实施能耗双控考核与碳排放双控考核并重机制。明确双控政策转变阶段的重点任务。“十五五”末期，以碳排放强度考核为主，碳排放总量考核为辅。可充分借鉴能耗双控的成熟经验，制定科学的碳排放双控分配体系。综合考虑各区发展差距和产业结构特征，差异化承担减排责任，设定总量指标，并实施动态调整。

二是选取部分区和行业先行开展碳排放双控试点工作。综合考虑各区经济社会水平、产业发展、重点行业与能源消费和碳排放实际情况，选取便于进行数据统计和核算的行业，减排成本较低、对区域经济影响较低、数据智能化水平较高的区建立试点。

三是不断完善政策支持。借鉴北京、上海等地政策，制定出台企业自主开展碳排放核查扶持奖励、碳排放评价纳入项目环评范围等政策。依托中国社科院与厦门战略合作平台、中科院城环所、厦门大学等科研院所，探索开展碳预算管理、碳监测标准和规范等前期研究，加强政策储备，强化决策支撑。

（三）建立碳排放双控人才储备队伍

一是加强碳排放双控人才建设。支持厦门大学、集美大学等在厦高校加强绿色低碳相关专业学科建设，加大高层次专业化人才培养力度，建设一批绿色低碳领域未来技术学院、现代产业学院和示范性能源学院。引导本市院校增设碳排放双控相关专业学科。鼓励建立碳排放管理培训、考核、实习基地，培育一批碳统计、碳管理、碳咨询、碳交易、低碳零碳负碳技术攻关等专业人才，为厦门碳排放双控工作提供智力支撑。

二是多维度开展碳培训。加强对碳排放双控制度的宣传解读，组织碳排放双控基础能力建设培训，将碳排放双控工作纳入领导干部培训体系，深化各级领导干部对碳排放双控工作的理解和把握，提升专业素养和业务能力。广泛开展企业涉碳管理培训，强化企业在推进碳排放双控中的主体地位，推动企业参与碳排放权、用能权等市场交易机制。倡导居民践行低碳消费和生活方式，探索实行碳积分、碳普惠等措施，促进个人低碳消费。

（四）充分发挥市场机制作用

一是完善厦门碳交易市场制度体系。积极参与全国、福建省碳排放权交易市场，及时跟踪生态环境部对全国碳排放权交易市场建设的新安排、新部署，配合做好重点企业碳排放报告、碳排放核查、碳配额履约督促等各项工作。加快建设厦门碳普惠体系，制定碳普惠工作方案和管理办法，出台碳普惠方法学和积分兑换规则，搭建碳普惠平台，逐步实现碳普惠减排量与碳市场交易的联通、兑换和交易，初步建立制度健全、管理规范、运作良好的碳普惠运营机制，引导更多企业、社区、家庭、个人参与碳减排。

二是建立碳减排支持工具。鼓励建立碳账户和绿色责任账户，形成包括碳减排、其他污染防治、生态修复和经济增长等要素在内的各级政府、企业和个人的绿色责任账户，确定各主体的减排责任。支持金融机构向清洁能源使用比例高、节能环保技术先进、降碳成效突出的重点领域和重点企业提供专项贷款。探索碳排放补偿机制，推动岛内外各区间碳减排转移支付。

（五）建立统筹协调管理机制

一是加强组织实施。完善碳双控部门职能设置，厦门市发展改革委加强碳排放制度的统筹协调，研究重大问题，协调重大事项，安排重点工作任务，调度任务落实情况，牵头开展评价考核；工信局、生态环境局、建设局、交通局、统计局等根据职责分工，加强协调配合，扎实推进工作；各区加快能源相关职能划转到发改部门，配足配齐专业人员力量，形成工作合力。

二是强化监督管理。加强对重点用能单位和重点碳排放单位节能降碳的监督管理，对新建扩建高耗能、高排放项目的前期手续和事中事后严格监管。充分发挥厦门地方立法权的优势，推进碳排放双控相关的立法进程和监管体系建设，明确碳排放统计核算的法律职责和碳排放数据的法律属性。加快修改《厦门市节约能源条例》等相关节能法规，使之与碳达峰碳中和工作要求相适应，并与能耗双控向碳排放双控转变导向相一致，进一步强化能耗总量弹性管理，控制化石能源消费、鼓励可再生能源消费等。

参考文献

[1] 唐人虎. 能耗双控如何向碳排放双控转变？［EB/OL］.（2022-07-17）［2024-02-20］. https://baijiahao. baidu. com/s?id=1771654939804036562&wfr=spider&for=pc.

[2] 吴乐丕. 上海率先推动“能耗双控”向“碳排放双控”转变的思考［J］上海节能，2023（5）：546-552.

[3] 胡静，戴洁. 健全碳排放量化管理体系，推进能耗双控向碳排放双控转变［J］科学发展，2023（8）：82-90.

课题指导：彭朝明　戴松若
课题组长：董世钦
课题组成员：戴松若　林　红　林汝辉
李　婷　姜耘时
课题执笔：董世钦　林　红

第二十八章

国内外住房制度改革经验及其对厦门的启示

一、厦门住房制度体系发展沿革及现状

20 世纪 90 年代起，国家持续深化住房制度改革，正式取消福利分房，实行住房分配货币化。针对住房改革随即产生的保障不足等问题，厦门在赴香港、新加坡等地考察学习后，于 2006 年在全国率先提出了“社会保障性住房”，重点解决租房“夹心层”和购房“夹心层”住房问题，形成社会保障性住房“厦门蓝本”（详见图 28-1）。

图 28-1 厦门住房制度体系发展沿革

（一）2006 年之前：由政府完全主导逐步转向市场和政府共同提供

1992 年，厦门颁发《厦门市住房制度改革实施方案》及十五个实施细则，拉开了房改序幕。1998 年，国务院下发文件，正式取消福利分房，实行住房分配货币化，并提出了经济适用房、廉租房等概念。在此期间，厦门实施了系列住房制度改革改革，包括停止单位福利性分房、逐步实行住房商品化，建立商品住

房制度；建立住房公积金、提租补贴制度，鼓励职工购房；出台统建解困房、廉租住房、经济适用住房、安置房等住房政策（见表28-1）。最突出的成效是住房供给体制发生转变，个人住房问题由完全依靠政府解决转向市场和政府共同解决，个人开始拥有住房产权，开启住房商品化；并初步建立起以经济适用房、廉租房、安置房为特征的住房保障制度。

表28-1　1998—2005年厦门保障性住房体系

住房类型	廉租住房	经济适用房	安置房
面向群体	最低生活保障线以下的住房困难家庭	中低收入的企业和社会住房困难家庭；机关事业单位人员获得货币补贴后不得购买经济适用房	旧城（村）改造的拆迁户
分配	建设管理局住宅办		
建设	国有地产企业以3%的“代建费”建设，建成后产权归属政府		
投资及运营管理	财政投资+政府管理		

（二）2006—2011年：多层级住房保障体系

2006年，厦门成立市保障性住房建设管理办公室，负责保障性住房政策研究和建设管理。2008年，率先在全国提出“社会保障性住房”，通过出台全国首部社会保障性住房地方性法规——《厦门市社会保障住房管理条例》，在国家廉租房、经济适用住房制度体系基础上，创新构建了廉租房（最低收入住房困难家庭）、经济适用房（有购买力的中低收入住房困难家庭）、保障性租赁住房（无购买力的中低收入住房困难家庭）、保障性商品房（不符合低收入申请条件但又无住房的家庭）、过渡性保障性住房（教育、卫生系统等事业行政单位）、公寓式租赁住房（外来务工人员）的住房供给结构和政策体系（见表28-2）。最突出的成效是住房保障覆盖面不断扩大，创新性地将社会保障性住房从“保低”向“保基本”转变，有效解决“夹心层”住房问题。

表28-2　2006—2011年多层级住房保障体系

住房类型	廉租住房	经济适用房	社会保障性商品房	社会保障性租赁房	过渡性住房（公寓）	人才住房
面向群体	最低生活保障线以下的住房困难家庭	有一定经济能力的中低收入住房困难家庭	·2008年以前：中低收入住房困难家庭 ·2008年以后：非低收入无住房家庭，重点解决教育、医疗等公务人员及人才等群体的住房问题	既不符合廉租住房保障条件，又无力购买保障性商品房的中低收入家庭	教育、卫生系统等事业行政单位住房困难职工	企事业单位人才
分配	面向社会公开摇号，对申请户实行入户调查和家庭诚信申报制度					
建设	·与商品房同步规划，将保障性住房和商品房在同一片区内规划成居住组团 ·在新城区和新开发区建设中优先规划建设保障性住房小区					
投资及运营管理	2013年以后由安居集团按市场运作机制，负责投资建设和运营管理					

（三）2011年至今：逐步与国家新“三房”保障体系并轨

2011年，国家下发《关于保障性安居工程建设和管理的指导意见》，开始大力推进保障性安居工程建设。厦门根据国家最新精神对住房结构进行整合，2014年删除原有住房类别，构建以租赁型社会保障性住房为主、以共有产权（自住）等方式配售社会保障性住房为辅的供给结构；2015年将保障重心转为以提供租赁型社会保障性住房为主；2016年在国家“公共租赁住房”保障对象基础上，将本市户籍中等及中偏上收入住房困难家庭、引进人才等纳入保障范围；2017年按类似共有产权方式配售保障性商品房。2020年，按照国家要求，构建公租房、保障性租赁住房、保障性商品住房为主体的新“三房”保障体系，实现与国家的并轨。

公租房，采用划拨形式供地给安居集团建设和租赁，资金来源主要是企业融资、专项债、上级资金补助。主要面向本市户籍低收入、中偏下收入、中等收入或中偏上收入“夹心层”、人才、稳定就业职工等住房困难家庭配租45～70平方米的住房，实行批次轮候分配，由单位集体申请，承租人自付租金比例从10%～70%不等。

保障性租赁住房，主要包括：国有建设用地采用划拨供地给各区、安居集团建设运营，资金来源主要是企业融资、专项债、上级资金补助；农村集体预留发展建设用地由各区组织村集体经济组织建设运营；部分利用产业园区配建、轨道集团综合开发用地建设等。主要面向新市民、青年人、城市基本公共服务人员等住房困难群体配租30～45平方米为主的“小户型、低租金”住房，实际租金标准不高于同地段同品质的市场租赁住房租金的95%。

保障性商品房，部分由市保障房建设中心建设，资金由市财政保障；部分由安居集团建设，采用划拨供地形式，销售后通过划拨转出让方式补缴土地出让金，资金来源主要是企业融资、专项债、上级资金补助。面向骨干人才、本市户籍无住房家庭、稳定就业5年的非本市户籍无房家庭配售。按项目市场评估价的45%配售，满5年向政府缴交55%的增值收益后可转为普通商品住房自持或上市交易。

二、厦门住房制度体系存在的问题

（一）住房体系市场属性和保证属性边界不清

厦门保障房累计覆盖的住房需求不足，商品房负担过多住房需求，导致房价增速快、套利空间大等矛盾，2023年房价收入比高达26.4[①]，居全国第五。住房服务产业和人才等功能不强，高房价对人才产生挤出效应，仍有很多青年人、人才等“夹心层”住房需求未得到有效解决。

（二）住房结构性供给过剩

一是土地市场持续低迷。2023年厦门共进行六轮集中供地，供地节奏明显放缓，直至5月才开始首场土拍；供地数量缩减，由2022年27幅地块减少至2023年14幅。全年出让的14幅地块中，仅有4宗溢价率超过10%，2宗低溢价成交，其余8宗均是底价成交；计价建筑面积共计成交约125万㎡，仅为2022年

① 数据来源：诸葛找房数据研究中心“微信号”。

的一半；成交金额364.5亿元，比2022年下跌67.9%。二是岛内外商品房二元分化。岛内5幅地块成交总价212.7亿元，占比58.4%。岛外9幅地块成交总价151.8亿元，除海沧哈啰小镇溢价21.5%，其他8幅均底价成交，另有3幅流拍/撤拍。三是保障房存量增大。由于布局有待优化、配套不够完善等，导致祥平保障房地铁社区等项目空置率较高、申请率较低。

（三）改善型住房需求受限

一是岛内高品质商品住房需求强，但受制于限贷等因素，需求受到抑制且效益未能释放。二是保障房退出交易的制度缺位，流通性不畅，限制了从刚性住房到改善性、品质性住房的购买力。

（四）先行先试探索不够

一是探索租购同权方面滞后于其他先进城市。早在2017年，广州、武汉等城市就率先提出赋予符合条件的承租人子女享有就近入学等公共服务权益，保障“租购同权”。各大城市也相继提出促进“租购同权”的指引性政策要求。厦门虽然是全国首批开展住房租赁试点12城之一，但受限于优质教育资源稀缺，租购同权在操作层面存在较大困难。二是长租房、投融资体制等方面创新不足。突出反映在租赁市场预期不稳，租期短，租金调整频率高。保障房建设主要依靠财政保驾护航，当前经济下行压力加大，回升基础不牢，保障性安居工程建设任务繁重，资金需求巨大，可持续性发展存在隐忧。

三、国内外模式及经验借鉴

（一）国外住房制度设计经验

1.以新加坡为代表的“大政府小市场”模式

新加坡是“居者有其屋”的成功践行者，形成了以组屋为主、私宅为辅的住房供给结构，目前新加坡大约85%的居民居住在政府提供的组屋中。组屋建设用地包括国家直接转让和从私人部门强制征收两大来源，政府无偿将土地使用权划拨给建屋发展局用于组屋建设。组屋价格由政府统一定制，并与人均收入挂钩，通常是以90%的首次申请者可负担三房组屋价格、70%的首次申请者可负担四房组屋价格为标准。组屋的房价收入比始终维持在5.5左右，而私人住宅的房价收入比约为21。通过“先订后建”订购模式，实际申购数达到计划75%时才开工建设，有效减少了组屋滞销和轮候时长等问题。

2.以欧美为代表的“大市场小政府”模式

欧美国家大都实行商品化的住房消费保障，由市场提供土地，政府通过立法、税收等手段来调控房价。

美国大力发展抵押贷款证券化（MBS）。美国拥有发达的房地产金融市场，通过联邦国民抵押贷款协会（房利美）和联邦住宅贷款抵押公司（房地美）两大机构，向各类银行、信贷机构提供贷款和贷款担保，鼓励金融机构支持有稳定工作的中低收入家庭购房。即收入为本地家庭平均收入60%以上者，由政府提供贴息担保。

英国实行产权购买份额和首付双降政策。英国通过灵活选择产权购买份额和降低首付等政策，助力年轻人实现买房梦，即首次购买份额可在20%～75%之间自由选择确定；首付降至5%，最高可贷95%，政府以国家担保形式，帮助银行承担一部分贷款风险。

德国以立法形式稳定租赁关系和租金水平。德国是最早将住房保障相关政策立法的高福利国家，也是住房租赁市场最发达的国家之一，住房体制最明显的特征是租房为主、购房为辅。截至2022年，德国房屋自有率仅49.5%。政府通过界定严格的合同解除条件，并实行“限制房租”“房租刹车”“冷冻房租”等租金价格管制，保护承租人权益，稳定房屋租赁市场。一是“限制房租”政策。各州基于住房租金市场的平均租金、最高租金、最低租金3个维度，将租金市场划分为两种类型：租金增长缓慢并且依据房屋类型、面积等就可以匹配租金对照表的小城镇使用“简易租金明镜”[①]；租金增长快速并可通过量化各类住房数据进行科学计算的城市使用“合格租金明镜”。二是“房租刹车”政策。各州根据房屋面积确定地区平均房租，房主可以在租户入住15个月以后上调，但不能超过该地区的平均房租；两次上调间隔要超过12个月且三年内房租涨幅不能超过20%。三是“冷冻房租”政策。规定五年之内保障性租赁住房不能上涨房租。此外，在建设主体方面，德国政府不直接建设社会福利房，政府通过无息贷款、税收优惠或直接补贴等政策优惠刺激和鼓励私人投资社会福利房，开发商在锁定期（一般是10～20年）让渡部分权利给政府。

3.以香港为代表的政府与市场双轨模式

香港采取政府部门与私人发展商共同发展的形式，形成了包括市场住房供应和保障性住房供应的双轨制住房供应体系。政府面向高收入家庭的居民提供“私人永久房屋”，此类住房政府不予干涉但行使调控职能。面向占全港人口一半的中低收入市民，政府根据收入情况和住房消费需求提供居屋和公屋；居屋和公屋的土地都由政府免费提供，由香港房屋委员会或香港房屋协会兴建。

（二）国内住房制度设计经验

1.创新推出共有产权住房

东莞2021年开展共有产权住房试点，承购人按房产总价的50%出资购买50%产权，另外50%产权由代持机构持有。不同等级的人才取得不动产权证书满5年，且入户满3年，可按市场评估价的不同折扣购买代持机构份额；并享有与普通商品住房同等的教育、医疗、户政、养老、住房公积金等公共服务权益。深圳推出“青年人才共有房计划”，三年之后，如果房价出现上涨，青年人才可以选择向企业按照原价购买剩下的一半产权；若房价下跌，则由企业保底，按原价回购人才的一半房产。

2.打通各类住房产品市场流转通道

长沙率先全国开展盘活存量房供作租赁住房试点，打通新房、二手房、租赁住房市场“通道”。以长房集团、长沙建发集团为试点，业主通过与试点企业签订协议，将存量房盘活供作租赁住房，运营年限不低于10年，2套以内住房家庭可按“核减1套”原则申请购房，多套住房家庭可按“改善1套”原则申请购

① 租金明镜是指显示一个地方同类住房平均、最低、最高租金的租金参照表，由专门机构参照该地区前四年的“冷租”水平制定，每两年调整并向全社会发布一次，对已有租房合同租金水平与其调整方式，以及新住房合同的租金水平，均有非常细致的规定。其修订通常参考住房的地理位置、房屋面积、修建年代等基础信息，以及房屋内装材料、上下水情况、采暖结构等信息，试图准确地反映当地房租水平，与市场相符合。

房，该套房屋不纳入家庭住房套数计算。

3.创新人才安居REITs投融资模式

早在2016年，深圳国资即在全国率先成立住房专营机构人才安居集团，通过企业化运作和市场化手段，推动公共住房建设由政府投资向企业投资转变。2018年，人才安居集团联合深创投集团率先发行了全国首单人才租赁住房类REITs。2022年，深圳安居保障性租赁住房REITs项目在深交所上市，成为最早公开受理并成功上市的保障性租赁住房REITs试点项目，打通了住房租赁市场的“投、融、管、退”模式闭环，形成“投资建设住房—REITs盘活资产—回收资金再投资”的良性发展格局。原始权益人深圳市人才安居集团筹建各类保障性住房占全市同期总量的1/3以上，成为深圳吸引人才、留住人才、服务企业的重要住房保障平台。

四、厦门加快住房制度改革的对策建议

典型地区的住房市场多经历了“住宅短缺—供需动态平衡”的历史发展路径或循环，均尝试过需求侧管理，采取如限购限贷、限价限售等需求抑制手段，成效差强人意。在调控思路从“抑制需求”转向“保障供应”，通过增加土地供应和保障性住房建设等供给扩张政策，住房市场方才实现供需动态平衡。建议借鉴上述典型地区住房改革经验，实现有效市场与有为政府相结合，厘清住房体系市场属性和保障属性的边界，推动房地产市场供给侧结构性改革，加快构建保障性住房和商品住房各司其职、梯度互补、协同有效的供给体系，激活住房市场活力，实现住有所居、住有宜居、住有优居。

（一）明确各类住房供给定位及功能

1.租赁住房重点解决刚性住房需求

将租赁住房分为公共租赁住房、保障性租赁住房、市场化租赁住房三类。其中，公共租赁住房定位为政府提供政策优惠，限定建设标准和最低租金水平，面向低收入、中等偏下收入的住房困难居民和一线职工出租；保障性租赁住房定位为政府给予政策支持，发挥市场作用，坚持中小户型、低租金，面向符合条件的青年人、新就业大学生、蓝领工人等出租；市场化租赁住房定位为发挥市场机制对前两种政策性租赁住房的补充，政府引导构建良好租户关系。

2.共有产权住房重点解决改善性住房需求

共有产权住房定位为政府提供政策支持，充分发挥市场机制推动作用，拓展户型选择，实行政府与购房人按份共有产权的住房。重点解决有一定财富积累但还未达到购房支付能力的“夹心层”或新市民的住房需求，按分步走的形式实现产权自有，鼓励更多人在厦扎根安家。

3.商品住房重点解决品质性住房需求

发挥市场在资源配置中的决定性作用，试点取消商品住宅市场限购、限售、限价、限贷等多维度的管控体系，推动商品住宅市场市场化进程。其中，存量商品住房滞销的可适当考虑转为共有产权住房；新建商品住房重点面向高收入群体，聚焦品质性住房需求，适当提高大户型、高档楼盘的产品占比，从满足首次置业为主向更好满足居民全生命周期的住房需求转变。

（二）加强保障性住房的规划布局

1.优化保障性住房“先定后建”预约制度

由符合条件的群体申请各类保障性住房需求，当片区范畴内预订量达到70%以上，启动相应建设筹集程序，减少空置率。取消给用人单位整体配租的分配模式，实行按需申请、统一分配，避免造成各个切块房源的截留和空置。

2.布局保障属性为主的“产业小镇”

有效利用集体经营性建设用地、企事业单位自有闲置土地、产业园区配套用地、存量闲置房屋等建设保障性住房。以重要的产业园区为重点布局建设“产业小镇”，集中建设保障性住房，保障技术人才、一线工人低成本、便利性的住房需求。以重要交通节点规划建设保障性住房，并将周边一定区域内20%的用地作为工厂用地，导入无污染小规模劳动密集型工业，为居住群体提供就业空间。

3.完善周边公建配套设施

选取地段较好的区位，在商品住房中分散配建部分保障性租赁房或共有产权住房，统一规划、开发建设，减少保障性住房与市场化住房在公共资源享有上的差异性。完善幼儿园、中小学、医院、社区服务等教育设施和医疗、商业等服务设施配套，提升保障性住房周边的居住品质和生活便利度。

4.提高保障性住房户型的选择空间

结合当前人口结构及生育政策，适当提高租赁住房和共有产权住房户型的面积和功能，根据居住对象需求合理设置一房、二房、三房、四房比例，提高“中大户型”占比，满足更多当代家庭多元化的住房需求。

（三）加强保障性住房政策弹性

1.增强人才购房的灵活性

将人才住房保障由实物保障或一次性安家补贴转为房票补贴。加强房票使用的灵活性，可用于租、购各种市场化保障性住房，为人才在厦安家落户提供便利性。

2.鼓励长租体系下的租购同权

完善长租房政策和住房品质，使租房购房在享受教育、医疗、社会福利等公共服务上享有同等权利，推动租购同权。规范市场化租赁市场，稳定租赁关系，限制业主合同终止权，推动“优先续租”政策。建立稳定的租金调控机制，参照德国设置“简易租金明镜”“合格租金明镜”，量化各区域各类房租金参照表，定期更新，同步设置“房租刹车”“冷冻房租”政策，分区域制定房租增长时限及浮动上限。

3.合理界定共有产权住房准入门槛

合理框定普通共有产权住房保障房对象，聚焦支付能力超出租赁住房租金水平、不具备直接购买市场化商品住房的能力、有能力与意愿实现住房自有三者兼备的“夹心层”群体，适当增加对未来住房支付能力审核评估，并可逐步放开“户籍限制”。根据个体财力差异，适当降低首次购买的最低持有份额及自由度。人才共有产权住房可制定更具激励性、灵活性的政策条款，当住房评估价格较购买价下降时，可由政府按原价回购。

4.释放共有产权住房增值空间

适当降低流动性限制标准，在补贴和流动性之间进一步平衡，产权未完全持有时可在同类保障对象中交易流通；实现完整产权，并自持一定年限和达到一定条件后，可按照市场化渠道交易，打通自由流动的二级市场。

5.打通各类住房转换与流通

梳理各种类型的存量房源，合理调控各类住房的供应节奏及灵活性，推动公租房、保障性租赁住房、共有产权住房、存量商品住房等存量房源的转换。如推动存量安置房转为保障性住房，政策性租赁住房租满一定期限后，拟转为共有产权形式逐步购置的，已支付租金可抵扣拟购置共有产权份额的款项。

（四）创新市场主导的投融资模式

1.鼓励多元市场主体参与

加强企事业单位、园区企业、住房租赁企业、房地产开发企业、农村集体经济组织、个体等主体参与的积极性。扩大直接供应国有建设用地或集体建设用地作为纯租赁用地的占比和“只租不售”比例。支持企业在商品房开发中无偿配建政策性或市场化租赁住房。鼓励采用改建、盘活、转变等方式筹集建设，支持集体性经营用地、产业园区、闲置商办物业、老旧城区改造等存量用地及房屋的盘活，改造成保障性住房，降低供给成本，减轻财政资金压力。

2.推动租赁住房建设运营方式转型

公共租赁住房和保障性租赁住房均采用划拨形式供地，统一交由专业化企业负责建设运营。建设期由企业通过自筹、银行贷款、政府债券或专项补贴等渠道筹资建设，根据不同住房类别的保障程度合理确定出资比例。运营期持续提升经营管理效益，通过稳定持续的租金收入、政府租金补助或运营补助等回笼资金。

3.创新共有产权住房的市场化建设运营机制

共有产权住房采用按约定地价比例公开出让的模式供地，由摘地企业作为建设主体负责投资建设，降低企业的投资成本，提高企业投资的积极性。共有产权住房出售后，可安排一家市级机构负责代持政府份额、签订合同、日常使用管理、回购、再上市交易等。购房人可以更低的价格购买共有产权住房，并在后续分期、分步向政府逐渐补齐剩余比例的出让地价款，逐步向政府购买产权直至完全自持。

4.创新金融产品和服务

支持各类租赁住房打包资产发行REITs基金，积极拓宽建设资金来源。创新长期贷款、各类债券及权益融资、信托基金等方面支持，为建设主体提供多元化、多层次、全周期的金融产品和金融服务。开发更多面向居民端的住房金融工具，对实物住房保障形式形成补充，可通过试点“MBS+按揭保险”，支持中低收入群体实现住房自有。

参考文献

[1] 刘亚娟. 基于居住权的住房保障制度创新探析[J]. 湖南师范大学社会科学学报，2021（3）：136-143.

[2] 付大学，秦思楠. 共有产权住房：一种典型的公-私混合财产[J]. 江西社会科学，2020（6）：158-165.

[3] 徐漫辰，焦怡雪，张璐，等. 共有产权住房的国际发展经验及对我国的启示[J]. 住宅与房地产，2019（34）：1-4.

[4] 马秀莲，范翻. 住房福利模式的走向：大众化还是剩余化？：基于40个大城市的实证研究[J]. 公共管理学报，2020,17（1）：110-120，173.

[5] 倪鹏飞. 中国住房：制度缺陷、行为冲动与市场失衡[J]. 价格理论与实践，2015（4）：7-9.

[6] 朱玲. 德国住房市场中的社会均衡和经济稳定因素[J]. 经济学动态，2015（2）：98-107.

课 题 指 导：彭朝明
课 题 组 长：陈菲妮
课题组成员：彭朝明　陈菲妮　黄榆舒
　　　　　　董世钦　李　婷　肖凌欣
　　　　　　林　敏
课 题 执 笔：陈菲妮　黄榆舒　李　婷
　　　　　　肖凌欣

第二十九章

“后疫情时代”厦门恢复和扩大消费研究

自2023年1月8日我国实施新冠病毒感染“乙类乙管”以来，我国进入后疫情时期。中央经济工作会议指出“要把恢复和扩大消费摆在优先位置”，2022年12月中共中央、国务院印发《扩大内需战略规划纲要（2022—2035年）》，提出全面促进消费，加快消费提质升级；2023年7月国务院办公厅转发国家发展改革委关于恢复和扩大消费措施的通知，消费对经济发展的压舱石作用得到充分重视。

一、2023年厦门消费总体情况

（一）总体呈现复苏态势

2023年以来，随着疫情防控平稳转段，厦门居民消费筑底向好态势日渐显现，服务消费强势反弹、商品消费温和增长的结构性反弹特征凸显。在全球经济增长放缓、外部需求走弱的情况下，我市消费总体呈现复苏态势。

1.服务消费大幅回暖

疫情防控政策调整后，旅游、住宿餐饮等接触性消费快速复苏。

（1）住宿餐饮消费快速复苏。2023年，全市住宿业实现营业额94.09亿元，比上年增长33.2%，分别高于2019年13.68亿元和22.9个百分点，入境旅游、探亲、商务、会展的需求逐步释放，带动酒店普遍增收，其中，佰翔五通酒店、海悦山庄酒店、特房波特曼、集美湖豪生大酒店等销售增幅较大；餐饮业实现营业额342.38亿元，比上年增长16.3%，分别高于2019年171.26亿元和6个百分点，临家、瑞幸咖啡、海底捞、肯德基、金拱门、大黄象、中科苑、古龙小厨等头部餐饮企业增势良好，住宿和餐饮消费的规模和增速已超疫情前水平。

（2）旅游消费出现强劲反弹。2023年，厦门国内外游客再次超亿人次，达10987.01万人次，同比增长67.26%，恢复至2019年的109.7%；空港旅客吞吐量2410.41万人次，同比增长138.1%，恢复至2019年的88%。“五一”、中秋国庆假期全市接待游客人次分别同比增长58.8%和59.89%，分别恢复至2019年同期的125.9%和122.15%；旅游收入分别同比增长91%和62%，分别恢复至2019年同期的118.7%和105.8%。

（3）文化娱乐消费加快恢复。2023 年，全市文化体育娱乐营业收入增长 31.9%。电影消费十分火爆，据猫眼数据显示，暑期档厦门票房达 17196.25 万元，共计有 413.7 万人次走进影院，播放场次达 22.6 万场。暑期档成绩超越了 2019 年同期的 1.5 亿元，既是厦门票房历史最高的暑期档，也是厦门历史最强档期。博物馆暑假入馆人数大幅上升，市博物馆观众日均近 7000 人次，是上年同期的 3 倍。经营性演出市场加快恢复，多个剧目迎来座无虚席的满场观众，特别是暑期高密度的演出排期，出现了多个开票即售罄的演出项目。

2. 商品消费缓慢恢复

2023 年，全市社会消费品零售总额实现 2743.33 亿元，规模超疫情前水平，比 2019 年增加 485.41 亿元，同比增长 2.9%（详见图 29-1），其中，商品零售同比仅增长 1.1%。

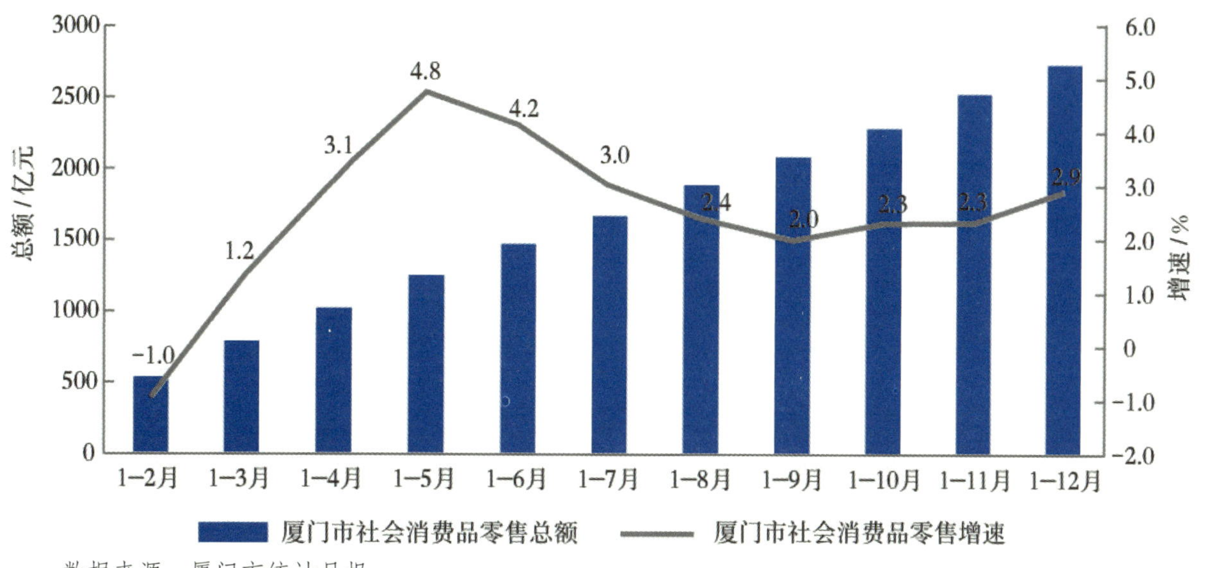

数据来源：厦门市统计月报。

图 29-1　2023 年厦门社会消费品零售总额增长情况

（1）吃穿用必需品消费增长较快。2023 年，限额以上粮油食品类、饮料类消费分别增长 7.7% 和 37.1%；限额以上衣着类消费增长 17.2%。食品类、饮料类、衣着类合计拉动限额以上社会消费品零售总额增长 6.0 个百分点，成为拉动限额以上社会消费品零售总额重要力量。

（2）智能绿色类商品表现亮眼。2023 年，限额以上智能手机、可穿戴智能设备、智能家电和音像器材分别增长 43.9%、36.9% 和 7.3%；限额以上新能源汽车零售额增长 23.7%，占全市限额以上汽车类商品消费的比重为 26.8%，比上年提高 8.2 个百分点。

（3）互联网零售消费起伏较大。2023 年全市限额以上实物商品网上零售增速由 1—2 月份下降 4.3% 逐月回升，上半年回升到全年最高点 5.6% 后又开始逐月放缓，全年通过互联网实现零售 743.24 亿元，增长 2.6%，低于全国 8.4 个百分点。

3. 新型消费蓬勃涌现

（1）数字内容消费活跃。2023 年游戏行业中青瓷文化、梦加网络、极致互动新版号获批，四三九九、吉比特等龙头企业经营稳定，勇仕网络、真有趣等部分游戏企业新产品持续放量。互联网生活服务行业因餐饮、酒店、旅游、电商等消费需求恢复较快，三快在线、她趣等平台企业实现较快增长，全年全市互联网和相关服务增长 76.9%。

（2）直播带货快速发展。2023 年我市大力推动“直播带货”等电子商务新业态发展，策划与抖音合作设立“厦门馆”直播电商基地，成功引进淘宝天猫商家厦门运营中心等知名电商企业，推动 30 余家直播电商基地、专业直播机构落地运营。1—8 月，厦门直播 13.8 万多场，吸引消费者观看超过 59 亿次，参与直播的商品、网络零售额达到 1.7 亿件，实现网络零售额 200 多亿，在全省排名第一。

（3）文体旅深度融合。话剧、舞剧、音乐剧、脱口秀及地方戏曲等各类精品剧目纷纷落户我市各大演出机构，从外地专程来厦看剧的观众人数不断上升，到厦门观演赏戏听音乐正逐渐成为厦门旅游的新潮流。游艇邮轮消费取得新突破，1—8 月，游艇帆船出行 47.81 万人次，同比增长 200.53%。“招商伊敦号”邮轮成功首航深圳—厦门—舟山—上海，首开国内沿海邮轮航线运营。

4.消费环境持续优化

（1）出台促消费复苏政策。出台《厦门市关于大力提振市场信心推动经济平稳向好若干措施》《厦门市恢复和扩大消费若干措施意见》《厦门市关于促进文旅市场加快复苏若干措施的通知》等政策，发放消费券超 1 亿元。印发培育发展新型消费促进消费提质升级工作方案，聚焦构建商业消费活力圈、培育夜间经济生态圈 14 个方面，全面部署培育壮大新型消费，鼓励消费扩能增效。

（2）举办重大促消费活动。举办全国消费促进月、“2023 厦门消费节”等各类促消费活动超 600 场，推出“温馨在旅途 乐活厦门游”文旅品牌，举办两岸旅游博览会和国际休闲博览会休博会，及时推出“追热剧 游厦门”2023 厦门影视旅游线路产品，包括 35 个影视打卡点和 10 条影视游线路，成为厦门旅游新亮点。

（3）加速重点消费项目落地。加快推动普德赋都市演艺综合体落地厦门，力促厦门V星空未来音乐城、北大青鸟音乐产业基地、黄金海岸万豪瑞吉酒店等项目加快开工建设，全力打造国内首个博物馆式大型室内沉浸式演艺项目《厦门往事》。

（4）净化消费市场环境。市场监督管理、商务、中级人民法院等部门加强预付费消费监管，对侵害消费者权益的违法行为依法进行失信联合惩戒；强化消费领域信用约束，推行商品和服务的自我声明和质量担保，引导经营者落实商品质量承诺、问题商品退换货、经营者首问和赔偿先付、消费纠纷和解等制度，加大侵害消费者权益等违法失信行为打击力度，依法依规开展失信惩戒。市旅游部门印发《厦门市文化和旅游行业信用分级分类监管管理办法》《厦门市文化和旅游行业信用承诺管理制度》，进一步推进我市文化和旅游行业信用体系建设。791 家企业参与“线下购物七日无理由退货”活动，ODR（在线纠纷解决）平台单位活跃度满分，位居全省第一。首批 5 家企业被认定为厦门市消费教育基地。

（二）复苏力度、强度不及预期

总体上，2023 年厦门消费有所复苏，但复苏力度强度不及预期，特别是社会消费品零售总额增速从 1—2 月的−1.0%逐月回升至 1—5 月的 4.8%之后，下半年以来呈现持续放缓态势，全年增速分别低于全国和全省 4.3 和 2.1 个百分点（详见图 29-2）。

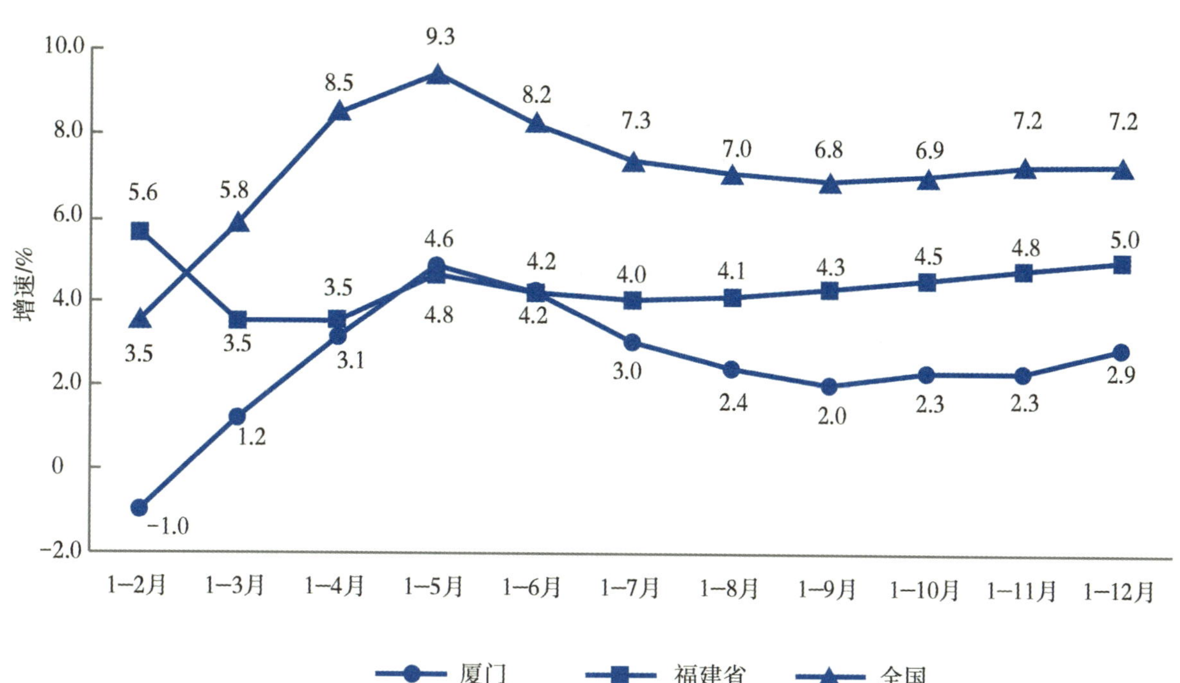

数据来源：国家、福建省、厦门市统计官网。

图 29-2　2023 年厦门与全国、全省社会消费品零售总额增速比较

1.汽车、住房等大宗消费低迷

2023 年，全市限额以上汽车类消费实现零售额 365.26 亿元，同比下降 10.9%，汽车类占全市社会消费品零售总额比重高达 13.3%，汽车类零售低迷对全市消费产生较大的负面影响。全市商品房销售面积同比下降 1.1%，其中住宅销售面积同比下降 11.7%。在这种情况下，家电、装修等住房相关消费恢复较慢，全年限额以上单位家用电器和音像器材类零售额下降 41.1%，拉低限额以上社会消费品零售 2.3 个百分点。

2.消费支出强度恢复偏弱

虽然消费人流量、热度都明显回升，但是以人均消费、客均消费为代表的消费支出强度仍然偏低。从人均消费品零售总额看，2023 年厦门市人均消费品零售总额仅为 51663 元/人，比全省平均水平低 1130 元/人，与福州的 58757 元/人、泉州的 70631 元/人差距较大。从人均旅游花费来看，2023 年来厦游客每人次旅游花费为 1427 元，与 2019 年的 1653 元相比下降 15.8%。

3.居民消费支出结构有所降级

2023 年厦门全体居民人均消费支出 66512 元，同比增长 5.8%。从居民消费支出结构来看，居民人均食品烟酒、衣着、居住等民生消费支出占总消费的比重为 66.0%，其中食品支出占消费支出比重持续提升，恩格尔系数比 2019 年上升 0.38 个百分点（见图 29-3），表明居民生活质量呈现下降态势。

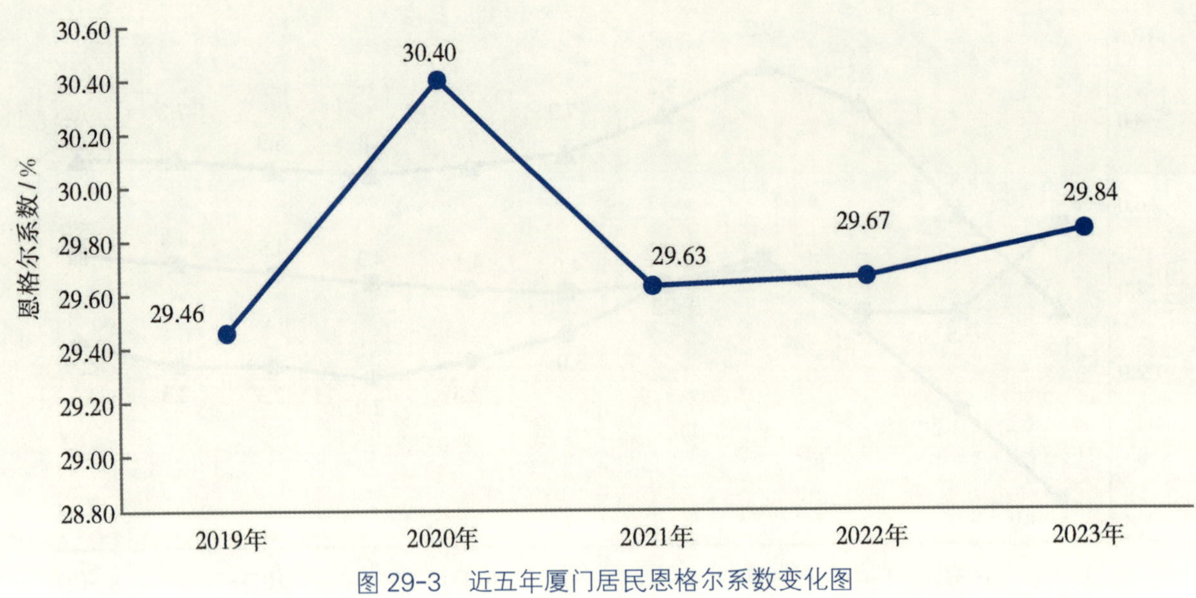

图 29-3 近五年厦门居民恩格尔系数变化图

二、厦门消费复苏不及预期的原因分析

（一）消费内生增长动力不足

在场景修复带动消费人气热度回归、服务消费出现报复性反弹后，消费能力不足、未来预期不佳等内生增长动力问题成为制约消费持续复苏的关键因素。

1.无力消费问题突出

就业难、增收难导致居民资产负债表修复缓慢，显著影响了单件消费额较大的耐用品消费。2023 年，厦门全体居民人均可支配收入 71062 元，增长 4.5%，比全省平均水平低 0.9 个百分点，增速在全省各设区市中居末位，比 2019 年、2021 年、2022 年增速分别低 5.2 个百分、6.2 个百分点和 1.2 个百分点。尤其值得关注的是，青年消费能力下降显著影响消费增量，国家统计局公布数据显示，2023 年 16–24 岁劳动力调查失业率居高不下，其中 6 月份 21.3%，达到有统计数据以来新高。与此同时，由于海外市场需求疲软，外向型制造业企业普遍面临订单减少、下单延迟、大单变小、长单变短等问题，招聘需求明显放缓，用工需求规模缩减，全市登记在职职工数同比下降，城镇新增就业人数 16.45 万人，比 2019 年减少 9.73 万人。居民增收乏力导致对消费保持更为谨慎的态度。

2.无心消费问题持续

虽然当前已进入后疫情时期，但由于国际国内经济形势复杂严峻，居民消费顾虑增多，更趋保守谨慎，进一步拖累消费意愿。从居民存款看，居民保持较高的储蓄倾向，在上年全市居民存款同比多增 1014 亿元的情况下，当前居民部门的存款仍持续走高。2023 年 12 月末全市居民户人民币存款余额达 5949 亿元，同比增长 14.4%，居民存款增速高出居民可支配收入增速 9.9 个百分点。从消费信心看，厦门经济增长速度放缓，加上贸易争端和全球不确定性增加，居民对未来经济发展的担忧也限制了居民的消费意愿。根据对四季度末厦门市 492 家企业经营状况的问卷调查，32.1%的企业对发展前景预期悲观，相比一季度提高 4.4%，这些都意味着后续消费恢复的强度与可持续性面临挑战。

（二）行业市场性、周期性因素影响消费意愿

当前，汽车消费、住房相关消费、家电等耐用品消费增长普遍乏力，除居民收入增长偏慢等消费能力不足的影响外，也有其他因素产生影响。

从汽车消费看，汽车购置税减半、购车补贴等政策已经推动上年汽车需求释放，导致 2023 年汽车消费增长面临需求透支、高基数等困难。随着前期部分优惠政策到期退出，购车意愿继续充分释放面临困难。

从住房消费看，整个房地产市场仍处于下行阶段，尚未触底反弹，尽管近期开始优化调控政策，但对提振市场活跃度、修复市场预期的效果并不明显，房价下跌预期仍在。在这种情况下，2023 年以来全市新房、二手房市场活跃度普遍下滑，住房相关消费缺乏可持续的增长基础。

（三）有效供给不足制约消费提质升级

1.有效供给不足

从首店布局看，“首店经济”是优化城市商业供给、引领消费潮流的“风向标”。2023 年国内 37 个城市共新开约 200 家全国首店，其中，上海吸引 84 家，占比高达 42.2%，位居第一，而厦门仅 1 家。近年来引进的首店以餐饮行业为主，缺少潮玩、电竞等消费品牌和业态，不能有效满足“Z 世代”新消费群体需求。从终端消费品生产供给看，厦门消费品制造业产值占规模以上工业总产值仅为 20%左右，缺乏上海家化（美加净）、光明乳业、广州王老吉等全国范围内具有足够影响力的领军品牌，商品消费对经济的拉动作用有限。

2.传统商圈转型不畅

美团春节、五一节、中秋国庆节大数据显示，中山路/轮渡商圈在全市TOP10 热门商圈中人气最旺、消费规模最大，占全市重点商圈比重达 19%，但节日期间人均消费不足 600 元；火车站商圈在全市TOP10 商圈中消费规模占 10%以上，但人均消费仅 200 元左右，反映出传统商圈存在业态单一、产品断代、同质竞争等问题。详见表 29-1。

3.岛外消费缺乏拳头产品

岛外仍缺乏聚焦人气、拉动消费的有效抓手。美团大数据显示，“五一”劳动节全市TOP热门商圈，岛内商圈占 9 席，岛外仅大学康城/杏林湾上榜；最受游客青睐的全市TOP热门景区，岛外仅方特梦幻王国、灵玲国际马戏城、同安影视城上榜。详见表 29-2。

表 29-1　2023 年“五一”劳动节期间厦门市热门消费商圈

商圈排名	商圈名称	Top10 商圈中消费规模占比/%
1	中山路/轮渡	19.0
2	曾厝垵	17.3
3	厦门大学	14.1

续表

商圈排名	商圈名称	Top10 商圈中消费规模占比 / %
4	火车站	10.2
5	环岛路黄厝海滨浴场	10.2
6	环岛路沿线	7.1
7	鼓浪屿	6.8
8	高崎机场	6.4
9	大学康城 / 杏林湾	4.5
10	莲坂 / 明发商业广场	4.2

数据来源：美团大数据。

表 29-2　2023 年“五一”劳动节期间厦门市最受游客青睐的景点

景点排名	景点名称	景点类型
1	厦门市园林植物园	植物园类
2	厦门方特梦幻王国	主题公园
3	厦门皓月园	公园 / 广场
4	厦门科技馆	展览馆
5	鼓浪屿	自然景观
6	灵玲国际马戏城	旅游项目 / 观光项目
7	日光岩	自然景观
8	菽庄花园	人文古迹
9	五缘湾游艇港万嘀帆船出海俱乐部	水上项目 / 水上体验
10	同安影视城	主题公园

数据来源：美团大数据。

三、厦门恢复和扩大消费的对策建议

2023 年 12 月中央经济工作会提出要激发有潜能的消费，2024 年 1 月厦门出台一季度稳增长 30 条措施，对开展主题促消费活动和扩展壮大文旅消费给予支持。3 月，国务院印发《推动大规模设备更新和消费品以旧换新行动方案》，实施消费品以旧换新、回收循环利用、标准提升等行动，将有力促进消费增长。因此，展望 2024 年，我市消费将持续复苏态势，但由于疫情给居民带来的疤痕效应尚未完全修复，消费增长的脆弱性、波动性依然较大。为此本文提出如下建议。

（一）促进重点领域消费

1.扩大大宗商品消费

延续实施新能源汽车免征车辆购置税政策，开展汽车下乡展销活动，鼓励适销对路新能源车型下乡拓展市场，丰富农村新能源汽车市场供给，加快落实《关于加快推进充电基础设施建设 更好支持新能源汽车下乡和乡村振兴的实施意见》，积极协调推动完善农村地区充电基础设施体系建设。促进家庭装修消费，鼓励室内全智能装配一体化。推广智能家电、集成家电、功能化家具等产品，提升家居智能化绿色化水平。鼓励成品油零售企业开展让利促销活动，激发成品油消费动力。

2.支持合理住房消费

支持刚性和改善性住房需求，用好“一城一策”工具箱，做好“房票”制度实施，进一步减免改善性住房换购税费，如将个税减免条件由满五年调整为满两年，降低契税税率等，满足合理刚需及改善性需求，推动政策从过严逐步回归常态，进一步减轻刚需购房压力。加快推动竞（定）配建住房、市级安置型商品房剩余住宅房源等资产处置工作，统筹销售节奏，分步加快推动销售试点工作。推动安置型商品房销售工作，推动已取得预售许可证、尚未销售的项目加快安置选房，及时签订销售合同，推动各区已出让未办预售项目加快建设进度，尽快办理预售许可。

3.繁荣活跃夜间消费

积极推动各区创建国家级夜间文化和旅游消费集聚区，推动形成曾厝垵—厦大—沙坡尾、筼筜湖—鹭江道—中山路—鼓浪屿、观音山—五缘湾、集美新城等一批夜间经济示范街区。支持“夜厦门”地标、打卡地、生活圈等相关市场主体，利用虚拟现实、全息投影等新技术丰富夜间潮玩潮购新体验，加快“流光厦门”夜光秀等项目落地，打造“科探奇妙夜”、光影公园等夜间消费“打卡地”。推动“鹭江夜游”水岸联动发展，扩大品牌吸引力。规范健康发展夜间集市、沉浸式演艺、深夜影院、深夜书店、电竞酒店、露营基地等业态，丰富夜购、夜食、夜游、夜娱、夜秀、夜读、夜动等产品供给。

4.激活乡村消费活力

开展“快递进村”攻坚行动，对列入邮政管理部门快递服务薄弱行政村目标的末端网点给予运营补助。充分发挥“白交祠”牌地瓜、“郭山”牌紫长茄、“三秀山”牌蔬菜、“绿茭林”牌茭白、古宅大蒜、新店胡萝卜、凤梨穗龙眼等品牌商标的带动作用，加快发展“三品一标”农产品，举办厦门名优特农产品展销会，积极参与“闽货海丝行”“闽货中华行”“闽货网上行”活动，加大厦门名优特农产品的宣传推介和市场营销力度。大力发展农村电子商务和订单农业，拓宽特色农产品上行通道。围绕自然研学、户外运动、生态度假、田园综合体等，借力各领域知名IP，打造乡村旅游示范项目，打响乡村旅游品牌。采取免费公交、消费积分统一使用等措施引导本市居民到岛外乡村旅游。

（二）增加优质消费供给

1.扩大中高端消费供给

大力发展区域首店、行业首牌、品牌首秀、新品首发等“四首”经济，支持国际知名商业品牌、知名零售品牌和连锁便利店品牌在我市设立品牌首店、旗舰店、体验店和概念店。依托磐基、万象城、宝龙一城等地标杆商业综合体，引进一批国际一线品牌和厦门首进品牌。借鉴南京经验，通过“首店+首赛”“首店+首发”“首店+首演”“首店+首展”等多维度，推动首店经济立体化发展。充分发挥湖里进口贸易促进创新示范区和自贸区口岸功能平台作用，扩大中高端消费品进口，促进进口商品跨境电商发展，鼓励大型零售企业“走出去”建立海外采购中心或直采基地。争取国家政策支持，推动建设具有厦门特色的市内免税店，引导境外消费回流。

2.丰富国潮消费品供给

支持开展“老字号嘉年华”活动，促进国潮国货新消费，鼓励引导日光岩、黄则和、黄胜记、银祥、阿吉仔等中华老字号，深入挖掘闽南记忆、闽南文化，借力数字技术打造“国潮品牌”，全力打造文旅IP和“最厦门”系列文旅伴手礼爆款产品，升级打造旗舰店、品牌店、集成店，打造老字号国潮产业园、文创空间等多样性老字号创新赋能平台。鼓励李宁、安踏旗下街头潮牌深入挖掘厦门文化，推出独具特色的厦门城市限定主题产品。引进花西子、故宫文创、敦煌文创等国潮品牌。创新增设“连线直播”“线上+线下”等业态体验店，发展全球领先的“国漫购物”“游戏购物”等模式。

3.扩大文化消费供给

指导闽南大戏院、嘉庚剧院持续引进高艺术水准的音乐会、话剧、舞剧，举办全国优秀音乐剧展演，打造《文姬归汉》驻场演出版等。办好中国（厦门）漆画展、闽南语歌曲歌手大赛、中国厦门中秋旅游嘉年华、图交会等节庆展会活动，办好厦门市民文化节、鼓浪屿钢琴艺术周等文化品牌活动，推动中国国际青年艺术周、智能视听技术开发者大会等国家级品牌活动落户厦门。

（三）打造多元消费场景

1.创新节庆赛事消费场景

借鉴北京开展冰雪节、上海推出“海派年味”跨年迎新、成都借势大运会发展“体育+”消费等，用足用好城市演艺中心、新体育中心、新会展中心等新城重大载体，引育若干特色节庆IP、顶级赛事IP，建设一批创新型运动商业、体验式文体产业、一站式家庭消费、服务式配套产业等新消费场景。

2.打造一批新型消费应用场景

推广直播带货、短视频营销等电商新模式新业态应用，抓住重大节庆、新品发布等时机，广泛开展各类线上促消费直播活动，打造多元化线上消费场景。挖掘国潮、二次元、电竞、元宇宙等“Z世代”兴趣点，与文化、业态、场景等有机结合，推动传统商圈向消费体验中心、文化时尚创意中心、产品和服务设计中心升级。鼓励引导中华城、SM、宝龙一城等线下经营实体加快商业模式创新，逐步向场景化、体验式、互动性、沉浸式的综合型消费场所转型，改善消费者获得感和体验感。

3.打造TOD模式下的创新消费场景

支持地铁枢纽站点纵向综合开发，由“地铁+物业”转向“TOD成片开发”，建立一批领先的国际化融合社区，集住宅、办公、商业、酒店、公寓等多元业态为一体。根据站点周边环境、商业格局、目标客群等合理定位，引导不同站点上盖商业差异化发展，所有沿线上盖商业组合成一个“巨型购物中心”，打造“一线厦门”的特色地铁商业。

（四）鼓励消费融合发展

1.加强商旅文跨界融合

重点打造一批商旅文体联动示范项目，促进传统百货店、大型体育场馆、闲置工业厂区向消费体验中心、休闲娱乐中心、文化时尚中心等新型发展载体转变。鼓励运用现代信息技术，探索推进文化和旅游5G场景运用示范项目建设。打造集图书连锁超市、文化艺术展示、体验、创意文化用品销售、影剧院等功能于一体的复合型零售业态和文化综合体。针对当前旅游业重点从观光游转为休闲度假游，加快在城市休闲、康养旅居、婚庆旅拍、研学旅行、沉浸式体验等领域培育新场景、新业态，吸引更多国内和境外游客来厦旅游消费。发挥厦门“天然摄影棚优势”，推动“影视+文旅”联动产业消费，针对集美学村、环岛路、五缘湾、双子塔、植物园、西堤咖啡一条街、华美空间等热门取景地，加大旅游线路的串联，设置网红消费的“打卡地”，打造厦门影视旅游线路系列产品。借鉴TFBOYS在西安“十年之约”演唱会、薛之谦巡回演唱会衢州站、周杰伦演唱会海口站等“一场演唱会带火一座城”的经验，积极推进演唱会+旅游融合发展。

2.推动体育会展与消费的融合

培育壮大厦门运动时尚展，持续举办厦门体育消费生活节，搭建露营房车、VR网球等沉浸式体验场景，提供马术、帆船、高尔夫、定向越野、电竞等时尚运动消费产品，丰富市民文娱生活。积极引进国际高端体育品牌赛事，推动厦门由“体育休闲城市”向“体育赛事城市”发展，打造国际体育赛事目的地，提高门票销售和赛事关联产品的销售，推动重大体育赛事与娱乐、购物、餐饮、住宿、传媒、广告等上下游行业深度融合。抓住投洽会恢复“一年一办”契机，推动“会展+旅游”，开拓中高端会展旅游市场，积极引进更多高规格、大规模的会议，制定厦门特色的会展旅游套餐或折扣，鼓励参会者在会展期间探索城市。

3.促进二三产融合新消费

支持服装、家居、健康等企业运用大数据技术分析顾客消费行为，开展精准服务和个性化定制服务，灵活运用网络平台、移动终端、社交媒体与顾客互动，建立及时、高效的消费需求反馈机制，做精做深体验消费。大力推广协同制造、服务型制造等“互联网+制造”新模式，联动推进“标准化+”“品牌+”“设计+”，打造一批示范园区、示范企业和示范项目，培育一批数字工程服务公司。培育智能消费产品，推动企业促进人工智能、物联网、云平台等创新成果转化，培育智能可穿戴设备、智能网联汽车、智能家居、智能家电等新一代智能消费产品等。

4.促进康养消费融合

结合厦门气候和卓越的人文资源优势，塑造“旅居+康养”“山海+康养”等康养消费场景，聚焦国内外知名的医疗美容、健康体检、康复治疗等领域进行招商，提高厦门在医疗康养领域的全国知名度和整体医疗水平，促进医疗康养消费。针对“候鸟型人群”“银发人群”进行推广和城市营销，在环东海域、五缘湾环湾、环岛路沿海带等景观资源丰富的区域进行“适老化”改造，拓展银发群体服务，布局中高端“银发经济带”。

（五）壮大消费市场主体

1.积极培育和引进头部企业和领军企业

采取奖励、资助、贷款贴息、购买服务等方式，精准、连续、滚动支持一批拥有核心技术、用户流量、商业模式的新消费领域创新型头部企业和领军企业。积极招引新消费品牌、电商类总部企业、知名餐饮品牌和老字号等传统品牌来厦落户，培育形成一批新增量项目，为我市社会消费品零售、餐饮增长提供新的支撑。吸引盒马鲜生、七鲜等新零售代表企业，北京华联SKP、K11 购物艺术中心等特色商业综合体进驻厦门。学习借鉴北京、上海大型文旅项目的落地模式，以综合型大项目建设带动厦门文旅产业增速提效。引导支持风险投资、创业投资、股权投资等机构重点投向消费领域。

2.精准帮扶重点企业和项目

结合“益企服务”做好兰州商投、新希望六合、均和（思明区）、德龙集团、港务集团（湖里区）、中钧、东方花木兰、一柏（集美区）、石油交易中心平台、海投供应链（海沧区）、中金大宗平台、柯米维石化、华锐联商贸（同安区）、富冶、中泰永熙、榕升达、银舟远航（翔安区）等重点企业和项目的精准帮扶，帮助企业不断做大市场规模。

3.推动企业创新转型升级

鼓励传统商贸企业创新组织形式和经营机制，向全渠道平台商、集成服务商、供应链服务商、定制化服务商等转型。支持老字号创新经营方式，鼓励黄则和、阿吉仔、黄胜记等老字号商家积极转型创新，与天猫、口碑、盒马、元初等平台和商家开展合作，利用互联网电商与新零售业态的能力，激发“老字号”活力，让老字号走向现代化和国际化。建立老字号专项基金，加大对老字号资金、管理和技术投入，让老字号企业享受与新招引企业一致的优惠政策。鼓励创新能力强、市场占有率高、具有较高品牌价值的老字号企业参与国际竞争，依托国家文化出口基地，创新具有老字号元素的数字产品。

（六）打造各具特色区域消费品牌

结合各区独特的资源和基础，开展符合各区特色、因地制宜的消费建设工作，实现各区的协同互补、相互促进和共同提升。思明区打造文商旅综合型国际消费城区，依托区域内优质文旅资源，以转型升级、提质增效为主线，增强吸引力和消费力。湖里区构建数字消费引领型国际消费城区，繁荣发展夜间经济、鼓励精准营销驱动消费、促进跨境进口消费，推动高端消费品牌项目落地，激发城市消费升级新动能。集美区建立创新活力驱动型国际消费城区，依托多元文化底蕴与强劲的产业发展势头，构筑跨岛消费集聚新高地和活力时尚新地标。海沧区建立全域生态旅游特色型国际消费城区，依托延绵的海岸线、山海湖岛生态格局打造城景一体的全域生态度假氛围。同安区建设康养度假示范型国际消费城区。依托高端酒店群、滨海浪漫线等资源，做响滨海文体旅游，打造国家级全域旅游示范区，拉动康养度假消费。翔安区建设滨海商旅枢纽型国际消费城区，依托翔安机场、“一场两馆”、第二东通道、轨道交通、翔安高新技术产业基地等重点项目的布局建设，发展面向国际的枢纽型消费城区。

（七）提振居民消费信心

1.提高居民消费能力

稳定的收入增长是提升居民消费信心的基础。要积极完善稳就业政策体系，贯彻落实省委省政府、市委、市政府部署，出台优化调整稳就业政策措施，鼓励企业吸纳高校毕业生等青年群体就业，加大力度开发公益性岗位安置就业困难人员，促进更多失业人员、就业困难人员再就业，推动更多低收入群体迈入中等收入行列。

2.提升居民消费意愿

鼓励各区各部门结合实际加大消费券发放力度，引导消费券发放平台企业配套优惠政策，提升消费券发放效果。引导金融机构重点加大对大宗消费、医疗健康、养老托育、餐饮消费、文旅消费、县域农村消费、绿色消费等领域的消费信贷资金支持力度，鼓励对消费信贷分期产品实施免息、减息、提额等政策，助力居民消费活力释放。

3.常态化开展促消费活动

聚焦汽车、家电、家居、服装鞋帽等重点消费，围绕春节、"五一"、"6·18"、中秋、国庆、"双 11"等重要消费节点，策划开展汽车消费节、美食节、家居节、网购节、年货节、直播大赛等重点主题促销活动，对符合条件的组织单位给予奖励。联合高德制作厦门消费地图，支持举办华润啤酒节、厦门运动时尚消费季等活动，策划打造厦门消费节春夏秋冬四大标杆主题IP，营造良好消费氛围。组织举办文化和旅游惠民消费季，鼓励文旅市场主体积极推出打折优惠产品，开展"厦门很文艺""商旅在厦门""金牌导游光耀厦门研学行"等线上推广活动，举办线上线下"乐活厦门游"主题旅游季宣传，鼓励旅游景区加快从"门票经济"向"产业经济""服务经济"转型。

参考文献

[1] 厦门日报. 去年厦门市社会消费品零售总额超 2743 元[R/OL].(2024-01-30)[2024-02-06]. https://epaper.xmrb.com/xmrb/pc/con/202401/content_13775.html.

[2] 厦门市商务局，第一太平戴维斯物业顾问（上海）有限公司. 厦门市培育创建国际消费中心城市推进消费提质扩容实施策略研究[Z].(2023-12)[2024-02-06].

课 题 指 导：彭朝明、戴松若
课 题 组 长：彭梅芳
课题组成员：彭朝明 彭梅芳 黄光增
陈菲妮 兰剑琴 林永杰
许丽娟
课 题 执 笔：彭梅芳

后记

2023 年，厦门市发展研究中心在市委、市政府和市发改委的正确领导和关心支持下，认真履行政策咨询职能，紧紧围绕市委市政府中心工作和市发改委重点工作，深入开展学习贯彻习近平新时代中国特色社会主义思想主题教育，扎实实施“深学争优、敢为争先、实干争效”行动，高质量完成百余项政策咨询成果，较好发挥了官方智库参谋助手作用。本书汇聚了 2023 年度研究中心部分研究成果，评述 2023 年厦门经济社会发展状况，展望 2024 年发展前景。

在编撰本书的过程中，我们得到了厦门市市直部门及火炬高新区管委会、自贸区管委会、金砖办及各区发展和改革局等单位的大力协助，在此谨表示衷心的感谢！

本书观点仅代表厦门市发展研究中心对相关领域、相关问题的思考，用于学术交流和讨论，不代表政府的决策观点和政策倾向。书中涉及的统计和调查数据，由于来源不同，可能与实际有所出入，2023 年全年的实际数据仍以厦门市统计局正式公布的数据为准。由于时间和水平有限，书中难免存在疏漏，敬请读者指正并见谅。

编　者

2024 年 4 月